国家社会科学基金青年项目
"德国城市社会福利住房研究（1845-1960）"（项目号：17CSS026）结项出版物

德国城市社会福利住房政策研究

1845—1960年

王琼颖 著

上海三联书店

目录

绪论 …………………………………………………………………… 1

第一章　德国住房改革运动(1845—1914) ………………………… 14
第一节　"居住难"与资产阶级住房改革观 ………………………… 14
第二节　解决"住房问题"的非政府尝试 …………………………… 29
第三节　"住房问题"的政治化与地方干预机制 …………………… 48
本章小结 ……………………………………………………………… 69

第二章　魏玛共和国时期的住房政策(1918—1933) …………… 71
第一节　1918—1923年住房危机 …………………………………… 72
第二节　国家住房统制模式的形成 ………………………………… 84
第三节　相对稳定时期的城市大众住房保障 ……………………… 108
第四节　社会福利住房政策的中止 ………………………………… 123
本章小结 ……………………………………………………………… 142

第三章　纳粹统治时期的"福利"住房政策(1933—1945) ……… 144
第一节　纳粹德国的住房政策设计 ………………………………… 145
第二节　1933—1939年建设实践问题 ……………………………… 164
第三节　"安置"与驱逐:背离保障的"民族共同体" ……………… 188
第四节　战时住房政策 ……………………………………………… 214
本章小结 ……………………………………………………………… 231

第四章 战后德国社会福利住房政策的确立(1945—1960) 233
    第一节 "卷土重来"的住房危机 233
    第二节 紧急措施与城市重建构想 250
    第三节 拥抱市场的联邦德国住房政策 263
    第四节 国家导向的民主德国住房政策 277
    本章小结 294

结论 296

参考文献 309

索引 324

后记 338

绪论

从20世纪初开始,为普通大众提供住房保障在德国被认为是一项公共任务,但直到魏玛共和国建立,住房保障才真正转变为一项社会政策。本书旨梳理德国社会福利住房政策从19世纪中叶至上世纪60年代所经历的准备、发展与演变过程。

一、问题的缘起

1843年,柏林的名流社会活动家贝蒂娜·冯·阿尼姆(Bettina von Arnim)出版了《国王之书》(*Dies Buch gehört zu dem König*)。阿尼姆在这部作品中描述底层民众突出的住房短缺与居住困境,以此揭露柏林当时已令人瞠目结舌的社会贫困现象。不过,阿尼姆并非首个观察到这一问题的资产阶级人士,她所立论的依据是其作品附录的一份材料,出自一位名叫海因里希·格鲁霍尔泽(Heinrich Grunholzer)的瑞士教育工作者和柏林大学旁听生之手,此人记录了柏林贫民窟福格兰居民的生活。[①] 但无论是阿尼姆抑或格鲁霍尔泽,均未跳出19世纪30年代以来的城市贫困叙述范式,他们将"居住难"视为早期工业化红利退去、但城市化加剧造成的普遍贫困现象之一。

1845年,布雷斯劳的候补政府文职人员亚历山大·施奈尔(Alexander Schneer)利用当地市政府和警察局档案,结合自己的实地调研,撰写了《布雷斯劳劳动阶层状况》(*Über die Zustände der arbeitenden Klassen in Breslau*)一书,这才使底层民众的"住房问题"(Wohnungsfrage)清晰无误地独立曝光于公众面前。

---

① Bettina von Arnim, *Dies Buch gehört dem König*, Berlin: Schroder 1843.

施奈尔的调研涵盖了布雷斯劳近三分之一的劳动阶层，他们职业各异，仆佣、伙计、学徒、工厂工人以及打零工拿日薪的"最底层"，但居住条件之恶劣却惊人地一致：

> "有些公寓更像猪圈而不是人住的地方，城市住房比乡镇更差劲。……一楼的房子大多一半在地下，这么一个洞要价20到24塔勒"。①

施奈尔的报告开启了与其同时代和后来的德国人持续关注底层劳动人民的住房问题，例如一位名叫H. 克鲁姆（H. Krummel）的住房改革家就曾撰文公开质疑："我们的这些房子真的能让那些整日呼吸着车间或工厂不健康空气、疲惫不堪的工人得到应有的放松吗？这样的住房能否让他们的妻子儿女在其中生活成长吗？"②种种旨在改善底层居住环境的住房改革尝试也因此拉开序幕：1846年，德国资产阶级住房改革先驱维克多·艾梅·胡贝尔（Victor Aimé Huber）提出了著名的"内部垦殖"设想，计划通过在城乡接合部实行合作建房，帮助工人改善居住条件，提升他们的道德水准，促进身心健康。1847年，柏林成立了"改善工人住房协会"，一年之后又建立了"柏林公益建设公司"，成为德国最早的公益性住房协会。企业主如博尔西希（Borsig）或克虏伯（Krupp）也开始为其工人提供住所。

底层民众的住房问题之所以受到资产阶级的重视，原因在于大批贫困人口居无定所导致或即将衍生出各类威胁现有社会秩序的"社会问题"，而这些"社会问题"在19世纪渐成困扰欧洲各国的重大议题，且开始具备相当的政治影响力。在德国，这个问题尤为突出。历史学家托马斯·尼佩代（Thomas Nipperdey）曾指出，德国国家政权结构的保守性及其作为"民族和宪政国家"的姗姗来迟，使得社会问题在自由民主与民族问题尚未完全解决之时就已浮出水面——尤其表现为资产阶级与工人阶级的对立。③ 伴

---

① Alexander Schneer, *Über die Zustände der arbeitenden Klassen in Breslau*, Berlin: Trautwein 1845, S. 25. 施奈尔的调研显示，布雷斯劳工厂男性普工的周薪为2—3个塔勒（Taler），某些技术工种（如印刷、机械制造、珠宝加工）为3—10塔勒，女工收入只有男工的三分之二。日薪工人的收入则更少，一般夏季为8个格罗森（Groschen），冬季6个格罗森（在19世纪中叶，1个塔勒等于30个格罗森）。显然对于最底层的劳动人民而言，甚至连这样的住房都负担不起。

② H. Krummel, "Ueber Arbeiterwohnung und Baugesellschaft," *Zeitschrift für die gesamte Staatswissenschaft*, 14(1858), H.1, S.105 – 149.

③ Thomas Nipperdey, *Deutsche Geschichte 1866 – 1918 (Band II: Nachtstaat vor der Demokratie)*, München: C. H. Beck 2013, p.352.

随着工人阶级在19世纪60年代逐步形成①,与工人政党或工会形成有关的"工人运动"进一步加剧德国社会内部的撕裂,由贵族、高级官僚、上层资产阶级和知识分子组成的统治精英集团因此提出包括住房改革的各种方案,试图减少或至少限制社会革命的爆发。而在普鲁士实现德国统一后不久,俾斯麦开启了一系列国家社会保险立法,将社会保障与政府的社会义务传统联系起来。这种"促进工人阶级幸福"(实为驯服工人阶级)的手段,也得到企业家和以"社会政策协会"为代表的部分资产阶级社会改革家的认同,他们支持国家干预和建立一个"社会帝国"(soziale Kaisertum)。②

在此背景下,或许就不难理解"住房并非贫困问题,而是工人问题一部分"的观点③为何日益受到重视。但问题在于,既然以"工人住房问题"为代表的底层民众住房问题已如此紧迫,资产阶级在这一时期的各类住房改革倡议和实践为何未能得到各级政府的积极响应,直到19世纪末20世纪初才有部分城市当局开始采取有限的干预手段?其间威廉二世也曾进一步扩大俾斯麦留下的社会立法范围,但为何帝国政府未对住房事务采取明确干预手段?事实上,全德范围的住房政策真正落地一直要到魏玛共和国,此时距离施奈尔揭露问题早已过去大半个世纪。

因此,本书的首个研究任务是探究这一"从住房问题到住房政策"的转变为何如此漫长。在国家开始朝着日后"福利国家"的趋势发展,但又始终视住房为私有经济观点的矛盾中,国家、资产阶级改革者各自秉承怎样的观点?随着工人阶级的崛起,他们的真正居住诉求又是否与资产阶级的解决方案存在出入?其中最关键的问题则是19世纪的住房改革观念及其实践带给日后德国的住房保障体系哪些启示?

从德国住房政策在19世纪末期发轫,到当代德国住房保障体系的形成与稳

---

① 在施奈尔撰写报告的19世纪40年代,即使在最早启动工业革命的英国,工厂制也主要集中于技术发展最迅速的棉纺织业,其他行业涉足较少,因此产业工人(或工厂工人)的人数较少。德意志的工业化又起步晚于英国,以普鲁士为例,直到1858—1861年时工厂工人的人数仍少于手工工业。因此施奈尔的"劳动阶层"其实包括了各类底层职业,而不仅限于工人。而专指产业工人的"工人阶级"(industrielle Arbeiterschaft)则直到60年代之后才正式登上历史舞台,特此说明。有关英国工厂制发展的论述参见刘成、胡传胜、陆伟芳、傅新球:《英国通史·第五卷:光辉岁月——19世纪英国》,南京:江苏人民出版社2016年版,第24—25页。
② 参见于尔根·罗伊勒克撰写的第五章"从维也纳会议到第一次世界大战爆发(1814—1914)",[德]乌尔夫·迪尔迈尔、安德烈亚斯·格斯特里希、乌尔里希·赫尔曼等:《德意志史》,孟钟捷、葛君、徐璟玮译,北京:商务印书馆2018年版,第246页。
③ Clemens Zimmermann, *Von der Wohnungsfrage zur Wohnungspolitik. Die Reformbewegung in Deutschland*, Göttingen: Vandenhoeck & Ruprecht 1991, S.30.

定,以社会福利导向的住房政策又表现为明显的断续特征。住房政策作为魏玛共和国社会福利政策全面扩张这场"现代性试验"中的一个典型案例,它存在的经济基础并不稳固:不仅遭受两场重大经济危机(1923年的恶性通货膨胀/1929年的世界经济大危机)的严重考验,期间还不断面临小规模周期性经济不景气的影响,以至于社会福利住房政策在魏玛末年就已成众否之矢。取而代之的纳粹政权在上台后激烈批评魏玛住房政策,根据纳粹意识形态塑造仅保障"民主共同体"的住房政策。1945—1949年的情况则更为复杂:住房危机已不单纯是一个因为战争导致流离失所的问题,它与战后德国被分区占领及东西方阵营的持续分裂导致德国未来走向不明的屈辱和绝望交织在一起,并一直延续到两个德国建立。这就构成了本书的第二个研究任务:德国住房政策及其核心保障观念——即国家必须确保充足的住房供应与可负担的房租——如何在表现为世界大战、政权更迭、极权统治与国家分裂的激烈政治变动中存续下来?

二、研究综述

住房政策是指政府出面干预和解决住房问题的制度性安排,因此围绕这一制度性安排的研究与评价在其产生之初(甚至之前)就已出现。德国各个历史时期讨论住房现状及对策的各类出版物数量相当可观,例如魏玛共和国时期的《人民住宅》[①]、《建筑世界》[②],纳粹德国时期的《建筑·定居·居住》等刊物为建筑师、城市规划人员、地方技术官员提供了探讨房产事务的平台,为国家部级官员发布官方政策解读或分析的重要媒体渠道,因此具有较高的史料价值。与此同时,还有包括政府官员、企业家和撰写或组织编纂的相关报告或著作,其中亦不乏对住房政策演变历史的回顾。例如主管住房政策的普鲁士人民福利部长海因里希·希尔齐费尔(Heinrich Hirtsiefer)出版于1929年的《普鲁士房产经济》[③],是一部完整记录从19世纪至20世纪20年代末普鲁士州住房政策变化的作品。希尔齐费尔在书中开宗明义地提出,魏玛时期州住房政策是"建造数量充足的住房,克服当前住房短缺(现

---

① *Die Volkswohnung: Zeitschrift für Wohnungsbau und Siedlungswesen*, Berlin: 1919–1923.
② *Bauwelt: Zeitschrift für das gesamte Bauwesen*, Berlin: 1910–1945,1946—1952 年该刊一度更名为《新建筑世界》(*Neue Bauwelt*)。
③ Heinrich Hirtsiefer, *Die Wohnungswirtschaft in Preußen*, Eberswalde: Verlagsgesellschaft R. Müller m. b. H. 1929.

象)",他在书中提到的具体措施,无论是住房统制措施,还是服务住建政策的资金、土地和规划方案,均以该目标为基本出发点。

而在历史学界,有关德意志帝国至当代社会福利住房政策发展演变的长时段通史著作也在上个世纪就已极大丰富。乌利希·布卢门罗特出版于1975年的《帝国成立以来的德国住房政策》①因其极为详尽的描述和翔实的数据至今仍是德国住房史研究领域的经典阅读书目。布卢门罗特通过分析住房经济在国家社会和经济生活中扮演的重要角色,从而明确国家作为实现"社会控制"的主体,制定积极住房政策的必要性。随后在此结论基础上展开对1914年之后德国住房政策发展的论述。但直到20世纪80年代,随着社会政策史研究的兴起,住房政策也被作为社会政策的组成部分被加以研究:君特·舒尔茨在1986年发表的论文《住房政策的连续性与断裂:从魏玛共和国到联邦德国》②专门探讨了自魏玛共和国、纳粹德国和联邦德国的住房建设促进机制,继而确认,尽管经历从第三帝国到联邦德国的重大政治变革,但其社会福利性质的住房政策具有延续性,同时也佐证了德意志道路的"福利国家"观念在不同时代的连续性。卡尔·克里斯蒂安·费勒于1995年出版的《租户、房主、国家与住房市场:1914—1960年德国住房短缺与住房统制经济》③,则是德国学界唯一立足政策延续性全面探讨住房统制模式的学术著作。由租赁权利(即承租人保护原则及解约权保护)、房租限价机制以及住房分配制度构成对存量住房的管制(即"现房统制模式"),是德国政府干预住房事务及提供住房福利保障最突出的表现,它最早出现于第一次世界大战期间一直延续到1960年,最终因联邦德国住房建设部长保罗·吕克(Paul Lück)提出"解除法案"(即"吕克计划")正式退出历史舞台。费勒将每个政权时期都按照住房统制模式的三种主要机制进行划分,结构清晰,同时利用大量档案材料描绘出不同时代不同利益群体(而非个人)围绕统制模式下的房屋租赁所产生的不满与受损害的体验,并认为"住房统制模式"结束其使命,使房屋租赁关系回归法律途径是历史的必然。与前述侧重政策研究的作品不同,长期从事从工业化时代工人问题及地方住房政策实证研

---

① Ulrich Blumenroth, *Deutsche Wohnungspolitik seit der Reichsgründung. Darstellung und kritische Würdigung*, Münster: Institute für Siedlungs-und Wohnungswesen 1975.
② Günter Schulz, "Kontinuität und Brüche in der Wohnungspolitik von der Weimarer Zeit bis zur Bundesrepublik," Hans Jürgen Teuteberg (Hg.), *Stadtwachstum, Industrialisierung, Sozialer Wandel. Beiträge zur Erforschung der Urbanisierungung 19. Und 20. Jahrhundert*, S.135 – 173.
③ Karl Christian Führer, *Mieter, Hausbesitzer, Staat und Wohnungsmarkt: Wohnungsmangel und Wohnungszwangswirtschaft in Deutschland 1914 -1960*, Stuttgart: Stein 1995.

究的阿德海德·冯·萨兰登同样在1995年出版了《家居生活：德意志帝国至今的城市工人居住史》①。她主要基于既有研究成果的长时段记录从德意志帝国至当代德国工人阶级居住模式的变迁过程及由此产生的社会交往与隔离：一方面是以具有进步思想的地方政治家和建筑师期望通过塑造现代居住文化或保障社会卫生的方式，实现所谓"自上而下的教化"（"Erziehung von oben"），与工人阶级实际居住需求和居住体验之间存在的差异②；另一方面则是居住在大型居住区中与生活在老式工人区的居民，因"生活世界的差异而导致社会构成复杂性的上升以及社会文化上的差异增加"③。

最后在德国住房史通史方面，不得不提的重量级作品是1996—2000年在维斯特罗特基金会主持下，集合一批社会史、城市史、建筑学及政治学领域的知名学者所编纂的五卷本丛书《居住的历史》，旨在对从公元前5000年左右至今，与人类居住及住房建设密切相关的社会和文化展开讨论，尤其是阐明了其中的历史连续性。丛书第3、4、5卷涉及从1800年至今的德国住房史④，学者们在近乎事无巨细地描绘居住方式及观念越迁式变化的同时，也注意到19世纪以来德国社会最重大的变化，即"现代化进程"中的变动与矛盾的因素，尤其关注住房政策、城市规划这些现代化产物以及政治及经济变化带给住房领域的具体影响。

由于本研究涉及不同时代，将涉及不同时期与住房相关的重要研究成果作如下概述：

19世纪中期至德意志帝国时期的住房改革运动。早在1976年，卢茨·尼特哈默尔、弗朗茨·布吕格迈尔就合作发表了论文《帝国时代的工人如何居住？》⑤，两人的研究重心是无产阶级的生活日常和资产阶级立足于此的改革策略。文章对

---

① Adelheid von Saldern, *Häuserleben. Zur Geschichte städtischen Arbeiterwohnens vom Kaiserreich bis heute*, Aufl. 2., Bonn: Dietz 1997.
② Adelheid von Saldern, "Neues Wohnen, Wohnverhältnisse und Wohnverhalten in Großwohnanlagen der 20er Jahre", Axeil Schildt, Arnold Sywottek(Hg.): *Massenwohnung und Eigenheim. Wohnungsbau und Wohnen in der Großstadt seit dem Ersten Weltkrieg*, Frankfurt/New York: campus 1988, S. 201 – 217.
③ Adelheid von Saldern, *Häuserleben. Zur Geschichte städtischen Arbeiterwohnens vom Kaiserreich bis heute*, S. 135.
④ Jürgen Reulecke (Hg.), *Geschichte des Wohnens (Bd. 3. 1800 – 1918: Das bürgerliche Zeitalter)*, Stuttgart: DVA, 1997; Gert Kähler (Hg.), *Geschichte des Wohnens (Bd. 4: 1918 – 1945: Reform, Reaktion, Zerstörung.)*, Stuttgart: DVA 1996; Ingeborg Flagge (Hg.), *Geschichte des Wohnens (Bd. 5: 1945 bis heute: Aufbau, Neubau, Umbau)*, Stuttgart: DVA 1999.
⑤ Lutz Niethammer, Franz Brüggemeier, "Wie wohnten Arbeiter im Kaiserreich?", *Archiv für Sozialgeschichte*, Band 16, (1976), S. 61 – 134.

资产阶级关注工人住房问题背后的真实动机作出分析,认为正是工人阶级的"失根性"为其带来心理上的恐惧,继而诉诸解决办法。它的开创性意义还在于这是一篇阐明如何开展居住史研究的方法论文章,激发出日后众多的研究成果。① 1991 年克莱门斯·齐默尔曼出版了他的教授授职论文《从住房问题到住房政策》②,对 19 世纪下半叶德国住房改革运动展开全面研究,并与政府干预机制的形成联系起来。这部经典作品的标题,日后也成为概括从帝国到魏玛甚至此后德国住房政策变迁的经典表述。③ 尽管这部作品研究的时段是从德国城市化进程发端的 19 世纪 40 年代开始,但它主要考察的仍是住房改革运动在德意志帝国时期的重大变化。齐默尔曼在勾勒出早期资产阶级为解决工人问题提出住房改革的诸多模式——包括市政公房、非赢利性住房以及工厂住房以及社会卫生运动——的同时,也列举出围绕这些具体措施所产生的市政当局、公益企业、政党与工业企业之间的摩擦。

魏玛共和国住房政策。虽然魏玛共和国开德国住房政策之先河,但因政权本身存在仅 14 年,加之其民主政治体制的多元导致地域差距明显,德国学界至今并未有以全局式论述魏玛住房政策发展演变的专著问世。但与此同时,德国学者又始终保持对这一时期的高度关注,因为魏玛住房政策开创了德国政府干预住房供应与保障机制,而这一政策又与社会福利政策失败及魏玛民主政体解体密切相连。有关这一时期的成果因此十分显著。例如前文提到的费勒在检视住房统制模式开局时代的魏玛共和国时就着墨颇为用力,并明确指出魏玛社会因住房问题导致的社群碎片化问题。这一问题是除未能妥善解决建设资金以外,另一个导致魏玛住房政策合理性遭质疑的关键所在;这一内部撕裂在魏玛公共领域所引发反响的广泛度和严重性甚至高于资金问题,而公共领域妥协基础的破碎化又加速了政策失败。除了针对房屋租赁干预的专题研究外,还有如下围绕住房建设促进机制的研究:彼得—克里斯蒂安·维特在其发表于 1979 年的论文《通货膨胀、住房统制经济

---

① 相关的研究成果参见 Lutz Niethammer (Hg.), *Wohnen im Wandel. Beiträge zur Geschichte des Alltags in der bürgerlichen Gesellschaft*, Wuppertal: Peter Hammer Verlag 1979。
② Clemens Zimmermann, *Von der Wohnungsfrage zur Wohnungspolitik. Die Reformbewegung in Deutschland 1845–1914*.
③ 齐默尔曼本人认为德国在 1914 年时就完成从住房改革到住房政策的转型,但君特·舒尔茨并不认同这一观点,仅同意"许多后来的政治干预只能说是之前已经被提到或是讨论过"。参见 Günter Schulz, "Review: Von der Wohnungsfrage zur Wohnungspolitik. Die Reformbewegung in Deutschland 1845–1914", *Vierteljahrschrift für Sozial- und Wirtschaftsgeschichte*, Bd. 79, 2(1992), S.253f。

和房租税:魏玛共和国住房建设与住房市场的调整》①中,论述住建促进机制从产生到调整的必然性以及该政策实际实施效果。维特运用大量统计数据证明了这一国家干预住建措施在战后紧急状况下的"相对"成功。米夏埃尔·鲁克则专注于魏玛国内资本始终不足背景下的住建促进机制内在设计缺陷。他明确指出,虽然"房租税"从1924年起成为解决住房建设资本不足的重要公共资金,但并不宜高估实际投入建设的部分。相反因其征收对象是原本就属于限价范围的老旧公寓,故而进一步加深了魏玛晚期不同利益群体对住房政策的不满。②

  由于柏林和美因河畔的法兰克福是当时促进住房建设的两大重镇,因此二者在魏玛时期的城市与住房建设发展同样引发学者的研究兴趣。在这方面有两部作品十分重要——严格来说它们不是完全限定于魏玛共和国,而是关注到了住房政策与建设发展的延续性。首先是格尔德·库恩出版于1998年的作品《法兰克福的居住文化与地方住房政策(1880—1930):通往多元个人社会之路》③。库恩关注的重点是从19世纪晚期至20世纪30年代的"法兰克福住房改革的行政史"(administrative history of Frankfurt housing reform)④。1925—1930年建筑师恩斯特·迈(Ernst May)主持法兰克福住房建设时期代表"从住房改革到住房政策转变"的高潮阶段。由于法兰克福在一战前就是深具住房改革传统的城市,因此库恩作品的主旨在于探究两个时代之间的连续性与变化,以住房政策为基础从民主政治、阶级社会和现代家庭生活变迁多方面展开探索。其次是鲁道夫·巴德的《柏林的资本与住房建设(1924—1940):魏玛共和国和纳粹国家的公

---

① Peter-Christian Witt, "Inflation, Wohnungszwangswirtschaft, und Hauszinssteuer: Zur Regelung von Wohnungsbau und Wohnungsmarkt in der Weimarer Republik", Luth Niethammer (Hg.), *Wohnen im Wandel. Beiträge zur Geschichte des Alltags in der bürgerlichen Gesellschaft*. Wuppertal: Peter Hammer Verlag 1979, S. 385 – 407.

② Michael Ruck, "Finanzierungsprobleme der Althaussanierung in der Weimarer Republik", Christian Kopetzki u. a (Hg.): *Stadterneuerung in der Weimarer Republik und im Nationalsozialismus. Beiträge zur stadtbaugeschichtlichen Forschung*, Kassel: Gesamthochsch 1987, S. 223 – 238; "Die öffentliche Wohnungsbaufinanzierung in der Weimarer Republik. Zielsetzung, Ergebnisse, Probleme", Axel Schildt, Arnold Sywottek (Hg.): *Massenwohnung und Eigenheim. Wohnungsbau und Wohnen in der Großstadt seit dem Ersten Weltkrieg*, Frankfurt/New York: Campus 1988, S. 150 – 200.

③ Gerd Kuhn, *Wohnkultur und kommunale Wohnungspolitik in Frankfurt am Main 1880 bis 1930. Auf dem Wege zu einer pluralen Gesellschaft der Individuen*, Bonn: Dietz 1998.

④ Brain Ladd, "Book Review: Wohnkultur Wohnkultur und kommunale Wohnungspolitik in Frankfurt am Main 1880 bis 1930. Auf dem Wege zu einer pluralen Gesellschaft der Individuen", German History, Vol. 7,3(1999), pp. 435 – 436.

共资金资助体系》①。巴德仍延续维特及鲁特有关公共资金促进住房建设的研究思路,以柏林为具体案例探讨这一机制在实践中的问题与矛盾,尤其是魏玛共和国各级政府间围绕资金分配的协作与冲突,以及纳粹德国对此的调整与新的问题,以此分析公共资金以及政府干预机制对克服住房短缺的作用。

纳粹德国住房政策。 尽管针对纳粹时期重要建筑及城市规划的研究从20世纪60年代起就已展开,但其中有关住房及小定居点建筑的研究数量不多。有关纳粹德国住房政策最全面的分析当属蒂尔曼·哈兰德撰写的教授授职论文《介于家园与居住制度之间:纳粹时代的住房建设与住房政策》②,社会学家出身的哈兰德对于史料的熟悉及透彻理解使该书成为从理论和实践方面全面介绍纳粹住房政策的重要作品:它以时间为序介绍1930—1945年纳粹住房政策基本方针及其背后的意识形态、住房规划与建设活动以及党政住房主管部门(及领导人)围绕住房决策权与建设权的斗争。与哈兰德认为纳粹住房政策是构成纳粹政权现代化的要素之一不同,费勒在其1997年发表的论文《要求与现实:1933—1945年纳粹住房建设政策的失败》③着重分析了纳粹住房建设政策的结构性缺陷——政策设计脱离实际需求、经济重心在于扩军备战及党政大员对住房建设控制权的争夺——对住房市场的消极影响,继而明确纳粹政权的基本结构决定了它的住建政策的执行失败,从而验证了汉斯·蒙森此前有关"纳粹政权本质上不具备执行建设性政策的能力,其掌权者的破坏性意图和观点又占据上风"④的论点。

除上述系统研究纳粹德国住房政策的专著外,还有一系列围绕地方住房政策及工厂住房建设的重要专题研究。前者的主要代表是乌尔丽克·黑伦德尔围绕慕尼黑住房政策展开的调查。⑤ 黑伦德尔首先从市镇(即地方)住房安置的社会史角度再次证实纳粹政权在社会政策承诺与现实达成之间的落差;其次,她通过考察慕尼黑市政当局基本处于发展城市目的推行的建设规划与建设实践,进一步补充20

---

① Rudolf Baade, *Kapital und Wohnungsbau in Berlin 1924 bis 1940*, Berlin: BWV 2004.
② Tilman Harlander, *Zwischen Heimstätte und Wohnmaschine: Wohnungsbau und Wohnungspolitik in der Zeit des Nationalsozialismus*, Basel: Birkhäuser 1995.
③ Karl Christian Führer, "Anspruch und Realität. Das Scheitern der nationalsozialistischen Wohnungsbaupolitik 1933-1945", *Vierteljahrshefte für Zeitgeschichte*, 45(1997), H. 2, S. 225-256.
④ Hans Mommsen, "Noch einmal: Nationalsozialismus und Modernisierung", *Geschichte und Gesellschaft*, 21(1995), S. 391-402,转引自 Karl Christian Führer, "Anspruch und Realität. Das Scheitern der nationalsozialistischen Wohnungsbaupolitik 1933-1945".
⑤ Ulrike Haerendel, *Kommunale Wohnungspolitik im Dritten Reich. Siedlungsideologie, Kleinhausbau und „Wohnraumarisierung" am Beispiel Münchens*, München: R. Oldenbourg Verlag 1999.

世纪90年代第三帝国地方政策史研究内容,通过个例证明纳粹市政当局在地方党政一体化的背景下具有部分行动空间。同时,黑伦德尔对于住房政策在不同政权时期的连续与断裂亦有清晰认识,她对魏玛共和国以来的住房政策及纳粹党政系统利益冲突的详细论述,有助于后来人了解纳粹时期的市政机关结构及其在住房问题上的决策水平。相比之下,后一类研究则出现较早,1979年曼弗雷德·瓦尔茨就出版了以若干工业新城为例探讨纳粹工业城市定居点建设的建设思想与实践的博士论文①;它同时也是研究纳粹德国时期的"新城"规划与建设的经典读物。与一般的工业"新城"不同,纳粹德国的"新城"开创了一种全新的规划范式,即从零开始将纳粹在城市空间中贯彻意识形态与社会控制的意图与实现自给自足的经济目标相结合——沃尔夫斯堡和萨尔茨吉特便是突出的例子。不过瓦尔茨的作品成书较早,而且他将两座新城建设与旧城改造中的意识形态目的做比较,因此得出结论新城住房建设"空间规划的需求高于军事和经济需求"。但其实,如果将新城建设纳入纳粹总体经济发展的脉络中,则新城规划与重新武装及四年计划主导的经济扩张之间的关系清晰可辨。②

1945年之后的德国住房政策。 政治史学者克劳斯·冯·拜默和建筑史学家维尔纳·杜尔特分别在20世纪80年代后半期撰写了有关二战后德国城市重建的作品,前者侧重市政建设政策(包含两个德国),后者则主要围绕西德各主要重建城市的城市规划方案及相关档案的整理。③ 1993年,美国学者杰弗里·M.迪芬多夫出版的《战争之后:第二次世界大战后的德国城市重建》④同样关注西德城市战后重建问题,他立足几座大城市展开对这一城市重建话题的研究,其中也包括战后住房问题的解决。在有限的篇幅内,迪芬多夫通过回顾魏玛共和国及纳粹德国时期住房政策执行的得失,建立起对战后住房问题突出的结构性分析;他对西德住房重

---

① Manfred Walz, *Wohnungsbau- und Industrieansiedlungspolitik in Deutschland 1933–1939. Dargestellte am Aufbau des Industriekomplexes Wolfsburg — Braunschweig-Salzgitter*, Frankfurt a. M./New York: Campus 1979.

② Ariane Leendertz, *Ordnung schaffen. Deutsche Raumplanung im 20. Jahrhundert*. Göttingen: Wallstein Verlag 2008.

③ Klaus von Beyme, *Der Wiederaufbau. Architektur und Städtebaupolitik in beiden deutschen Staaten*, München: Piper 1987; Werner Durth, Niels Gutschow, *Träume in Trümmern. Planung zum Wiederaufbau zerstörter Städte im Westen Deutschlands 1940–1950*, Braunschweig/Wiesbaden: Friedr. Vieweg & Sohn 1988.

④ Jeffry M. Diefendorf, *In the Wake of War. The Reconstruction of German Cites after World War II*, New York/Oxford: Oxford University Press 1993.

建危机克服紧急措施向制度化的住房政策转变的梳理亦十分清晰。相对来说,有关西占区(联邦德国)从二战后至 20 世纪 50 年代的重建及住房建设政策最全面的研究则是君特·舒尔茨在 1994 年出版的教授授职论文《德国重建——1945—1957 年西占区及联邦德国住房建设政策》①。舒尔茨的研究围绕为克服住房短缺危机而采取的住房建设促进机制所面临的政治分歧与经济压力。克劳斯·冯·拜默收录在《居住的历史》第五卷中的论文《住房与政策》②可以说是对其 1987 年专著有关西德住房建设发展的延续(至两德统一)和再补充,着重呈现住房政策从 1945 年的管制逐步转向自由化、但同时兼顾保障性的曲折过程。

在东德方面,迪特·克劳斯·阿恩特早在 1960 年就对苏占区的住房条件与居住需求展开调查③,明确指出东西德住房问题的产生原因并不相同:西德是由于二战前累积的住房缺口,战后房屋严重战损,与巨大的居住需求之间不平衡叠加导致,短时间内无法消化;东德则是因为经济结构、城市规划思路导致的建设速度过慢累积而来。托马斯·托普夫施泰特在论文《民主德国的住房与城市规划》从制度、政策制定以及城市规划思路的角度呈现建设过慢的原因和过程。④ 2004 年,汉斯约尔格·F. 布克重新审视 1945—1989 年民主德国(含苏占区时期)的住房政策,在他正式出版的博士论文《失败的高标准——民主德国的住房政策》⑤对东德住房政策的失败原因进行了透彻而客观的分析。布克明确指出,虽然在建国初期迟迟未解决住房短缺问题,但随着 1955 年工业化住房政策的推行,东德居住条件确实有所改善,至 1971—1989 年时甚至有"相当一部分人的居住舒适度明显提高"。但从统社党制定的目标及与同期联邦德国的发展来看,这一政策并未取得成功,这主要表现在重视新建住房而忽视老住房的维护,从而导致社会差距与空间不平等的产生。虽然布克认为,造成这一结局的原因是与住房政策相连的计划经济体制,但他并未就此作出更为深入的分析。

---

① Günter Schulz, *Wiederaufbau in Deutschland. Die Wohungsbaupolitik in den Westzonen und der Bundesrepublik von 1945 bis 1957*.
② Klaus von Beyme, "Wohnen und Politik", Ingeborg Flagge (Hg.), *Geschichte des Wohnens (Bd. 5: 1945 bis heute: Aufbau, Neubau, Umbau)*, S. 81–152.
③ Klaus Dieter Arndt, *Wohnungsverhältnisse und Wohnungsbedarf in der sowjetischen Besatzungszone*, Berlin: Dunker & Humblot 1960.
④ Thomas Topfstedt, "Wohnen und Städtebau in der DDR", Ingeborg Flagge (Hg.), *Geschichte des Wohnens (Bd. 5: 1945 bis heute: Aufbau, Neubau, Umbau)*, S. 419–562.
⑤ Hannsjörg F. Buck, *Mit hohem Anspruch gescheitert — Die Wohnungspolitik der DDR (=Dokumente und Schriften der Europäischen Akademie Otzenhausen, Bd. 122)*, Münster: LIT 2004.

上述研究各有侧重，为我们理解德国社会福利住房政策在各个时期的发展大有益处。本项研究试图在上述经典论述的基础上，结合一手材料，从住房政策切入，探究现代德国"福利国家"制度在紧张的政治、经济条件下实现存续与发展的曲折过程。

三、结构与材料

除导言和结论外，本研究分为四个章节，以时间为线索叙述德国社会福利住房政策的发生、发展和在不同政权时期——即德意志帝国、魏玛共和国、纳粹德国、联邦德国（西占区）、民主德国（苏占区）——的主要变化。

第一章是德国住房政策的前史，主要围绕两个问题展开：一是讨论从19世纪中叶至德意志帝国时期的住房改革理念及主要形式；二是帝国时期未能形成有效政府干预机制的原因。本章分为三节：第一节分析工业化时代德国城市出现底层民众"居住难"现象及其成因，以及资产阶级改革为此提出的相关改革意见。第二节具体论述受保守主义与社会改良主义不同动机驱动的两种住房改革实践。第三节主要介绍"住房问题"的政治化，及构成日后住房政策先声的地方（城市）政府对住房问题的干预及其成效。

第二章从德国城市的角度出发，论述住房政策在魏玛共和国时期确立、发展和断裂的过程，并揭示中央与地方之间围绕住房问题的互动与角力，分为四节。第一节概述德国在一战后出现的住房危机。第二节具体介绍克服住房危机而启动的"住房统制模式"，正是这一国家强制管制存量住房与推动住房建设的措施构成了德国住房政策的起点。第三节关注的重点是相对稳定时期的德国城市住房建设及其主要特点。第四节深入分析魏玛晚期以住房建设促进机制为代表的福利住房政策被迫中断的多重原因。

第三章主要论述的对象是第三帝国时期"特殊"的社会福利政策，同样分四节。第一节首先概述纳粹党基于对魏玛政策批评的所做的住房政策设计与重要调整，包括住房建设资金市场化及大力推广"定居点"建设。第二节从城市更新项目、工厂新城建设以及纳粹政体三个方面具体分析纳粹福利住房政策实践的具体效果。第三节以"反社会者"和犹太人两类所谓的"共同体异类"为例，着重论述第三帝国住房政策中最特殊的一面，即在居住空间中贯彻种族意识形态，并由此产生的恶劣影响。第四节介绍纳粹政权在二战期间出于解决战前及战时住房短缺所采取的紧急安置措施,即战时住房政策。

第四章介绍战后两个德国的住房政策及其调整。考虑到民主德国的住房政策从接受1946年《盟国住房法》采取住房管制常态化措施,从政策角度来看变化并不大,因此本章的时间下限确定在联邦德国于1962年实际取消"住房统制模式"。由于1945年至60年代联邦德国的住房政策调整变化相当大,且直接构成今天德国住房政策的基础,因此本章论述将侧重于西德政策的连续性与变化。本章分为四节。第一节首先勾勒二战后德国城市所遭遇的灭顶之灾及加重住房危机的特殊问题:回迁德意志人涌入及安置占领国人员。第二节主要介绍战后与住房供应与建设相关的制度设计与规划设想,以及围绕其中的现实问题。第三、四节则以1949年两德正式分裂为起点,分别介绍两个德国的住房政策。

本研究除参考国内外相关研究论著外,主要运用的一手材料包括:魏玛共和国临时国家经济委员会档案[1]、魏玛共和国定居与住房事务档案[2]、纳粹德国地方政策总署档案[3]、纳粹党务办公厅档案[4]、德意志暨普鲁士城市议会档案[5]、普鲁士财政部档案[6]、帝国首都柏林重建建设专员办公室档案[7]、联邦德国国会会议讨论集、联邦德国法律公报[8]、德国及奥地利法律公报历史文本[9]、英国下院会议讨论集[10],以及同时代的新闻报道、论文、报告等。特此说明。

---

[1] Bundesarchiv Deutschland (BArch, 联邦档案馆), R 401/1409, der vorläufige Reichswirtschaftsrat Standort 51 Magazin M 201 Reihe 25 4.2.1922 – 31.7.1925.
[2] BArch, R 3105 Siedlungs- und Wohnungswesen Baugewerbe, Bd.1, 1919.
[3] BArch, NS 25, Hauptamt für Kommunalpolitik 1928 – 1944.
[4] BArch, NS 6, Partei-Kanzlei der NSDAP, 1922 – 1932.
[5] Geheimes Staatsarchiv preußischer Kulturbesitz(GStA PK, 国立普鲁士枢密档案馆文化财团), I. HA Rep. 193A Deutscher und Preußischer Städtetag; Landesarchiv Berlin(LAB, 柏林州立档案馆), B Rep. 142 - 01 Deutscher und Preußischer Städtetage.
[6] GStA PK, I. HA Rep. 151C Finanzministerium.
[7] LAB, Pr. Br. Rep. 107 Der Generalbauinspektor für die Reichshauptstadt Berlin.
[8] 联邦德国法律公报在线数据库:https://www.bgbl.de,(2019年11月1日访问)。
[9] 1849—1945年德国及奥地利法律公报历史文本在线数据库:https://alex.onb.ac.at,(2019年11月1日访问)。
[10] 英国下院会议讨论集在线数据库:https://hansard.parliament.uk,(2019年11月1日访问)。

第一章

德国住房改革运动（1845—1914）

> "越是穷困潦倒的人，相比挣到的钱，他在房子上花出去的钱越多。"
> ——"施瓦贝准则"①

"漫长"的19世纪既是德意志民族完成从诸侯林立、四分五裂的状态走向建立统一民族国家政治任务的时代，也是其跃升为欧洲主要工业国家的重要时期。这期间，现代化与城市化进程彻底变革了德国传统的社会关系：自由放任的资本主义在带起工业繁荣的同时，原先与农业社会联系在一起的安全机制——如普鲁士"与容克农庄等级制—团体性的社会秩序及宗法制度下慈善机构的预防性措施"②——却逐渐丧失功能。贫困、疾病、工伤残疾、老龄化，还有大量人口涌入城市造成的居无定所，不断冲击着底层民众本就艰难的生存状态。其中，失业和居住贫困是自19世纪40年代起进入德国资产阶级视野并广受关注的重大议题。

第一节 "居住难"与资产阶级住房改革观

1872年，德国统计学家恩斯特·恩格尔（Ernst Engel）将"居住难"现象概括为两点：一是可供居住的房屋在数量上表现为持续短缺，无法满足个人居住需求或者

---

① 施瓦贝准则（*Das Schwabesches Gesetz*）是柏林统计局局长赫尔曼·施瓦贝（Hermann Schwabe）在19世纪60年代柏林房租普遍上涨的背景下针对14,022名柏林租户展开调研得出的结论，并于1868年正式发布调研报告。施瓦贝提出，收入下降时住房支出在家庭总预算的份额就会增加，进而揭示出工业化时代德国低收入家庭在居住消费方面负担过重的不利局面。
② 李工真：《德意志"福利国家化"政策的起源及意义》，《武汉大学学报（社会科学版）》，1993年第3期。

用于其他经济用途;二是现有房屋质量不容乐观,房间面积、卫生条件、通风采光等诸多方面都无法达到最低入住标准。① 恩格尔这一表述构成对工业化时代德国住房问题的首个明确界定。它包括三方面的具体表现:住房短缺、居住贫困,以及房租与租户收入的不匹配。②

一、德意志帝国的大众居住情况

"居住难"首先表现为住房短缺。在前工业时代,对于无家可归者的住房救济一般被纳入"济贫"范畴;但进入工业化时代,面对大城市出现的大规模大众住房短缺和居住贫困,过去那些或私人或政府的救济措施已无能为力,只能部分解决城市流浪人口的暂住需求,效果极为有限。以帝国首都柏林为例,柏林统计局1872年发布的报告显示:4月6日,"233户家庭未能找到住处,且同时至少有相当于这个数量的家庭蜗居于一个单间或与人合住";"收容院早已人满为患,大批寻找收容者被劝退";"一些人满足于,或不得不满足于被当地政府'滥用名称'的住处"。③ 无处栖身的家庭因此不得不在柏林各处城门前的空地搭建板房,带上仅有的家当居住其中,从而涌现出大批被称为"板房城"("Barackenstadt")的棚户区——其中最著名的当属科特布斯门前被称为"屠夫草场"("Schlächterwiese")的地方,其环境之简陋被伯恩斯坦(Eduard Bernstein)形容为"仿佛藐视着一切文明"。而比这境遇更差者则携家带口直接露宿街头,诸如非法占据房屋,棚户区居民抵抗警方整治之类的社会事件也时有发生。

1875/80—1900年柏林的居住人口密度(指平均每栋房屋或地皮上的平均居住人数),从58人增至77人。④ 从数据来看,柏林的居住状况即使在全德范围来看

---

① Ernst Engel, "Über die morderne Wohnungsnoth", in Ständigen Ausschuß (Hg.), *Verhandlungen der Eisenacher Versammlung zur Besprechung der socialen Frage am 6. und 7. Okt. 1872*, Leipzig: Duncker & Humblot 1873 S.165.
② Max Rusch, "Kleinwohnungsfrage", in Gerhard Albrecht, u. a. (Hgg.): *Handwörterbuch des Wohnungswesens*, Jena: Fischer 1930, S.427.
③ "Bericht des Statistischen Büro der Stadt Berlin für 1872", in Johann Friedrich Geist, Klaus Kürvers, *Das Berliner Mietshaus 1862 -1945. Eine dokumentarische Geschichte von „Meyer's-Hof" in der Ackerstraße 132 - 133, der Entstehung der Berliner Mietshausquartiere und und der Reichshauptstadt zwischen Gründung und Untergang*, München: Prestel-Verlag 1984, S.108.
④ Clemens Wischermann, "Mythen, Macht und Mängel: Der deutsche Wohnungsmarkt im Urbanisierungsprozess", in Jürgen Reulecke (Hg.), *Geschichte des Wohnens (Bd. 3. 1800 - 1918: Das bürgerliche Zeitalter)*, Stuttgart: DVA 1997 S.337.

也属极端,但其他城市的情况并没有好到哪儿去:夏洛滕堡市(当时尚未并入柏林)原本是聚居资产阶级的传统城市,此时的居住人口密度也从原来的24人增长至60人。在美因河畔法兰克福,住房短缺同样迫使无家可归者四处寻找可以搭建棚户的区域。柏林、汉堡或法兰克福这类大都市多由政治中心抑或贸易城市转型而来,尚可以用"本就人口众多"为自己开脱,但工业革命后出现的新型城市或城镇,如鲁尔、上西里西亚,抑或是萨克森的城镇,由于聚集工矿企业,同样面临严重住房短缺,尤其是工人住房短缺的局面。

面向中下阶层的住房(特别是出租屋)短缺构成德意志帝国时代"居住难"的突出外部表现,由此引发的房租高起和居住条件恶劣则是这一困境的内在属性。据估算,一般大城市房租占熟练工人家庭收入的 20%—25%,占非熟练工人家庭收入 25%—33%。① 但如伯恩斯坦所言,"涨幅高达60%的情况并不罕见。如果有人无法(或不愿)承担这一上涨后的价格,就会被无情地扫地出门;住房除因层层转租而超容外,还造成了彻底的无家可归。"② 即使是有稳定工作的工人之家,有时仅凭一家之主的工作收入也无法完全负担房租。1872年9月4日出版的《新社民党人》(*Neuer Social-Demokrat*)曾报道过一户六口之家,这家人拥有"一间小房间、一间卧室和一个厨房(或附属房间)",然而"卧室被转租给一户家庭,小房间转给租床客。他和家人则睡在厨房:丈夫和妻子睡在床上,四个孩子则不得不打地铺(也没有空间同时放下两张床)。"③

由于无法负担房租,许多底层家庭不得不通过招揽租客分摊房租;但更多的家庭或个人则成为与二房东合住的房客,甚至只能依靠租床度日。当时因此衍生出一系列新名词,如"Schlafgänger"(租床客)、"Aftermieter"(二房客)、"Chambregarnist"(房客)、"Familienfremde"(房客,或直译为"家庭陌生人")都是指代从二房东手中转租居住的群体。1885年,德国各大城市每1,000户家庭中收容的陌生租房客人数分别如下:柏林 229.6 名,慕尼黑 275.1 名,德雷斯顿 231.9

---

① Adelheid von Saldern, "Kommunalpolitik und Arbeiterwohnungsbau im Deutschen Kaiserreich", in Lutz Niethammer (Hg.), *Wohnen im Wandel. Beiträge zur Geschichte des Alltags in der bürgerlichen Gesellschaft*, Wuppertal: Peter Hammer Verlag 1979, S.345.

② Eduard Bernstein, "Steigende Mieten und Lebensmittelpreise und organisierter Kampf um Lohnerhöhungen und den 10-Stunden-Tag nach dem Krieg", in Johann Friedrich Geist, Klaus Kürvers, *Das Berliner Mietshaus 1862–1945*, S.103.

③ "Die Lebenshaltungskosten und Wohnbedingungen einer Berliner Arbeiterfamilie 1871/72", in Johann Friedrich Geist, Klaus Kürvers, *Das Berliner Mietshaus 1862–1945*, S.106.

名,法兰克福(美茵河)207.6 名,汉堡 197.5 名,莱比锡则达到 366.2 名。① 即使到了 1900 年,普鲁士邦 12 座城市的住房调查仍显示:有七座城市收容"家庭陌生人"的家庭比率超过 25%,柏林 1905 年时还有超过 10.4 万名寄人篱下的"租床客"。② 显然,城市住房始终处于满员甚至超容的状态,但德国官方直到 1899—1900 年才正式确认"居住于一居室(含厨房)住房内的人员超过五名,居住于两居室(含厨房)住房内的人员超过十人为"居住超员'(überbevölkert)'"。以柏林为例,24,102 套被确认"超员"的住房中共有 163,270 名住户。

  居住超员还导致居住条件的进一步恶化。首先,很多人不得不蜗居于地下或半地下住所内,这种被称为"地下室公寓"(Kellerwohnung)的住房数量从 19 世纪 60—70 年代起便不断增长:1861 年柏林发布的人口普查显示,当时全市共有 521,933 名居民,其中有 48,326 人居住在地下室中,约占到总人口的 9.3%,这一比例至 1871 年上涨至 10.8%。③ 鉴于这期间柏林人口不断增加,因此地下室公寓中的实际居住人口将更为可观。其次是供暖不足。1861 年柏林全市有 105,811 套住房,但其中最多只有一间房间可以供暖的住房达到 51,909 套;换言之,有近一半的柏林人生活在 4—5 人围着一个暖炉的环境中。④ 到了 1895 年,柏林人口已增至约 71 万,但有 43.7%的柏林人生活在一间能够供暖的屋子里,这间屋子既是厨房,也是起居室和卧室。⑤ 第三,居住条件的恶劣加剧了居民的健康风险。19 世纪 60—70 年代德国大城市的死亡率往往高于其他地区,其中城市儿童的死亡率要高于乡村。到 1877 年时,传染病致死比例已占到全部死亡人口的近 10%,其中肺结核为 14%—25%,肠道传染病 9%,另有 24%的婴儿死于胃肠道的传染病。1876

---

① Christoph Kühn, "Stadtweiterung und hygienischer Städtebau in Leipzig. Zu den administrativen Wurzeln einer Wohnreform um 1900", in Alena Janatkova, Hanna Kozinska-Witt (Hgg.), *Wohnen in der Großstadt 1900 - 1939. Wohnsituation und Modernisierung im europäischen Vergleich*, Stuttgart: Franz Steiner 2006, S.143.
② Michael Arndt, Holger Rogall, *Berliner Wohnungsbaugenossenschaft. Eine exemplarische Bestandsaufnahme und analytische Beschreibung der Merkmale des genossenschaftlichen Wohnens in der Gegenwart*, Berlin: VERLAG Arno Spitz 1987, S.16.
③ Clemens Zimmermann, *Von der Wohnungsfrage zur Wohnungspolitik. Die Reformbewegung in Deutschland*, S.97.
④ Hans Jürgen Teuteberg, "Eigenheim oder Mietskaserne: Ein Zielkonflikt deutscher Wohnungsreformer 1850 - 1914", in Heinz Heineberg (Hg.), *Innerstädtische Differenzierung und Prozesse im 19. und 20. Jahrhundert. Geographische und historische Aspekte* (Städteforschung A/24), Köln/Wien: Böhlau 1987, S.33.
⑤ Renate Kastorff-Viehmann, "Kleinhaus und Mietkaserne", in Lutz Niethammer (Hg.), *Wohnen im Wandel. Beiträge zur Geschichte des Alltags in der bürgerlichen Gesellschaft*, S.271.

年时 1—60 岁普鲁士男性致死疾病中,传染病如肺结核、肺炎/胸膜炎、白喉/哮吼占到了全部死亡人数的 27%。① 城市条件恶劣地区的传染病传播率和致死率又远高于其他城区。除了居住地和房屋内部过于拥挤之外,很多家庭连基本卫生设施都得不到保障。汉堡在 1887 年时仍有两万余居民使用未接入排污管网的厕所,且这些厕所通常多户共用,这就导致霍乱等恶性肠道传染病的感染几率激增。在 1892 年 8—10 月造成超过 8,600 名汉堡人丧生的霍乱大流行中,死亡率最高的是位于内城和港区的五个地区,如毗邻易北河的诺伊斯塔特南区死亡率接近 20%,是富裕的别墅郊区(如罗滕鲍姆)的四倍。② 这些地方居住环境之逼仄,卫生条件之恶劣,令当时到访调查疫情的病原微生物学家罗伯特·科赫(Robert Koch)都大为震撼,称差点忘了自己还在欧洲。

二、"居住难"的建设与经济成因分析

不可否认,大城市住房短缺与居住困境是德国自 19 世纪中叶开启城市化进程以来的突出伴生现象。恩格斯在 1872 年出版的《论住宅问题》(*Zur Wohnungsfrage*)中对此已有精辟论述:随着大量农业人口被吸引至首都或工业城市,"老城市布局已经不适合新的大工业的条件和与此相应的交通;街道在加宽,新的街道在开辟,铁路穿过市内。正当工人成群涌入城市的时候,工人住房却在大批拆除。于是就突然出现了工人以及以工人为主顾的小商人和小手工业者的住房短缺。"③

随着城市化进程加深,人口迁移并不局限于无产阶级,富裕人口也开始向城市集中。他们购置房产,享受城市带来的生活便利——这是自乔治—欧仁·奥斯曼(Georges-Eugène Haussmann)开启巴黎改造方案后出现的景象。城市功能和格局的变化不再单纯以工业为导向,贸易、商业和服务业同样改变着现代大都市的面貌,以便从中获取商机和所需的劳动力。城市核心区不仅出现了耗费巨资建设的商务楼、百货公司或"奢侈的豪宅",在像慕尼黑、柏林这样的政治中心城市,内城区还被视为设立政治、行政和文化机构的最佳区域。城市更新和扩张,催生出内城区

---

① Clemens Zimmermann, *Von der Wohnungsfrage zur Wohnungspolitik. Die Reformbewegung in Deutschland*, S.82.
② Richard J. Evans, *Death in Hamburg. Society and Politics in the Cholera Years 1830 – 1910*, London: Clarendon Press 1987, p.422.
③ 恩格斯:《论住宅问题》,《马克思恩格斯文集》(第三卷),中共中央马克思恩格斯列宁斯大林著作编译局编译,北京:人民出版社 2009 年版,第 250 页。

所谓的"垄断性位置"。按照当时的国民经济学家卡尔·柯尼斯(Karl Knies)的说法,"就商品用途而言,人们在城墙内(或城区内)获得的地皮,是大量城外地皮所无法与之匹敌的"。① 受此影响,大量过去的居住用地被改为商用,面向大众的廉价住房或被大量合并,或因过于老旧而被大量拆除。地价上升与供应减少,导致市中心的住房价格或房租以"同一地区的商业地产价值"为参考。

  19世纪中叶的德国市政当局很少持有土地,城市地产完全私有,地主则向城市缴纳税金。虽然当时德意志邦国林立,各地围绕土地税收的规则不一,不过大多数城市在19世纪90年代之前只征收极低的地产税——巴伐利亚首都慕尼黑甚至直到19世纪末土地税税率都维持在0.2%—0.5%。② 正因为缺乏对获取私人土地的有效制约,土地被当成投资品加以囤积或倒卖,这反过来影响它兴建城市建筑物的正常用途,城市住房供应状况因此进一步恶化,抨击土地投机遂成为19世纪下半叶流行德国各地的时代话语。但同时历史学家卡尔·克里斯蒂安·费勒通过对德意志帝国城市土地利用的宏观考察提示,强势上涨的城市土地价格本身是1850年之后德国从农业社会迈向工业社会时的经济和社会转型的直接反映。③ 住房供应持续紧张往往伴随帝国经济蓬勃发展而来。整个帝国时期存在多个住房供应紧张的年份,除前一节已述及的1871—1875年外,1884—1890年、1900年、1910—1913年均出现供应紧张问题甚至爆发危机,这些年份又恰恰是德国经济的景气年。④

  住房建设市场与经济景气背道而驰的现象之所以如此突出,原因主要有二:一是私有经济占主导下的德国房产业的融资模式;二是国家宏观经济调控。随着工业化时代的住房建设日益脱离业主的自住需求,成为市场需求导向的商品,出现了如柯尼斯在1859年所说"大多数新建住房被建造出来,并非用来居住,而是为出售或出租"⑤的现象,住房的投资属性因此格外清晰。但在德国,私人开发商一般只

---

① Hans Jürgen Teuteberg, "Eigenheim oder Mietskaserne: Ein Zielkonflikt deutscher Wohnungsreformer 1850–1914", S. 29, Anm. 18.
② Clemens Zimmermann, *Von der Wohnungsfrage zur Wohnungspolitik. Die Reformbewegung in Deutschland*, S. 173。
③ Karl Christian Führer, *Die Stadt, das Geld und der Markt. Immobilienspekulation in der Bundesrepublik 1960–1985*, Berlin/Boston: Walter de Gruyter 2016, S. 16.
④ Elisabeth Gransche, Franz Rothenbacher, "Wohnbedingungen in der zweiten Hälfte des 19. Jahrhunderts 1861–1910", *Geschichte und Gesellschaft*, 14(1988), H. 1, S. 72.
⑤ Karl Knies, "Über den Wohnungsnothstand unterer Volksschichten und die Bedingungen des Miethpreises", *Zeitschrift für die gesammte Staatswissenschaft*, 15(1859), S. 89.

持有少量资本,占总建设成本的 10%—25%,且大多为实物资本,主要是待开发的地块。由于资金并不雄厚,建筑商就必须进行建设融资,而贷款又分为一级和二级两种贷款形式。一级贷款来自房地产金融机构,能解决实际建设成本 60%—70%的资金,剩余资金就需要二级贷款来解决;二级贷款主要源于私人投资。帝国时代并未形成面向私人建筑商、由私人资本组成的规范二级贷款市场(如建筑储蓄所)或小额贷款机构——它们的出现一直要到 20 世纪 20 年代。当时招揽小额投资的主要方式是登报募集或通过掮客介绍,因此二级贷款利率通常较一级高两个百分点。①

资本获取难度与较高利率无疑推高了私人开发商的建设成本,但还有另一个无法回避的问题,即无论是机构贷款还是私人贷款,即使是在自由放任经济时代,仍会在一定程度上受到国家经济政策的影响。一般而言,帝国银行会根据当下的经济状况调整贴现率,在经济景气和贸易入超严重时期提高贴现率以避免通货膨胀。但此举也会促使金融机构和私人投资同步抬高其贷款利率,住房建设的融资成本随之增加。再加上同期建材成本的上涨,私人开发商想通过建设面向大众的出租公寓获利的空间就肉眼可见地收缩,其建设意愿和生产活动也因此下降。反过来,虽然经济不景气时期的机构贷款利率确实会因国家贴现率下降而下降,但全行业普遍不景气一定程度上也会削弱私人投资的意愿,转投其他更赚钱的行业。此外,考虑到房产业从投资决策到实际执行存在较长准备期,因此总体经济形势变化对行业的影响会出现一定的延迟,一旦房产业本身对外部资金的依赖度过高,这一延迟效应会进一步深化"住房危机",其结果是"以人口发展和家庭建设为导向的住房产品生产无以为继,同时周期性的住房短缺又被内化为一种长期的制度缺陷"②。

尽管如此,德国建筑行业在 1851—1913 年间整体仍呈向上发展态势,每年平均约有 30%的资本会被投入非农住房的建设。只不过相对于面向资产阶级居住需求的地产开发,城市工人住房建设依旧鲜有人问津。个中原因亦不难理解:前者因获利稳定而在帝国时代逐步迈向股份公司形式的现代资本运作,而后者的建设

---

① Peter-Christian Witt, "Inflation, Wohnungszwangswirtschaft und Hauszinssteuer. Zur Regelung von Wohnungsbau und Wohnungsmarkt in der Weimarer Republik", in Lutz Niethammer (Hg.), *Wohnen im Wandel. Beiträge zur Geschichte des Alltags in der bürgerlichen Gesellschaft*, S.389.
② Peter-Christian Witt, "Inflation, Wohnungszwangswirtschaft und Hauszinssteuer. Zur Regelung von Wohnungsbau und Wohnungsmarkt in der Weimarer Republik", S.390.

仍维持前现代的小作坊模式。由于缺乏资金,这些小建筑商不仅需要背负贷款,还要面对来自建材供应商的成本压力,因此极易受整体经济形势影响①;同时,低收入群体住房对建筑业本身的结构性资金缺陷敏感度很高,进一步造成建设与供应的不稳定。而这一群体人数庞大,牵涉更广,因此住房供应紧张十分突出。

租赁是另一个影响低收入群体住房供应的重要环节。一般来说,完全自由市场条件下的租金价格与建设、维护成本及利润直接挂钩。其成本部分由以下三部分构成:

1. 建设成本,即建设用地、劳动力和建筑材料成本,也包括筹措建设资金和抵押贷款在内的融资成本;

2. 由产权所有人承担的各类支出,包括资本的利息、摊销和运营成本(如土地税、公共事业收费、保险费和管理费)、维修成本和租金坏账风险;

3. 其他客观因素,如房屋完工后价值和住房市场波动。②

城市更新造成的土地价格上涨和可供出租的住房减少,再加上相对不稳定的投资成本,必然导致房租上涨。在市场机制下,私有房产的所有者会倾向于将房屋出租给出价最高的人——柯尼斯早在19世纪50年代末就打过这样的比方:一个手工工匠"但凡能从陌生人那里获取更多的租金,就绝不会留他的伙计住在自家房子里"。③ 在这种情况下,普通劳动者的居住环境只会每况愈下。这一群体本就没有能力拥有一套自己的房子,如今面对不断上涨的房租价格,本不充裕的收入就越发日益捉襟见肘。而其中收入不稳定,流动性高的那部分最底层民众,只能通过进一步降低居住需求以减少居住开支,廉价、条件恶劣(尤其卫生条件差)的住房成为首选——他们甚至可以与人合租分摊房租,或仅仅只租一个过夜床铺凑合。

"柏林大院"(Berliner Hofbebauung)正是集合上述各种要素的产物,它也因此被视为象征德意志帝国底层民众居住贫困的经典意象——虽然它最初是城市规划的产物。出于交通、消防安全及公共卫生利益考虑,1853年的《柏林及其建筑警察管区的建筑警察条例》(*Baupolizeiordnung für Berlin und dessen Baupolizeibezirk*,简称《柏

---

① Christoph Bernhardt, "Aufstieg und Krise der öffentlichen Wohnungsbauförderung in Berlin 1900 – 1945. Zusammenhang und Brüchigkeit der Epoche", in DEGEWO u.a (Hgg.), *Ausstellung Wohnen in Berlin. 100 Wohnungsbau in Berlin*, Berlin: Edition StadtBauKunst 1999, S.46.

② "Mietpreisbildung und Mietspreise", in Gerhard Albrecht (Hg.), *Handwörterbuch des Wohnungswesens*, S.551.

③ 转引自 Hans Jürgen Teuteberg, "Eigenheim oder Mietskaserne: Ein Zielkonflikt deutscher Wohnungsreformer 1850 – 1914", S.30。

林建筑警察条例》)不仅专门划定了建筑控制线(Fluchtlinien),还根据城区街道宽度对临街建筑高度作出明确规定:街道宽度超过15米,私人开发商(或地产主)可根据实际需要决定临街建筑物的高度;小于15米,则临街建筑物高度为道路宽度1.25倍。[①] 同时,市政当局根据建筑物临街长度课征地方附加税(称"租赁税"[Mietsteuer],直到1893年才被取消)。相比德意志其他邦国相对宽松的私有土地监管,土地投资者购入柏林城市土地需缴纳税额较高。因此,为了以最少的纳税额实现最大的利润,土地所有者千方百计钻监管政策的空子,最终结果是催生出柏林大院这一直到20世纪仍广受诟病并影响整个德国城市的居住街区"奇景":街道被划分成一条条狭长的地块,临街长度为20米,深度却可达56米。这些地块上分布有三进以上的院落,每一个院落内建有大约6座4—5层楼高的出租房,最高可达六层(22米,另有一层为半地下,见图1)。这些被称为"后楼"(Hinterhäuser)的出租屋一般与临街建筑(也称"前楼",Vorderhäuser)等高,但更多的情况是高于前楼,因为它不受建筑警察条例的限高约束。后楼出租房彼此之间以连廊相连,围合出狭小的天井(5.3平方米见方),每个院落呈现层峦叠嶂的效果。出租屋至少一半的窗户朝向天井,但鉴于天井狭小,通风采光条件十分恶劣,有些区域甚至仅靠卧室天窗通风采光。一栋"标准"的七层楼内的出租屋(不设厨房)大小为15—30平米,供1—3人居住;据估算,一处"柏林大院"可容纳325—650名住户。但实际

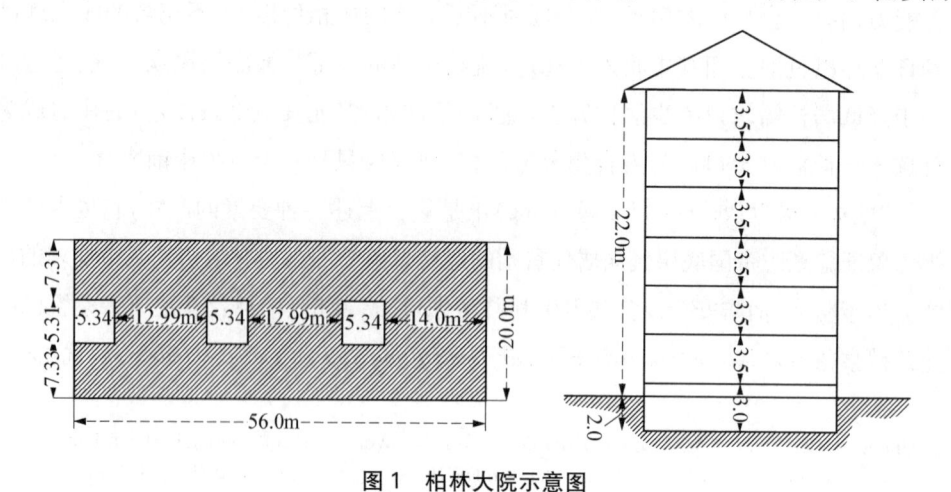

图1 柏林大院示意图

(图片来源:Werner Hegemann, *Das steinerne Berlin. Geschichte der größten Mietskasernenstadt der Welt*, S. 213.)

[①] Werner Hegemann, *Das steinerne Berlin. Geschichte der größten Mietskasernenstadt der Welt*, S.212.

情况可能更为糟糕,地产主往往会尽最大可能往楼内塞进居住单元,院子、阁楼、地下室、楼梯间都规划了房间,有时一进院落可以规划出100套甚至更多套的居住单元。① 由于条件极度恶劣,这些后楼出租屋被称为"出租兵营"(Mietskaserne)。坐落于柏林工人聚居区维丁的"迈耶大院"(见图2)建于1873/1874年,是柏林最著名的出租屋大院之一,它由一栋前楼建筑和五栋后楼出租屋组成,最多时可容纳超过1,000名住户。

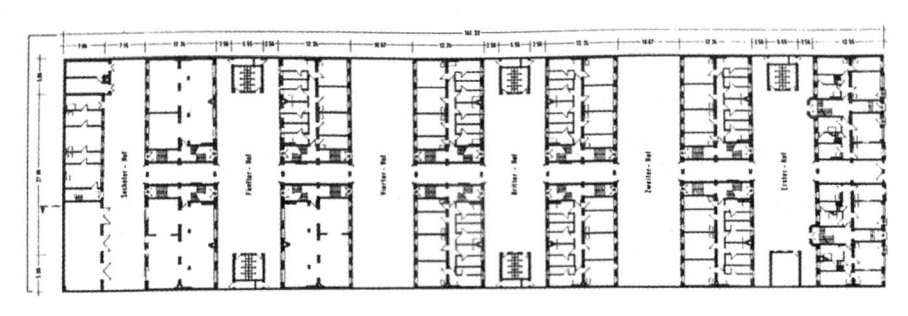

图2 柏林迈耶大院平面图

图片来源:[德]迪特马尔·赖因博恩:《19世纪与20世纪的城市规划》,虞龙发等译,杨枫校,北京:中国建筑工业出版社2009年版,第18页图2.9。

值得注意的是,柏林大院虽被租户塞得满满当当,但投资"小人物"住房的收益其实"既不丰厚,亦不稳定"。"德国土地改革者联合会"(Bund Deutscher Bodenreformer)曾为鼓励建设工人住房提出"出租(房屋)即可坐享受4%利润",但当代历史学家阿登海德·冯·萨尔登对此却表示怀疑,认为这只是一种宣传口径。她明确指出,租金收入在当时并不稳定,由于能够承担收租任务的物业公司屈指可数,房东不得不凡事亲力亲为,而4%的利润就意味着房东必须不厌其烦地上门收租。上述宣传也未将小住房快速折旧及其他租赁双方纠葛纳入考量。② 此外,房产主和房东的社会背景也千差万别。很多人"靠年金过活",不仅谈不上富裕,甚至因为收入不稳定而迫切需要依靠租房收益作为保障。因此,在存在其他投资渠道的情况下,寄希望于投资工人住房的建设与出租发家致富显然不太现实。这就构

---

① Werner Hegemann, *Das steinerne Berlin. Geschichte der größten Mietskasernenstadt der Welt*, S. 212; Renate Karstorff-Viehmann, "Kleinhaus und Mietkaserne", in Lutz Niethammer (Hg.), *Wohnen im Wandel. Beiträge zur Geschichte des Alltags in der bürgerlichen Gesellschaft*, S. 287.
② Adelheid von Saldern, "Kommunalpolitik und Arbeiterwohnungsbau im Deutschen Kaiserreich", Lutz Niethammer (Hg.), *Wohnen im Wandel. Beiträge zur Geschichte des Alltags in der bürgerlichen Gesellschaft*, S. 345.

成了帝国时代由"居住难"引发的更深层次社会矛盾。

三、住房改革运动的主要观点

1861年,柏林市政府首次将通过人口及住房普查得出的城市居住难结论向公众披露。但其实早在40年代,诸如冯·阿尼姆、施奈尔这样的资产阶级知识分子已敏锐地捕捉到底层民众的居住困境,并被视为全社会将面临的重大难题之一,进而引发不同出身、职业的社会活动家与知识分子探索投身解决之道。具体而言,从德国的住房改革观点可以梳理出从社会福利出发的保守主义路径和立足经济学视角的社会自由主义两条路径,前者的主要代表是维克多·艾梅·胡贝尔,后者的主要代表则是经济学家卡尔·柯尼斯与尤里乌斯·福赫尔(Julius Faucher)。

(一) 胡贝尔的住房改革观与实践构想

胡贝尔(1800—1869)是德国住房改革运动公认的先驱。他起初是药剂师,后来成为柏林大学的文学史教授和基督教保守派杂志《两面神》(*Janus*)的出版人。除了职业履历丰富,胡贝尔还游历英国、法国和比利时等国,这些经历促使他形成从理论与实践两个层面解决对广大劳动阶层贫困问题的看法。作为德国"真正"全面介绍工业化时代住房问题的第一人,胡贝尔在40年代前后就将工人住房问题视为维系全社会命运的重大议题,明确提出"无论住房好坏,都关乎生存的问题"。

胡贝尔首先详细阐述了住房、家庭与社会秩序之间的因果关系,将住房之于家庭的重要性与"躯体状况——无论生病还是健康,无论残疾还是健全——之于个人的意义"相提并论。虽然他不否认可能存在例外的情况,但他始终强调,糟糕的住房必然影响家庭的繁荣,而底层民众的住房短缺则将明显影响居民的整体生活水平。[①] 这一观点随后得到社会学家古斯塔夫·施莫勒、恩斯特·恩格尔等人创立的"社会政策协会"(Verein für Socialpolitik)的进一步发展,如施莫勒就曾在《住房问题警告》(*Mahnruf in der Wohnungsfrage*,1886)一文中写道:

"由于居住条件(的窘迫),当今社会使得大城市的工厂无产者中的底

[①] Victor Aimé Huber, *Concordia. Beiträge zur Lösung der sozialen Frage in zwanglosen Hefen*, H.2: Die Wohnungsfrage, 1. Die Noth, Leipzig: Gustav Maher, 1861, S.13.

层重新陷入残忍野蛮,为非作歹的状态成为彻底的必然。我想说,我们的文化所面临的最大威胁恰来自于此。……—旦触发革命,我们就无法阻止大城市中的底层阶级因为他们的居住环境而沦为蛮族,野兽般的存在。"①

在施莫勒看来,底层民众的"居住难"问题不仅会导致他们自身的道德沦丧,还因与"无产者日益增长的骚动"挂钩而成为危害整个现存统治秩序的威胁。施莫勒这一住房危机将引发社会危机的论点正出自胡贝尔。

其次,胡贝尔将民众的居住需求分成主观和客观两类,但他认为,在现有的居住条件下,底层民众对住房的主观需求已变得麻木不仁,例如工人们经常把"脏(屋子)才暖心"("Schmutz ist Wärme")挂在嘴边,因此工人的主观要求并不能作为重要的评价指标,需要资产阶级或知识精英为其制定客观标准。用他的话来说,要"根据居民的社会地位,符合本国社会道德与行为规范,不会对身心造成任何损害,建设不仅能够居住,而且还要尽可能舒适且宜居,真正满足需求的好房子"。② 在胡贝尔的观念中,"好"房子需要包含如下要素:通风、采光、供暖、供水;同时还要兼顾房子的大小和格局——至少要有个起居室、一间卧室和一间可以派其他用场的房间。③ 这就构成了胡贝尔住房改革观的另一重要面向,即谋求能够解决问题的应对之策。

据此胡贝尔认为,住房改革实践的核心在于解决同一屋檐下到底应该分隔出多少套住房才合理的问题。他提出,一般可以有三种解决途径:1. 以英国式的"村舍"(Cottage)为蓝本,可容纳1—4户家庭(最多不超过6户)居住的独户或多户住宅;2. 至少可以提供100套公寓的出租屋大楼;3. 将第一类房屋以"墙挨墙或彼此保持一定距离的方式"分布在某块土地上,即行列式住房(或背靠背住房)。④ 对深受英国空想社会主义者思想影响的胡贝尔而言,独栋的独户或多户住宅是最理想的选择,但他也同意应根据实际情况决定住房形式。⑤ 而在实现形式上,他的建议

---

① 转引自 Werner Hegemann, *Das steinerne Berlin. Geschichte der größten Mietskasernenstadt der Welt*, S. 266f.
② Victor Aimé Huber, *Concordia. Beiträge zur Lösung der sozialen Frage in zwanglosen Heften*, S. 15.
③ Hans Jürgen Teuteberg, "Eigenheim oder Mietskaserne: Ein Zielkonflikt deutscher Wohnungsreformer 1850-1914", S. 25.
④ Victor Aimé Huber, "Über die geeigneten Maßregeln zur Abhülfe der Wohnungsnoth", *Der Arbeiterfreund*, 3(1865), S. 151.
⑤ Victor Aimé Huber, "Über die geeigneten Maßregeln zur Abhülfe der Wohnungsnoth", S. 152.

是采取小团体互助——即合作社(Genossenschaft)①方式。事实上,合作社建房并非他的独创,19世纪中期前后,英国的"社团"(Association)概念在欧洲十分流行,人们期望"新兴的社会福利运动能够借助社团治愈所有社会伤痛",而住房问题作为其中的痼疾更应"率先通过一些小团体带有合作性质的努力"加以解决。② 这些小团体便是合作社,而非国家力量。

从1846年起,胡贝尔开始宣传在农村建立新的定居点的观点,以这个被他称为"内部殖民"(Innere Colonisation)的计划践行合作社建房努力。他的计划是在位于城市郊区与周边农村交界处——这些地方或地价相对便宜,或靠近大型工业企业——兴建定居点。定居点可分为三种类型:20—100户家庭的小型定居点,100—500户家庭的大型定居点,或是可以容纳20—30名至50—200名单身工人的宿舍区。③ 基本的居住和经济单元是带有小片菜地的独栋小房子。此外,他构想中的定居点还应包括一系列公共设施,如行政管理设施、学校、图书馆、教堂,以及能为居民提供价格合理食物的消费协会。在当代历史学家汉斯·J.托伊特贝格看来,这个经过合理规划在绿地中新建住所的方案甚至可以认为是日后田园城市运动的先声。④ 但不可否认胡贝尔对于独栋小房子的追求,主要出发点还是提高普遍住房短缺的时代民众的道德水平,促进他们身心健康,提高收入。因此,无论是他个人,还是他的相关著作,都深刻影响了当时和日后的住房改革理论与尝试。

(二) 柯尼斯与福赫尔的住房改革观

不同于胡贝尔从社会角度分析住房问题,卡尔·柯尼斯(1821—1898)更乐于从经济学角度系统地看待这个问题。柯尼斯1846年在马堡取得教授资格,期间曾

---

① 根据奥托·冯·基尔克斯(Otto von Gierkes)的考察,合作社最早可以追溯到政治、社会和经济领域形成的共同体。但现代意义上的合作社对其成员不再具备秩序的约束力,而是确保成员的经济利益,例如储蓄合作社、信用社、贫困农民的牲畜储蓄所和工人协会的疾病、伤残和抚恤基金之类的机构。参见 Kai Detlev Sievers, "Anfänge der Baugenossenschaftsbewegung in Norddeutschland zur Zeit des Zweiten Deutschen Kaiserreiches", in Hans Jürgen Teuteberg (Hg.), *Homo habitans. Zur Sozialgeschichte des ländlichen und städtischen Wohnens in der Neuzeit*, Stuttgart: Steiner/Münster: Coppenrath 1985, S. 355。
② Hans Jürgen Teuteberg, "Einführung der 'Wohnungsfürsorge, genossenschaftlichen Selbsthilfe, Wohnungspolitik'", in ders (Hg.), *Homo habitans. Zur Sozialgeschichte des ländlichen und städtischen Wohnens in der Neuzeit*, S. 334.
③ Hans Jürgen Teuteberg, "Eigenheim oder Mietskaserne: Ein Zielkonflikt deutscher Wohnungsreformer 1850 - 1914", S. 27.
④ Hans Jürgen Teuteberg, "Eigenheim oder Mietskaserne: Ein Zielkonflikt deutscher Wohnungsreformer 1850 - 1914", S. 26.

旁听过一些胡贝尔的讲座,可能就此引发他对住房问题的兴趣。1859年,柯尼斯在弗赖堡发表了引起轰动的论文《论下层民众的住房困境与租金条件》(Ueber den Wohnungsnothstand unterer Volksschichten und die Bedingungen des Miethpreises)。他同意胡贝尔的基本结论,认为当前住房问题的根本症结在于面向底层民众提供的"廉价的、糟糕的甚至不健康的住房"供应太少。身为经济学家的柯尼斯在论文中强调:要找到补救办法,首先需要搞清楚住房的真正属性。柯尼斯认为,在19世纪自由市场经济的条件下,住房作为商品的盈利属性十分突出,尤其房产价格和房租直接与成本和利润挂钩。只有尊重这一经济法则,才有可能提供充足的廉价住房;而仅凭道德呼吁、基督教慈善和国家福利救济,无助于问题的解决。因此他既不相信詹姆斯·霍布莱希特(James Hobrecht)不同社会阶层通过共居同一屋檐下实现阶层融合的社会浪漫主义观点[①]能够实现,也不认同胡贝尔完全出于道德的合作社建房方案。

按照柯尼斯对住房成本构成的分析,普通工人因为收入不稳定无力负担产权自有的小房子,而他们"为位于所谓'好'房子里的较好设施"所支付的房租,其实也无"舒适"可言。唯一能够切实解决住房短缺的方法是在地价仍较低的地区建造住房。柯尼斯就减少土地成本的见解基本与胡贝尔观点一致,但他认为,还需要通过额外放弃一些"不必要"的支出以降低建设成本。柯尼斯的解决方案是尽可能建造能提供大量居住单元的大型出租屋大楼,即前文中的"出租兵营",但由股份制的大型建设企业进行建造。这类企业的优势在于拥有建造大型住房项目的执行力,可以凭借最经济的成本改善空间、通风和采光问题;同时也不会因为私人租赁纠纷而危及企业自身的存亡,继而影响住房供给。[②] 总之,柯尼斯坚持认为只有产业化的股份制企业才能从事大规模的小房子生产,并进行合理投资。

19世纪60年代中期,主张贸易和经济全面自由的德意志经济学家大会(Kongreß deutscher Volkswirte)也开始间或探讨住房改革。大会成员虽然和柯尼

[①] 霍布莱希特是柏林的市政建设顾问,于1858—1861年编制了《柏林土地利用规划》(Bebauungsplan der Umgebungen Berlins,亦称"霍布莱希特计划"),他的"阶层融合"观念最突出体现在如下表述中:"在出租屋街区,从地下室出来前往免费学校的孩子们和前往文理学校的议员或商人家的孩子共用同一条走廊。生病时这家的一碗滋补汤,那家给一件衣裳,在获取免费教育时给予类似大力协助这样的事——以及因居民之间的友善关系而产生的一切,它们尽管情况各异,但性质相同,都是一种对施予者产生高尚影响力的援助。"此处引文出自 Harmut Häußermann, Andreas Kapphan, *Berlin. Von der geteilten zur gesplateten Stadt*, Opladen: Leske+Budrich 2000, S. 34。

[②] Hans Jürgen Teuteberg, "Eigenheim oder Mietskaserne: Mietskaserne: Ein Zielkonflikt deutscher Wohnungsreformer 1850 - 1914", S. 31。

斯一样希望以私营建筑经济解决住房问题,但他们思考的方向更现实。奥地利出生的出版人尤里乌斯·福赫尔(1820—1878)是曼彻斯特学派在德意志的重要代表,他在1863年创办《国民经济与文化史季刊》(*Vierteljahrsschrift für Volkswirthschaft und Kulturgeschichte*)分析住房问题。不过,福赫尔虽然支持自由市场经济,却强烈批判柯尼斯鼓吹的大型出租屋大楼。他认为德意志城市(甚至还包括法国巴黎、俄国圣彼得堡等地)出现"出租兵营"现象的根本原因是城市地价上涨,地产主这才会在有限的土地上尽可能建造更多的住房。而柏林的住房困境之所以更为突出,在于它的建筑条例和土地利用规划。在上述情况下,城市人口的增加只会进一步推高地价和房租。因此,福赫尔明确提出,仅通过限制民众的居住需求于事无补,要彻底扭转局面,需要转变的是用地习惯和建筑形式,即"不再通过这种堆积高层建筑的方式对建设用地进行榨取,而是利用更大面积的土地",这种转变"只有在民众习惯了除爬楼梯之外的方式"才能实现。① 福赫尔这里所说的"爬楼梯习惯"意有所指,指的便是那种一般建筑在狭长地块上、层层叠叠的"出租兵营"大楼,而他给出的替代方案则是在城市郊区建设英国式独门独院住房。福赫尔认为这种自17世纪发展起来的居住类型能够满足工业化大城市的居住需求,所以他主张进一步扩大城市边界,并通过配置价格低廉的短途交通来弥补通勤上的不足。在福赫尔的方案中,住房形式与胡贝尔的颇有共同之处,两者均以英国居住模式为蓝本;但在建设融资问题上,他又站到柯尼斯的一边,提倡通过资本运作大建筑企业来进行建设,以达成盈利和解决住房问题的双重目的。

相比两位同行,福赫尔的住房改革观还有其独到之处。他的一系列论文率先挖掘出诸多影响居住条件的非经济因素,如居住偏好、租赁合同等。福赫尔发现,在他生活的时代,底层民众大多仅愿意在家和工厂之间短距离通勤,原因是很多工人的午饭需要由他们的妻子用饭盒带去工厂。② 这一工人阶级的日常生活习惯决定了工人家庭更愿意蜗居于条件奇差的"出租兵营",而不是搬去交通不便的郊区。他还详尽论证了房屋租赁中的不公平现象:租约条款十分苛刻,合同制定从一开始就偏向房屋所有人(或房东)、特别是他们享有解约权;房屋所有人(或房东)可按照户型大小按月、季度和半年解约;出租公寓的规模越大,则房屋所有人的话语权越

---

① Julius Faucher, "Die Bewegung für Wohnungsreform", *Vierteljahrsschrift für Volkswirthschaft und Kulturgeschichte*, 4(1866), S.94.
② Hans Jürgen Teuteberg, "Eigenheim oder Mietskaserne: Mietskaserne: Ein Zielkonflikt deutscher Wohnungsreformer 1850-1914", S.35.

大。除了租金拖欠即取消租赁合同外,若租户不遵守合约,房东可在不事先告知的情况下将其扫地出门,逐出住所。① 正因为如此,对19世纪下半叶的底层租户而言,居住安全感很难得到保障。此外,虽然支持自由放任的住房经济,但福赫尔已预见性地提出,可以通过私营住建业与国家合作的方式解决住房问题。他的研究一方面提示出地方税制、建筑条例与住房问题之间存在因果关系,另一方面又明确指出私营建筑企业要么没有意愿,要么没有能力贯彻住房改革的一系列要求。在此情况下,亟需政府出面解决问题。

底层民众愈演愈烈的住房短缺与居住条件恶劣,日益激化为各类社会矛盾:19世纪50年代末60年代初,汉堡、布雷斯劳(今天波兰的弗罗茨瓦夫)、马格德堡和斯德丁(今天波兰的什切青)先后爆发租户骚乱,情况之混乱甚至引起其他德意志邦国官方的重视。柏林的住房冲突更是在1863年第二季度末达到顶峰,内城区之一的路易斯城的大批民众因无家可归而聚集示威,他们甚至堆起街垒与警方对峙。这些冲突揭示出城市底层的"居住难"趋于白热化,维尔纳·黑格曼(Werner Hegemann)甚至称之为:"比偶尔爆发的霍乱对舆论的刺激更甚"②。显然,冲突已激发出资产阶级的不安,认为自己现世安稳的处境正面临极大挑战。因此,他们率先做出反应,住房改革运动正是在这一背景下应运而生。尽管从胡贝尔到柯尼斯、福赫尔,他们的大多数观点在19世纪60年代仍停留在理论探讨阶段,但这些人对住房问题成因的多角度分析,很快将指导各类为"小人物"提供"恰当"住房的社会实践。

第二节 解决"住房问题"的非政府尝试

社会力量解决住房问题的主要思路大致有两类:一为奉行家长制的大型工矿企业所推崇的"工厂住房"(Werkswohnung)模式,简单来说是通过在工业地区兴建类似乡村聚落的员工宿舍或居住区,将工人重新"束缚于土地之上"。另一类则是各类社会团体(如合作社)推动的公益性住房建设,带有实验性质。后者的社会改革意图相对于前者更为明显,因为它试图"通过克服各类围绕土地及房产的投机行为,通过规划更宽敞更健康的现代建筑形式,服务大众,最终实现全新的产权

---

① Albrecht Gut, "Wohnungswechsel", in Albrecht Gut u. a. (Hgg.), *Handwörterbücher des Wohnungswesens*, S. 840.
② Werner Hegemann, *Das steinerne Berlin. Geschichte der größten Mietskasernenstadt der Welt*, S. 243.

制度。"①这些由社会力量提供的住房产品大多被称为"小房子"(Kleinwohnung),即所谓"根据房间数量、居住面积大小和租金高低,为'小人物'提供的住房"。② 1930年出版的《房地产手册》(Handwörterbuch des Wohnungswesens)给出更为具体的定义:"小房子"是指"包含厨房在内房间数不超过三间"的住宅。③ 从产权来看,"小房子"包含两种不同形式④:一是房屋产权归屋主的"由一户或两户住宅组成的小房子",也就是恩格斯笔下"带小菜园的小宅子",部分以企业补贴形式建造的工人住宅及早期的合作社住房大多属于此列。另一种则是带有明显租赁性质的高层建筑,即出租屋大楼——得到柯尼斯推崇,却在帝国时代广受批评的"出租兵营"便属于此。不过,无论由谁出资建造,产权归属如何,"小房子"需要根据"是否限制建设盈利"⑤区分公益性或盈利性住房。

一、企业住房政策

德国住房史学者君特·舒尔茨将企业住房政策总结为"企业主(工厂、雇主)为其雇员建造住房,及为之提供资金及其他支持住房建设的一切措施"。⑥ 企业住房政策的形式多样,根据企业保障员工个人居住权益的方式,可以分为工厂直接建房(即下文中的"工厂住房")和工厂补贴住房两类,其房屋产权有所不同。这里讨论的"企业住房政策"主要讨论产权归企业所有的工厂住房及相关措施。

---

① Lutz Niethammer, Franz Brüggemeier, "Wie wohnten Arbeiter im Kaiserreich?", *Archiv für Sozialgeschichte*, Band 16(1976), S.63.

② Ulrich Blumenroth, *Deutsche Wohnungspolitik seit der Reichsgründung. Darstellung und kritische Würdigung*, Münster: Institute für Siedlungs- und Wohnungswesen 1975, S.69.

③ Rusch: "Kleinwohnungsfrage", in Albrecht Gut u.a. (Hgg.): *Handwörterbücher des Wohnungswesens*, S.427.这一定义参考的是各邦保险机构对"小房子"及其适用人群的表述,例如1908年3月巴伐利亚保险公司的一份规定中指出:"小住房是指为贫困人口提供的,包含厨房在内房间数不超过三间的住宅";并对"贫困人口"所能承受的租金标准进行了进一步确定,亦即年租金不得高于400—500马克。亦可参见Alfred Körner, *Die Gemeinnützige Bautätigkeit in München* (=Schriften des Bayerischen Landesvereins zur Förderung des Wohnungswesens (E.V), H.26), München: E. Reinhardt 1929, S.58。

④ Hans Maaß, *Grundfrage des städtischen Wohnungswesens*, Greifswald 1926, S.23.

⑤ Blumenroth, *Deutsche Wohnungspolitik seit der Reichsgründung. Darstellung und kritische Würdigung*, S.69.尽管阿尔弗雷德·克尔纳在1929年就提出公益性的住建活动是要放弃利润(Alfred Körne, *Die Gemeinnützige Bautätigkeit in München*, S.53),但事实上,这一要求并不符合客观实际,住建活动"受不同因素影响,无法完全放弃利润,而仅仅只能是对其利润进行控制"。

⑥ Günther Schulz, "Der Wohnungsbau industrieller Arbeitgeber in Deutschland bis 1945", in Hans Jürgen Teuteberg (Hrsg.), *Homo habitans. Zur Sozialgeschichte des ländlichen und städtischen Wohnens in der Neuzeit*, S.373.

(一) 工厂住房

按照《房地产手册》中的定义,狭义的工厂住房,指"由雇主,尤其是大型工厂为其职员和工人所兴建的住房"。① 因此,企业是工厂住房产权的所有方,它有权将自己所有的房屋出租给员工,同时履行住房管理和监督的义务。

工厂住房的出现固然可以追溯至前工业化时代,但伴随德国大工业体系自19世纪中叶起逐步形成,当"为来自异乡的劳动力提供住处成为一种必需"②,作为一种新型大众现象的工厂住房才真正应运而生,且在德意志帝国建立之后得以格外强化。③ 据舒尔茨归纳,1875年时普鲁士共有1,655家工商业企业(占普鲁士企业总数的34%)提供"住房保障",其中1,141家企业共建造住宅楼8,751栋,计35,595套出租房。至1898年10月,全德由工业企业建造的工人住房总计140,049套④,主要集中在工业及手工业、贸易和交通运输业;而在提供工业原料和加工企业,如采矿、钢铁、化工业则尤为普遍。新兴的重工业企业所在地,如西部的盖尔森基兴、埃森,抑或东部卡托维茨均出现了由企业建造的工人定居点。

钢铁康采恩克虏伯历来是公认的"工厂住房"建设典范。1811年埃森商人弗里德里希·克虏伯(Friedrich Krupp)为打破英国铸钢垄断欧洲大陆市场的局面,创办克虏伯铸钢厂。不过老克虏伯建厂之初,工厂员工仅有个位数(至1817年时也仅为6人),因此并未萌生要为员工修建住房的念头。但到了儿子阿尔弗雷德·克虏伯(Alfred Krupp)执掌工厂时期,公司经营规模稳步扩大,员工人数更是自19世纪中期起不断攀升:从1856年的985人增至1887年的20,200人。⑤ 这期间,克虏伯工厂所在的埃森市城市规模也不断扩大,人口的不断涌入使底层民众住房短缺的结构性问题暴露无遗。数据显示,1852年时一层平房的平均居住人数约为10

---

① Knipping, "Werkwohnungen", in Gerhard Albrecht u. a. (Hgg.), *Handwörterbuch des Wohnungswesens*, S.754.
② Knipping, "Werkwohnungen", S.755.
③ Adelheid von Saldern, *Häuserleben. Zur Geschichte städtischen Arbeiterwohnens vom Kaiserreich bis heute*, S.52.
④ Günther Schulz, "Der Wohnungsbau industrieller Arbeitgeber in Deutschland bis 1945", S.375.
⑤ Mechthild Köstner, *Werkswohnungsbau des Kruppkonzerns bis 1924. Mit Philanthropie gegen Pauperismus oder Prosperität durch Patriarchat*, Band I: Textband, Dissertation der Universität Osnabrück(奥斯纳布吕克大学博士论文), 2017, S.33f.

人，1864年时提高至18—24人。① 城市住房短缺、居住过度拥挤和房租过高，迫使阿尔弗雷德·克虏伯下定决心为工人建造住房，1861—1862年首批工匠住宅楼（两栋）因此应运而生。从1863年起，克虏伯又开始为普通工人建造住房，在位于埃森市郊外工厂所有地上建起后来被称为"西区"的工人住宅区。② 至1874年，克虏伯公司已在厂区土地上建成工人住房2,358套。

典型的工厂住宅区大多是封闭式的定居点。所谓"封闭"（abgeschlossen），是指工厂住房作为一种居住类型在形成一定规模后，整个定居点内部通常会陆续设置学校、教堂、商店和澡堂，从而形成相对内向的居住社区。最初的工厂住房大多是行列式楼房，以便尽可能兼顾大量有家庭的工人和单身工人的居住需要。但因建造年代和居住地区的不同，其建筑样式仍各不相同：例如进入19世纪90年代，随着建筑师开始将设计工厂住宅开拓为新的工作领域，工人住房才从过去只注重居住功能，忽视审美，转变为在一定程度上对诗情画意的居住理想的追求。这一转变的外化表现是工人住房的建筑样式也开始以中间阶层房屋为蓝本，多为"乡间别墅风格的小型半木结构住房"③。

除了建筑外观逐步美化，住宅楼内外部布局也经过了统一规划。住宅楼多为面向家庭的多居室住房，因此相比一般的城市"出租兵营"，工厂住房的居住空间更大。以鲁尔矿区为例，1893年各矿场工厂住房平均为3.5居室（1900年增至4居室），而市面上面向矿工的出租房则平均为2.8居室。④ 此外，每户居民还附带一个地窖、一个菜园和一个用于饲养家禽、家畜的栏圈。1900年之后，新建工厂住房的质量得到进一步提高。社会学家利·费舍尔-埃科特曾详细描述位于莱茵兰著名煤矿产区哈姆博恩的德皇矿业联合公司（Gewerkschaft Deutscher Kaiser，后文将简称其为"德皇矿业"）工人定居点的情形："1900年以后建造的房屋，就室内格局而言符合卫生要求。宽敞的厨房拥有围起来的炉灶、就餐区、带水槽的洗涤区，通风良好的房间自带阳台或（事先）隔出卧室区域……这些新建的住宅楼是封闭式的二层或三层楼，每

---

① Walter Kiess, *Urbanismus im Industriezeitalter: von der klassizistischen Stadt zur Garden City*, Berlin: Ernst & Sohn, 1990, S.374.
② 西区住宅区（也称"老西区"）共建有九排两层行列式住宅楼，其中八排住宅楼的建筑布局相对简单：每个居住单元为15平方米，包括简易厨房、卧室和卫生间，提供给单身工人居住。还有一排住宅楼则是面向工人家庭的五居室公寓。
③ Adelheid von Saldern, *Häuserleben. Zur Geschichte städtischen Arbeiterwohnens vom Kaiserreich bis heute*, S.53.
④ Günther Schulz, "Der Wohnungsbau industrieller Arbeitgeber in Deutschland bis 1945", S.379.

层住有两户人家。"①此外,企业虽出于成本考虑放弃建设自带园地的独栋小房子,但仍为多层楼房租户集中提供位置稍远,可供租户从事农业劳动的园地。

与居住质量的逐年提高成反比的是工厂住房房租的低廉,一般工厂住房的房租要比自由市场条件下的普通出租屋便宜 20%—50%。仍以"德皇矿业"为例,它可提供的工厂住房户型多样(2—7 居室)。企业根据地段和户型大小,收取每居室 4 马克至 4.5 马克的月租金,另外再按月收取炉灶使用费 0.75 马克、水费 0.8 马克,如此每居室的月租金合计 5.55 马克至 6.05 马克。② 因此,矿工家庭如选择工人定居点的两居室住房,则每月需支付的房租在 12 马克上下;而同期当地私人的两居室房租则为 17 马克/月。虽然 17 马克的月租对矿工而言负担并不重③,但私人出租屋在居住质量方面远不及工厂住房,费舍尔-埃科特甚至曾用"私房对房屋的描述统统是笑话"④来形容。

低廉实惠的房租得益于工厂住房在建设用地、建材和融资成本上的优势。企业自建的工人定居点大多选址在工厂所有的土地上,或是土地价格仍相对低廉的农村地区。前者的代表是克房伯,这家工业巨头在埃森西部拥有的厂区土地在 1900 年后甚至超过 500 公顷;后一种企业利用土地的方式在 1890—1914 年上西里西亚地区表现更为突出。一般而言,新兴工业城镇或城市郊区不仅土地价格低廉,与乡村的联系也较大城市更为紧密,因此这些地方的工厂住房更为宽敞,要么是标准两居室的工人楼房,要么是采纳"田园城市"理念(进入 20 世纪后)的小宅子(供一户或两户家庭居住),从而形成一种"类乡村"("Quasidorf")风格的定居形式。⑤

---

① Li Fischer-Eckert, *Die wirtschaftliche und soziale Lage der Frauen in dem modernen Industrieort Hamborn im Rheinland*, Hagen in Westf.: Verlag von Karl Stracke 1913, S. 24f.

② Li Fischer-Eckert, *Die wirtschaftliche und soziale Lage der Frauen in dem modernen Industrieort Hamborn im Rheinland*, S. 25.

③ "德皇矿业"采矿工人的平均日薪为 5.56 马克。多特蒙德矿区整个工人群体在 1907—1910 年第四季度的平均日薪在 4.71 马克,而其中矿工的平均日薪在 5.67 马克左右。而 1900 年的数据显示,全德租住工厂住房的矿场职工年房租平均支出约为 160 马克,占其工资收入的 10%—13%。Li Fischer-Eckert, *Die wirtschaftliche und soziale Lage der Frauen in dem modernen Industrieort Hamborn im Rheinland*, S. 98; Günther Schulz, "Der Wohnungsbau industrieller Arbeitgeber in Deutschland bis 1945", S. 379f.

④ Li Fischer-Eckert, *Die wirtschaftliche und soziale Lage der Frauen in dem modernen Industrieort Hamborn im Rheinland*, S. 27.

⑤ Susanne Schmidt, "Arbeitersiedlung und Arbeiteralltag im oberschlesischen Industriegebiet", in Alena Janatková, Hanna Kozińska-Witt (Hgg.), *Wohnen in der Großstadt 1900 – 1939. Wohnsituation und Modernisierung im europäischen Vergleich*, S. 445f.; Clemens Zimmermann, "Wohnen als sozialpolitische Herausforderung. Reformerisches Engagement und öffentliche Aufgabe", in Jürgen Reulecke (Hg.), *Geschichte des Wohnens (Bd. 3. 1800 – 1918: Das bürgerliche Zeitalter)*, Stuttgart: DVA 1997, S. 584.

虽然相比独立的私人地产商，重工业和原材料企业更具备大规模兴建住房的实力，但随着住房需求与建设规模的进一步扩大，企业建造工厂住房的方式仍悄然发生变化：工厂住房从由企业直接投入建设，向企业提供资助间接建设转变，具体来说就是帮助本企业员工建造产权和使用权均归后者所有的住房。胡贝尔一派的住房改革者推崇拥有自己的小房子，但其中的瓶颈问题是工人的收入有限，无法负担购房费用或建设成本。在这种情况下，就需要由企业"出于善心"施以援手，提供包括条件优惠的贷款，低息，或是提供建设用地、建材等资助手段。但企业慈善并不免费，需要工人以分期方式偿付企业的资金或实物支持。以位于德国西部吕塞尔斯海姆的欧宝（如今它是驰名欧洲的汽车制造企业，但当时是一家制造缝纫机和自行车的企业）为例，这家公司在1875年至1906年间为忠诚的"骨干工人"优先提供一种正面宽5—8米、附带菜园和小块耕地的基础房型，售价6,000马克，员工可以分期方式从工资中扣除购房款。①

正因为有相对稳定的建设资金来源，从19世纪晚期起，工厂住房逐渐成为住房"自由市场"之外德国第二大住房供应体系，且增长迅速，以劳动力密集的鲁尔区为例，1893年、1900年、1914年的工厂住房数量分别为10,525、26,000和94,000套，入住工厂住房的职工比例也从6.9%提高至22.1%。② 但从全德范围来看，工厂住房的总体覆盖率仍偏低，且呈现地域分布不均特点。一方面，即使在工厂住房最多的西里西亚和鲁尔两大工业区，至1914年时的工人入住率也分别为20%和22%。③ 另一方面，工厂住房主要集中在新兴工业城镇，老牌城市或区域中心如柏林、汉堡、慕尼黑等地，仍受制于现有的城市格局和地价，即使大企业云集，也无法提供大规模的工人定居点。位于柏林的大公司如西门子、德国通用电气等直到1900年前后才开始在柏林郊区规划和建设面向工人的封闭定居点。④

卢茨·尼特哈默尔对德意志帝国时期城市底层劳动者职业、资质水平与居住

---

① Clemens Zimmermann, "Wohnen als sozialpolitische Herausforderung. Reformerisches Engagement und öffentliche Aufgabe", S.574.
② Clemens Zimmermann, *Von der Wohnungsfrage zur Wohnungspolitik. Die Reformbewegung in Deutschland*, S.261, Anm.112; S.156, Tabelle 6. 而据苏珊娜·施密德统计，1912年时，西里西亚矿冶行业16岁以上成年男工总数为177,968人。Vgl. Susanne Schmidt, "Arbeitersiedlung und Arbeiteralltag im oberschlesischen Industriegebiet", S.446。
③ Clemens Zimmermann, "Wohnen als sozialpolitische Herausforderung. Reformerisches Engagement und öffentliche Aufgabe", S.572.
④ Günther Schulz, "Der Wohnungsbau industrieller Arbeitgeber in Deutschland bis 1945", S.377.

条件的比较分析也证实了这一点。① 企业住房保障所覆盖的对象主要是工人,且优先保障的是熟练工人和技术骨干及其家庭的居住需求。尼特哈默尔引用的1885年柏林居住状况调查显示,未在工业领域就业的工人或未经专门训练的非熟练工仍居住在极其局促的出租屋内,70%的受访者"只有一间可供全家取暖的房间,最多再带个厨房或壁橱"。他们租住的楼层也十分糟糕,"有太多人不得不栖身于出租兵营的地下室或是阁楼"。相比之下,其中从事金属加工、机械制造、造纸、建筑等行业的非熟练工(工厂辅助工或学徒)居住条件略好一些:在总计52,716受访者中,租住在无供暖房间的比例为14.5%,租住在1间可供暖房间内的比例增至25.0%,拥有2—3间以上的比例分别为15.5%和3.5%。但值得注意的是,这些人大多住在"对无产阶级而言属于'漂亮楼层'的二、三层",由此不难想见,工厂工人的住房条件还算不上帝国时代广大底层民众居住条件的"地板",例如纺织行业(尤其是从事家庭手工生产)和清洁工因为收入低下,居住条件相比更为恶劣。从这个意义上来说,即使帝国时代的产业工人的居住条件有所改善,但更广义上的"劳动人民"的居住条件依然亟须改善。在此背景下,我们有必要仔细检视一番工厂住房真正的建设动机。

(二) 工厂住房的建设动机

在19世纪中叶兴起的德国住房改革语境中,工人的居住贫困一方面被认为是引发诸多社会问题的源头,因此解决工人住房问题,是化解现存或可能出现的社会风险,维护现有社会秩序稳定的重要举措。另一方面,社会改革家将家庭生活与工人的工作能力和效率联系起来,认为只有"令工人感到放松","将工人家庭生活塑造成健康的家庭生活",才能使他们对工作抱有好感,提高工作能力。② 在这套话语逻辑中,工人居住条件的改善就在劳动生活中占据了重要的位置,并得到大资本家、大企业主的普遍认同。

例如阿尔弗雷德·克虏伯就认为,企业应承担照顾工厂工人,给予他们指导的家长义务,而建造工厂住房可以让工人取得"有房可住"的体面,并享受"引人为善"

---

① Lutz Niethammer, Franz Brüggemeier, "Wie wohnten Arbeiter im Kaiserreich?", S. 69f. bzw. Tabelle 1.
② F. Kalle, "Die Fürsorge der Arbeitgeber für die Wohnungen ihrer Arbeiter", *Die Verbesserung der Wohnungen* (= Schriften der Centralstelle für Arbeiter-Wohlfahrtseinrichtungen, Nr. 1), Berlin: Karl Heymann 1892, S. 1.

的居家生活。因此他从 19 世纪 50 年代起就开始为克房伯工人提供住房保障。① 1887 年阿·克房伯逝世,但他建设工人定居点的传统不仅被继承了下来,还出现了一些新的变化:从 1892 年起,其子弗里德里希·阿尔弗雷德开始为退休职工、职工遗孀和伤残工人兴建阿尔滕豪夫住宅区,开一时风气之先;这一住房安置项目建设一直延续至 1907 年,共建成公寓 607 套。② 1906 年,弗里德里希·阿尔弗雷德的遗孀、克房伯实际掌门人玛格莱特·克房伯(Margarethe Krupp)选择与埃森市政府合作,为"贫困阶层提供住房救济",将救济从工厂扩展到社会。她个人出资 100 万马克,并慷慨捐出 50 公顷建设用地,设立玛格莱特·克房伯基金会。③ 该基金会于 1907 年聘请建筑师格奥尔格·梅岑多夫(Georg Metzendorf)建造玛格莱特高地住宅区,这个社区也成为帝国时期贯彻"有需求家庭提供经济适用房"④社会理念的社区典范。经过克房伯家族三代领导者的努力,至 1918 年,由克房伯建成的工厂住房达 11,216 套公寓(含独栋/多栋住房),此外还有第三方为其职工承建并运营的工人住房 346 套。⑤

但当代历史学家汉斯·J. 托伊特贝格对此却有不同见解,他认为不应对工厂住房作过度正面的解读,将"企业为其员工建造住房天真且不加批判地讴歌为一则企业主英雄神话"⑥。工人住房建设的推进,与其说是出于大企业主的乐善好施,不如说他们始终谋求企业的持续存在和稳定发展。对工业化时代的企业而言,首先需要尽可能多地获取劳动力;其次是要让员工与企业之间建立一种除经济羁绊以外的牢固依赖关系,进而保证企业拥有稳定的生产能力和潜力。而工厂住房恰以一种"居者有其屋"的方式达成这两点。

---

① 阿尔弗雷德·克房伯最早的办法是在埃森市内购买和租赁已建成建筑用于分配,因本书所考察的工厂住专指由企业兴建(或出资新建)的住房,故不做具体展开。
② 克房伯公司 1920 年指南显示,"公寓免费为残疾工人免费提供终身使用权。根据退休工人创造的价值和需求,经工人养老保险董事会建议后分配(给退休工人)。"Vgl. Mechthild Köstner, *Werkswohnungsbau des Kruppkonzerns bis 1924. Mit Philanthropie gegen Pauperismus oder Prosperität durch Patriarchat*, Band I, S. 194。
③ Georg Metzendorf, *Kleinwohnungsbauten und Siedlung*, Darmstadt: Alexander Koch 1920, S. 19.
④ Mechthild Köstner, *Werkswohnungsbau des Kruppkonzerns bis 1924. Mit Philanthropie gegen Pauperismus oder Prosperität durch Patriarchat*, Teil 1., S. 101,281.但确切来说,这个定居点项目已不再单纯面向员工,因此被认为是克房伯公司承担社会责任的一种体现。
⑤ Mechthild Köstner, *Werkswohnungsbau des Kruppkonzerns bis 1924. Mit Philanthropie gegen Pauperismus oder Prosperität durch Patriarchat*, Band II: Bild- und Quellenband, S. 9 - 14.
⑥ Hans, J. Teuteberg, "Einführung der Wohnungsfürsorge, genossenschaftlichen Selbsthilfe, Wohnungspolitik", in ders. (Hg.), *Homo habitans. Zur Sozialgeschichte des ländlichen und städtischen Wohnens in der Neuzeit*, S. 333.

高速工业化时期的德国大型工矿企业,要么建立在人口不多的地区,要么因为工业地区的发展过于迅猛,导致地方劳动力市场供应跟不上,需要不断招募和安置外来务工人口。因此德国国内人口流动至19世纪末20世纪初依然十分频繁。而当底层民众的收入不足以维持生计,他们首先调整的便是自己住房需求,由此造成的结果是频繁搬家。1900年12月1日埃森市的住房统计显示:过半数的埃森家庭在过去的两年中曾搬过家;21%—45%的家庭在过去一年中选择搬家,另有将近19%的家庭在过去的两个月中选择举家搬迁,甚至八口之家的搬家比例也高达30%。[1] 收入与居住成本的不稳定迫使工人举家反复迁徙,以期获得重新开始的机会。但对于企业而言,劳动者,尤其是特别是难以替代的有资质工人群体(如技工和工长)的频繁流动,会导致其经营成本增加,效益下降;同时非熟练工的增多,还会增加额外的管理难题,如工伤、劳动道德和对企业的忠诚度。在这种情况下,企业想要获得一支能够长期劳动的稳定工人队伍,不仅需要提供住房以保障工人的生活,还需要以此为抓手进一步强化工人与企业之间的紧密联系。

不过,正如前文所述,企业首先确保的是核心员工(即技术工人)的居住权益,然后才是普通工人。这种分层式的住房保障体系在制造、钢铁和矿冶行业表现尤为突出。阿尔弗雷德·克虏伯在1864年一封致公司管理层的信中写道,"考虑到对'正派工匠'(这里指在工厂中从事大量生产工作的工人)的需求不断增加,是时候让合格的建筑师设计家庭住宅了……"[2]但在这方面克虏伯其实并非始作俑者,早在1846年,德国西部小城雷克林豪森一家冶金厂在给县长的请愿书中已明确表示,工厂兴建住房"不是图租金……而是为给优秀的工厂师傅创造健康住所"[3]。可见,企业建造工厂住房,从一开始就并未打算牟取暴利,而是要获得稳定的劳动力。按照资产阶级社会改革家埃米尔·萨克斯(Emil Sax)在1869年的说法,雇主参与解决住房问题,有助于"提高工人生活……一定会使工人的肉体和精神劳动力跟着提高",而"吸引和保持能干、熟练、勤劳、知足和忠实的工人,自然在经济方面得到报偿"。[4]

企业保障劳动者队伍稳定的第二步是将房屋租赁合同与劳动合同捆绑起来。

---

[1] Franz Brüggemeier, Lutz Niethammer, "Schlafgänger, Schnappskasinos und schwerindustrielle Kolonie. Aspekt der Arbeiterwohnungsfrage im Ruhrgebiet vor dem Ersten Weltkrieg", in Jürgen Reulecke, Wolfhard Weber (Hg.), *Fabrik, Familie, Feierabend. Beiträge zur Sozilagechichte des Alltages im Industriezeitalter*, Wuppertal: Peter Hammer 1978, S.149f., Tabelle 6.
[2] Clemens Zimmermann, *Von der Wohnungsfrage zur Wohnungspolitik*, S.157.
[3] Clemens Zimmermann, *Von der Wohnungsfrage zur Wohnungspolitik*, S.69.
[4] Clemens Zimmermann, *Von der Wohnungsfrage zur Wohnungspolitik*, S.69.

首先,工厂住房对入住者身份有明确限制,"必须是本企业员工"才有资格入住工厂定居点;"离开本企业,跳槽去同行或者不同行企业,或是从事完全不同的职业,或是最终因工致残,"一般都会失去工厂住房。① 其次,劳资双方解除劳动合同,企业有权要求前员工尽快搬离住处。在德皇矿业与矿工签订的租赁合同中就明确规定,解除劳工合同的前员工"房屋合同解除的期限为14天"②。这就意味着,一旦解职日期和当地约定俗成的搬家日期重叠,离职工人几乎不可能获得住所。第三,企业对于工人定居点的日常生活有诸多规定,除设置门禁时间外,工人不得在走廊内晾晒衣物,严禁在屋内做木工,也不允许住户每晚10点之后大声喧哗、唱歌或听音乐影响他人;更严禁利用定居点提供的设施谋取私利。工人不得在住家内做生意,一经发现,立即驱逐;企业分配给工人的自留地不得擅自转租,也不得自行出售土地上的产出,租户在搬走后不得就禁止带走土地产出而向企业提出赔偿要求;入住工人也不得招揽寄宿客。③

这些干预工人日常生活的措施,一方面以巩固和稳定本企业劳动力队伍为出发点,具有明确的生产属性;另一方面,企业为工人提供物质保障并加以管理客观上"有利于"所谓"无根"的工人阶级融入社会,缓和社会矛盾。尤其后一点在结合当时德国的社会形势观察时可知,它构成了被形容为"胡萝卜加大棒"的俾斯麦社会政策的组成部分。在1878—1890年俾斯麦推行《反社会党人法》的高压时期,企业主中支持社会改革的势力已经意识到,面对工人运动日益政治化和有组织化,与社会民主党人的斗争将不再单纯是政治斗争或完全是"警方或国家的任务"。如果企业能够"提供健康且尽可能廉价的工人住房,连同其他的企业福利措施一起,不仅将有助于重新赢得社会民主党支持者的信任,还可以预防(罢工)事态进一步恶化。"④

工厂住房的存在还将进一步强化工人对企业的依附。过去,企业对于破坏生产纪律和工人的劳动道德的终极惩罚措施是解雇,素来重视"道德和纪律"的阿尔弗雷德·克虏伯在致全体员工的公开信中就以解雇相威胁禁止"克虏伯人"参与任

---

① Knipping, "Werkwohnungen", S.755.但即使是那些工人已经取得产权的住房,当其所有者跳槽,或是意图出售住房时,作为资助方的企业仍保留有回购权。Vgl. Günther Schulz, "Der Wohnungsbau industrieller Arbeitgeber in Deutschland bis 1945," S.382 und Anm. 38.
② 参见费舍尔-埃科特所引德皇矿业房屋租赁合同、租赁要求和房屋条例, Li Fischer-Eckert, *Die wirtschaftliche und soziale Lage der Frauen in dem modernen Industrieort Hamborn im Rheinland*, S.31。
③ 德皇矿业的房屋租赁合同及房屋条例第5、6、9、10条,Li Fischer-Eckert, *Die wirtschaftliche und soziale Lage der Frauen in dem modernen Industrieort Hamborn im Rheinland*, S.31,33f.。
④ Günther Schulz, "Der Wohnungsbau industrieller Arbeitgeber in Deutschland bis 1945", S.382.

何罢工。现在,由于劳动合同与房屋租赁合同捆绑在一起,企业对于工人的威慑力更甚。德皇矿业的租赁合同就规定,"一旦承租人参与罢工,必须应出租方要求立即搬离住所。"① 随后该合同还补充写道:"如承租人无法在八天内向德皇出示自己已按规定在警方处进行申报的证明,则必须立即搬离"。② 显然工人已被纳入企业和警方的双重监督之中。赖纳尔·梅岑多夫因此指出,"将工厂住房连同它的福利设施视为一种父权制的社会救济,但它也可以被解读为对工人进行纪律教育的手段(Disziplinierungsmittel)"。③ 而托伊特贝格的表述则更为直接:"工厂住房相对物美价廉的优点多少是用接受来自企业的福利控制(Sozialkontrol)换来的"。④ 随着定居点的稳定发展(例如在鲁尔),居民之间基于居住环境形成的社会关系也伴随着邻里之间共同度过业余时间,日渐熟悉而逐步固定下来。想要彻底挣脱这一熟悉的生活环境就变得更为困难。

二、公益性住房营建活动

如果说工厂住房建设主要服务于企业生产,少量兼顾员工福利,那么公益性住房建设则反其道而行。"公益性住房建设"(gemeinnützige Bautätigkeit)的定义明确包含"与商业化相对立,放弃利润的建设活动"的内容。其执行者因此必须满足法定"公益"要求,它可以是"组织形式为合作社、协会、股份公司,或者是代表住房需求者自助的有限公司,或者是由雇主组建的住房救济组织"。具体到各邦层面,尽管对此的法律表述有所出入,却万变不离其宗,即"通过建造小住房服务低收入群体的建设团体"。⑤ 乌尔里希·布卢门罗特进一步指出,住房经济中的公益观点实际上包括了两大流派:一种是由带社会福利观点的资产阶级和贵族出于人道主义思想成立的建筑公司;另一种是由"经济上处于弱势的群体以合作社的方式联合起来"。前者的活动更多地呈现出一种"救济"的特性,许多成立于19世纪中叶以

---

① Li Fischer-Eckert, *Die wirtschaftliche und soziale Lage der Frauen in dem modernen Industrieort Hamborn im Rheinland*, S. 31f..
② Li Fischer-Eckert, *Die wirtschaftliche und soziale Lage der Frauen in dem modernen Industrieort Hamborn im Rheinland*, S. 32.
③ Rainer Metzendorf, *Georg Metzendorf 1874 - 1934: Siedlungen und Bauten*, Darmstadt: Hessische Historische Kommision 1994, S. 35.
④ Hans J. Teuteberg, "Einführung der Wohnungsfürsorge, genossenschaftlichen Selbsthilfe, Wohnungspolitik", S. 336.
⑤ Alfred Körner, *Die Gemeinnützige Bautätigkeit in München*, S. 53ff.

前的福利性住建组织大多属于此列①；而后者则是通过"有目的地兴建物美价廉的住房，向合作社成员出售或出租"，以一种"自助"(Selbsthilfe)的方式改善居住条件，并在19世纪下半叶变得普及开来。②

(一) 建筑合作社

如前文所述，合作社建房运动最早的倡导者是维克多·A. 胡贝尔。胡贝尔将解决住房问题视为提升底层民众家庭生活、健康和道德的重要手段，但现有的自由市场经济条件并不足以实现这一点，因此他希望在住房建设领域探索出一条社团互助的供应新模式。受胡贝尔的启发，乡村建筑工程师 C. W. 霍夫曼（C. W. Hoffmann）于 1847 年在柏林成立"改善工人住房协会"，一年之后又建立了"柏林公益建设公司"（Berliner gemeinnütziger Baugesellschaft, BGB）。柏林公益建设公司虽名为"股份公司"，但它的股东其实就是想要有房可住的工人，因此是最早的建筑合作社。按照胡贝尔的说法，公司计划将建设成本的利率控制在 4%，本金偿还率控制在 2%，并在 30 年内使"一无所有的工人转变为有工作的有产者"③——不过这里所说的"有产"，只是工人在理想状态下拥有部分产权，真正的产权人仍是公司。

尽管如此，早期建筑合作社的数量极为有限。1864 年"德意志经济学家大会"向公共领域引介建筑合作社并引发对这种住房供给形式的大讨论，但大会当时只提到了一家名为"施泰因瓦尔德"的合作社，于 1862 年在汉堡成立。④ 这种局面是由早期的建筑合作社的独特属性决定的：合作社并不提倡由国家提供支持来解决住房问题，而想要贯彻合作自助理念的群体本身又不具备足够的经济实力，因此合作社的早期发展其实更仰仗于贵族和富裕资产阶级的支持。以柏林公益建设公司

---

① 例如埃伯斯费尔德建造协会（Bauverein Ebersfeld, 1825）、住家建设协会（Häuserbau-Verein, 1841）、李德克齐储蓄协会（Liedkesche Sparverein, 1845）、工人住房改善协会（Verein zur Verbesserung der Arbeiterwohnungen, 1846），参见 Michael Arndt, Holger Rogall, *Berliner Wohnungsbaugenossenschaft. Eine exemplarische Bestandsaufnahme und analytische Beschreibung der Merkmale des genossenschaftlichen Wohnens in der Gegenwart*, S.17。

② Ulrich Blumenroth, *Deutsche Wohnungspolitik seit der Reichsgründung. Darstellung und kritische Würdigung*. S.71.

③ Kai Detlev Sievers, "Anfänge der Baugenossenschaftsbewegung in Norddeutschland zur Zeit des Zweiten Deutschen Kaiserreichs", Hans Jürgen Teuteberg（Hg.）, *Homo habitans. Zur Sozialgeschichte des ländlichen und städtischen Wohnens in der Neuzeit*, S.342.

④ 在 1864 年德意志经济学家大会的相关报告中，住房改革者鲁道夫·帕里西乌斯（Ludolf Parisius）仅记录了一家建筑合作社。参见 Baumgarten, "Baugenossenschaft," Gerhard Albrecht（Hg.）, *Handwörterbuch des Wohnungswesens*, S.49。

为例,它之所以能真正运作起来,是来自当时还是普鲁士亲王的威廉一世的"金援",这才最终建起24栋楼房,分布在约20块地皮上,共有1,050人入住共计222套居住单元。① 在这些居住楼附属的后院还设立了27间作坊,此外还额外划出了一些菜园,方便住户谋生和填饱肚子。

虽然发展缓慢,有关建筑合作社的工作目标、组织结构和融资方式仍在摸索和实践中渐趋明确。1868年,首部通行于普鲁士和北德意志联盟的《合作社法》(Genossenschaftsgesetz)规定合作社享有法人地位,并许可"为其成员建造住房的协会可以合作社登记注册"。② 德意志帝国成立之后,建筑合作社发展出现波动,帝国诞生之初的17家合作社中的多数未能在1874年的经济危机中幸存下来,但此后进入一个发展高峰,至1884年时再度增至57家,这些合作社以建造包含6—8个居住单元的出租屋及可容纳1—2户的独立产权住房为主。但随着德国经济再度下行,加之俾斯麦一再延长1878年颁布的《反社会党人非常法》的有效期导致国内政治形势紧绷,面向中下阶层(尤其是工人的)住房建设领域也受到影响。上述的57家合作社,到1888年时再次回落至28家。

立足纯粹合作互助原则的合作社典型之一是1878年由彼得·克里斯蒂安·汉森(Peter Christian Hansen)建立的弗伦斯堡工人建筑协会(Flensburger Arbeiterbauverein)。汉森借鉴了丹麦哥本哈根工人建筑协会的经验③,由社团扮演储蓄所④、贷款方和建设者的三重角色,尤其注重通过吸纳社员储蓄、发放建设

---

① Kai Detlev Sievers, "Anfänge der Baugenossenschaftsbewegung in Norddeutschland zur Zeit des Zweiten Deutschen Kaiserreichs", S. 342.
② Kai Detlev Sievers, "Anfänge der Baugenossenschaftsbewegung in Norddeutschland zur Zeit des Zweiten Deutschen Kaiserreichs", S. 342.
③ 哥本哈根模式是将工人储蓄、丧葬保险与小住房建设的融资、建设和管理结合在一起。该模式首先要求建筑合作社的成员缴纳两克朗入会,随后每周向社团捐献35欧尔,直至储满20克朗(一克朗为100欧尔)。汉森创立的社团利用这笔由社团成员共同筹集的资金同贷款建造住房,以抽签方式分配给社团成员。但在房屋建成后的十年内房产权归于社团。同时,为了防止像柏林公益建设公司那样因为成员大规模退社出现因资金挤兑导致公司破产,房屋贷款期限被设定为24年,这期间成员如要提前退社,只能拿回很少的一部分钱。参见住房史学者凯尔·D. 西弗斯(Kai Detlev Sievers)对这一丹麦模式的具体介绍:Kai Detlev Sievers, "Anfänge der Baugenossenschaftsbewegung in Norddeutschland zur Zeit des Zweiten Deutschen Kaiserreichs", S. 346。
④ 建筑储蓄所(Bausparkasse)其实并非汉森的首创。在德国,最早提出"建筑储蓄"概念的是自由派政治家路德维希·松内曼(Ludwig Sonnemann)。松内曼指出,尽管储蓄的周期会很长,但让工人拥有自己的住房成为可能:不仅"每个合作社社员从一开始就成为了共有产权人(Miteigentümer),还可以根据自己的想法进行建造,避免房屋样式的千篇一律"。参见Hans Jürgen Teuteberg, "Eigenheim oder Mietskaserne: Mietskaserne: Ein Zielkonflikt deutscher Wohnungsreformer 1850 - 1914", S. 41。

债券和抵押贷款的方式增加建设资金。在成立11年后，这家合作社拥有了1,100名社员，建成35套两层楼的两户住宅，可购可租。每套住宅拥有三间正房、一间储物室，以及总计140平米的院子和菜地。虽然最初的弗伦斯堡工人建筑协会住房十分狭小，一般不超过27.3平方米，但进入19世纪80年代后住房变得日益宽敞；1880年时住房面积为34.7平方米，而1903年增至44.7平方米。①

住房建筑合作社发展的转折出现在19世纪90年代。一方面企业助建工人住房的方式开始流行。企业助建一般分为直接和间接两种方式，直接方式即前文提到的企业以各种形式资助工人自建房，间接方式指企业加入第三方公益性住房建设团体（例如住房建设合作社、协会或是有限公司）给予建设资助。在后一种情况下，虽然住房供应对象仍是出资企业的员工，但产权并不在企业，而在第三方建设团体；同时，房屋的租赁和管理事务也由这些团体负责。以这种方式建设的工厂出租屋数量在进入19世纪90年代明显增加。另一方面，社会政策的调整同样助推了住房建筑合作社的发展。威廉二世的上台，不仅意味着政治领域的俾斯麦时代全面落幕，转变影响也波及社会政策领域。年轻的皇帝开始对老首相的社会政策方针进行大刀阔斧的调整和扩大：1889年在废除《反社会党人法》之后，德意志帝国于6月22日通过《伤残及养老保险法》（*Invaliditäts- und Altersversicherungsgesetz*）。这部法规的重要性不仅在于一定程度上改善广大工人阶级社会地位与福利待遇，还在于它开拓了社会保险金的利用范围，使之成为住房建设贷款的主要资金来源。

简单来说，《伤残及养老保险法》允许保险机构将这部分保险资金（但不得超过四分之一；从1899年起提高至不超过一半）投入工人住房建设作为一级抵押贷款（I. Hypothek，即由抵押银行或保险公司等机构提供的建设贷款）。虽然条款规定，各邦立保险公司（Landesversicherungsanstalt，简称"LVA"）一般不得向雇主提供用于工厂住房建设的贷款，却可以拿出部分保险资金投入地产市场，应建筑合作社申请提供低息长期贷款（包括建设所需的资本和二级贷款）②，因此邦立保险公司成为建筑合作社的主要资金来源。1889年5月1日颁布的《商业与经济合作社法》（*Gesetz betreffend die Erwerbs- und Wirtschaftsgenossenschaften*，该法也被官方简称为"合作社法"）进一步为住建合作社提供建设保障：法规首次引入了合作社

---

① Kai Detlev Sievers, "Anfänge der Baugenossenschaftsbewegung in Norddeutschland zur Zeit des Zweiten Deutschen Kaiserreichs", S. 347.

② §129, "Gesetz betr. die Invaliditäts- und Altersversicherung vom 22.6.1889," *Reichsgesetzblatt* 1889, Nr. 13, S. 135.

"有限责任"(beschränkte Haftpflicht)概念,从法律层面规定合作社成员按比例分担责任,以此降低因社员大规模退出而导致的合作社资金链断裂,资金风险因此被限定在一定的范围之内。合作社的建设资金得到有效保障,而合作社的贷款利率亦低于资本市场:至1905年时这部分社保资金达1.4亿马克,利率维持在3%—3.5%之间。[①] 资金挤兑的风险也在一定程度上被排除,为合作社的稳定发展奠定基础,并吸引更多企业的加入,并形成互惠互利的局面。一些实力并不雄厚或并非高收益行业的企业,也可以通过参与公益性住房建设团体取得优惠且稳定的抵押贷款——甚至从1900年起,工厂住房建设的重点开始转向这一助建方式。而企业在建设用地的优势又推动合作社的发展:工厂住房一般无需考虑建设用地,其建设成本可维持在3,600马克至3,700马克[②];建设用地成本的降低,使得融资成本进一步下降。工厂住房因此可以在建筑设计、住房大小及室内陈设方面提供远超自由住房市场的住房产品。

凭借这一系列促进措施,德国的建筑合作社进入快速发展期:1889年全德共有38家建筑合作社,但到1914年时已增至1,402家,其中还包括帝国和邦政府为其公务员设立的合作社:1889年为1家,至1908年时增加至150家。[③] 这一时期被资产阶级社会改革者视为解决住房问题理想方案的合作社是埃勒贝克工人建筑合作社,埃勒贝克坐落于德国北部面朝波罗的海的重要港口城市基尔,曾是位于城市东面基尔峡湾畔的一座渔村。得益于造船业的扩张,作为德国三大造船厂之一的皇家造船厂(Kaiserliche Werft)从19世纪下半叶起在基尔迅速发展,埃勒贝克的土地遂于1868年被征用。1899—1904年,为服务威廉二世的海军政策,建造更多的军舰,皇家造船厂厂区规模进一步扩展,使得原本就吸纳大量劳动力的造船业就业人口急速增加。以皇家造船厂来说,1882年拥有造船工人3,500人,到1913年时达到6,900人,而整个基尔造船业1913年的工人总数已接近1.8万人。[④] 为了解决众多工人及其家属的居住问题,1889年就告成立的工人建筑合作社在1904

---

① Baumgarten, "Baugenossenschaft", S. 50; Ulrich Blumenroth, *Deutsche Wohnungspolitik seit der Reichsgründung. Darstellung und kritische Würdigung*, S.71.
② Günther Schulz, "Der Wohnungsbau industrieller Arbeitgeber in Deutschland bis 1945", S.380.
③ Ulrich Blumenroth, *Deutsche Wohnungspolitik seit der Reichsgründung. Darstellung und kritische Würdigung*, S.72.
④ 数据来源于基尔市官方网站对城市纪念日的介绍:"23. Mai 1867. Errichtung einer Marinewerft in Ellerbek", https://www. kiel. de/de/bildung _ wissenschaft/stadtarchiv/erinnerungstage. php? id = 71 (2022年4月10日访问); Kai Detlev Sievers, "Anfänge der Baugenossenschaftsbewegung in Norddeutschland zur Zeit des Zweiten Deutschen Kaiserreichs", S.348.

年埃勒贝克最后的土地被船厂征用后越发活跃起来。但与过去的工人自助建房不同,此时的合作社住房不仅依法获得了社保资金的资助,地方议会也额外给予大量住房项目以融资便利。正是通过这些方式,埃勒贝克工人建筑合作社至第一次世界大战爆发前,共建成 943 套独栋住宅和公寓,其中 141 套的产权归合作社社员所有。①

凯尔·D. 西弗斯在对北德意志建筑合作社运动的研究中对合作社建房的优点进行了归纳:首先,合作社住房整体条件优于同类私房,除了卫生条件良好之外,通常还带有地下室、独立卫生间、阳台和浴室。同时,它还对配套的文化设施有最低要求,而这一标准"甚至连资产阶级住房都尚未达到"!其次,合作社住房解决了直到第一次世界大战爆发前都未能解决房屋租赁偏向房主的问题,既不会出现不平等的提前解约情况,也不会过度抬高房租,这就为社员安居乐业提供了保障;同时也确实减少"小房子"短缺现象,降低新贫民窟的产生。第三,建筑合作社的住房大多经过统一规划,因此对于规范市容也起到了一定的积极作用。②

(二) 公益性住房营建活动的局限性

合作社作为一种贯彻住房改革派理论的集体居住形态,在组织和营建方式上具有一定的示范意义③,但这并不意味着它就此成为帝国时代大众住房建设的主流。以这种方式建成的住房数量相比工厂住房更少。数据显示,至 1914 年一战爆发前,德国廉价"小房子"在部分大城市住房建设中的份额占到 15%—61% 不等;但其中合作社性质建房占整个德国住房市场份额不到 0.5%,约在 12.5 万—15 万套之间。④

制约公益性住建活动发展的首要原因仍是资金:早期合作社资金来源有限,之所以接受贵族或资产阶级的慈善捐助本身就与合作社本身可自主支配的资本很少,高度依赖外部信贷相关。合作社的资金主要来自社员,但社员本身大多手头并不宽裕。部分合作社会兼具吸纳社员储蓄的功能(如汉森的弗伦斯堡工人建筑协

---

① Kai Detlev Sievers, "Anfänge der Baugenossenschaftsbewegung in Norddeutschland zur Zeit des Zweiten Deutschen Kaiserreichs", S. 348.
② Kai Detlev Sievers, "Anfänge der Baugenossenschaftsbewegung in Norddeutschland zur Zeit des Zweiten Deutschen Kaiserreichs", S. 355.
③ Baumgarten, "Baugenossenschaft".
④ Kai Detlev Sievers, "Anfänge der Baugenossenschaftsbewegung in Norddeutschland zur Zeit des Zweiten Deutschen Kaiserreichs," S. 348.

会），强制定储固然可以增加可支配资本，并解除房租缴纳不及时或无法缴纳的"后顾之忧"，但它并未针对退出合作社设计相应的制约机制。因此，当经济出现波动或个人陷入财务危机时，就可能会出现社员大量提取甚至挤兑的情况，进而演变为合作社的财政危机。还有一些特定职业的合作社（如公务员住房合作社）为规避此类资金风险会采取由社员认购不可撤回的长期债券，以分期方式偿还的筹资方式，但这部分成员自筹建房，无论是建设成果还是影响力相当有限。

正因为合作社实力不足，在实施建造计划时就不得不依靠大量抵押贷款，同时因其建设目的"公益性"性质，又倾向于获取条件更优惠、利率更低的贷款[1]，这样一来，获取贷款的金额也有限。此外，它不产生利润且合作社内部基于合作自助理念的共决模式，又令希望借机牟利的逐利群体对其望而却步。[2] 虽然从1899年起，以各邦社保资金为代表的低息贷款成为建设资金的主要来源，但面对庞大的住房建设贷款需求而言，这部分资金依然是杯水车薪，直到1911年帝国职员保险公司（Reichsversicherungsanstalt für Angestellte）的成立，才为建设贷款开辟了一条新的资金来源。不过，即使是在伤残和养老保险能够提供资金的情况下，也需要合作社方面提供相应的信用凭证，但部分合作社获得的土地因产权特殊之故无法提供。因此总体来看，低息抵押贷款获取并非易事。囿于资金困境，一直到一战爆发前，公益性住房在德国年均住宅建设总量的占比不到3%（主要集中在25—33座大城市）。[3]

以合作社为代表的公益性住建活动的另一个问题在于它所能覆盖的群体仍相对有限，确切来说，看似推崇"公益"的合作社住房，却鲜少关注住房需求最为迫切的群体。即使是在成员以工人为主的弗伦斯堡工人建筑协会，除150名工人外，还有40名手工业者、27名商人和工厂主、22名小公务员，以及12名其他职业者。[4] "公益"住房不"公益"，这一看似矛盾的结果，其实一开始就是由自助合作建房的目标所决定。尽管存在一定意见分歧，以胡贝尔为代表的基督教保守主义者倡导产权归房主的独立住宅仍是合作社建房的主流，按照胡贝尔的追随者鲁道

---

[1] Ulrich Blumenroth, *Deutsche Wohnungspolitik seit der Reichsgründung. Darstellung und kritische Würdigung*, S. 73-74.

[2] Ulrich Blumenroth, *Deutsche Wohnungspolitik seit der Reichsgründung. Darstellung und kritische Würdigung*, S. 73.

[3] Adelheid von Saldern, "Kommunalpolitik und Arbeiterwohnungsbau im Deutschen Kaiserreich", S. 346.

[4] Kai Detlev Sievers, "Anfänge der Baugenossenschaftsbewegung in Norddeutschland zur Zeit des Zweiten Deutschen Kaiserreichs", S. 346.

夫·帕里西乌斯的解释,"这种拥有属于自己的、不会被盗贼所窃取的财产,并成为一小块土地上的主人翁意识,成为支撑这些人对于资产阶级生活的全部信念。"[1]问题在于,即使帕里西乌斯文章的写作对象是被归入"小人物"(kleine Leute)的工人阶级,但他们也并非一般意义上的社会底层,而是"比无产者略胜一筹的最底层有产者,大多是小手工业者或以类似方式谋生的群体"[2]。而即使在合作社模式下,建设家园仍需要一笔不小的固定开支,对家庭的收入及职业稳定性都有一定的要求,因此只有收入不错的上层工人或职员才能接受合作社所倡导的"小房子"居住模式,但对改善广大流动性高,收入又不稳定的底层工人的居住环境并无太大助力。

这种设想与现实脱节的局面也与19世纪下半叶以来主要资产阶级社会改革者推动住房改革相连。资产阶级改革家虽然观点纷呈,以至于在理论诠释和解决方案方面都无法达成共识存在[3],但就解决"住房问题"的核心出发点是一致的,托伊特贝格将其概括为"如果每个工人都被安置在宽敞卫生的住所内,甚至最好是'绿荫掩映的小屋',这就是在为社会和平与互相理解添上一块重要的砖,从根本上缓和了尖锐的工人问题"。[4] 因此,帝国时代社会改革家们的根本出发点是克服社会问题,而这种某种意义上被"创造"出来的变革时期的社会恐惧(Sozialangst)远胜于对住房需求者利益的真正关切。[5]

尼特哈默尔和布吕格迈尔曾明确指出,自由经济时代资产阶级的两极——一为贵族及大资产阶级保守派;一为出身新中间阶层(也包括资产阶级知识分子及官僚),崇尚"技术治国论"的改革派——已敏感地察觉出"社会问题的空间属性"[6]:

---

[1] Ludolf Parisius, "Bericht über die in Deutschland bestehenden Baugesellschaften und Baugenossenschaften", *Der Arbeiterfreund*, 3(1865), S. 292 - 314.

[2] Kai Detlev Sievers, "Anfänge der Baugenossenschaftsbewegung in Norddeutschland zur Zeit des Zweiten Deutschen Kaiserreichs", S. 342f.

[3] 主要体现在"独栋住房还是出租屋"的争论上,尽管胡贝尔等人认为建设独栋住房才能解决当前的居住困境,但柯尼斯、恩格尔为代表的经济学界及后来的"社会福利协会"成员则越来越清醒地认识到,在现有的法规及市场条件下,只有通过建设多层的出租房,并且依靠"大工厂生产方式"兴建住房,才能真正解决问题。这一理念分歧最终导致合作社运动内部分裂,一部分改革者支持集体所有,反对建设独立产权住房的合作社从原先的"德国建筑合作社协会"(Verband der Baugenossenschaften Deutschlands)出走,另结新协会。参见 Hans Jürgen Teuteberg, "Eigenheim oder Mietskaserne: Mietskaserne: Ein Zielkonflikt deutscher Wohnungsreformer 1850 - 1914", S. 43, 55 相关论述。

[4] Hans Jürgen Teutberg, "Eigenheim oder Mietskaserne", S. 54.

[5] Lutz Niethammer, "Ein langer Marsch durch die Institutionen", ders (Hg.), *Wohnen im Wandel. Beiträge zur Geschichte des Alltags in der bürgerlichen Gesellschaft*, S. 367.

[6] Lutz Niethammer, "Ein langer Marsch durch die Institutionen", S. 367f.

由于大量缺乏基本生存保障,仅凭工资过活的劳动人口涌入城市,但原本农业社会那套与等级制、宗法制联系在一起的安全机制却已消失殆尽,这不仅加剧了漂泊的无产阶级自身的不安,也给资产阶级带来挥之不去的阴影。而原本就出身小资产阶级的新中间阶层或知识分子(也包括技术官僚阶层),对无产阶级的人口流动和所谓"暴力潜质"有着更直观的认识,这种认知源于"与无产阶级共同生活,拥挤不堪城市经济与物质条件",他们因此认为问题的症结在于德国城市社会的空间结构①,并尤其将这一态度通过诸如大城市"出租兵营"批判传达出来。在住房改革者的话语中,"出租兵营"是现代城市中藏污纳垢的典型意象:当时的人们认为栖身多层大众出租屋在家庭、健康和道德等方面均存在危险,那里不仅是滋生犯罪和贫困的温床;甚至对社会具破坏性,在摧毁固有生活圈子的同时也破坏了其背后传统价值观。② 而住房改革,——用当时的社会学家古斯塔夫·施莫勒的话来说,——便是让资产阶级"从假寐中清醒过来……即使会带来牺牲,也仅是一笔适中而克制的保险费"③,具体来说就是明确要为"小人物"提供"促进其身心健康的合适住所"。而所谓"合适住所",在早期住房改革者看来,除了"根据居民的社会地位,符合本国社会道德与行为规范,不会对身体和精神造成任何损害"④外,关键是使大众能够真正拥有属于自己的房屋,尤其强调通过合作社等社团形式解决住房短缺和居住贫困的问题。

因此,资产阶级的住房改革观本质上是对本阶级价值观和生活方式的复制,并

---

① 尼特哈默尔与弗朗茨·布吕格迈尔在有关帝国时代工人住房问题的经典论述中业已指明,工业化以来的德国城市并未出现"像英国那种按照阶级出区分住房和街区的明显趋势,并且主要集中在高等阶层"。而克莱门斯·维施曼(Clemens Wischermann)亦证明,在世纪之交之际,德国大城市内城区 30% 的家庭存在转租行为并不足为奇,而从那些家庭手中转租居住的租客,其出身、职业、收入亦各不相同。不同阶层的市民因为各类租赁或转租行为因此被聚集于同一屋檐下,因此摩擦在所难免。参见 Lutz Niethammer, Franz Brüggemeier, "Wie wohnten Arbeiter im Kaiserreich?"; Clemens Wischermann, "Wohnung und Wohnquartier. Zur innerstädtischen Differenzierung der Wohnbedingungen in deutschen Großstädten des späten 19. Jahrhunderts", Heinz Heineberg (Hg.), *Innerstädtische Differenzierung und Prozesse im 19. und 20. Jahrhundert. Geographische und historische Aspekte*, S.62。

② Hans Jürgen Teuteberg, "Eigenheim oder Mietskaserne: Mietskaserne: Ein Zielkonflikt deutscher Wohnungsreformer 1850 - 1914", S.55 但维施曼同时指出,"传统的那些对于 19 世纪城市迁移运动的消极评价,更多的是建立由过于感性的大城市敌意及站不住脚的个人命运普遍化的基础上,而不是由统计数据给出的事实。"参见 Clemens Wischermann, "Wohnung und Wohnquartier. Zur innerstädtischen Differenzierung der Wohnbedingungen in deutschen Großstädten des späten 19. Jahrhunderts", S.62。

③ 转引自 Werner Hegemann, *Das steinerne Berlin. Geschichte der größten Mietskasernenstadt der Welt*, S.267。

④ Victor Aimé Huber, *Concordia. Beiträge zur Lösung der socialen Frage in zwanglosen Hefen*, S.15。

希望通过住房和土地将大量"无根"的无产阶级重新纳入稳定社会体系之中,即如帕里西乌斯所说,要让他们"感觉自己成为一个和平社区的一员,真正意识到自己对家庭以外的社会所承担的重要义务;如今他为肩负遵守秩序与法律,与邻里一起抵抗地方和国家发生的偷盗和侵害,而感到温暖"。① 而在这个过程,他们作为无产阶级的自我意识也就被逐步消灭。从这一点来说,公益合作社建房的初衷与由企业兴建的工厂住房殊途同归,只不过企业是通过劳动分工和私人(家庭)生活相结合的方式,将工人纳入由企业所编制的社会控制网络之中。然而,在这个愿景中,资产阶级的住房改革方向不仅与以工人阶级为代表的底层民众的实际诉求仍有差距,自然也未能达成削弱无产阶级自我意识的政治目的。前文提到的埃勒贝克工人建筑合作社便是突出的例子,其居民中 80% 是在船厂工作的工人,并被视为德国合作社住房运动的样板,然而资产阶级想要达成的政治目标并未实现,他们原本是要通过给予土地并提供充分的住所瓦解社会民主党在工人中的号召力,但 19 世纪末 20 世纪初的历次地方选举显示,埃勒贝克工人建筑合作社的成员超过 65% 依然坚定选择社会民主党。② 因此无论是实现社会保障目的,还是实现政治目的,社会力量和企业解决住房问题的力度和效果都较为有限,需要更有力的决策者对此做出反应。

第三节 "住房问题"的政治化与地方干预机制

在历经或私人或社会团体各类改良尝试和促进措施,加上建筑技术水平和大众居住标准提高,曾经住房求大于求的极端"租户过剩"(Mieterexzessen)现象在 1900 年渐趋缓和是不争事实。但与之形成对比的是,"住房问题"依旧是德意志帝国公共舆论中挥之不去、反复被讨论的重要话题之一,中下阶层和底层民众的住房供给仍然被视为"蕴藏于帝国这个不民主、无福利的政治体系内,具有传染性的麻烦区域"。③ "悖论"的形成或许可以解释为与新的政治势力——即工人阶级及其在政治领域的

---

① Ludolf Parisius, " Bericht über die in Deutschland bestehenden Baugesellschaften und Baugenossenschaften".
② Kai Detlev Sievers, "Anfänge der Baugenossenschaftsbewegung in Norddeutschland zur Zeit des Zweiten Deutschen Kaiserreichs", S. 348f.
③ Christoph Bernhardt, "Aufstieg und Krise der öffentlichen Wohnungsbauförderung in Berlin 1900 - 1945. Zusammenhang und Brüchigkeit der Epoche", S. 46.

代表——崛起并发出强烈政治与社会诉求有关;但在"住房问题"成为政治问题背后,其实不仅仅是社民党希望通过各级政府能够给出更切实的措施。过去那些始终信奉在市场经济的条件下解决问题的资产阶级,也开始不再排斥国家和政府干预,这就使得对住房问题的探讨更为热切而深入。

一、工人阶级的实际居住诉求

相比资产阶级早在城市化初期就已开始注意到穷人的住房问题并提出各种民间与官方的解决方案,以工人阶级为代表的普通民众在很长时间内未能就这一关乎切身利益的问题表明态度。由此产生的结果是直到19世纪下半叶,人们大多从资产阶级的立场出发单向度地看待工人问题和住房问题,呈现为一种被冯·萨兰登归纳为"为了工人,却鲜少来自工人"[①]的奇特特性。如胡贝尔认为工人本身对居住条件"麻木不仁"。而工人居住条件的恶劣更被认为是自身缺陷所致,是咎由自取。艾米尔·萨克斯则提出,"他们(工人)中间有许多人由于轻率,而主要是由于无知……他们丝毫不懂得合理的卫生,特别是不懂得住房在这方面的有多么重大的意义";"……往往是几家人合租一处住房,甚至合租一个房间——这一切都是为了尽可能少花一点钱,同时他们却又把自己的收入肆意挥霍在酗酒和种种无聊娱乐上。"[②]即使是无产阶级革命导师恩格斯,其实也不重视解决具体的工人住房问题。不可否认,他在《英国工人阶级状况》(*Die Lage der arbeitenden Klasse in England*)中如实呈现曼彻斯特工人的悲惨生活境遇,但他在《论住宅问题》中关注的是其实更为宏大的主题,即住房问题是"现代资本主义社会已达到极其尖锐程度的城乡对立"的产物,因此无意"在资本主义体系的框架内讨论改革细节"。[③]

当代学者尼特哈默尔认为,帝国时代底层大众居住需求之所以"含糊不清""没有效组织起来的压迫感"[④],根本原因是工人阶级代表的底层民众缺乏政治权力与话语权,无法向公共领域传达自己的真实诉求。众所周知广义上的工人阶级作为一个社会阶层在19世纪中期前后才在德意志出现,其人数至帝国成立时虽已达

---

① Adelheid von Saldern, "Kommunalpolitik und Arbeiterwohnungsbau im Deutschen Kaiserreich", S. 357.
② 转引自恩格斯:《论住宅问题》(第二篇"资产阶级怎样解决住宅问题"),第277—278页。
③ Hans Jürgen Teuteberg, "Die Debatte der deutschen Nationalökonomie im Verein für Socialpolitik über die Ursachen der 'Wohnungsfrage' und Steuerungsmittel einer Wohnungsreform", S. 20.
④ Lutz Niethammer, "Ein langer Marsch durch die Institutionen", S. 367.

数百万,且工人运动发展迅速。但工人阶级的政治影响力和经济实力却与其庞大的人数不相匹配。而与此同时,统治阶层因对社会问题的空间恐惧则日益强化,更对工人阶级发起压制其政治呼声的行动。

代表德国工人运动两大流派的德国工会联合会(Allgemeiner Deutscher Arbeiterverein, ADAV)和社会民主党曾分别于1871年9月和1872年6月集会讨论工人住房问题,但二者影响力均有限。工会方面推崇的解决办法是以工会互助的方式获取建设贷款、购置地皮、建造符合工人需求的小户型,却始终困扰于资金压力。社会民主党坚持要求由政府出面干预住房保障,并敦促基层政府征收非建成区土地,但这一正式向国会提交的提案,最终却以"反动材料"的理由驳回。[1] 之后不久便是长达十二年的"反社会党人时期",期间有332个工人组织被解散,1,300余种社会主义刊物被禁止。[2] 这一"失声"的局面直到1890年才得以改变。随着《反社会党人法》被废除,作为工人阶级政党的社会民主党才真正成为帝国政坛重要的上升力量。相比之下,这一进程在地方政坛的进展仍较缓慢,但也开始出现工人阶级(及其代表)逐渐融入地方事务的迹象。至世纪之交时,不仅社民党籍议员开始取得各地方议会的议席[3],地方议会外的部分委员会(如济贫委员会、租赁调解局、各类地方保险机构等)也增设了工人席位作为劳方代表参与咨询工作。[4] 正因为开启"逐步将工人纳入公共管理的伟大进程",工人群体才真正取得了表达诉求的权利与途径。

进入20世纪,作为代表工人阶级利益的社民党开始形成包括住房政策在内的地方政策纲领。1901年,社民党首次在吕贝克党代会上讨论住房问题,虽然党内并未达成全面共识,但仍明确两点意见:一是拒绝资产阶级的住房改革方案,反对建立合作社建房、工厂住宅建设和其他慈善性质的居住救济;二是呼吁制定国家层

---

[1] Hans Jürgen Teuteberg, "Die Debatte der deutschen Nationalökonomie im Verein für Sozialpolitik über die Ursachen der 'Wohnungsfrage' und Steuerungsmittel einer Wohnungsreform", S. 20f.
[2] 邢来顺:《德国通史·第四卷:民族国家时代(1815—1918)》,南京:江苏人民出版社2019年版,第269页。
[3] 至1907年时全德邦以下地方议会的社民党籍议员约为5,000人,这一数字直到1913年才升至1.2万人。数据来源于 Adelheid von Saldern, "Frühe sozialdemokratische Kommunalpolitik 1890 - 1933", Heinz Reif, Moritz Feichtinger (Hgg.), *Ernst Reuter — Kommunalpolitiker und Gesellschaftreformer*, Bonn: Dietz 2009, S. 20。
[4] Adelheid von Saldern, "Frühe sozialdemokratische Kommunalpolitik 1890 - 1933", Heinz Reif, Moritz Feichtinger (Hgg.), *Ernst Reuter — Kommunalpolitiker und Gesellschaftreformer*, S. 20.

面的住房法规,"不再寻求地方解决方案,而要求国家解决方案"。① 社民党的住房政策之所以姗姗来迟,首先是受此前德国国内政治生态和社民党政治纲领的影响:一部分社民党人坚持认为加入地方政府或地方议会与资产阶级联合,是对阶级斗争路线的背叛,这一观念因而也影响了该党地方政策纲领的制定。其次,具体到住房问题的解决,还牵涉社民党所面临的理论与现实的困境:按照恩格斯的解释框架,住房问题在现有资本主义生产方式下是无解的,只有通过社会革命重新进行分配才有可能解决。② 若以此为前提,则所有改善工人居住条件的福利措施,无论是工厂住房还是合作社,都是伪命题。这套理论直到20世纪初才得以突破,社民党将其斗争目标进行区分,将废除资本主义制度及解决住房问题作为最高目标,但同时将推动旨在革除资本主义制度最严重弊端及(根本无解的)住房问题的改革作为短期目标。③ 此后,经过1902和1904年党代会讨论,社民党的地方政策纲领才正式诞生。

工人阶级政党对地方政策的优化,体现的是如城市史学者于尔根·罗伊勒克(Jürgen Reulecke)所说的"无产阶级民主从资产阶级民主中分离出来的进程"④,而工人个体的自我意识也在这一过程中不断觉醒,他们的想法和意识开始诉诸于19世纪末20世纪初知识分子的笔端。虽然此时一些工厂定居点除改善居住环境,增设浴室、食堂、阅览室、日托中心一类的配套设施外,还开始兼顾居民促进家庭生活需求,如为女职工提供的家政培训课。克虏伯公司甚至还在其克罗恩贝格定居点举办戏剧演出、体操活动和各类游园会,丰富工人的业余生活。⑤ 但新的变化已悄然出现,不同于过去资产阶级对工人住房条件恶劣引发社会问题的批判话语,此时的观察视角已从单纯的居住贫困转向工人日常生活,并从中发掘出"住房问题"值得关注的新内涵。

菲舍尔—埃克特在对莱茵兰的工厂城哈姆博恩居住状况的观察中发现一个"有趣"现象:1900年之后的工厂定居点建设品质呈现长足进步,各方面条件均优于同地区的出租私房;但哈姆博恩的工人却宁可舍弃房租低廉、条件相对较好的企业宿舍,

---

① Elisabeth Gransche, "Die Entwicklung der Wohnungspolitik bis zum Ersten Weltkrieg", *Historical Social Research*, 11(1986),4, S.47 – 71.
② 恩格斯:《论住宅问题》,第283页。
③ Elisabeth Gransche, "Die Entwicklung der Wohnungspolitik bis zum Ersten Weltkrieg".
④ Jürgen Reulecke, *Geschichte der Urbanisierung in Deutschland*, Frankfurt a. M.: Suhrkamp 1985, S.95.
⑤ Adelheid von Saldern, *Häuserleben. Zur Geschichte städtischen Arbeiterwohnens vom Kaiserreich bis heute*, S.93.

屈就条件一般乃至糟糕而房租又偏高的私房。对此菲舍尔—埃克特的分析如下：

> "（整片区域的）所有居民从事着同一份职业，隶属同一个阶层。正如这些房屋千篇一律外表一样，似乎象征着（它们的）居民们所从事永远单调反复的工作；他们的生活也仿佛是囚犯放风，精确地按照排班表执行。……千篇一律的房屋与街道……是他们赖以食宿的栖身之地。只要他们为这些房屋的业主工作，他们就属于这里。"①

显然在这段话中，工厂住房的房屋形制已成为"无聊工作"的象征。事实也确实如此，以煤矿定居点工人日常生活为例，矿井的汽笛会在轮班前响起，然后各处屋门几乎会同时打开，工人们一起在盥洗室换衣服，随后一同在地下工作八个小时，工作完毕则再次成群结队地洗澡更衣返回家中。工作和家庭使得工人们对企业的依附日益牢固，并视之为"理所当然"。然而，这种惯习的形成，不仅妨碍了工人择业、迁徙的自由，也限制了他们为争取自身权益而诉诸罢工的政治权利。因此，对一部分人来说，千篇一律的单调重复工作已经让他们喘不过气来，但又因为继续在厂区生活而导致人身也不得不完全依附于企业，就无法忍受了，因此他们情愿在外租房居住，以确保自己和家庭至少在私人生活领域"是一个自由人"。②

由于多数工人定居点大多远离城市中心，加上其本身封闭的特性，一定程度上造成了不同阶层在空间上的实质性隔离。而当时的一些普通工人家庭已经朴素地意识到这一点：一旦受制于居住地，就无法实现自身的阶层流动与上升，这在工人家庭子女教育方面表现得尤为突出。菲舍尔—埃克特的报告曾引用过一位工人妻子的陈述："是的，我们在这里住得非常舒服，如果在城里，带着那么多小孩子，根本找不到合适的房子。但工人区就是工人区，对孩子来说，它什么都没有。他们看不到也听不到好的事情，而这所有的糟糕的例子都足以让他们把我所有的忠告统统忘记。"③这种阶层隔离最突出的表现是外籍工人（如波兰人）的定居点，虽然许多学者提出诸如出于同胞情谊抑或与德国工人的竞争促成了波兰工人家庭空间集

---

① Li Fischer-Eckert, *Die wirtschaftliche und soziale Lage der Frauen in dem modernen Industrieort Hamborn im Rheinland*, S. 27.

② Li Fischer-Eckert, *Die wirtschaftliche und soziale Lage der Frauen in dem modernen Industrieort Hamborn im Rheinland*, S. 36.

③ Li Fischer-Eckert, *Die wirtschaftliche und soziale Lage der Frauen in dem modernen Industrieort Hamborn im Rheinland*, S. 35f.

中,与德国工人隔绝。但诚如冯·萨尔登所指出的那样,外籍工人定居点的这种内向性其实与种族、文化差异关系不大,它首先取决于工厂住房自身的空间特性,即位于企业或工厂附近[①],从这个意义上来说,无论是德国工人,还是外籍工人都面临来自企业的"福利控制"。而随着企业控制的加强,工人定居点就会逐渐演变为定居营:整个定居点被围了起来,夜晚大门会上锁,还会派上专门的守卫,工人们还必须严格遵守房屋条例,这样一来,最受影响的依然是最底层的工人群体。

二、市政当局干预住房供应

自19世纪下半叶以来,地方政府(尤其是城市)开始承担起越来越多的公共任务,但与公共卫生、交通或者能源领域的政府开支不断增加不同,围绕地方政府是否要介入住房市场的问题上始终存在巨大争议。1886年美因河畔法兰克福市长约翰内斯·冯·米克尔(Johannes von Miquel)在社会政策协会的法兰克福大会上宣读了题为"德国大城市贫困阶级的住房困境及其补救建议"(*Die Wohnungsnot der ärmeren Klassen in deutschen Großstädten und Vorschläge zu deren Abhilfe*)的报告。米克尔明确指出:"即使进入经济平稳发展阶段,大型城市中的居住困顿几乎比比皆是。"[②]尽管如此,地方政府的主流观点因深受19世纪自由主义经济观的影响,仍将城市(也包括公益性住建活动[③])视为与私营建筑经济和私人房产主构成竞争关系的对立面,认为城市政府采取公共手段开展建设活动必将戕害私有

---

① Adelheid von Saldern, *Häuserleben. Zur Geschichte städtischen Arbeiterwohnens vom Kaiserreich bis heute*, S.95.
② 该报告由法兰克福市组织调查编纂,历时两年(1884—1885年),涉及包括汉堡、柏林、莱比锡、开姆尼茨、弗莱堡、布雷斯劳、奥斯纳布吕克、多特蒙德、波鸿、埃尔伯费尔德(Elberfeld)、埃森、克雷费尔德(Krefeld)以及美茵河畔法兰克福13座城市的住房现状分析。它是首个基本摸清德国大城市住房现状的报告,为科学研究当时住房问题提供了可靠的分析平台,也是对当时尚模棱两可的住房预测和实践性解决方案的一种检测。有关米格尔报告的学术价值与问题的具体评述参见 Hans Jürgen Teuteberg, "Die Debatte der deutschen Nationalökonomie im Verein für Socialpolitik über die Ursachen der 'Wohnungsfrage' und Steuerungsmittel einer Wohnungsreform", ders (Hg.), *Stadtwachstum, Industrialisierung, Sozialer Wandel. Beiträge zur Erforschung der Urbanisierungung 19. Und 20. Jahrhundert* (= *Schriften des Vereins für Socialpolitik, Bd.256*), Berlin: Duncker & Humblot, 1986, S.27-29 u. Anm. 48。
③ 在进入20世纪之后,仍偶有因不理解合作社建房的贷款条件,视之为不健康的集资模式,甚至斥为"合作社骗局"(Genossenschaftsschwindel)的言论出现。StA München, Ratsprotokolle 599, 28.9.1911; Berichte Berlin (1902), S.271. 转引自 Walter Steitz, "Kommunale Wohnungspolitik deutscher Großstädte 1871-1914", Hans Jürgen Teuteberg (Hg.), *Homo habitans. Zur Sozialgeschichte des ländlichen und städtischen Wohnens in der Neuzeit*, S.429。

住建业,扰乱市场。至1912年时,房地产业主联合会(Der Verband der Haus- und Grundbesitzervereine)仍在法兰克福市议会上明确提出,要建立自由经济导向的房产业,尤其是制定(相应的)城市住房政策。① 而前文也已提到,许多早期住房改革者同样反对政府直接介入住房市场,他们将为低收入群体提供"小房子"视为是一种"救济",因而也是一种私人行为。

这种将房产业视为完全私有经济领域的局面一直到1900年才有所松动。随着19世纪末德国社会现实、国家政策和政治力量对比的不断变化,"住房问题"不断被政治化,促使地方政府开始考虑从社会政策角度采取预防性措施。但有一点很明确,即保证房产业私有经济的属性不变:"如果私有住房市场出现问题,则推行地方住房政策即是合理的"。② 在此基础上为低收入阶层提供住房保障。保障措施不仅包括采取各种措施改善现有居住条件和环境,例如制定建筑条例和建设规划、实施住房监察、采取税收调节,也包括扩大住房供应规模:各级政府或自行为政府公职人员建造住房,或采取不同方式推动或资助底层民众的住房建设活动。

(一) 改善现有居住条件

对现有住房进行管理并加以改善是德意志帝国建立之初,甚至在此之前,就已存在的市政当局干预住房供应的手段。它主要包括启用规范和控制手段干预居住条件以及利用税收杠杆调节住房供应。前者包括制定建筑条例和建设规划以及采取住房监察(Wohnungsinspektion);后者包括提高税率和开征新税。

建筑条例其实确切来说是"与建筑警察法内容相关的警察条例"③,因此起初并不属于法规,而是警察条例。原因是最早的城市建设归警方管辖——这在德意志第一大邦普鲁士表现尤其突出。随着时间推移,原先的建筑警察条例才逐步演变为地方建筑法规,甚至构成个别邦(如巴伐利亚、符腾堡、萨克森、巴登和黑森)建

---

① StA München, Münchener Gemeindezeitung 20 (1891), S. 231, Gemeindebevollmächtigter Fischer; Berichte Berlin(1902), S.354f., Abgeordnete Rast, Mommsen, Cassel; Berichte Frankfurt, Bd. 45, S. 1302, 36. Sitzung vom 29.10.1912. 转引自 Walter Steitz, "Kommunale Wohnungspolitik deutscher Großstädte 1871 - 1914", S.428f.

② 这一观点出自1890—1912年间担任法兰克福市长的弗朗茨·恩斯特·阿迪克斯(Franz Ernst Adickes) 1900年的专题报告"如何利用城市资金和贷款有针对性地促进住宅建设?"(Wie können städtische Geldmittel und städtischer Kredit der Förderung des Wohnungswesens in zweckmäßiger Weise dienstbar gemacht werden?) 转引自 Walter Steitz, "Kommunale Wohnungspolitik deutscher Großstädte 1871 - 1914", S.428。

③ Fischer, "Baupolizei", Gerhard Albrecht u.a. (Hgg.), Handwörterbuch des Wohnungswesens, S.67.

筑法的一部分。

相比其他邦国,普鲁士的情况仍略有不同,它迟迟未能出台全邦统一的建筑法,而是呈现地方政府各自为政的局面。以首都柏林来说,它早在19世纪50年代就已制定相关的建筑警察条例,例如1853年《柏林建筑警察条例》和1855年《关于制定城市建设规划的法令》(Erlass zur Aufstellung städtischer Bebauungspläne)。柏林建筑警察条例最突出的特点是规定了城市建筑物的位置,这一点构成了1875年《普鲁士建筑线法》(Preußisches Fluchtliniengesetz,亦称《红线法》)的前身,后者要求地方政府对新建道路划出建筑线[①],为市政规划奠定了最初的法律基础。但建筑条例并不仅限于规范城市空间中的建筑秩序,而是立足建筑警察(Baupolizei)作为警察的"本职",即"维护居住者、邻里和所有非业主群体整体的必要利益"[②],因此其职能范围涉及面极为广泛,包括有关建筑物营造与维护,火灾隐患的排除,建筑物高度与间距,污水处理、最低居住标准等在内的各类规章制度。[③] 因此,建筑条例归根结底是利用法律手段限制对土地过度利用或不当建造活动,从而对建筑业形态施加一定的强制影响力。有魏玛共和国学者对此评价称,如果没有建筑条例,"(德国)在战前经济景气与土地投机盛行的情况下,我们的城市和居住形式的发展将远比现在更为糟糕。"[④]

但问题在于,当城市人口不断增加,城区范围日益扩大,原本的建筑条例已不足以应对日益复杂的城市发展形势,因此围绕城市扩张和发展出现了两个方向上的变化。一是需要对未来范围更广的城市区域有更长远、更专业的预判,城市建设规划因此应运而生。柏林在19世纪下半叶的城市建设规划可以追溯至1858—1861年的"霍布莱希特计划"。霍布莱希特对柏林城外的地块进行调整,明确区分了所谓"好地块"与"坏地块"的利用原则:前者可以按照1853年建筑条例营建房屋,后者则只能用来修建道路和广场,不得修建房屋。[⑤] 尽管霍布莱希特的方案在当时遭到激烈批评(他的社会融合观也被认为不切实际),甚至还被认为是造成柏林成为臭名昭著的"出租兵营之城"的始作俑者,但他的规划中已经体现出遏制"非法建设",决定未来土地的划分与用途、街道的数量、走向和宽度,设计交通路线,制定在建

---

① [德]迪特马尔·赖因博恩:《19世纪与20世纪的城市规划》,虞龙发等译,杨枫校,北京:中国建筑工业出版社2009年版,第33页。
② 同上书,第22页。
③ Adelheid von Saldern, "Kommunalpolitik und Arbeiterwohnungsbau im Deutschen Kaiserreich", S. 347.
④ Fischer, "Baupolizei", S. 67.
⑤ [德]迪特马尔·赖因博恩:《19世纪与20世纪的城市规划》,第21页。

地块的规划指导意见等实践尝试。相比过去建筑条例对单一地块建筑物的规定，霍布莱希特的规划显然具备了面向未来规划城市的意义。尽管他的方案并未完全实现，但1900年对100座居民人口超过30,000人城市的调研显示，已有半数城市制定了城市建设规划方案。① 这就意味着，城市建设规划在20世纪初已成主流趋势。

另一个重要变化则是住房监察机制的出现。最早的"住房监察"脱胎自邦国或地方建筑警察条例，它主要是以警察手段规范群租客（即前文提到的各类包膳宿者或是租床客）和农业工人的居住与生活条件。② 随着地方政府对于地区事务从警察管辖向地方自治转变的意愿不断增强，以及围绕改善现有小住房居住条件讨论的日趋热烈，住房监察机制在进入19世纪90年代后开始面向整个工人住房进行调控。由警方、地方官员以及不支薪水公务员③组成的各市政当局住房委员会逐步取代过去的建筑警察，负责开展住房监察。

黑森邦住房监察员古斯塔夫·格雷茨舍尔（Gustav Gretzschel）在1905年的一份报告中曾明确提及"住房监察的目标与特点"是为制定住房政策方案收集数据并明确住房存在的结构和健康隐患。④ 以此为基础，大致可知住房监察工作包含如下几方面内容：首先是对当地的住房情况进行调研，正是这些经监察员证实的"令人震惊事实"的调研报告，令市政当局意识到施政过程中的不足之处。其次是制定相关的居住标准，但相比建筑条例这类框架性规范，住房监察条例更侧重房屋采光、通风，以及厕所数量和质量的最低标准的制定，例如严格确立了"每立方米人均最小通风面积"标准，规定成年人要达到10立方米，10岁以下儿童达到5立方米。⑤ 而在诸如巴登和少数普鲁士城市还设立了旨在对现有住房进行调控的"住房局"（Wohnungsamt）。这个部门的工作对象覆盖了业主、房东和租户各个利益团体，除了对状况糟糕的住房进行登记，必要情况下会要求房屋业主或房东进行房屋大修（如给地板除潮，为采光差的房间安装新窗户，改造房间，接水管等）外，还要求租户不得污染院落环境或疏于维护义务，避免房屋被"不健康利用"。此外，它还

---

① Rudolph Erberstadt, *Städtische Bodenfragen*, Berlin: 1894, S. 106f. 转引自 Adelheid von Saldern, "Kommunalpolitik und Arbeiterwohnungsbau im Deutschen Kaiserreich", S. 348。
② Clemens Zimmermann, *Von der Wohnungsfrage zur Wohnungspolitik. Die Reformbewegung in Deutschland*, S. 112。
③ 德意志帝国的市政当局由支薪和不支薪两个序列的公务员组成。
④ Clemens Zimmermann, *Von der Wohnungsfrage zur Wohnungspolitik. Die Reformbewegung in Deutschland*, S. 114。
⑤ Adelheid von Saldern, "Kommunalpolitik und Arbeiterwohnungsbau im Deutschen Kaiserreich", S. 349f。

对房东和租户的行为举止做出规范,鼓励他们采取健康的生活方式,例如"保持公寓和厕所的清洁,保持屋内干燥……小心使用水管、给排水和供暖和厨房设施。"①

相比之下,税收杠杆看似与大众住房质量的关系并不明显,但其实是重要性不容小觑的调控手段。其中最重要的节点是1893年7月普鲁士邦出台的《地方附加税法》(Kommunalabgabengesetz)正式宣告对城市地产征收增值税。这一新的地方附加税具体变化在于:过去地产税是针对出售用地所谓的"使用价值"进行估算后征收,由此可能出现的情况是如冯·萨尔登所言,虚构一番"在市中心高价地段的一片土豆地"②并以此为征税依据,如今则是各地根据市场价格,即土地的销售价格自行制定税率。这样一来,同一块地皮需要缴纳的税额就比过去高得多。事实上,推动包括出台《地方附加税法》在内的税收改革的普鲁士财政部部长,正是曾经的美因河畔法兰克福市长约翰内斯·冯·米克尔。作为深谙地方政务的政治家,冯·米克尔在向普鲁士贵族院阐述地方附加税征收意图时,明确提出:"(应防止)人为过度抬高建设地块的价格,即使地产所有者需要承担因闲置土地不予开发造成的利息损失,(他们)仍需支付与其(土地)价值相符的税金。"③这种以高税收的方式平抑地价,一定程度上遏制了私人囤积土地的投机行为。

尽管新税法最初因为遭到地方议会的大力反对而推行不畅,但至1903年时普鲁士已出现较明显变化:67座城市和60座乡镇采纳这一新的地方附加税。④ 变化的原因在于《地方附加税法》对普鲁士地方财政乃至政治结构作出根本性调整。它宣告的不仅是将一部分地产收益纳入地方财政,而是为以城市为代表的地方政府构建起一个更为稳固的财政基础:法规明确地方政府(如城市)不仅继续保持代征邦所得税附加费的权利,同时普邦政府还向其让渡了包括土地税、营业税在内的财产税的征收与分配权,邦政府仅对地方税收负指导作用。⑤ 用西部城市多特蒙德

---

① Clemens Zimmermann, *Von der Wohnungsfrage zur Wohnungspolitik. Die Reformbewegung in Deutschland*, S.115.
② Adelheid von Saldern, "Kommunalpolitik und Arbeiterwohnungsbau im Deutschen Kaiserreich", S.351.
③ O. Beck, "Förderung der gemeinnützigen Bautätigkeit durch die Gemeinden", *SVSP*, Bd.96, Leipzig: 1901, S.179 - 271,转引自 Clemens Zimmermann, *Von der Wohnungsfrage zur Wohnungspolitik. Die Reformbewegung in Deutschland*, S.174。
④ Adelheid von Saldern, "Kommunalpolitik und Arbeiterwohnungsbau im Deutschen Kaiserreich", S.351.
⑤ Karl Erich Born, "Epochen der preußischen Geschichte seit 1871: I. Preußen im deutschen Kaiserreich 1871 - 1918. Führungsmacht des Reichs und Aufgehen im Reich", in Wolfgang Neugebauer (Hg.), *Handbuch der preußischen Geschichte* (Bd.3: *Vom Kaiserreich zum 20. Jahrhundert und Große Themen der Geschichte Preußens*), Berlin/New York: Walter de Gruyter 2001, S.117.

（当时属于普鲁士）一位名叫瓦尔特·博尔特（Walter Boldt）的市议员的话来说，地方附加税构成城市"合理而富有成效的新收入来源"，而多特蒙德在1906—1907年针对建成地块和未开发地块分别征收4.1%和14.4%的地产税。① 事实上，许多研究帝国时期土地和住房政策的学者均指出，不宜高估地产税对抑制地价上涨和改善居住条件的作用②，但这一税制新安排确实令地方财政收入得到显著增长，这就为进一步拓展市政建设的活动范围奠定了基础。

(二) 城市土地政策的出现

以城市为代表的地方政府财力与活动范围的不断扩大，为其直接介入面向中下层的住房建设做好资金准备。但市政当局的干预之所以成为整个住房问题解决方案中最迟来的一环，城市土地的所有权问题才是症结所在：直到1890年，一部分大城市才开始推行土地政策③。土地政策出台的首要目的当然是确保城市发展所需的土地供应充足。由于在完全自由的市场经济条件下，城区内土地市场价格早已高不可攀④，即使是市政当局也无法承受，因此很多城市将目光放在城市周边尚未开发的地区。至1908年时，一部分城市如弗赖堡、美因河畔的法兰克福、科布伦茨、斯德丁和奥格斯堡郊区超过50%的土地都已归市政当局所有，市有土地保有量因此显著增加。⑤ 以德国南部符腾堡邦乌尔姆市为例，在1891—1914年担任市长的海因里希·瓦格纳（Heinrich Wagner）的领导下，乌尔姆大量购入城郊土地，目的便是为正在蓬勃发展的各类城市公用事业企业提供建设土地，同时可吸引外来的工业企业入驻乌尔姆。⑥ 不过，乌尔姆市政当局收购和储备土地也不仅是为

---

① Clemens Zimmermann, *Von der Wohnungsfrage zur Wohnungspolitik. Die Reformbewegung in Deutschland*, S.174f.

② 参见阿登海德·冯·萨尔登和克莱门斯·齐默尔曼的相关论述：Adelheid von Saldern, "Kommunalpolitik und Arbeiterwohnungsbau im Deutschen Kaiserreich"; Clemens Zimmermann, *Von der Wohnungsfrage zur Wohnungspolitik. Die Reformbewegung in Deutschland*。

③ Clemens Zimmermann, *Von der Wohnungsfrage zur Wohnungspolitik. Die Reformbewegung in Deutschland*, S.167.

④ 费勒曾列举柏林选帝侯大街上的一块地皮，1830年市值约为五万马克，但到了1900年已摇身一变为一笔价值5,000万马克的巨额财富。柏林的例子虽然极端，但城市地价的飙升确是不争的事实。引自Karl Christian Führer, *Die Stadt, das Geld und der Markt. Immobilienspekulation in der Bundesrepublik 1960–1985*, S.13.

⑤ Clemens Zimmermann, *Von der Wohnungsfrage zur Wohnungspolitik. Die Reformbewegung in Deutschland*, S.167.

⑥ *Ebenda*.

了迎合经济发展的单一需要,其中还包含打破私人地产公司的建设垄断和为社会弱势群体提供居住保障的社会福利目的。而要让这一群体能够负担起住房,首先就需要取得廉价的建设用地。在此基础上,还能满足一定的居住改善性需求,如提供"更多的绿化",甚至是"大型游乐或运动场地"。

相比南部地区,德国工业化和城市化最迅猛的鲁尔地区和莱茵省的城市更急需推行公用设施和住房政策,但这些地方的市有土地数量却相当有限。即使是在已经启动城市土地政策的城市中,1901—1913年普鲁士各城市所拥有的土地被投入公益性住房建设的仅为125公顷,其中作为城市干预住房建设典型的法兰克福、克珀尼克、科隆和斯德丁总计投入55公顷土地用于公益性住房建设。[1] 之所以会出现市有土地增长迅速,但投入公益性住房建设土地不多的矛盾现象,根源在于来自由有产者组成的市议会的抵制,议员们抵制的理由有二:其一是在市场经济条件下,城市也可以通过持有土地并转售来获利,但如果将这部分土地授予公益性建房团体就意味着放弃到手的利润,因此一部分持"储蓄盈利"思想的城市议员反对动用政府财政专门为公益性住房建设购置土地。其二是认为市政当局既可作为"买家"或"卖家"介入城市土地买卖,又可充当"规则制定者"对建成区的划定给出指导意见,甚至因此左右地价。它的这种特权者的身份是对普通投资者地产利润的进一步剥夺。[2]

但随着市政当局开始掌握土地收购和开发融资的权利,新的问题浮出水面。持社会改良观点的资产阶级和社会民主党人尤为关切的问题是,以公益性住房建设用地之名出售的土地通常都会低于市场价,那么如何保证土地不会被以公益之名滥用?最初的解决方案一是在土地购买合同或地产证上标明土地重购权(Wiederkaufrecht),即买家有义务公示自己的出售意向,以便地方政府及时介入回购并转售;二是购买合同需列出买家需要承担的义务,通常是规定该土地应用于建设"小住房"之用并仅向"工人"出租。[3] 这一看似能够限制利用市有土地进行投机行为的设计,在具体实施时却出现了问题,由于购入市有土地的居民经济状况不稳定,导致城市不得不反复行使重购权"托底"。

---

[1] Robert Kuczynski, *Das Wohnungswesen und die Gemeinden in Preußen (Teil. 2: Städtische Wohnungsfürsorge)*, Breslau: Korn 1916, S. 33.
[2] Clemens Zimmermann, *Von der Wohnungsfrage zur Wohnungspolitik. Die Reformbewegung in Deutschland*, S. 168.
[3] *Ebenda*, S. 169.

乌尔姆市是少数实践重购权的城市之一,至1914年时,它从公益建设方手上回购土地次数竟高达744次。① 这固然验证了工人和小职员想要持有自有住房的难度之高,但仅就重购权而言,也意味着存在各种紧张关系:首先,由于重购权在法律上仍存在不确定性,这就给获得土地的"小人物"或建设集体(如合作社)获取抵押贷款增添了难度,这一群体又恰恰高度依赖贷款资金——这其实也是此类土地及建筑其上的住房流转率高的症结所在。其次,可重购土地的估值是由火灾保险公司按照福利目的给出,其价格远低于市场估值。除了乌尔姆之外,汉堡市政当局也采用土地重购权,但其因回购并转售分别于1904年和1911年授予公益合作社的土地而造成的亏损达到了594万马克。②

有鉴于此,法兰克福市政当局开始讨论一种舶来自英国的新型产权形式,即土地租借权(Erbbaurecht)。所谓"土地租借权",指在土地产权仍归城市所有的前提下,租借土地的一方可在一定期限内(通常长达50—99年)享有开发、利用土地的权益且这些权益可由其后代在期限内继承。相比购置土地,这种土地分配的形式仅需支付低廉的"租借利息",甚至因为可以额外获得城市的建设补贴,这笔支出还能再减免20%—25%③,因此深受资金明显不充裕的建筑合作社的欢迎。法兰克福因此也成为以土地租借方式在市有土地上建设小住房的典型。1901—1914年该市共授予公益建设企业和被市长弗朗茨·阿迪克斯称为"中间阶层"的私人的租借土地共计193,447平方米,共建成1,184套小住房。④ 法兰克福的经验随后逐步向其他普鲁士城市扩散,1903—1914年间共有12座城市开始推行市有土地租借制,共计授予土地199,118平方米。⑤ 1908年,巴伐利亚首府慕尼黑也开始了制定相关的土地租借措施。

虽然土地租借被认为是市政当局解决小住房短缺问题较为稳妥的方式,但它同样面临挑战:城市议会中的资产阶级代表不仅对建筑合作社以如此低廉的价格拿到土地提出质疑,也怀疑市政当局甘愿在一定时期内放弃利润的合理性;而逐渐在市议会中崭露头角的社民党人则担心土地租借会滋生新的土地投机。另外,租

---

① Clemens Zimmermann, *Von der Wohnungsfrage zur Wohnungspolitik. Die Reformbewegung in Deutschland*, S.170.
② Walter Steitz, "Kommunale Wohnungspolitik deutscher Großstädte 1871-1914", S.437.
③ Clemens Zimmermann, *Von der Wohnungsfrage zur Wohnungspolitik. Die Reformbewegung in Deutschland*, S.171.
④ Walter Steitz, "Kommunale Wohnungspolitik deutscher Großstädte 1871-1914", S.437.
⑤ Robert Kuczynski, *Das Wohnungswesen und die Gemeinden in Preußen (Teil. 2: Städtische Wohnungsfürsorge)*, S.76f.

借权还面临在德国法律体系下产权不明确的问题,或是抵押租借权无法作为信用凭证以获取贷款,且租借到期后的补偿问题也将是未知数。①

(三) 城市住房建设促进

在地价高企和土地投机被认为是恶化住房问题的时代背景下,市政当局持有土地和财力的增长,促使它们开始思考采取直接支持住房建设的措施。但地方政府对住房建设支持仍包含了狭义和广义两层内容:狭义上的支持,指的是为受雇于城市的各类公职人员提供类似"工人住房"的住所,这些住房由城市资建设并拥有实际产权,也称"市政公房"(Regiebau);广义上的支持则是为更广泛意义的工人住房提供资金和土地政策支持。

最初由城市提供住房的城市公职人员范围非常狭隘,主要是城市交通企业职工。与一般的工矿企业一样,市政当局也需要为火车司机、有轨电车调度员等市政企业员工安排靠近工作地点的宿舍。在这方面最早做出尝试的城市是位于巴登的布雷斯高的弗莱堡,它在1864—1865年间已建成约330套市政公房。② 随着市政管理范围的扩大,市政当局的雇员人数日益增加,除了交通运输,还有诸如邮政系统的邮递员和后来的电报员,以及大批的中低层公务员,如今的德国城市已宛如一家"大型企业"。为了确保"员工"的工作积极性和对岗位的忠诚度,城市也开始考虑以合适的租金、便利的地理位置为城市公职人员提供"工人住房"——只不过城市并不会以解聘捆绑解除租约威胁雇员。

据统计,1887—1913年间16座普鲁士城市先后建成的"市政公房"有1,213套,其中以杜塞尔多夫的市政住房数量最多,它在1900—1913年间总计建成420套,其建设成本(包含土地)总计超过276万马克。③ 而在德国南部,这期间建设市政住房成果较为突出的城市仍是乌尔姆,1891—1914年间总计建成三个定居点,270套市政住房,为共计2,700人解决住房问题。④ 作为亲住房改革的地方政治

---

① Clemens Zimmermann, *Von der Wohnungsfrage zur Wohnungspolitik. Die Reformbewegung in Deutschland*, S. 171; Walter Steitz, "Kommunale Wohnungspolitik deutscher Großstädte 1871–1914", S. 431f.

② Clemens Zimmermann, "Wohnen als sozialpolitische Herausforderung. Reformerisches Engagement und öffentliche Aufgaben", S. 630.

③ 数据来源于 Walter Steitz, "Kommunale Wohnungspolitik deutscher Großstädte 1871–1914", S. 436, Tabelle 5.

④ Clemens Zimmermann, *Von der Wohnungsfrage zur Wohnungspolitik. Die Reformbewegung in Deutschland*, S. 180.

家，市长瓦格纳的做法是通过组建住房协会，与当地建筑行业合作，分配定居点建设订单，以此对抗囤积地块的房地产主集团。起初，瓦格纳支持将市政住房建成"出租兵营"的房屋类型，但在考察完克虏伯工厂的村舍式定居点后，改为支持建设租住两用的住宅（Erwerbeshäuser）①和独户住宅。这些市政公房需要申请入住，申请人除了需要家庭体面，关系和睦，有一定积蓄并且能拿出 350 马克本金之外，还会优先考虑多子女家庭和下层城市公职人员。事实上，瓦格纳建设这些定居点的初衷本就是为了解决乌尔姆市（也包括符腾堡邦）公职人员，特别是交通企业职工的居住问题，因此在上述定居点中，有三分之一的屋主在市营或邦营的交通企业工作。而在法兰克福，1901—1914 年以土地租借方式建成的千余套住房中，有 210 套是由市政府委托建筑合作社为城市公职人员如公务员和教师建造的。②法兰克福的具体做法与乌尔姆不同，出于减少政府开支的目的，它在向合作社出借土地时以合同形式明文规定，部分住房建成后将专门保留一定数量提供给城市公职人员居住，但相应会额外给予建设方一定的补偿，如减少"租借利息"。③

尽管从乌尔姆的实际入住情况来看，市政公房的住户还包括了一部分非公职人员：10%为个体手工业者和私营业主，还有三分之一为熟练工人，以及 8.2%的非熟练工人和日薪雇工，这表明，瓦格纳所考虑的市政公房建设已经超越了仅为市政服务的范畴，并将普通工人也纳入"中间阶层"的行列，在解决住房问题的同时无疑也兼顾到一定的社会公正，因此具有进步意义。但无论是从乌尔姆这个单一案例出发，还是从整个普鲁士的情况来看，市政公房都只能满足极小一部分的居住需求。更何况，在具体运作这些住房和居民入住后，作为准业主的市政工人和公务员与实际所有者的当局依然在房屋质量、居住环境、租赁关系方面存在冲突。

相比市政公房，另一类在 19 世纪末至 20 世纪初更为普遍的政府干预住房建设的手段是给予资金支持，具体而言包括以下几种类型④：

1) 减免相关税费；

2) 参股公益性住建团体；

3) 为工人住房提供各类贷款保障；

---

① 这里的"租住两用"，指的是住宅内包含两个居住单元，其中的一套可供屋主自行出租，以租金收入作为屋主分期付款的经济来源。
② Walter Steitz, "Kommunale Wohnungspolitik deutscher Großstädte 1871–1914", S. 439.
③ Clemens Zimmermann, *Von der Wohnungsfrage zur Wohnungspolitik. Die Reformbewegung in Deutschland*, S. 171.
④ Adelheid von Saldern, "Kommunalpolitik und Arbeiterwohnungsbau im Deutschen Kaiserreich", S. 353.

4) 为住建抵押贷款提供保证金。

其中最为普遍的做法是对公益性住建活动予以各类税费减免优惠。以帝国第一大邦的普鲁士为例，至1913年时，有382座人口超过2.5万人的城镇采取了税费减免政策，远远高于其他措施的实施度。① 可减免的税费涵盖所得税、印花税等多个税种，1908年3月巴伐利亚出台的《养老保险法》（$Landeskulturrentengesetz$）就规定公益性住建团体可在一定期限内享有房屋及所得税减免。② 其次值得注意的是有35座城镇选择参股公益建设团体，其中不乏像法兰克福这样的大城市。法兰克福市政当局向"公益建筑公司""小型住房股份有限公司""哈勒多夫股份公司"分别注资19.98万马克、20万马克、10万马克。③ 但该市于1901年参股哈勒多夫股份公司的方式较为特殊，这家公司成立时的总股本为90万马克，市政当局认购其中的10万，但实际到账金额为3.4万马克，其余不足部分由市政府承担地块下水道系统的建设代偿。

相比之下，无论是由城市储蓄银行提供信用贷款，还是由城市自己为公益性团体或同等条件的个人提供一、二级住房抵押贷款，都并非易事，因为这些贷款行为均会受到来自市政当局或议会的阻挠。米克尔的税收改革固然使地方财政收入不断增加；但相应的，地方政府也在帝国晚期承担起越来越多的市政任务，从道路照明到交通运输，从能源供应到污水处理，地方财政支出不断扩大。在这种情况下，分配到公益性住房建设的资金或贷款不足也在意料之中。不过，在此情况下，仍有少数城市是例外。例如杜塞尔多夫从1900年起通过杜塞尔多夫地产抵押为"中间阶层"的建房者提供抵押贷款，1901—1913年间共发放了总额高达6,900万马克的贷款，但其中仅有147笔（约7.3％）流向工厂工人。④ 而法兰克福则在同一年开始专门为租借土地建房提供二级抵押贷款。它首先设立了租借土地贷款银行，由市储蓄银行、市孤寡基金及市地产银行分别注资50万、93万和143.98万马克；1913年设立城市地产抵押贷款办公室，作为专门的机构管理贷款发放。⑤

---

① Adelheid von Saldern, "Kommunalpolitik und Arbeiterwohnungsbau im Deutschen Kaiserreich", S. 353, Tabelle 1.
② Alfred Körne, *Die Gemeinnützige Bautätigkeit in München*, S. 54.
③ Walter Steitz, "Kommunale Wohnungspolitik deutscher Großstädte 1871 - 1914", S. 440.
④ Clemens Zimmermann, *Von der Wohnungsfrage zur Wohnungspolitik. Die Reformbewegung in Deutschland*, S. 184.
⑤ Walter Steitz, "Kommunale Wohnungspolitik deutscher Großstädte 1871 - 1914", S. 441. 但这样一来也就确保了法兰克福市政当局对租借土地拥有绝对全权，这一全权首先体现在城市有权在土地租借后15年内就回购土地，尽管一般的租借为60年，某些特殊情况则可达80年。

较为有效的城市融资手段则是为第三方住房贷款提供保证金。这笔资金保证只提供给公益性住建企业,几乎不对个人开放。以巴伐利亚为例,根据1908年《养老保险法》之规定,在向小住房建设发放二级抵押贷款时,就需要由地方政府予以担保。而担保的资金则来源于邦立保险公司的社保资金和邦银行,由此构成邦与地方政府共同承担贷款风险的责任,虽然直到1914年时巴伐利亚这部分保证金所担保的贷款总额不足3,000万马克。而在普鲁士,保证金已覆盖45座大城市,尤其在西部的威斯特伐利亚省,总计1,600座城镇中有250座采纳保证金制度。

三、城市干预的局限性

毋庸置疑,德意志帝国城市住房政策框架在19世纪90年代至1900年前后已初步搭建完成,但其中的地区性差距十分显著。法兰克福、杜塞尔多夫、乌尔姆等市政当局对待住房问题态度积极。慕尼黑同样也是市政当局直接介入住房建设的典范之一:自1888年起,慕尼黑市政府就已经开始通过城市贷款、抵押或参与小住房建设团体的方式;1908年更进一步制定促进方案,包括推动公益性住房建设的发展,租售城市建设用地,地方政府为建设用地开发与分配提供协助,减少道路建设费用及为建设资本筹集创造条件。[①] 与此同时,仍有许多地方政府并无积极介入住房事务的意愿和能力。

造成地区差异的主要原因是各地财政状况不同,各邦又各有各法。以住房监察制度为例,它本身就是一套地方性规章,因此德国各地实际执行差别很大,如普鲁士就未能在帝国时期就住房监察出台专门的指导规范,其结果是1902年时,82座普鲁士城市(总人口在500万左右)尚未启动住房监察讨论。柏林这座特大城市直到1913年才成立房屋局并启动住房监察机制;而即使被认为是帝国时代推行城市住房政策"优等生"的法兰克福,住房监察得以成建制也要到1912年。[②] 但普鲁士缺乏指导性邦法本身并不能完全证明其无心住房事务,相反这是由其社会治理的总体思路所决定的。它不像巴伐利亚那样颁布全邦性质指导意见,而是仍以警察手段进行管理,并在一些行政区[③]颁布了住房监察警察条例。但也因为邦法的

---

① Walter Steitz, "Kommunale Wohnungspolitik deutscher Großstädte 1871-1914", S.431.
② Ebenda, S.425.
③ 德意志帝国时期普鲁士"行政区"(Regierungsbezirk)是邦以下、县市以上,与"省"平级的行政区划,特此说明。

缺位,因此普鲁士在城乡之间、城市之间呈现基层地方(如乡镇)的介入十分积极,而城市呈现两极分化的态势。

差异还来自于各地围绕住房干预问题的不同认知。例如黑森邦就认为,虽然住房问题应当由基层地方(如城市)来负责,但这是一项"救急不救穷"的救济义务,只有在面向贫困人口的住房供给出现明显下降时才应采取强制措施。[①] 普鲁士邦的许多城市也持类似的观点。此外,即使支持住房建设的城市及其地方政治家,他们虽对住房问题十分关切,但却鲜少聚焦真正的底层民众身上,而是更重视满足诸如公务员、手工业者或至少是熟练工人的"中间阶层"的居住需求。

但城市干预除具备地区不同步的特性外,部分措施实施的有效性亦值得商榷,甚至有一些措施并未能达到预期的效果。以旨在改善居住环境的建筑条例来说,首先各地推出相关法规的根本动机是通过提高住房建设和供应准入,通过对消防、卫生以及道路宽度与沿街建筑高度比等条件加以严格限制,以遏制唯利是图但居住条件恶劣的住房出现,但这样一来,恰恰导致建设适合贫困阶层如工人居住的廉租房变得十分困难,亦无法纾解始终存在的住房短缺问题。其次,部分法规的设计缺陷给了投机商"钻空子"的机会。

一般认为,"柏林大院"现象是针对1853年的《柏林建筑警察条例》"上有政策下有对策"的产物。该建筑条例虽出于"交通、消防和公共健康的考虑",在规划道路时尽量以宽敞、美观为重,甚至沿街建筑形制有明确规定,然而并未明确规定沿街建筑的进深及背街建筑高度,导致背街地块过度建造的情况比比皆是。当然"柏林大院"形成与普鲁士建设规划的结构性缺陷有关[②]:规划方案制定者是普鲁士邦政府,但规划地块内的道路开辟及相关设施的建设费用由开发商承担,这就造成开发商在获得地皮后,出于分摊建设成本的需要,也为了实现自身利益最大化,在法规允许的范围尽可能地扩大建设活动。1875年《普鲁士建筑线法》也并未能有效遏制这一规划缺陷。普鲁士在19世纪90年代推出的建筑区域规划,虽然基本思路是尝试建筑密度和建筑类型对规划区域进行分区规划,但人为制造出不同社会阶层的空间隔绝。如紧邻汉堡的普鲁士城市阿通纳的城市用地规划就划分出别墅区、非工厂区和工厂区,并计划将工人就近安置在工厂区附近。但现实则是规划出来的"空间隔离"更为复杂,受制于工厂住房的供应能力有限、工人的居住习惯等原

[①] Adelheid von Saldern, "Kommunalpolitik und Arbeiterwohnungsbau im Deutschen Kaiserreich", S. 354.
[②] Renate Karstorff-Viehmann, "Kleinhaus und Mietkaserne", S. 287; Adelheid von Saldern, "Kommunalpolitik und Arbeiterwohnungsbau im Deutschen Kaiserreich", S. 348.

因，很多人依然留在老城区。当越来越多的资产阶级选择在别墅区和特别宽阔的街道旁定居，因有产者搬离而空置下来的较大住宅楼被分割成一个个较小的居住单元，出租给"穷人"。① 后来担任魏玛共和国普鲁士社会福利部长的海因里希·希尔齐费尔（Heinrich Hirtsiefer）在谈到帝国时代城市住房问题时明确指出，无视建设规划背后的制度性问题，只是试图通过在郊区规划中复制城市核心区的经验，以解决日益尖锐的小房子短缺状况，只能是重蹈覆辙。

而在当代历史学家尼特哈默尔看来，这一导致诸如建筑条例或建设规划无助于改善底层民众居住条件的制度性问题归根结底在于"为市政基本法制度化的利益关系，不可能帮助大多数在住房市场上处于弱势的消费者克服其居住困境"；不仅如此，这些利益关系"还朝着地租收益最大化的方向扭曲这个市场"。② 正是这一利益牵扯，构成了直到20世纪初德国各级地方议会反对政府社会住房保障措施的主要动力。许多城市的住房政策，常常会因遭遇来自议会的阻力而半途而废，如前文提到的法兰克福设立房屋局一事就曾遭到市议会的强烈抵制；而与住房相关的配套建设，如道路拓宽、给排水，或者是住房建设选址乃至工期的确定，同样首先考虑"市政当局与地产所有者的利益"。③

地方议会中的反对声音之所以势力强大，就在于他们的利益被地方基本法"制度化"下来，提供这一制度保障的正是德意志地方选举法，即"三级选举法"（Dreiklassenwahlrecht）。这一有限选举法的起点是1853年《普鲁士城市条例》（Preußische Städteordnung）。虽然各地方基本法出台时间有先后④，内容亦千差万变，但在地方选举制度上却殊途同归：无论是名为"三级选举法"抑或"候选人选举法"，均明确只有"公民"（Bürger）才拥有地方选举和被选举权。一般情况下，公民身份的获得，首先与在当地居留的年限和是否缴纳公民权税（Bürgerrechtsgewinngeld）有关，其次是对"公民"的财产和年收入亦有要求。地方政府会对选民进行登记或财产调查，确认其是否具有选举资格。普鲁士的情况则

---

① Adelheid von Saldern, "Kommunalpolitik und Arbeiterwohnungsbau im Deutschen Kaiserreich", S. 349.
② Lutz Niethammer, "Ein langer Marsch durch die Institutionen", S. 366f.
③ Adelheid von Saldern, "Frühe sozialdemokratische Kommunalpolitik 1890 – 1933", S. 19；[德]迪特玛尔·赖因博恩：《19世纪与20世纪的城市规划》，第54页。
④ 仅以德国四座主要城市举例，柏林早在1853年就通过《普鲁士城市条例》，美因河畔的法兰克福则因并入普鲁士而于1867年通过了《基层地方基本法》（Das Gemeindeverfassungs-Gesetz für die Stadt Frankfurt a. M.），慕尼黑则于1869年通过了《巴伐利亚基层地方条例》（Die Gemeindeordnung für die bayerischen Landestheile dieseits des Rheines），而汉堡相对较晚，它作为自由市一直到1879年才拥有了基本法，1896年制定了相关的行政法。

更为特殊,它并无"公民权"一说,只是将选举和被选举资格与普鲁士邦籍、经济独立、最低纳税额以及在当地逗留的最短期限等要求联系起来。直到20世纪初,只有50%—65%的国会议员有资格在普鲁士的基层地方选举中投出他们的选票。① 因此,无论是否被称为"公民",地方选举都被认为是富人的特权。在普鲁士各省及全德的乡村地区,选民会根据财产的多寡分成三个等级,这便是"三级选举法"的得名由来。由于不同选民等级的人数不同,但分配的议员人数却是相同的,这就决定了最富裕的人口能够掌握更多的政治话语权,而绝大多数的低收入群体和流动人口就被完全排斥在地方政治生活之外。

不可否认,代表工人阶级的政治势力在19世纪末的地方政坛实力有所加强,米克尔的财政改革令工人阶级的名义工资有所上涨,而社会党和位于南德的中央党等也开始设立"储蓄协会",以捐赠方式帮助本党成员缴纳公民权税。到1895年时,普鲁士、南德和西南德的一些城市正式取消了公民权税,这让一部分原与资产阶级联合的社民党人有机会进入地方议会和政府,慕尼黑更是在从1908年起在地方选举中引入比例选举制,使地方政坛内部的政党格局发生明显变化。但与工人政党在国会取得的重大突破不同,地方议会(从乡镇代表大会到城市议会)依然是资产阶级全权决定地方事务的权力场,工人政党仍无法在关乎自身利益的地方事务中掌握更多的话语权。

罗伊勒克围绕普鲁士城市的研究表明,秉承普鲁士城市条例有关"在市议会的各个等级均须确保至少一半的成员拥有房产"的精神,1900年普鲁士各大城市议会中的"房产主"(Hausbesitzer)比例均在50%以上,亚琛、波鸿和科隆的比例均高于90%,首都柏林市议会的比例也超过75%。② 表面看来,市议员的同质性相当高,但随着城市土地和住房投机蔓延,原本成分单一"房产主"其实也出现了分化,他们中既有土地投机客(如地产商、大建筑公司)、抵押银行,还有少部分出身小资产阶级、以投资房产为业的房产主及经理人——他们中的一部分甚至被称为"房主无产阶级"(Hausbesitzerproletariats)③,因此市议员的同质性并非单纯因为他们的社会地位与身份,而是他们因共同的利益诉求——即尼特哈默尔所说"地租收益最大化"——联系在一起,并一致反对所有可能威胁其生存现状与自身经济利益的措施,同时也拒绝地方政府的深度介入。马克斯·韦伯之弟、经济学家阿道

---

① Elisabeth Gransche, "Die Entwicklung der Wohnungspolitik bis zum Ersten Weltkrieg".
② Jürgen Reulecke, *Geschichte der Urbanisierung in Deutschland*. S.134, 221, Tabelle 13.
③ Elisabeth Gransche, "Die Entwicklung der Wohnungspolitik bis zum Ersten Weltkrieg".

夫·韦伯(Adolf Weber)就在1904年尖锐讽刺过房产主的这种抱团属性,他称土地投机是德意志帝国"各政党最无可动摇的信条"。在很多方面都与韦伯观点相左的住房改革者鲁道夫·埃本施塔特(Rudolf Eberstadt)也在这个问题上与他达成共识,埃本施塔特在1907年这样写道,"投机已经占领房产业的各个领域:从土地供应、分配到拥有竣工的住宅,统御整个德国房产业的是对利润最大化的致命追逐"。①

正是在这样一种房地产者占多数且团结的地方权力结构下,自然会排斥以工人阶级为代表的底层群众的需求,即使市政当局能够推行的政策,其出发点也并非出于对底层民众的考虑,这与日后魏玛共和国带有社会福利性质的住房保障政策形成对比。一个突出的例子便是各类城市建设条例或规划有计划地将工人安置在城市周边的乡村地带,同时减少或者至少不增加城区的住房供应,以此防止大批工人涌入城区(如阿通纳)。前文已经提及的工人阶级的社会隔离感正是源于地方政府的这一做法。

但随着住房改革的思想日益影响资产阶级改革派和工人群体,不仅工人阶级及其代表政党对地方议会的不作为甚至"开倒车"深感不满,公共领域如许多报纸对住房问题得不到解决多有批评,甚至部分市政官员也开始意识到由地方政府推动包括住房改革在内的社会改革势在必行,例如希尔德斯海姆的市长古斯塔夫·施图鲁克曼(Gustav Struckmann)就曾告诫同仁,作为市政官员,"必须代表城市中最多样化的人口群体……必须小心不要为了某一阶层人口的利益而通过任何影响其他阶层人口的决议。"②相比之下,城市议会因为构成结构使然,对城市住房政策持排斥态度,导致许多有改革志向的地方政府与地方议会之间的意见分歧开始显现,政府方面或认为是城市议会"多数有房产主和土地投机者组成……对推行旨在降低房价、实施住房改革总体治理的发展趋势并不利"。③ 又或如1904年埃森市长埃里希·茨威格特(Erich Zweigert)的批评所言:"莱茵各城镇的秘密会议是造成

---

① 转引自 Karl Christian Führer, *Die Stadt, das Geld und der Markt. Immobilienspekulation in der Bundesrepublik 1960 - 1985*, S.12。

② Wolfgang Hoffmann, "Oberbürgermeister und Stadterweiterungen", in ders (Hg.), *Kommunale Selbstverwaltung im Zeitalter der Industrialisierung*, Stuttgart: Kohlhammer 1971, S.79。

③ 这是1902年夏洛滕堡市的一位市政建筑师弗朗茨教授(Prof. Franz)的发言,引自 F. Mielke, "Studie über den Berliner Wohnungsbau zwischen den Kriegen 1870/71 und 1914 - 1918", in Wolfgang Neugebauer, Klaus Neitmann, Uwe Schaper (Hgg.), *Jahrbuch für die Geschichte Mittel- und Ostdeutschlands. Zeitschrift für vergleichende und preußische Landesgeschichte*, Bd.20, Berlin: Walter de Gruyter 1971, S.203。

一些错误建设规划的源头,这些方案只是在贯彻那些把持地方议会的房地产主的利益。"①而与前任米克尔一样致力于贯彻"非政治的社会改革"的法兰克福市长阿迪克斯则认为,城市介入住房建设供应不畅的根本原因在于德国城市不仅缺乏平等的投票权,也缺乏"能够自主选择轮值负责人开展社会改革工作的决策委员会"。② 这也在一定程度上解释了为何政治领域从19世纪80年代末就启动的有关"住房问题"的严肃讨论,为何直到1900-1914年才被重新强调③,地方政坛内部的意见分歧也延迟了城市干预住房供应与建设的举措实施,进而影响住房问题的实际解决。

本章小结

伴随着德国工业化与城市化进程快速推进而来的大众住房问题,尤其是底层民众的住房短缺与条件恶劣,从19世纪40年代中期前后起至德意志帝国时期持续引发关注。围绕住房问题的解决,无论是资产阶级出身的社会活动家、地方政治家,抑或是工人政党都先后给出了自己的观点、解决方案并尝试实施,这在一定程度上推动了日后德国城市福利住房政策的成型,但需要看到的是,从19世纪至第一次世界大战爆发前依然是放任自由经济的时代,政府对于私有经济的干预被视为对资本主义财产所有制和经济规范的政治戕害。不仅早期的资产阶级住房改革家如胡贝尔或柯尼斯受此影响,认为国家和政府仅应扮演次要的角色④;即使20世纪初的时代氛围已是普遍承认底层民众存在居住困难,但很多德国城市议员们依然强烈反对市政当局干预,认为仍应依靠房地产市场机制调节住房产品供给。因此,城市议会(也包括许多市政当局)并未如改革派的地方政治家或工人政党所指责的那样单纯出于对"房产主利益"的维护,也是立足传统经济思想的自然反应。

从这个意义上来说,帝国晚期的"住房问题"辩论已不单是关乎底层民众居住

---

① K. von Mangoldt, *Die städtische Bodenfrage. Eine Untersuchung über Tatsachen, Ursachen und Abhilfe*, Göttingen 1907, S. 401, 转引自 Saldern: Kommunalpolitik und Arbeiterwohnungsbau im Deutschen Kaiserreich, S.356。
② Wolfgang Hoffmann, "Oberbürgermeister und Stadterweiterungen", S.79.
③ Walter Steitz, "Kommunale Wohnungspolitik deutscher Großstädte 1871-1914", S.426.
④ Hans Jürgen Teuteberg, "Eigenheim oder Mietskaserne: Ein Zielkonflikt deutscher Wohnungsreformer 1850-1914", S.27.

短缺的"现实问题"。当代研究也已证明,在战争爆发前的十年间,能够满足大部分城市居民居住需求的"小住房"建设恰恰数量增长,但随着建筑与居住条件评价体系标准的提高,对于可"宜居"房屋的要求也相应提高,因而造成了住房短缺相对数的增加。与此同时,围绕面向工人阶级或其他低收入群体的小住房,因其建造、交易、租赁和管理而产生的种种社会关系,仍缺乏相应的制度保障。[1] 而在这个变化的过程中,"住房问题"开始成为牵涉不同立场的复杂"政治问题",社民党方面要求公权力介入解决问题,而以市政当局为代表的地方政府则在这期间以维护地方社会稳定为目的的全面治理,牵涉最广大底层民众的住房问题自然也是其中的重要环节。最终,住房问题在当时人的头脑中被固化为帝国时代几乎与失业问题齐名的重大社会问题。

---

[1] 相关具体分析参见 Clemens Wischmann, "Wohnungsmarkt, Wohnungsversorgung und Wohnmobilität in deutschen Großstädten 1870 - 1913", ders (Hg.), *Stadtwachstum, Industrialisierung, Sozialer Wandel. Beiträge zur Erforschung der Urbanisierungung 19. Und 20. Jahrhundert*, S. 113ff。

第二章

魏玛共和国时期的住房政策(1918—1933)

"根据国家法令监督土地分配与使用,防止相关权利被滥用,并致力于使所有德国公民人人拥有健康住房,保障所有德国尤其多子女家庭,均拥有符合需求之居住与经济场所。制定家宅地产法时须特别照顾参战人员。"

——《魏玛宪法》第 155 条①

德国的社会政策发轫于俾斯麦时代,深受家长式救济思想和反工会潮流影响,同时服务专制国家的稳定统治。② 对于魏玛共和国而言,如何在帝国社会政策的基础上进行调整和扩展以回应普通人的诉求,是必须郑重考虑的重大问题。这个新政权最终给出的答案是以"福利国家"(Sozialstaat)③立国,将该原则及其最重要的表现形式悉数纳入宪法,涉及工人保护、社会救济以及劳动权利的多项社会福利内容就此成为受宪法保护的德国人民的基本权利。这一举措固然是对在战争中做出牺牲并忍受物资短缺的民众普遍期待的回应,是顺应资产阶级社会改革者的要求;也是迫于工人运动及工人国家和社会权力增加的压力,包含着资产阶

---

① 《魏玛宪法》中译引自孙谦、韩大元编:《世界各国宪法·欧洲卷》,北京:中国检察出版社 2012 年版,第 209 页。
② Gerhard A., "Der deutsche Sozialstaat", Hans-Ulrich Wehler (Hg.), *Scheidewege der deutschen Geschichte. Von der Reformation bis zur Wende 1517-1989*, München: C. H. Beck 1995, S.151.
③ 魏玛共和国时期使用的"福利国家"一词并非英语国家通用的"福利国家"(welfare state)。前者相对更强调国家的干预,而后者则包含了自愿互助的"社会服务"内涵。可参考以下论述:Werner Abelschauser, "Die Weimarer Republik — Ein Wohlfahrtstaat?", ders (Hg.), *Die Weimarer Republik als Wohlfahrtsstaat: Zum Verhältnis von Wirtschafts- und Sozialpolitik in der Industriegesellschaft*, Stuttgart: Steiner Verlag 1987, S.10; Gerhad A. Ritter, *Der Sozialstaat Entstehung und Entwicklung im internationalen Vergleich*, München: Oldenbourg 1989.

级与旧精英阶层对爆发革命的担忧。① 因此,"福利国家"原则的根本出发点是要从社会层面确保"新生的民主",通过贯彻社会改革避免"社会革命"的爆发。住房政策正是在此背景下作为一项社会福利政策登上德国的历史舞台,经历从克服危机向福利保障的转变,也在某种程度上构成了德国住房政策"宿命"的起点。

第一节 1918—1923 年住房危机

秉承古典经济学观点的卡尔·柯尼斯曾在 1859 年指出,因住房生产不足导致的紧急状态会对"小人物"和"中间阶层"构成相同的影响②,该论断虽并不完全适用于解释 19 世纪下半叶德国"住房问题"③,但一战后出现的普遍住房危机确实几乎波及各个阶层。数据显示,一战后全德住房缺口在 50 万—150 万套之间,且这一数字"极有可能在 100 万左右"④,战后德国的住房危机由此而来。但这场危机又是一场因一战及其后果引发的"特种"危机,原因有二:一是战争导致战时及战后住房产品的短缺:战争造成的资源短缺引发了民用住房建设和维护的停滞,住房产品因此走向绝对的供应不足,而始终悬而未决的德国战争赔款问题又对住房生产和供应构成或直接或间接的影响。二是从战争末期开始出现的人员流动及战后人口结构变化使得普通德国民众在战后的住房需求不断增长,大规模的住房供给短缺亦导致大众居住条件每况愈下,这使得短缺危机演变为一场居住"灾难"。

---

① Adelheid von Saldern, *Häuserleben. Zur Geschichte städtischen Arbeiterwohnens vom Kaiserreich bis heute*, S.121.
② Karl Knies, "Über den Wohnungsnothstand unterer Volksschichten und die Bedingungen des Miethpreises".
③ 例如齐默尔曼就认为,柯尼斯的观点是对社会差异的混淆,同时也回避了贫困群体居住问题的特殊性。参见 Clemens Zimmermann, *Von der Wohnungsfrage zur Wohnungspolitik. Die Reformbewegung in Deutschland*, S.30。
④ 由于战争原因及统计方法上的问题,德国学界对于一战后全德住房缺口的具体数字并无统一的说法,上述数据是综合各类研究的结果。参见 Günter Schulz, "Kontinuität und Brüche in der Wohnungspolitik von der Weimarer Zeit bis zur Bundesrepublik", in Hans Jürgen Teuteberg (Hg.), *Stadtwachstum, Industrialisierung, Sozialer Wandel. Beiträge zur Erforschung der Urbanisierungung 19. Und 20. Jahrhundert*, S.137 相关论述。

一、住房建设停滞

战争导致的住房建设停滞分战时和战后初年两个阶段。战时建设停滞主要源于原材料、劳动力和资金的短缺,并直接造成战后的住房供应恶化,而战后初年的建设停滞则因通货膨胀与建设成本上涨而起。事实上,早在战争爆发前的1913年,住房建设减产就已端倪初现。据住房问题专家、魏玛共和国时期担任慕尼黑市政建设总监阿尔伯特·古特(Albert Gut)统计,1913年时26座德国城市新建居住单元(指"公寓")为42,193套,1912年时则为55,157套,减产的主要原因是建设成本和劳动力向军备工业转移;从1914年起这一迹象表现更为明显:1912年和1913年全德新建住房平均建成数量为20万套,而1914年新建住房的总量仅为113,600套,减产已超4成。①

在战争爆发最初的两年,住房建设减产对市场供应影响其实并不明显。由于军人开赴战场,结婚人数下降,移民海外人数增加,许多地区甚至一度出现房屋大量空置的局面,只有部分军工企业制造中心供应紧张,不过也主要集中在大户型住房。② 但随着战事的深入,德国国内的原材料和人力资源供给日益优先向军方及军事设施提供。1916年10月帝国财政部迫于劳动力缺乏的压力,建议最高军事统帅部发布"尽可能停止一切非军事目的的建设活动"③的命令,尽管该建议并未全面禁止所有私人建筑项目,却实质上构成对住建市场的广泛限制,并由此开启了德国战时住房建设全面停滞的序幕(见表1)。而在地方层面,1921年巴登州议会的一份报告显示,该州(直到战时仍为邦)住房生产从开战之初就迅速减产,战时建成的住房数量几乎可以忽略不计:1914年时新建住房共计5,114套,1915年就锐减为677套,1916—1918年则分别为181、50和78套,降幅明显。④

---

① Albert Gut, "Die Entwicklung des Wohnungswesens in Deutschland nach dem Weltkriege", in ders (Hg.), *Der Wohnungswesens in Deutschland nach dem Weltkriege*, München: Bruckmann 1928, S.24.
② Ulrich Blumenroth, *Deutsche Wohnungspolitik seit der Reichsgründung. Darstellung und kritische Würdigung*, S.159.
③ Heinrich Hirtsiefer, *Die Wohnungswirtschaft in Preussen*, S.56.
④ GStA, I. HA Rep.193A Nr 39, *Bericht des Haushaltsausschusses über den Entwurf eines Gesetzes zur Ausführung des Reichsgesetzes über die Erhebung einer Abgabe zur Förderung des Wohnungsbau (Druckfach Nr. 100a)*, Beilage zur Niederschrift über die 66. Sitzung vom 4.10.1921, Nr. 1001, Badischer Landtag, Periode 1/3.

表 1　1912—1918 年德国大城市及全国住房建设净增长

住房净增长		1912	1913	1912/1913*	1914	1915	1916	1917	1918**
35座大城市	总数	65,130	50,711	57,920	32,871	15,055	4,383	1,634	817
	%***	—	—	100	56.8	26	7.6	2.8	1.4
全德	总数			200,000****	113,600	52,000	15,000	5,600	2,800
1914—1918年全德住房总增数					189,200				

* 为1912年和1913年的平均值；** 为估值（原因参见第72页注释4——作者注）
*** 以1912/1913年的平均数为100%；**** 为战前平均值。
（数据来源：Albert Gut, "Die Entwicklung des Wohnungswesens in Deutschland nach dem Weltkriege", S.24）

1921年起担任普鲁士福利部长海因里希·希尔齐费尔曾在《普鲁士房产经济》（*Die Wohnungswirtschaft in Preußen*）一书中详细论述战时住房建设全面停滞的原因。① 首先除了建材制品优先向军方或军事设施供应外，原材料的减产还与住建活动减少导致部分建材生产企业减产正相关。以砖制品为例，大战爆发之初，全国1.8万家砖厂中有8,000家因销路不畅已经歇业，到战争结束时最终只剩下700家。其次，大量建筑工人走上战场致使战时建筑行业劳动力的匮乏。由于建筑工人的职业特点和具备的专业知识，他们中的很多人往往会被往最前线参加战斗，因此阵亡率极高。1914—1921年国家住房和住宅区调研报告指出，1914年时全国建筑工人总数为176万人，至1920年这一数字下降至100万人。② 此外，建筑业大量减员还与工人改行有关，很多人万幸从战场平安归来，出于糊口和谋求一份稳定长期工作的考虑，往往会选择放弃重操旧业。③ 但劳动力（也包括原材料）的缺乏不仅影响住房建设，同时也对房屋维护产生负面作用，在1916年财政部建议之后，战争部与工人联合会代表的某次谈话就已透露出这样的信息："目前建筑

---

① Heinrich Hirtsiefer, *Die Wohnungswirtschaft in Preussen*, S. 55 - 58.
② BArch, R401/1429, Abschrift: *Denkschrift über Maßnahmen auf dem Gebiete des Wohnung- und Siedlungswesens von 1914 - 1921* (Reichstag 1.1920/22. Druck. Zu Nr.3472).
③ 建筑工人放弃重操旧业，主要是因为一部分人在战时已进入服务于战争经济的冶金行业就业，因此在他们看来在工厂做工报酬优厚，工作稳定，相比之下建筑业则依然是"不景气的季节性工作"。

市场上仅剩25%的工人能够从事最紧急的抢修工作。"①因此,无论是修缮战损房屋,还是维护普通房屋,均人手不足——甚至已部分导致"战后实际住房供应情况与官方登记有出入"②。战后住房供应因此进一步紧张。第三,建设资金的不足影响了战时的住房建设生产。无论是至1916年时仍"具备投资意愿"的德国流动资本,还是住房建设的传统资金来源——社保资金,在战争爆发之初都更倾向于回报更高的战争债券,而非投资回报率一向偏低建筑行业(一般维持在3.5%左右)。而在战争后期,由于建设成本上涨,即使不考虑抵押贷款利率,投入诸如合作社的建设贷款的消耗速度也远高于此前的预期。③ 在这种情况下,即便是地方政府也大多无力承担诸如市政公房之类的建设。而出于生产原因不得不为工人提供住处的装备企业,甚至不得不选择建造临时板房安置员工,以节省成本。

  战后持续不断的物价和劳动力价格上涨,又使得战后初年住房建设复苏举步维艰。官方出版的《建筑管理中央报》(*Zentralblatt der Bauverwaltung*)给出了1914—1921年德国建材价格与建筑工人工资:木材从1914年的48—52马克/立方米涨至1921年3月的800马克,12月又再次涨至1,500—2,000马克;油漆从200马克/100公斤增至2,500马克和4,500马克,玻璃则从56马克增至1,400马克和2,500—3,000马克。与此同时,建筑行业各工种普工的时薪也从约6马克上涨为9马克左右,其中以水管工时薪涨幅最高,从战前的0.56—0.8马克增至6.15马克和10.50马克。如果要在20年代初完成一套中等规模的四层楼出租房的建设,其单位建设成本将从战前的25—28马克/立方米提高至270马克/立方米(1921年3月)和430马克/平方米(12月)。④ 而总部设在日内瓦的国际劳工办公室(International Labour Office, ILO)给出的建设成本指数则显示,以1914年每立

---

① Heinrich Hirtsiefer, *Die Wohnungswirtschaft in Preussen*, S.54.
② 费勒指出,"尽管统计数据显示1917/18年时的房屋空置率已降至极低,但现实情况显然更为糟糕:在所剩无几的闲置用房中,除了已转让的之外,还有很多房屋由于年久失修需要重新修缮方可重新出租,甚至有少部分住房已完全不适宜居住",引自 Karl Christian Führer, *Mieter, Hausbesitzer, Staat und Wohnungsmarkt: Wohnungsmangel und Wohnungszwangswirtschaft in Deutschland 1914 - 1960*, Stuttgart: Steiner, 1995, S.29. 而房屋缺乏维护导致的后果一度延续到20年代中期,柏林市长古斯塔夫·伯斯(Gustav Böß)提到:"房屋倒塌数不断增加。1924年有393座房屋因倒塌而不能使用。"Gustav Böß, *Wie helfen wir uns? Wege zum wirtschaftlichen Wiederaufstieg*, Berlin: 1926, S. 45, herausgegeben und eingeleitet von Christian Engeli, *Gustav Böß Oberbürgermeister von Berlin 1921 - 1930. Beiträge zur Berliner Kommunalpolitik* (=*Schriften des Vereins für die Geschichte Berlins Heft 62*), Berlin: Neues Verlags-Comptois 1981, S.77.
③ Lutz Niethammer, "Ein langer Marsch durch die Institutionen", S. 379f.
④ GStA, I. HA Rep.151, Nr.635, *Zentralblatt der Bauverwaltung* Nr.14, S.79, Vermischtes.

方米建设成本为基准数 100 的话,1921 年 1—12 月德国单位建设成本已从 1,180 提高至 2,720,至 1922 年 6 月,该指数更升至 9,410,翻番近 95 倍。①

但建设成本的增加,并非单纯因为对战胜国实物赔偿导致的国内物资不足、建材价格上涨,而是根源于德国对内战争债务(包括赔偿平民损失、偿还公债和供养战争受害者)负担过重和必须支付高额战争赔款造成的马克贬值。② 1919 年时,纸币马克的价值已仅相当于战前马克(也称金马克)的 52.8%,此后更是一路滑坡。《建筑工会》(*Baugewerkschaft*)对 1914 年 7 月和 1922 年 7—8 月建设成本的比较也证明了这一点:1922 年 7 月的建设成本换算成金马克后相当于 1914 年同期的 88.83%,但仅仅一个月后就下降至 68.33%。但马克贬值的同时带来生活成本的上涨,工会方面因此要求必须"提高工资以与通货膨胀相适应"③,这样一来建设人力成本就被再次拉高(见表 2)。最终,1923 年 1 月 11 日爆发的鲁尔占领危机成为压倒德国马克的最后一根稻草。国际劳工办公室援引《经济与统计》(*Wirtschaft und Statistik*)的数据指出,在短短半年时间内,德国 10 种砖类指数从 262,500 上涨至 1,469,700(1914=100),4 种木材指数也从 339,400 上升至 1,625,600。工人工资同样增速惊人,但实际购买力极速下降。1923 年 7 月的《建筑管理中央报》刊登柏林市各建筑公众在 1923 年 6 月 14—21 日一周内的日薪情况:熟练技术工种(如泥瓦匠、铁匠、水泥砌工等)普遍从 9,000 马克增加至超过 1.2 万马克;普通建筑工人从 8,880 马克提高至 1.18 万马克。④ 这一恶性通货膨胀最终导致 1918—1923 年间通过各类政府补贴勉强接近 1914 年新建住房数量的建设活动彻底停止。

表 2　1914—1922 年德国建设成本名义价格与实际价格涨幅

日期	原材料		工资		建设总成本		指数*
	纸币马克	金马克	纸币马克	金马克	纸币马克	金马克	
1914 年							
7 月	1,584	1,584	2,702	2,702	4,286	4,286	100

---

① International Labour Office, *European Housing Problems since the War (Studies and Reports)*, Series G (Housing and Welfare), No. 1, Geneva: 1924, p. 340, Tabel: Index Numbers of the General Cost of Building per Cubic Metre, 1921 to 1923.
② [德]卡尔·哈达赫:《二十世纪德国经济史》,北京:商务印书馆 1984 年版,第 19—20 页。
③ 同上书,第 20 页。
④ GStA, I. HA Rep. 151, Nr. 635, *Zentralblatt der Bauverwaltung* Nr. 53/54, Berlin 4. Juli 1923, S. 324.

续 表

日期	原材料		工资		建设总成本		
	纸币马克	金马克	纸币马克	金马克	纸币马克	金马克	指数*
1922年							
7月	153,730.7	2,050	121,805	1,757.40	285,444.70	3,807.40	88.83
8月	210,200.91	1,682	155,829	1,246.63	366,029.91	2,928.63	68.33

* 这里建设成本指数指建筑面积为70平方米的普通住房。

(数据来源：*Baugewerkschaft*, Morgan of the Union of christian Building Operatives, No. 37, 10.9.1922, 转引自：International Labour Office, *European Housing Problems since the War*, p.341.)

二、居住需求的增长

一战后德国住房危机的另一重要表现是不同群体的居住需求大增，这与帝国时期"住房问题"表现为某一特定群体（如工人阶级）的住房短缺截然不同。但众所周知，第一次世界大战直接导致近190万德国军人阵亡，另有75万平民死于饥饿。《凡尔赛和约》的签订又使德国丧失了七万多平方公里领土和生活在这些领土上的730万人口。[1] 显然，战争导致德国人口严重流失，那么大规模的居住需求从何而来？

这里首先牵涉到的是德国住房需求统计的一个基本规则：住房统计"并不基于总人口数量，而是由'户'（Haushaltung）——即家庭的数量——决定。"[2] 按照这个统计思路，即使在大量未婚青壮年战死沙场，甚至已影响到德国人口结构的情况下，军人的阵亡也不会造成德国国内家庭瓦解、住房空出的局面。相反，在战争中活下来的适龄青年在返乡后面临尽快组建家庭的需求，因此居住需求只增不减。其次，战后各种国际和约固然导致大量人口流失，但同时也有大批难民携家带口返回德国，再度增加德国国内总"户"数。此外，国会住房委员会1920/22年有关住房及定居问题的调查报告中还特别指出："由于被占领区大量民房被占领国的部队和

---

[1] 邢来顺：《德国通史·第四卷：民族国家时代（1815—1918）》，第537页；郑寅达、孟钟捷、陈从阳等：《德国通史·第五卷：危机时代（1918—1945）》，南京：江苏人民出版社2019年版，第49页。

[2] BArch, R401/1429, Abschrift: *Denkschrift über Maßnahmen auf dem Gebiete des Wohnung- und Siedlungswesens von 1914 -1921* (Reichstag 1.1920/22. Druck. Zu Nr.3472), S.29.

机构所占用。由此使得当地居民的住房需求相应增长。"① 不过总体而言,战后初年居住需求增长的主体主要体现在三个群体:新婚人口、以难民和矿工为主的平民家庭以及复员军人。

由于战后结婚人口陡增,使得这一群体的居住需求相比过去显得尤为突出。在和平时期的 1900—1913 年,德意志帝国每年缔结婚约的人口大约维持 45 万—52 万对,这一数字在战时(1914—1918 年)骤减约一半,而即便新人选择在战时结婚,由于许多战争新郎完婚后必须尽快重返前线,新娘便留在后方仍与父母同住,因此这一时期的新婚夫妇对自住房屋的需求并不强烈。战后,结婚率则再次出现暴涨,1919 年全国结婚人数一下跃升至 842,787 对,这是自进入 20 世纪以来都从未达到的高度;1920 年则更是刷新记录,有 851,508 对新人步入婚姻殿堂。② 因此,仅 1919 年和 1920 年两年的结婚人口就已完全超过整个战时结婚人数的总和。与战时的情况不同,战后结婚的新人迫切希望自立门户。但国会住房委员会的报告称,即使不考虑移民入住,"战前平均每年 20 万套的新增住房(1912 年和 1913 年),只有约五分之三在成为空置住房后才可供新婚家庭的居住"。③ 由于一房难求,许多人不得不继续与家人同住。以法兰克福为例,1919—1925 年该市共有 3.3 万对新人结婚,但直到 1925 年年中,这些新夫妇中有 32% 与公婆(或岳父母)同住,14% 两地分居,另有 11.6% 从二房东那里转租到一间房间。而这部分居住存在困难的群体中,年轻夫妇占比 57.6%。普鲁士福利部据此认为,新婚夫妇找不到妥善的住处是导致全州出生率下降的原因之一。④

住房需求骤增的另一个源头是选择迁徙的平民家庭,并以从战争末期开始涌入德国的回迁家庭(即难民)为主。根据德国红十字组织的统计,至 1920 年 12 月初,德国境内难民人数及大致来源如下:来自阿尔萨斯—洛林地区约 11 万人,来自

---

① BArch, R401/1429, Abschrift: *Denkschrift über Maßnahmen auf dem Gebiete des Wohnung- und Siedlungswesens von 1914 – 1921* (Reichstag 1.1920/22. Druck. Zu Nr.3472), S.29.
② 需要说明的是,1919 年的数据中并不包括波森(Posen)与梅克伦堡—施特雷利兹(Mecklenburg-Strelitz)的情况;而 1920 年的统计范围更进一步缩小:除了割让给波兰的东部地区和给丹麦的北部地区不计入之外,还缺少符腾堡及梅克伦堡的两个自由州的数据(当时尚未出版)。结婚人口数量之巨可见一斑。BArch, R401/1429, Abschrift: *Denkschrift über Maßnahmen auf dem Gebiete des Wohnung- und Siedlungswesens von 1914 – 1921* (Reichstag 1.1920/22. Druck. Zu Nr.3472), S.37f.
③ Ebenda, S.32.报告同时指出,这一时期寡妇再嫁的比例有所提高,这部分人以拥有一套住房因为不存在住房需求,但由于缺乏全国性的数据,无法给出进一步的结论。
④ Karl Christian Führer, *Mieter, Hausbesitzer, Staat und Wohnungsmarkt: Wohnungsmangel und Wohnungszwangswirtschaft in Deutschland 1914 – 1960*, S.317.

萨尔地区 3,000 人,来自莱茵非军事区 325 人,来自东部省份约有 50 万人;此外还有 20 万左右的海外德国人(包括原来的帝国公民以及有德意志血统的外国人)。① 由于这部分人大多来自于德国周边国家或是根据《凡尔赛和约》被划分出去的原帝国领土,因此由难民涌入引发的住房紧张呈现明显的地域分布特征。难民主要集中在与邻国接壤省份的边境地带,如东普鲁士、西里西亚、巴登、符腾堡和黑森,以及像首都柏林这样的大城市。其中以普鲁士面临的挑战最为严峻,尤其是与波兰接壤的东普鲁士省。1921 年 10 月,国联又强行将上西里西亚省一分为二,东部划归波兰,仍留在德国境内的西部县市因此迎来大规模难民潮。1922 年 9 月在布雷斯劳举行的上西里西亚难民安置会议纪要显示,"仅 1922 年 5 月至 7 月期间,从上西里西亚的波兰部分进入德国部分的难民人数就超过 3.5 万人"。② 由于接收能力有限,西里西亚各地均出现了"在所有可以公开接收难民的公共和私人空间都塞满了难民"的景象。普鲁士各大城市也同步成为大量接收难民的"重灾区",除靠近波兰边界的布雷斯劳外,美因河畔的法兰克福接收了从阿尔萨斯出逃的 4,500 名德国人,以及部分来自波兰或莱茵非军事区的德国居民,这些人随后被安置在临时搭建的棚户内。③ 在柏林,市长古斯塔夫·伯斯 1923 年的城市经济报告仍提到,截至 1923 年柏林已接纳 3 万名难民。其中有约 1,000 人需要接受救济,但除了"其中 200 人,或因急需救治而躺在医院里,其余人等仍暂时栖身于活动板房,迫切需要其他稳定住处。"④

除回迁难民家庭外,还存在着一种由政府推动、服务于生产目的的人口流动。主要表现为大批劳动力向鲁尔煤矿区聚集,这在一定程度上加重局部地区的住房供应负担。由于《凡尔赛和约》除让德国失去了 26% 的煤炭产量,还要求其每年以

---

① BArch, R401/1429, Abschrift: *Denkschrift über Maßnahmen auf dem Gebiete des Wohnung- und Siedlungswesens von 1914 -1921* (Reichstag 1.1920/22. Druck. Zu Nr.3472), S.38.
② 此次会议由国家平民俘虏和难民事务专员(Reichskommissar für Zivilgefangene und Flüchtlingen)召集,包括国家、普鲁士州部和基层地方县市官员共同出席。GStA PK, I. HA Rep. 151C Nr. 12354, Aktenvermerk über das Ergebnis einer am 7. Sept. 1922 in Breslau abgehaltene Besprechung, der Reichsminister des Innern, V 4821 B, 8. Sept. 1922.
③ Alexander Ruhe, "Der Sozialwohnungsbau in Frankfurt am Main zwischen 1925 - 1933," in Jan Abt, Alexander Ruhe, *Das Nene Frankfurt. Der soziale Wohnungsbau in Frankfurt am Main und sein Architekt Ernst May*, Weimar/Rostock: Grünberg 2008, S.14; Gert Kähler, "Nicht nur Neues Bauen! Stadtbau, Wohnung, Architektur", in ders (Hg.), *Geschichte des Wohnens (Bd. 4: 1918 – 1945: Reform, Reaktion, Zerstörung.)*, Stuttgart: DVA, 1996, S.321.
④ Gustav Böß, *Die Not in Berlin. Tatsachen und Zahlen*, Berlin: 1923, in Christian Engeli (Hg.), *Gustav Böß Oberbürgermeister von Berlin 1921 -1930. Beiträge zur Berliner Kommunalpolitik*, S. 28.

2,500万吨煤炭代替现金赔偿;不仅如此,德国还要再拿出一部分的现有煤产量中补偿法国煤矿在战争中的损失(且这一比例逐年递增)①,就此引发了1919—1921年的严重"煤荒"(Kohlennot)。但当时人们普遍认为,只有德国的煤炭开采量达到战前(即1913年)水平,才能满足上述赔偿要求并克服当前的能源与原材料短缺,因此仅鲁尔地区就需要增加约15万矿工。② 在官方宣传及获得再就业机会的吸引下,复员军人和大批失业人口前往德国西部,1919—1922年,鲁尔工业区的人口增加36万,其中以多特蒙德市人口增长最为迅猛,净增5.3万人,杜伊斯堡和基尔森克次之。③ 人口的增长必然带来居住的需求。虽然鲁尔的矿企有提供矿区宿舍(即工厂住房)的传统,但依然无法满足需求。以曾经的"德皇矿业"所在的哈姆博恩市为例,至1923年8月,全市共有33,310户家庭,住房则为25,232套,这就意味有8,000户家庭没有独立的住房。哈姆博恩市也因此成为全德以家庭为单位转租或分租房屋数量最多的城市,多人甚至多户家庭共居一套住房。但哈姆博恩也并非个案,由于许多鲁尔城市普遍住房紧张,这种居住方式十分普遍,如在多特蒙德等城市,超过40%的小套型住房内二房东与房客或分租家庭共同生活。④

相比结婚人口增长和平民人口流动,复员军人返乡安置持续时间较短,但它对德国战后社会的冲击更超出了单纯的住房事务范畴。虽然整个战后德国军队的军事复员至1919年夏就已全面完成⑤,但一方面复员人数以百万计,这一规模空前的人口流动在短时间内对德国社会的各个方面均构成巨大压力。从1918年8月起,战胜国削弱德国军事武装力量的意图即十分明显:停战协议要求德国从1918年11月11日起至1919年2月中旬将常备军人数800万削减至100万。⑥ 因此,1918年11

---

① 郑寅达、孟钟捷、陈从阳等:《德国通史·第五卷:危机时代(1918—1945)》,第49页。
② Hans Krüger, "Die Bestimmungen der Reichsregierung über den Bau von Bergmannwohnungen", *Die Volkswohnung*, 2(1920), H. 3, S. 41-43.
③ Karin Hartewig, *Das unberechenbare Jahrzehnt. Bergarbeiter und ihre Familien im Ruhrgebiet 1914-1924*, München: C. H. Beck, 1993, S. 15, Tabelle.
④ Ebenda., S. 121,123f.
⑤ Ursula Büttner, "Weimar. Die überforderte Republik", in Wolfgang Benz, Ursula Büttner, *Handbuch der Deutschen Geschichte* (Bd. 18), Aufl. 10, Stuttgart: dtv 2010. S. 360.
⑥ 根据普鲁士战争部长朔伊希将军(Heinrich Scheüch)等人的估计,1918年11月11日签署停战协议之时,约800万解除武装的德国海陆军人中有600万人集结于边境地带;随后至1918年底时德国军队减至300万,而到了1919年2月,德国军队总人数仅相当于1914年和平时期陆军人数的100万人,军事人员的复员工作宣告基本结束。上述数字由过渡政权的第二任财政部长席费尔(Eugen Schiffer)于1919年2月15日在国民大会上披露才公布于众。Wolfram Wette, "Die militärische Demobilmachung in Deutschland 1918/19 unter besonderer Berücksichtigung der revolutionären Ostseestadt Kiel," *Geschichte und Gesellschaft*, 12(1986), H. 1. S. 63-80.

月 12 日成立的"国家经济复员署"(Reichsamt für die wirtschaftliche Demobilmachung, DMA)的首个任务便是帮助这些退伍军人迅速重新融入正常工作生活。另一方面,解甲归田军人的后续经济和生活安置将是一项巨大的政治挑战。关于这一点,早在 1918 年 2 月,当时担任普鲁士公共劳动部长的保罗·冯·布莱腾巴赫(Paul von Breitenbach)就已意识到,"如果不能成功为他们(指退伍军人——作者注)及其家属尽可能在短时间内解决住处,那么除了工业和农业将遭遇经济困境外,在这批人中将出现普遍的不满情绪和强烈愤怒。……并将因此导致政治震荡。"①

事实上,早在开战之前,帝国政府和军方并非没有考虑保障军人住房的问题,只不过这方面的考量是与战争动员结合在一起,即如尼特哈默尔日后评价所言,如果要使前线保持高昂的士气,"整个民族共同体必须摒弃阶级和其他社会属性的考量,保证(战士的)私人领域完好无损"。② 因此,不仅帝国政府在 1914—1915 年通过旨在保障特别承租人(主要针对军人家属)居住和房屋租赁权的相关法规;还鼓励各类民间团体发起"战士家园"运动(Kriegsheimstättenbewegung),为军人及其家属专门兴建定居点。③ 军方甚至直到 1917 年之前仍坚持将"为返乡的军人提供属于他们自己的家园"作为战后复员工作的重点之一。

但现实并不如军方的宣传口号那样乐观,尽管战时已经启动的强制住房保障政策一定程度上保护军人及其家庭避免战后流离失所,但当首批复员军人于 1917—1918 年冬返回德国时,住房短缺数量已直线上升。④ 其次,负责帮助军人重新融入日常工作、生活的国家经济复员署虽通过与地方政府合作,有组织地保障军人重返劳动岗位(如前往鲁尔矿区工作),但并非所有人都愿意听从安排,这也导致一部分人主动陷入无家可归,例如涌入柏林的士兵由于无处栖身,不得不暂住于

---

① Brief v. Breitenbach vom 20.2.1918, S. 2. BA Potsdam, RAM, Wohnungsfürsorge, Best. 29.01, Sig. 11026,转引自 Gerd Kuhn, *Wohnkultur und kommunale Wohnungspolitik in Frankfurt am Main 1880 bis 1930. Auf dem Wege zu einer pluralen Gesellschaft der Individuen*, Bonn: Dietz 1998, S.41。
② Lutz Niethammer, "Ein langer Marsch durch die Institutionen," S. 379f.
③ 这是 1915 年由土地改革活动家阿道夫·达玛施克(Adolph Damaschke)倡议发起的行动,达玛施克发起建立"战士家园中央委员会",起初由 28 家机构和组织组成,旨在为返乡士兵尤其是烈属(妻儿)提供购置居所及开展家庭经济作业的农田或菜园的可能。受巨大的爱国热情鼓舞,该委员会短时间内就吸引超过 3,700 家政府机构和组织加入,并获得 90 万同意提供为其资助的签名,其中也包括保罗·冯·兴登堡。参见 Maureen Roycroft Sommer, "Bodenreform im Kaiserreich und in der Weimarer Republik", Wolfgang Hofmann, Gerd Kuhn(Hg.), *Wohnungspolitik und Städtebau 1900 - 1930*, Berlin: TU Berlin 1993, S.76。
④ Lutz Niethammer, "Ein langer Marsch durch die Institutionen", S. 381.

由学校改建而来的临时安置点内①;还有些人则着急结婚,然而由于住房供应普遍短缺,无法满足需求。这就让一部分前军人从失望倒向不满,并最终引发了持续骚乱,1919年和1920年部分地区连续爆发前军人的严重示威游行,乃至流血冲突。②

基于上述各种原因,负责接受住房申请并分配房屋的官方机构,即住房局门口始终大排长龙,登记在册的房屋申请人人数一涨再涨。以普鲁士为例,1921年第一季度,普鲁士所有居民人口1万以上的行政区总计收到住房需求申请为585,128份,其中约有59,000份来自柏林。③而柏林市的统计则显示,到1921年底,柏林官方注册找房人数达151,409人,1922年底则为175,578人,1923年底为196,604人,1924年3月则攀升至223,130人。市长伯斯也在1922年城市施政报告中坦言,"从1922年10月到12月之间只有不到5%的官方登记在册的房屋申请人分配到房子。"④其他德国大城市也面临同样的问题。如哈勒市1922年初登记在册的房屋申请就超过一万份,在经过"严格筛选"后,被评定为"迫切需要"的申请就达3,500—4,000份。⑤而即使是在战前公认居住条件较好、管理相对完善著称的南部各州城市,同样难逃住房短缺的厄运:在慕尼黑,在战争进入尾声的1918年10月,房屋局登记在册的房屋申请人为2,500人,而到了1919年1月,这个数字骤增至近1.2万人,5月更是翻番为2.9万人。⑥

三、城市居民的居住困境

一面是伴随结婚、工作及逃难而来的城市住房需求越来越多,一面地方政府可供居住的房屋数量相当有限。普通德国人得以在日常生活中深切体会战后的无处不在的住房短缺和居住贫困:不仅工人阶级、底层职员和低级公务员面临住房危

---

① Christoph Bernhardt, "Aufstieg und Krise der öffentlichen Wohnungsbauförderung in Berlin 1900 – 1945. Zusammenhang und Brüchigkeit der Epoche", S. 54.
② Ursula Büttner, "Weimar. Die überforderte Republik", S. 362.
③ International Labour Office, *European Housing Problems since the War*, p. 323.
④ Erster Verwaltung der neuen Stadtgemeinde Berlin Heft 6, S. 79/80,转引自 Annemarie Lange, *Berlin in der Weimarer Republik*, Berlin(Ost): Dietz, 1987, S. 314; Gustav Böß, *Die Not in Berlin. Tatsachen und Zahlen*, S. 14。
⑤ GStA, I. HA. Rep. 193 A, Nr, 25, II 20173/22, Betr. Erhebung eines gemeindlichen Zuschlages zur Abgabe zur Förderung des Wohnungsbaus, 20.01.1922.
⑥ Karl Christian Führer, *Mieter, Hausbesitzer, Staat und Wohnungsmarkt: Wohnungsmangel und Wohnungszwangswirtschaft in Deutschland 1914 – 1960*, S. 311.

机,甚至部分富裕阶层和知识分子阶层也受到波及。1920 年 10 月 2 日的《柏林交易信使报》(Berliner Börsen-Courier)副刊就刊登了一篇题为《有部门,没房源》(Ein Amt und keine Wohnung)的文章,报道了一位文学史教授因无法找到住处而不得不放弃柏林大学的正教授职位,"此君的例子可能导致其他教职人员在接受居住地之外的大学任命时对此反复权衡。或许文化部长应该为无处栖身的大学教师提供临时板房?"①当时的报道最后不无嘲讽地写道。

但居住困境不仅仅是无"家"可归,因为即便勉强拥有栖身之处,"居住超员"的情况也比比皆是,这在大城市及工业密集地区表现尤为突出。在柏林,有"超过 20 万未能满足居住需求的房屋申请人只能借宿在亲戚处或转租居住。"②产业工人聚集的鲁尔也同样如此。历史学家卡琳·哈特维希记录下米尔海姆市一个名叫赫尔曼·维施(Hermann Wiescher)的矿工家庭的紧急住房申请理由:

> "维施目前与岳父母居住在福斯库勒 11 号。据称岳父母要求其搬离该住处,理由是他们三名原居乡下的子女已返家。目前该住址人员包括其岳父母、一名已婚带有一子的小舅子,及前述岳父母的另外三名子女,共同生活在一套四居室的单元内。……维施于 1922 年 10 月 15 日结婚并育有一子。其妻已在达尔豪森的兄弟家中寄居一段时间,据称也将于数日后返回。"③

除了亲属聚居,许多人还不得不与陌生人分享住房、房间甚至是床铺,"租床客"现象因此死灰复燃。尽管自帝国晚期以来的地方住房监察政策已较完备,甚至连始终缺乏法规的普鲁士也在 1918 年 3 月颁布了《住房法》(preußisches Wohnungsgesetz),规定对以牟利为目的接纳非亲属关系的租(房)客进行监控,但依然无法阻止"贫民窟中最赤贫的人,迫于生计,从自己的蹩脚居室中划出一部分租出去。"④

---

① "Ein Amt und keine Wohnung", Berliner Börsen-Courier von 28.10.1920, Ruth Glatzer, Berlin zur Weimarer Zeit. Panorama einer Metropole 1919 - 1933, Berlin: Siedler 2000, S.105.
② Gustav Böß, Die Not in Berlin. Tatsachen und Zahlen, S.14.
③ Karin Hartewig, Das unberechenbare Jahrzehnt. Bergarbeiter und ihre Familien im Ruhrgebiet 1914 - 1924, S.126.
④ "Zur Frage der Regelung und Kontrolle des Schlafstellenwesens in Preußen", Zeitschrift für Wohlfahrtspflege 1(1925/26), S.512 - 514, in Peter Longerich (Hg.), Die Erste Republik. Dokumente zur Geschichte des Weimarer Staates, München: Piper 1992, S.293.

上述居住体验难免令人联想起帝国时代已广为人诟病的恶劣居住环境及由之引发的传染病和道德风险,但其中仍包含着一些老问题的"新"形式,例如供暖。德国固然在帝国时代就困扰于供暖不足,但一战后成为政治和生产难题的"煤荒"对德国大众日常生活的干扰甚至远超过往,国家对于民用煤炭的使用限制和煤炭价格上涨,即使有"配给的煤卡也不时面临停用"。而煤炭短缺和质量下降导致的供暖不足还引发城市呼吸道疾病的肆虐,以柏林为例,1921 年因流感、肺炎及其他呼吸道感染的死亡人数为 5,659 人,1922 年增至 7,674 人。①

一战后德国爆发的住房危机既是战争的直接产物,又因庞大的战败赔偿和恶性通货膨胀而在魏玛共和国持续发酵,它不仅是战后普通人的日常生活困顿的重要表现,也与处于政治和经济转型中的德国所面临的许多重大议题——如军人复员与难民安置、再就业、经济转型、德国赔偿问题——交织在一起。正因为住房问题本身牵扯广泛而复杂,无论住房改革者,还是立足本乡本土的市政当局,过去的解决方案几乎完全无法应对。在当前的紧迫形势下,要求国家出面尽可能扩大住房供给,遏制住房危机向政治和社会危机转化。在政权更迭和危机频出的 1918—1923 年,这一系列政府干预措施因其行政强制的特点突出,因此被称为"住房统制经济"(Zwangswirtschaft im Wohnungswesen),主要表现为由政府直接介入现房供应,尽各种可能保证住房供给量,同时各级政府又出于扩大住房储备的考虑,以提供建设资助的方式促进住房建设。

第二节 国家住房统制模式的形成

1930 年,时任法兰克福市长路德维希·兰德曼(Ludwig Landmann)在房产业地方联合会的会议上回顾一战后启动的住房国家干预政策时,曾将"住房统制经济"措施比喻为"战争遗腹子"②。兰德曼所谓的"战争遗腹子",其实指的是这一模式是战时体制的直接延续,"只要住房短缺持续存在,我们就必须像在战时那样采取相同的手段,(继续)采取战时经济体制:对我们的居所加以合理化"。

---

① Gustav Böß, *Die Not in Berlin. Tatsachen und Zahlen*, S.15.
② Ludwig Landmann, "Die öffentliche Hand im Wohnungswesen", *Kommunale Vereinigung für Wohnungswesen*, 1930, H. 13, S.17 - 31.

一、住房统制政策

住房统制政策是由各级政府直接介入存量房及房屋租赁市场，实现对人（租赁关系）和物（房屋）的双重管制，根本出发点是通过政府力量，尽可能通过扩大现有的住房供给或不增加居住需求的方式遏制住房短缺危机的蔓延。它主要包括三个方面的强制调控措施：1）以承租人保护为基本原则限制房屋产权人（包括房东）的解除房屋合同的权利；2）通过租金限价避免租金过快过度上涨，即房租约束机制；3）由政府（主要是基层地方政府）采取行政手段集中管理现有房源（及房间）房屋需求者并对房屋进行统一分配，即政府住房管制。

(一) 住房统制政策的制度框架

19世纪以来的住房改革者之所以大力倡导产权自有的"小房子"，一个原因是"保护私有财产"原则导致赁屋而居的大众"住房安全感"缺失，这一优先保障房主利益的局面直到第一次世界大战开战在即才被打破。帝国政府出于战争动员和稳定军心考虑率先为军人及其家属提供居住保障。1914年8月4日，德国出台了首个旨在保护军人家属居住权的特别法规，规定战时所有针对开拔部队家属房屋的诉讼，在审理过程必须为军人家属方提供住处。[①] 1915年10月7日颁布的《有关参战人员后方驻留家属解约权的公告》（Bekanntmachung über das Kündigungsrecht der Hintergbliebnen von Kriegsteilnehmern），进一步保障了前线阵亡军人遗属在后方的居住权。该公告规定，当签署房屋租赁合同的一家之主在前线牺牲，若要与其遗属解除租赁合同，则必须启动特别程序，即各地方的军事主管有权禁止解除租赁合同，或合同的解除必须得到的官方授权。[②] 而受旨在团结整个德意志民族的"城堡和平"政策影响，战时针对普通人的居住保障框架也开始形成：1914年8月18日，参议院出台了一项名为"关于未能及时偿还货币债权后果"的公告（Bekanntmachung über die Folgen der nicht rechtzeitigen Zahlung

---

① Johannes Mielenz, *Der Hauswirt und sein Mieter*, Neustadt: 1915, S.5f, 转引自 Karl Christian Führer, *Mieter, Hausbesitzer, Staat und Wohnungsmarkt. Wohnungsmangel und Wohnungszwangswirtschaft in Deutschland 1914–1960*, S.47。

② Walter Holtgrave, *Neues Miet- und Wohnrecht. Kommentar zum Gesetz über den Abbau der Wohnungszwangswirtschaft und über ein soziales Miet- und Wohnrecht*, Berlin/Frankfurt a.M.: Vahlen 1960, S.72。

einer Geldforderung），正式宣布法院可以根据该公告裁定不支持房东要求延迟缴纳房租的租户离开所租房屋的主张，这一公告遂成为德国首个从国家层面干预房东权利的文件。但由于直到 1916—1917 年前房源供应仍相对稳定，因此无法确切衡量这些措施的具体实施效果。

不可否认，这些保护大众免于被房东以各种理由解除租约的举措背后，政治意图远大于保障意义，但它们已明确标记出德国的住房政策开始朝着优先确保租户居住权的住房保障的转变。不过真正构成日后被称为"承租人保护"原则基石的法案是 1917 年 7 月 26 日颁布的《承租人保护公告》（Bekanntmachung zum Schutze der Mieter，也称《承租人保护条例》），尤其是其中涉及解约权的规定。帝国政府为避免租户受"独断专行、与公平原则相悖的解约行为（戕害）"，授权各邦最高当局可以通过各基层地方的租赁调解局（Mieteinigungsamt，自 1914 年 12 月起设立）"依据公平考量原则，宣布由房东提起的解除合同经仲裁为无效"；同时解除房东已与第三方就该房屋签订的租赁合同，且房东"不得对调解局之决议提出申诉"；"如基层市镇未设立调解局，则由邦最高当局出面终止（该解约程序）。"[①] 进入魏玛共和国之后，该条例又于 1918 年和 1919 年两次进行修订，通过扩大租赁调解局的行政权限，对房东的权利做进一步的限制，避免租户"被强行不合理地解除租赁合同"。修订后的《承租人保护条例》很快在德国绝大部分地区（一些纯粹的农业地区除外）施行，直到 1923 年新的承租人保护法出台前，都是保障租户租赁权益的基本法律依据。

除了解约问题，"承租人保护原则"的另一个重要议题是房租，由于帝国时代的房租完全是市场调节的产物，为避免租户因无力承担房租而被扫地出门的情况发生，战时出台了由政府出面规定房租价格的房租约束机制。这一机制最早出现于 1914 年 12 月的租赁调解局成立公告，公告规定军方可以干预地方房租价格。[②] 1918/1919 年修订的《承租人保护条例》则在此基础上对房租约束做出进一步规定[③]：州政府"可出于满足住房需求之考量"，可授权调解局控制"新缔结的租房合

[①] Walter Holtgrave, *Neues Miet- und Wohnrecht. Kommentar zum Gesetz über den Abbau der Wohnungszwangswirtschaft und über ein soziales Miet- und Wohnrecht*, Berlin/Frankfurt a. M.：Vahlen 1960, S.71.

[②] Walter Holtgrave, *Neues Miet- und Wohnrecht. Kommentar zum Gesetz über den Abbau der Wohnungszwangswirtschaft und über ein soziales Miet- und Wohnrecht*, S.75.

[③] 当时作为房租调控依据的文件还包括 1919 年 7 月底出台的《有关防止通过房屋中介牟取暴利的规定》（*Die Verordnung gegen den Wucher bei Vermittlung von Mieträumen*），但《承租人保护条例》在这方面具有决定性影响。

同中所约定的房租价格"。但随着德国马克价值从战争末期开始不断走低,而条例规定的官方租金价格却固定不变,导致房东无力取得收入或负担房屋修缮等支出,各州不得不对房租约束机制做出修正。普鲁士率先于1919年12月制定了《最高租金条例》(Höchstmietenverordnung),将原先的固定房租改为设定租金上涨上限,"不得超出租金涨幅上限,即使(租赁)双方就此达成协议亦视为无效。"① 而巴伐利亚则采取了另一套办法:它以和平租金(Friedensmiete,指1914年7月1日开始的租赁周期的房租价格)为基准,在此基础上根据各地经济发展水平,同时综合考虑战后房东在房屋管理和维护方面支出增加等客观情况,制定并收取程度不同附加费。② 由于《承租人保护条例》规定房屋租赁关系调整的最高管辖权在各州当局,因此各州在遏制房租上涨问题上各行其是,区域性差异很大。

为了克服自战争末期起因建设停滞和需求增长而出现的短缺现象,参议院于1918年9月23日出台了《克服住房短缺的措施公告》(Bekanntmachung über Maßnahmen gegen Wohnungsmangel,后文简称为"9月23日公告"),以国家强制的方式对有限的住房资源进行集中整合和分配。这一政府住房管制措施对基层地方政府的相关职责做出两方面规定:一是地方政府必须全力扩充房源,包括禁止拆除住房及变更居住使用用途,要求房屋所有人向政府机关申报"未使用"住房,通过征用、补偿的方式将闲置厂房、仓库、商铺或其他空间改为居住用途;二是地方政府承担分配住房的责任,在对闲置房屋公示和评估之后,由其出面将房屋(或闲置房间)分配给在住房局登记的找房者;如房屋所有人和被分配人无法就房屋租赁达成一致,则由住房调解局调解后确定租赁合同。③

1918年"9月23日公告"颁布后,作为住房事务主管当局的各邦(州)政府相继出台适合本地实际情况的实施细则。巴伐利亚率先于1919年4月设立专门机构(即住房局)管理房源收集和分配事务,同时严禁私人房屋中介行为。④ 相比之下,其他州的态度则相对保留,直到1920年国家劳动部出台《克服住房短缺措施试行

---

① Heinrich Hirtsiefer, *Die Wohnungswirtschaft in Preussen*, S.121.
② Ulrike Haerendel, *Kommunale Wohnungspolitik im Dritten Reich. Siedlungsideologie, Kleinhausbau und „Wohnraumarisierung" am Beispiel Münchens*, München: R. Oldenbourg Verlag 1999, S.108。但相比于普鲁士制定房租涨幅上限的做法,巴伐利亚这套办法无法应对日益加速的通货膨胀,在1922年出台全国性租赁法之前,就已弃之不用。
③ Heinrich Hirtsiefer, *Die Wohnungswirtschaft in Preussen*, S.126.
④ ZfW 17,1919, S.250,转引自 Karl Christian Führer, *Mieter, Hausbesitzer, Staat und Wohnungsmarkt. Wohnungsmangel und Wohnungszwangswirtschaft in Deutschland 1914–1960*, S.306。

规范条例》(*Musterverordnung betreffend Maßnahmen gegen Wohnugnsmangel*) 情况才有所改变。《克服住房短缺措施试行条例》明确要求对所有房屋（间）的租赁行为进行调控,尤其强调"市镇当局对于必要条款不仅有权,而且有义务执行,特别是那些尚未出现严重住房短缺的地区。"[1]萨克森、普鲁士等州遂开始效仿巴伐利亚设立类似的管制机构。

（二）住房统制政策的执行

在上述法规、条例的基础上,战后出现了两个专门执行现行住房统制政策的部门,即租赁调解局和住房局。前者负责与房屋租赁直接相关的事务,主要包括仲裁合同租约到期、制定房租政府指导价等;后者负责向房屋申请人提供住房,其工作任务不仅包括战后有限的房源进行集中登记、管理和分配,也涉及申请房屋的个人资质的审查。

租赁调解局是依据1914年12月15日公告成立的全新部门,目的是"以'公平考量'为出发点,仲裁租赁双方的关系"[2],因此主要处理房屋租赁关系中的各类纠纷,包括租赁双方要求解除合同,已解约合同的续约及房租定价等问题,尤其侧重保障租户的权益。1919年《承租人保护条例》修订之后,调解局又转型为特别住房法庭,成为"拥有非比寻常广泛权力的全新仲裁机关"[3]。按照1918年"9月23日公告"规定,房东可在获得调解局许可下解除房屋租赁合同。但事实上,房东要从调解局处获得许可并非易事,多特蒙德调解局从1917年9月到1918年7月共收到房东提出的解约申请约517件,但仅支持了其中59件申请。同样的情况也发生在汉堡,在1919年前8个月,该市调解局共收到约5,000件申请,但只批准了其中97件解除合同。[4] 而一旦房东未能从调解局处获得到期解约的许可,或租赁合同并未事先约定解约期限,则视同租约自动无限期延长。[5] 此外,调解局还可以规定房东在室内安装暖气和热水,如房东房屋缺乏此类设施,可应租户要求减免房租。[6]

---

[1] Heinrich Hirtsiefer: *Die Wohnungswirtschaft in Preußen*, S.127.

[2] Walter Holtgrave, *Neues Miet- und Wohnrecht. Kommentar zum Gesetz über den Abbau der Wohnungszwangswirtschaft und über ein soziales Miet- und Wohnrecht*, S.71.

[3] *Ebenda*, S.50.

[4] Karl Christian Führer, *Mieter, Hausbesitzer, Staat und Wohnungsmarkt. Wohnungsmangel und Wohnungszwangswirtschaft in Deutschland 1914–1960*, S.123.

[5] Walter Holtgrave, *Neues Miet- und Wohnrecht. Kommentar zum Gesetz über den Abbau der Wohnungszwangswirtschaft und über ein soziales Miet- und Wohnrecht*, S.71.

[6] *Ebenda*, S.73.

这一时期政府干预住房事务的"强制性"还充分体现在房源的收集和分配上，住房局在这方面扮演了重要的角色。不同于"新生事物"的租赁调解局，住房局本是帝国晚期巴登、普鲁士部分城市贯彻住房监察，从事房屋质量调查的部门——早在1901年，斯图加特就成立了德国首个地方住房局。只不过战后的住房局虽然仍沿用旧名，但其工作范围和职责已出现重大变化，尤其从1920年起，它明确服务于架构逐渐明确的住房统制模式。

住房局的工作内容包括对战后有限的房源进行集中登记、管理和分配，对申请房屋的个人资质进行审查。其中最重要的环节是获取房源。为了掌握一切可利用的房源，住房局会要求所有拥有闲置房产（间）的房主有义务如实申报，谎报瞒报将面临处罚——直到1922年前，每年都有许多房产主因有意无意无视这项申报义务而被起诉。尽管一开始习惯市场经济模式的房主团体对此强烈抵制，但该措施在实施之初仍发挥一定作用。以汉诺威为例，1920年第一季度就筹措出1,139套闲置住房，促成约1,500份租赁合同订立。① 在德国战后城市住房空置率②普遍降至1%以下的情况下，这一成果显然相当引人瞩目。同时，房屋局还与警察部门联手打击"黑租"行为。所谓"黑租"，是指未经房屋局许可私下订立的房屋租约，这种合同在当时被视为是非法。仍以汉诺威为例，为了稳定住房供应，当地的房屋局采取的办法是与警方合作，通过增加"黑租户"生存成本的方式迫使其放弃"违法行为"：当时食物采取配给制，但食品卡只有在获取由房屋局签发的合法租赁证明并前往警察局申报户口后才能申领。

除了所有住房局普遍开展的常规工作外，在一些住房短缺尤其严重的市镇还存在一种被称为"住房配给制"（Wohnungsrationierung）的安置措施。虽名为"配给"，但其实质是一种强征手段，即地方政府通过强行征收私有住宅或出租住房中"尚未被利用起来"的部分，将这部分房源分配给登记在册的房屋申请人居住。"住房配给制"最初的依据是1918年的"9月23日公告"中的特别授权条款，是为确保战争末期返乡的士兵有临时居住地，避免其流落街头的临时安置手段。但部分地方政府很快发现，大户型住房一般实际居住人数很少，或可通过征用方式暂解本地

---

① Bericht über die Maßnahme gegen die Wohnungsnot in Hannover vom Städtische Wohnungamt, 转引自 Karl Christian Führer, *Mieter, Hausbesitzer, Staat und Wohnungsmarkt. Wohnungsmangel und Wohnungszwangswirtschaft in Deutschland 1914—1960*, S.309。
② 住房空置率最早是由莱比锡统计局局长恩斯特·哈塞（Ernst Hasse）在1878年提出，旨在反应住房供应水平的指标。一旦闲置住房占地区总房产数的比例低于3%以下即视为住房短缺。

住房严重短缺的燃眉之急,从此开启对那些拥有 5—6 间(甚至更多)房间的"豪宅"的征用和分配。1921 年对人口在 10 万以上的大城市统计显示,慕尼黑完成住房配给安置的个案为 11,856 例,汉堡紧随其后,达到 6,923 例;其中"豪宅"占比如下:慕尼黑为 42.4%,而多特蒙德和埃尔富特分别为 57.1%和 42.4%。① 还有一些城市则另辟蹊径,提出房屋涉及征用安置的房主可通过缴纳一定费用的方式免除该义务,地方政府则将这笔资金投入住房建设。从这个意义上来说,"住房配给制"不仅成为"居住标准平均化"的普遍手段,也成为达成"团结穷困者"的政治斗争工具,因此德国共产党在 1923 年甚至考虑在"住房配给制"基础上推行更激进的房屋置换方案,即将多子女家庭迁入别墅和大公寓之中,而让富裕的家庭搬进原本属于无产阶级的两居室公寓中。②

　　住房统制政策还确保了战后德国民众房租支出在家庭收入中的占比始终维持在较低的水平。虽然普通德国人的房租在进入 20 世纪之后已呈下降趋势③,但正是从 1918 年起颁布的一系列法规及各地租赁调解局的工作,真正确保了德国的房租始终维持在一个较低的水平,这一点至今影响着德国人的居住观念。1918 年"9 月 23 日公告"率先规定房租要"控制在合适的范围之内",且"所有以提高房租为目的的解约行为必须事先获得调解局的许可"。而各州从 1919 年起采取的房租限价令进一步压制了房租的上涨空间,如普鲁士《最高租金条例》规定房租涨幅不得超过 20%,"特殊情况下,要超过此额度必须经过当地政府批准"④。虽然这一限额此后因货币贬值而不断提高,但房租涨幅远低于同期的通货膨胀速度。至 1922 年 6 月废除该条例前,普鲁士小城市的房租相比"和平租金"上涨约 60%—75%,大城市涨幅则在 100%—110%,翻番超过一倍。这一涨幅看似惊人,但同期的食品支出(同样以 1914 年为基准数)已上涨超过 37 倍。⑤ 1922 年 6 月,《前进报》

---

① Karl Christian Führer, *Mieter, Hausbesitzer, Staat und Wohnungsmarkt. Wohnungsmangel und Wohnungszwangswirtschaft in Deutschland 1914 – 1960*, S. 323.
② Karl Christian Führer, *Mieter, Hausbesitzer, Staat und Wohnungsmarkt. Wohnungsmangel und Wohnungszwangswirtschaft in Deutschland 1914 – 1960*, S. 320.
③ 如 1917 年时德国南部工人家庭平均房租支出占家庭总收入的 17%,至 1917 年时由于战时居住需求的减少,更降至 8.1%,数据来源于 Merith Niehuss, *Arbeiterschaft in Krieg und Inflation. Soziale Schichtung und Lage der Arbeiter in Augsburg und Linz 1910 bis 1925*, Berlin/New York: Walter de Gruyter 1985, S. 143。
④ Karl Christian Führer, *Mieter, Hausbesitzer, Staat und Wohnungsmarkt. Wohnungsmangel und Wohnungszwangswirtschaft in Deutschland 1914 – 1960*, S. 134.
⑤ Karl Christian Führer, *Mieter, Hausbesitzer, Staat und Wohnungsmarkt. Wohnungsmangel und Wohnungszwangswirtschaft in Deutschland 1914 – 1960*, S. 122.

(Vorwärts)曾报道过一户柏林邮政工人家庭的收支情况,这户人家每月收入3,625马克,这一收入在当时已入不敷出,因为基本的食物开销就已达到3,162马克,但即使在这种情况下,这家人每月的房租仅为60马克。[①] 德国雇主协会联盟(Vereinigung der Deutschen Arbeitgeberverbände)的统计也显示,1922年普通"小住房"房租仅占非技术工人收入工资的2.36%,而1919年这一比重是9.09%。[②]

(三) 住房统制政策的问题与调整

对处于政治和社会结构激烈转型期的魏玛共和国而言,住房统制政策确实有利于从住房供需的角度缓和社会矛盾,这一点尤应归功于当局在政策实施过程中坚决贯彻"承租人保护"原则。但对于深受帝国时代房主至上、保护私有财产思想影响的人们来说,要做到观念转变就不那么简单了。1920年就有人如此抨击"承租人保护"原则:

> "今天谁租下了一套房子,他就压根不再是租户,而是它的所有者(Besitzer)。什么叫所有物(Besitz)? 就是我长期合法租用一间房屋,任何人都不允许从我手上夺走它,即使我的房东无家可归,我也要把他的解约要求顶回去。"[③]

事实上,房东们并非单纯因为利润受损而口出怨言,在现行的优先租户的住房保障机制下,租金收入的过低已导致部分房东"糊口都成了问题"。按照帝国时代的传统,房东在收取房租获得资本收益的同时,其实是需要承担包括贷款利息、房屋管理与修缮费用在内的成本支出。因此当租金持续保持在低位,问题就暴露了出来。在1922年一份向普鲁士福利部长申诉房租限价的请愿书就清晰指出了这一点:两名职业房东称过去两年间各类围绕房屋的必要支出(税金、保险金、烟囱打扫费、垃圾清运以及所有必需的屋顶、水管、污水等的维修费)已翻番5—25倍,而同期房租涨幅仅有10%—40%。而即便成功申请提高房租,也至少滞后房屋开支一年半才

---

① "Wie kommst Du aus?", *Vorwärts*, Nr.278, 15.6.1922.
② Karl Christian Führer, *Mieter, Hausbesitzer, Staat und Wohnungsmarkt. Wohnungsmangel und Wohnungszwangswirtschaft in Deutschland 1914 - 1960*, S.138.
③ Ludwig Quessel, "Die Enteignung des städtischen Hausbesitzes", *SozMh* 26(1920), Bd.2, S.852 - 860, 转引自 Gerd Kuhn, *Wohnkultur und kommunale Wohnungspolitik in Frankfurt am Main 1880 bis 1930. Auf dem Wege zu einer pluralen Gesellschaft der Individuen*, S.50.

能获得进项,其结果是房东面临巨额亏损,房屋面临倒塌,居住条件也变得极为恶劣,因此要求对现行规定做出修改。两人还抱怨称,因为拥有20处房产,但没钱请帮工,因此不得不每天8小时扑在物业维修上。① 正因为房东的抵触情绪,房主和租户之间的关系往往十分紧张,这在根据"住房配给制"分配住所的案例中表现得更加突出。奥格斯堡住房局1919年的报告显示,"在几乎所有的安置案例中,租赁双方都在短时间内爆发争吵,以至于接受安置的住房申请者重新回到房屋局申请其他住房"。② 租户因相处不融洽手持斧头砍伤房东的极端案例也时有发生。

作为利益受损方,有产者的种种抱怨固然情有可原,但受保护的弱势群体,即无房者(或找房者)一方也并非完全认同这一统制政策。令他们不满的根源首先是想要通过申请获得住房十分困难。申请难固然是因为战后住房缺口过大所致,住房局对居住申请的审核又过于严苛,导致获取住房的难度大幅增加,大量申请人因为条件不合格而遭到拒绝。以汉堡为例,1920—1924年间其城市房屋局共收到75,607份住房申请,但仅有41.7%(105,623份申请)通过审核。③

一般而言,初来乍到的"外乡人"的申请会被最先拒绝。在汉堡获审查通过的105,623份申请中,属于迁入申请的案例仅有1,919份。这些外来者必须向住房局提供证明自己或因极为迫切的职业和经济原因迁来城市,或定居此地符合地方利益的证据,才有可能通过审核。而在本地申请者中,相对容易被刷的是那些被认为居住需求并不迫切或是"无权申请者"。所谓无权申请者,一般指已租有一套住房且该房屋不存在诸如危害健康、建筑倾覆或严重超容情况的申请人;但在实际审核过程中,许多从二房东手里转租居住的申请人,也会被官方认定为"无权申请者"。另外,在所有的申请人中,新婚夫妇的比例相当高,许多城市住房局不得不对这一群体作出限制,一再拉高申请人的年龄下限④,甚至劝诫新人"考虑到当前在8—10年内无法分配住房的住房形势"谨慎踏入婚姻殿堂。⑤ 而申

---

① BArch, R401/1429, *An den Wirtschaftsrat des Deutschland Reichstages*, 10.1.1922, S.42.
② Karl Christian Führer, *Mieter, Hausbesitzer, Staat und Wohnungsmarkt. Wohnungsmangel und Wohnungszwangswirtschaft in Deutschland 1914－1960*, S.323.
③ Karl Christian Führer, *Mieter, Hausbesitzer, Staat und Wohnungsmarkt. Wohnungsmangel und Wohnungszwangswirtschaft in Deutschland 1914－1960*, S.312.
④ 如在斯图加特、卡尔斯鲁厄和多特蒙德规定,申请家庭中丈夫年龄不得小于25岁。卡塞尔则将这一年龄上限提高至28岁,马格德堡甚至达到了提高至30岁。
⑤ Karl Christian Führer, *Mieter, Hausbesitzer, Staat und Wohnungsmarkt. Wohnungsmangel und Wohnungszwangswirtschaft in Deutschland 1914－1960*, S.316f.

请人面对的最后关卡是,即便他们能够突破重围通过审核,还需要经过漫长的等待才能盼来住房,少则数月,多则数年,因此无论是否申请到住房,找房者们大多怨念深重。

更耐人寻味的是,随着政策的推进,有房可住的租户们对住房统制政策的不满也开始累积。他们和房东群体一样,不满主要集中在租赁关系的调解上。但与房东的抵触情绪多来自房租限价和限制解约权不同,租户们反感的是租赁调解局的工作方式。调解局权力很大,但它直到1923年都未能形成有关具体工作流程及工作人员的职责范围的成文规定,致使基层工作人员在处理纠纷时仅能对照具体争议内容和自身对框架性法律条款的理解各事各办,于是工作人员的个人倾向(亲房东或亲租户的态度)对于裁决结果构成直接影响。一些案例的仲裁结果甚至互相矛盾,租户们因此觉得自己的权益受到伤害,进而批评当局缺乏"社会同情心"。

而这些相互矛盾的裁决结果,在主管住房事务的州政府看来又构成了租赁调解局管理失当的证据,因而严厉批评租赁调解局的仲裁"不仅不具备法律效力,而且完全是受利益驱动"①。来自房东的抱怨也让部分政府官员意识到,房租限价确实有悖经济发展规律:当房租被降低至一个过低的水平,不仅是"对承担经济任务的房东的不公平";如果不改变房东因无余钱修缮住房的局面,更将导致"房屋大量倾倒,在未来爆发住房短缺危机。"②在这种情况下,对现房政策进行必要的调整势在必行。从1922年起,调整主要集中在对房租限价、住房配给制和租赁调解局职能三个方面。

1922年6月1日正式生效的《国家租赁法》(*Reichsmietengesetz*,后文简称"租赁法")确立全国统一的房租约束机制并引入"法定租金"概念,正式取代各州自行确定的房租限价令。从房租限价到法定租金,重要变化体现在两个方面:一是德国尝试排除行政权对住房租赁市场的干预,这也意味着官方确立房租价格的基本思路出现变化:从过去各州硬性规定价格(或涨幅)转变为由租赁双方在旧租约到期续约时协商决定一个新的"合理租金",一定程度使房屋租赁开始重新回归市场。二是当租赁双方无法就房租达成协商,则由地方租赁调解局根据相关的州法确定

---

① Heinrich Hirtsiefer, *Die Wohnungswirtschaft in Preussen*, S.122.
② Lutz, *Forderungen an die neue Mieterschutzverordnung*, in: EA 1, 1920/21, Sonder-Ausg. August, 1921, S. VII - XII, hier: S. VIII, 转引自 Karl Christian Führer, *Mieter, Hausbesitzer, Staat und Wohnungsmarkt. Wohnungsmangel und Wohnungszwangswirtschaft in Deutschland 1914 - 1960*, S.139。

房租,这一视同"经过协商的"房租即为"法定租金"。但与过去的行政干预价格不同,"法定租金"是在基准房租(即当地排除各项管理、维护、暖气及其他费用后的"和平租金")的基础上,叠加当前资本利率上涨、物业管理、维修基金等各类附加费重新计算得出的比率①,避免过低的房租对房东构成不利。

然而,新调整后的房租约束机制却因德国马克的贬值速度在《租赁法》出台后不断加快而显得格外"生不逢时"。以汉堡为例,该市在《租赁法》生效之日(1922年7月1日)将法定租金确定为基准房租的485%。仅仅一个月后,汉堡建筑合作社算了一笔账后发现,该合作社的各项费用支出至少要相当于基准房租的1,323%才能勉强收支平衡。②巴伐利亚法定租金的算法略有不同,但更清晰地呈现了马克贬值的过程:按照该州社会福利部1923年6月的法定租金公告,该州人口1万人以上城镇的基准房租为"和平租金"的75%(未计入部分为管理费和大修及大型项目维修支出,分别为18%和7%),然后在该"基准租金"基础上大幅提高各类附加费比重,如资本支出按基准房租的50%征收,物业管理附加费则根据不同城市分别制定:慕尼黑为基准房租的1,800%;纽伦堡、奥格斯堡、路德维希港、维尔茨堡和弗斯均为1,400%;其余一万人以上的城市则为1,000%;维修基金附加费则分两个区域(巴伐利亚和巴伐利亚—普法尔茨)按基准房租的10,000%—18,000%收取。而人口1万以下的城镇的基准房租为"和平租金"的80%(13%的管理费、7%的维修费不计入),附加费增幅则比照大城市酌情减少。③显然这些附加费宛如儿戏般的增幅证明了马克价值已形同废纸。因此这一试图排除行政干预市场,但同时又兼顾"承租人保护"原则的房租限价调整以失败告终。

但这一时期另一项排除行政干预的举措仍得到贯彻。1923年7月23日,帝国政府正式颁布《住房短缺法》(*Gesetz zur Änderung der Bekanntmachung über Maßnahmen gegen Wohnungsmangel*),这部法规是对1918—1920年一系列《住房短缺条例》的调整和补充,重点在于松绑部分房屋管制内容,尤其是对负面反响极

---

① Walter Holtgrave, *Neues Miet- und Wohnrecht. Kommentar zum Gesetz über den Abbau der Wohnungszwangswirtschaft und über ein soziales Miet- und Wohnrecht*, S.77f.
② Eingabe Hamburger Baugenossenschaften an Senat, 29.7.22, StA Hamburg Senat Cl. I lit. T Nr. 22 Vol. 7 Fasc. 6 Inv. I Conv. II, 转引自 Karl Christian Führer, *Mieter, Hausbesitzer, Staat und Wohnungsmarkt. Wohnungsmangel und Wohnungszwangswirtschaft in Deutschland 1914 – 1960*, S. 139, S.142。
③ BArch, R401/1429, Bekanntmachung des Staatsministeriums für Soziale Fürsorge vom 25. Mai. 1923 Nr.1844, über die gesetzliche Miete für Juni 1923. (BayerN), S.71。

大的住房配给制作出调整。法规规定,地方政府不得再向被征用住房的房东强制分配租客,而是允许房东从房屋局提供的申请人名单中自行选择租户。① 至1924年,普鲁士和汉萨城市汉堡率先依据该法完全废除住房配给制。

1922—1923年间对现房统制政策做出最大调整的重要法案则是1923年10月1日《承租人保护及租赁调解局法》,即新《承租人保护法》。该法规根本性转折在于让涉及房屋租赁合同纠纷重新回归司法途径解决。尽管法规仍坚持一切租赁合同的前提是"房东单方面不得撤销租约",但在新的法律条件下,房东如希望终止租赁关系,必须向地方法院提起诉讼要求取消合同,而租赁关系的存续废止需经法院审判后决定。与此同时,新法还在一定程度上对原先的"承租人保护"原则过于偏袒承租人进行平衡,这一点主要通过法规第2、3、4条列出的例外原则体现:1)承租人本人或承租人家庭(店铺)成员或从承租人处转租房屋的第三方,有明显干扰或伤害房东及其他租户的行为;或因不当使用或因疏忽大意损坏出租屋或者该栋建筑;或未获房东允许房屋转租给第三方。2)承租人拖欠房租达两个月以上。3)房东迫切的个人居住理由,如承租人不迁出将视为对房东的不公平。② 当房东以上述理由向法院提出解约诉讼时,法院将无条件支持这一主张。

随着仲裁方从调解局转变为法院,表明政府不再以行政强制的方式介入私人契约关系,而例外原则的出台又在一定程度上重新回归对房主私有财产的尊重,这就意味着魏玛共和国的现房政策,开始从战时紧急状态逐步回归由法律和市场调节的正常状态,但这一转变与帝国时代的住房改革思路截然不同的地方在于,各级政府开始有意识地承担起在市场条件下保障相对弱势群体的政府调控职责。

二、住房建设促进机制

过渡时期另一项重要的政府干预住房措施是由政府推动住房建设活动。在当时的条件下,仅凭住房统制政策只能暂时缓解当前的燃眉之急,普鲁士福利部长希尔齐费尔就曾说过:"针对住房短缺与贫困的斗争都不足以达到目的,更确切来说,

---

① Heinrich Hirtsiefer, *Die Wohnungswirtschaft in Preussen*, S.128.
② Walter Holtgrave, *Neues Miet- und Wohnrecht. Kommentar zum Gesetz über den Abbau der Wohnungszwangswirtschaft und über ein soziales Miet- und Wohnrecht*, S.74.

官方必须同时有针对性地为全面促进新建住房,尽可能提高建设可能,提供保障。"①事实上,普鲁士邦早在1919年4月就颁布了针对恶劣居住条件的《普鲁士建筑条例》修订案,在全德范围内率先宣布停止建设出租兵营。② 7月,中央政府也出台了《小菜园及小田地租赁条例》(Kleingarten- und Kleinlandpachtordnung),成为首个推动"小住房"建设的国家法规。但此时住房建设资金的短缺和私人投资意愿低迷,客观上要求官方为住房建设者提供各项资金援助,以此推动和保障住房建设。而战后住房建设的生产属性,即有利于帮助德国经济从普遍陷入萧条的战备经济转向和平经济,也促使新政府开始全面干预住宅建设生产。因此,从魏玛共和国开始,德国对住房建设市场放任自流的局面被正式扭转,政府开始积极介入大众住房建设。

(一) 住房建设促进机制的制度设计

德国政府干预住房建设的起点是1918年3月普鲁士颁布的全德首部住房法和10月31日帝国参议院发布的公告《采取国家资金保障建设补贴的决定》(Bestimmung für die Gewährung von Baukostenzuschüssen aus Reichsmitteln,后文简称为"10月31日公告"),前者首度确认普鲁士将拿出2,000万帝国马克政府贷款,资助公益性建筑团体生产活动。③ 后者则宣布将为住房建设提供总额为5亿帝国马克补贴。

但早期的住房建设促进措施并非纯如希尔齐费尔所言是出于克服住房短缺的社会保障动机,恰恰相反,它更多是出于德国战后经济转型的考虑。当战争进入尾声,与战争密切相关的产业如钢铁、化学、机械制造业日趋萧条,潜在失业一触即发;相比之下,住房建设优势则十分明显,它既是劳动密集产业,又与日常民生休戚相关,可以兼顾经济发展与社会稳定,因此德国政府明确将建筑业(尤其是住建业)作为向和平经济转型的切入点。其次,受帝国时代住房市场经济思想的影响,许多人认为住房短缺危机只是暂时的,一旦自由市场经济重新恢复稳定,问题便迎刃而

---

① Heinrich Hirtsiefer: *Die staatliche Wohlfahrtspflege in Preußen 1919 - 1923*, Berlin: Karl Hermann 1924, S. 82.
② Annemarie Lange, *Berlin in der Weimarer Republik*, S. 319; Christoph Bernhardt, "Aufstieg und Krise der öffentlichen Wohnungsbauförderung in Berlin 1900 - 1945. Zusammenhang und Brüchigkeit der Epoche," S. 59.
③ Luth Niethammer, "Ein langer Marsch durch die Institutionen", S. 363f.

第二章 魏玛共和国时期的住房政策(1918—1933)

解,因而不必大规模推动住房建设,而只需采取"临时"干预措施。第三,同一时期现房领域的各类统制政策及因战争赔款问题而导致的德国国内流动资金短缺,以及建设成本的上涨,均抑制了私人投资住房建设的意愿,必须借由政府之手促进住房建设活动,其中尤其重要的一环是由政府为住房建设提供各类资金支持。

既然政府支持住房建设的最初定位是促进生产为主且"暂时性的",决定了战后初年住房建设促进机制以政府财政补贴为主。虽经政权更迭,但由"10月31日公告"确立下来的补贴机制仍由共和国政府所承继下来,并成为1919—1923年过渡时期国家促进大众住房建设的主要推动力,但根据资金来源和资助形式的不同,这一补贴可以分为两个阶段:即财政补贴阶段(1919—1920年)与"住建税"阶段(1921—1923年)。

最初的建设补贴由政府财政承担,补贴对象是1919财政年启动建设或之前已启动建设但尚未竣工的住房建设项目。这套机制会对房租是否能够还本付息进行评价,将建设成本分为"获利成本"和"不获利成本",随后对不产生利润的建设成本部分进行补贴。"不获利成本"一般指建材价格因战争原因上涨致使业主或建设单位不得不额外多支出的费用,由政府负担这部分费用。[1] 数据显示,从"10月31日公告"颁布到1919年底的一年多时间里,中央政府实际支出的补贴已达6.5亿马克,超过最初预估1.5亿马克。[2] 但从成效来看,由于最初并未明确是为普通人建设"符合其需求"的住房,因此虽然投入大笔资金,却未能实质性改变住房短缺的状况。埃森市长汉斯·路德(Hans Luther)在1920年组织针对人口2.5万人以上城市住房建设补贴成效的调研就证明了这一点(见表3)。首都柏林也在1919年获得高达1.38亿马克的中央和州建设补贴,另有市政府拨付资金4,600万马克,但建成的永久住房仅为3,697套。[3] 同时,这部分补贴因几乎无需偿且补贴金额上不封顶,很快成为政府财政的极大负担,因此这一补贴也被称为"沉没补贴"。

---

[1] Greven, "Die Finanzierung des Wohnungsneubaus", in Albert Gut (Hg.), *Der Wohnungswesens in Deutschland nach dem Weltkriege*, München: Bruckmann 1928, S.100; Peter-Christian Witt, "Inflation, Wohnungszwangswirtschaft, und Hauszinssteuer: Zur Regelung von Wohnungsbau und Wohnungsmarkt in der Weimarer Republik", in Lutz Niethammer (Hg.), *Wohnen im Wandel. Beiträge zur Geschichte des Alltags in der bürgerlichen Gesellschaft*, S.393.

[2] Greven, "Die Finanzierung des Wohnungsneubaus", S.100.

[3] 此外柏林市新建1,690套临时安置房并在普通住宅楼内安排出12,200个临时居住点,数据来源于Baukostenzuschüsse und ihre Verwendung 1919-1923 (Quelle: Volkswohnung), Statistischer Amt der Stadt Berlin (Hg.), *Statistisches Taschenbuch der Stadt Berlin 1923*, Berlin: Otto Stollberg & Co., 1924, S.15, Tabelle 24。

表3　1919—1920年西部主要大城市住房建设补贴发放及永久住房建成情况

城市	1919年获批补助金额（百万马克）	追加的翻修项目补助（百万马克）	1920年获批用于1919年项目建设专项资金	计划新建住房数量 住房	计划新建住房数量 房间	实际完成住房数量 住房	实际完成住房数量 房间
多特蒙德	19.6	6.67	2.81	1,018	4,072	179	716
埃森	20	6.4	—	1,072	4,345	272	1,037
波鸿	10	2.67	0.93	398	—	5	—
科隆	30.16	11.25	—	1,765	7,479	186	788

（数据根据 GStA, I. HA. Rep. 193A Nr. 25, *Zusammenstellung des Ergebnisses aus der Rundfrage der Stadtverwaltung Essen (Betrifft nur Dauerwohnungen)*, Zur Rundfrage II 5985/20, 12.08.1920 节选并整理。）

为改变这一局面，参议院于1920年1月10日发布"关于保障新房建设国家贷款"（*Über die Bewährung von Darlehen aus Reichsmitteln zur Schaffung neuer Wohnungen*，后简称"1月10日公告"）的新公告，对此前的补贴发放规则做出根本性调整[1]，调整后的新规以解决最迫切居住需求为目标，明确以下几点内容：

1）补贴资助对象为"小住房"建设；

2）补贴以一定期限内无息建设贷款形式发放；

3）补贴金额根据住宅项目的实际居住面积确定。[2]

新规还对接受补贴建造住房的用途和交易做出规定，如明确地方政府负责监管此类住房的建设、租赁和交易；贷款存续期内租赁和出售房屋超出贷款部分的收益将

---

[1] 有关1920年出台的国家建设补贴调整方案内容的评述文章参见：Weber, "Die Unterstützung der Neubautätigkeit mit öffentlichen Mitteln im Jahre 1920", *Volkswohnung*, H. 2, JG. 2, 1920, S. 21 – 23; Lübbert, "Die staatlichen Beihilfeverfahren für den Kleinwohnungsbau. Kritik des bisherigen Verfahrens nebst einem Verbesserungsvorschlag für 1921", *Volkswohnung*, H. 2, JG. 2, 1920, S. 281 – 284。当代有关该问题的综述性论述可参考 Michael Ruck, "Die öffentliche Wohnungsbaufinanzierung in der Weimarer Republik. Zielsetzung, Ergebnisse, Probleme", Axel Schildt, Arnold Sywottek（Hgg.）, *Massenwohnung und Eigenheim. Wohnungsbau und Wohnen in der Großstadt seit dem Ersten Weltkrieg*, Frankfurt/New York: Campus, 1988, S. 150 – 200。

[2] 以1920年国家和州补贴标准为例，各市镇1—2层低层住房每平米最高补贴165马克，大中城市可放宽至180马克/平方米；多层住宅为150—165马克/平方米；农村厩舍一类的附属房屋最高不超过75马克/平方米。享受补贴的房屋居住面积不得超过70平方米，多子女家庭住房面积可适当放宽至80平方米，配房轮廓面积则不得超过10平方米（但农村住宅可放宽至40平方米）。GStA, I. HA. Rep. 193A Nr. 43, *Bekanntmachung der Reichsregierung zur Ausführung des Gesetzes vom 12. Feb. 1921*（*Zentralblatt für das Deutsche Reich*, S. 130, Nr. 10）。

归政府所有;房屋建成后20年后才进行贷款偿付评估等。① 正是从"1月10日公告"开始,德国的住房建设促进机制从促进建设发展转向解决住房短缺,避免房屋投机。除了呼应存量房和房屋租赁房领域的住房统制措施外,也开始贯彻魏玛宪法中有关人民福祉的根本要求,关注除伤残军人、失业者、重病患者之外的普通贫困群体、多子女家庭的住房需求。从经济方面来看,调整后的政府补贴一定程度上节约了各级政府的财政支出。以巴登为例,1919年三级政府拨付的建设补贴超过1.01亿马克(其中中央和两级地方财政各占一半),到1920年时,巴登州总计发放建设贷款4,552万马克,其中中央政府资金约为2,511万马克,州财政为903万马克,基层地方为1,138万马克(指摊派部分)。②

但一方面是魏玛共和国早期住房短缺问题始终非常突出;另一方面,由于通货膨胀风险正在加剧③,能否"让房地产业自行筹措出生产新住房的资金"成为官方考虑的新方向,而解决之道便是开征新税。当时现房房租极低——那些建于帝国时代的住房尤其如此,因此官方希望通过对现房统制政策受益者征税的方式补贴新房建设,希尔齐费尔对此的解释是"(老房子租金)增收部分……仍应作为以新建住房为目的的公共资金进行分配。它应该是一种公平补偿的行动,如果老房子内的租户,凭借租金取得经济保障上的优待优惠,就必须以税收方式回馈大众。"④

虽然从国家劳动部到基层地方,有关开征新税以筹集建设贷款资金的讨论或实践从1920年3月就已开启,但直到1921年6月26日相关税法才正式出台。这部名为"关于征收促进住房建设税国家法"(*Reichsgesetz über die Erhebung einer Abgabe zur Förderung des Wohnungsbaus*,简称《国家住建税法》)宣布在1921—1941财年期间开征州住建税及其地方附加费,州税一般为房租的5%,地方

---

① Weber, "Die Unterstützung der Neubautätigkeit mit öffentlichen Mitteln im Jahre 1920".
② 数据出自巴登州议会1921年10月4日第66次会议上的住房财政委员会报告,GStA, I.HA. Rep.193A Nr.39, *Bericht des Haushaltsausschusses, Beilage zur Niederschrift über die 66. Sitzung vom 4.10. 1921*, Badischer Landtag.
③ 1920年12月4日社会化委员会代表保罗·哈特曼(Paul Hartmann)在该委员会有关房产业新秩序的系列会议有关发言称,"或可扩大纸币供应量,以满足新建房屋的建设成本",Ansicht von Paul Hartmann, Sitzung am 4.12.1920, vormittags 10 Uhr, *Verhandlungen der Sozialiesierungs-Kommission über die Neuregelung des Wohnungswesens*, Bd.1, Berlin: Verlag Hans Robert Engelmann, 1921, S.19。
④ Heinrich Hirtsiefer, *Die staatliche Wohlfahrtspflege in Preußen 1919-1923*, S.83.

附加费则可由地方政府自行决议）①。这一新设税种及税金分配方式此后虽有调整，但确立起魏玛共和国直至1931年为止的住房建设促进机制两大特征：一是建设管辖权在各州政府，二是为地方政府（尤其是城市）推进住房建设奠定资金基础。

除了建设资金之外，建设用地是住房建设促进机制的另一重要物质基础。土地获取和利用的根本制度保障是《魏玛宪法》第155条。针对帝国时代土地投机盛行的前车之鉴，该条款在明确德国土地私有的大前提下，仍尝试对现有土地制度进行调整，强调国家对土地利用的监管职责以及在特定条件下土地使用的社会化："土地之分配及利用，应由联邦监督，以防不当之使用"；"因应住宅之需要，奖励拓殖开垦或发展农业，土地所有权得征收之。家族内之土地财产应废止之"。

不过，部分城市因为从20世纪初起就开始投入土地收购与开发，故而相当欢迎宪法对于土地利用应适应公共目的目标的规定。同时，战后德国土地价格普遍下跌，甚至直到20年代中期都未能达到战前标准②，也为各城市获取建设用地提供了便利条件。市政当局获取用于公共目的的储备用地主要通过三种途径实现：土地购置、征收和行政区合并。布雷斯劳市政建设参事卡尔·约翰内斯·福赫斯（Carl Johannes Fuchs）的统计表明，在宪法对土地制度调整后，德国市政当局拥有的土地数量增长极为明显：战前，直到1913年全德40座城市归市政当局所有的土地共计124.5公顷。战后仅柏林政府拥有的内城与市郊的土地就高达55,577.37公顷（1920年），紧随其后的则是格尔利茨（35,255.94公顷）和罗斯托克（17,990.87公顷）。③ 行政区合并无疑是城市政府获取大量土地的捷径，1920年的柏林市与其周边212个城乡行政区合并后，城市总面积从原先的6,367公顷（1912/13年）骤增至87,835公顷④，柏林市政当局因此成为全德最大"地主"。

---

① GStA, I.HA. Rep.193A Nr.39, *Bericht des Haushaltsausschusses, Beilage zur Niederschrift über die 66. Sitzung vom* 4.10.1921, Badischer Landtag;Rep.193A, Nr.41, *Protokoll*, Sitzung des Wohnungs- und Siedlungsausschusses des Deutschen Städtetages, 14. 10. 1921; Heinrich Hirtsiefer, *Die Wohnungswirtschaft in Preußen*, S.142.但秉承魏玛德国住房政策的分权模式，住建税的具体征收与分配由各州根据实际情况自行确立实施细则，因此各州在具体执行时有一定出入。

② Heinrich Hirtsiefer, *Die Wohnungswirtschaft in Preußen*, S.211.而福赫斯的数据则显示：截至1926年，在德国许多城市地价尚不及战前水平的60%。在人口超过20万的大城市中，德累斯顿的地价仅相当于战前的30%—40%，基尔为20%—50%，卡塞尔为40%—60%；美因河畔的法兰克福也仅达到战前的50%—60%，科隆为60%，慕尼黑则为50%—70%。其中多数城市在1924年时均未到达战前地价的一半。参见 C.J. Fuchs, "Die Beschaffung von Baugelände", Albert Gut（Hg.）, *Der Wohnungswesens in Deutschland nach dem Weltkriege*, S.56。

③ C.J. Fuchs, "Die Beschaffung von Baugelände", S.53f.

④ C.J. Fuchs, "Die Beschaffung von Baugelände", S.51.

除行政合并之外，征收也是政府获取私人土地的常见方式，且多用于地方政府用于增加未建土地储备之用。尽管土地征收并非一战后的新事物，甚至最早可以追溯至18世纪末的相关立法，但魏玛共和国被称为真正"出于定居目的明确贯彻征收权的新时代"：除宪法对土地社会化做出规定，避免"土地在没有劳动或资本支出的情况下出现增值，从而能够服务大众"[1]外，中央政府截至1924年还出台了一系列国家立法[2]，如《内城征收法》规定，"州政府授权内城行政区或其邻区拥有征收1921年12月起依法取消或使用限制的内城土地之权利"，而且涉及属于保证就业以及安置战俘之用的特别建设项目时，"对内城区土地征用还可适用简化流程。"以普鲁士来说，在1919—1923年间出于定居目的征收的土地分别为：892公顷（1919/20年）、604公顷（1921年）、232公顷（1922年）、177公顷（1923年）。[3] 而当市政当局通过各种方式获取大量土地，就可为各类公益性建筑企业提供了必要的建设用地。帝国时代的土地租借权此时被继续沿用，一方面直接降低住房开发商的用地成本，而且还能得到国家法规的保障、政府补贴的资助；另一方面也保证土地所有权仍掌握在市政当局手中，土地不会因随意转让而成为投机的工具，从而从土地调控角度进一步巩固了住房建设的保障性质。

(二) 政府主导下的住房建设实践

得益于财政支持制度的建立和土地制度的调整，再加上国家和州两级政府针对特殊群体给予的政策倾斜与照顾，由政府主导的大众住宅建设的行动基础得以在魏玛共和国成立初年建立起来。基层地方，尤其是城市，逐渐成为推动大众住宅建设的最重要力量。

因人口流动导致的住房短缺在1919—1920年尤为紧迫，因此各级政府主导的住房建设主要以应急和救济为主，即临时搭建的板房，改扩建城市闲置兵营及建筑物阁楼，以及在特定地区（如西里西亚）建设安置点。1921年2月，国家劳动部出

---

[1] Ulrich Blumenroth, *Deutsche Wohnungspolitik seit der Reichsgründung. Darstellung und kritische Würdigung*, S.71.
[2] 比较重要的法规包括：1919年1月15日的《消除最紧迫住房短缺的国家规定》及其修订案（1919年12月9日），1919年5月11日的《国家定居法》(*Reichssiedlungsgesetz*)；1920年4月27日的《关于取消和减少内城区限制的市镇征收权法》(*Gesetz über ein Enteignungsrecht von Gemeinden bei Aufhebung oder Ermäßigung von Rayonbeschränkungen*)，也称《内城征收法》；1920年5月10日的《国家家园法》(*Reichsheimstättengesetz*)。
[3] Heinrich Hirtsiefer, *Die Wohnungswirtschaft in Preußen*, S.238f.

台《促进住房建设暂行法规》,进一步调整住房建设补贴的对象,强调对永久性住房建设给予资助,并要求优先考虑建设设有小菜园、能够自给自足的村舍及低层建筑①——这类住房正是帝国时代住房改革者提倡的"小住房"的延续。1919—1920年在布雷斯劳兴建的大型定居点(如珀佩维茨)建成约2,000套住宅、齐佩尔约有2,200套住宅,这些房屋大多是不超过2层的平房或行列式住宅。② 日后成为"新法兰克福"总设计师的著名建筑师恩斯特·迈(Ernst May)1919—1925年在西里西亚工作期间也完成了多个安置点建设项目,如金匠(1919)、奥尔塔青(1921)、海尔瑙(1920—1924)。③ 1922年布雷斯劳建筑展还展示了此类住房的模型:以黏土覆盖的木瓦结构,部分设有地下室,为两层斜屋顶房屋,包括起居厨房和三间卧室。④

但除了大量接收难民的边境省份,德国各主要大城市同样面临住房短缺的问题,如柏林市直到1921年秋仍持续向国防部及财政部提议将闲置兵营提供给无家可归的家庭暂居⑤,供求关系之紧张可见一斑。不过随着1920年起建设补贴的调整,由市政当局主导的保障性住房建设项目开始出现。仍以柏林为例,市政当局占75%股份的公益性建筑企业——滕帕豪夫家园有限公司(Tempelhofer-Feld-Heimstätten GmbH)于1920年启动建设,至1924年共建成500套带有菜园的独栋住房,是当时建成住房数量最多的项目。除此之外,1921—1924年间柏林还在克珀尼克、施塔肯、威尔默斯多夫、策楞多夫等城区建成了多个低层居住区。⑥

其中影响力最大的住宅建设项目,当属建筑师马丁·瓦格纳(Martin Wagner)在柏林主持兴建的林登霍夫居住区(1918—1921)——瓦格纳当时刚当选舍内贝格市政建设参事不久。虽然该住宅区80%的建筑已毁于二战战火,但它在当时被认为是"设计出一幅充满社会和平的人性化住宅区画卷,尤其它在艰难时期付诸实

---

① GStA, I. HA. Rep. 193A Nr. 47, Allgemeine Verwaltungsfachen: Belichtung der Bekanntmachung zur Ausführung des Gesetzes über die vorläufige Förderung des Wohnungsbaus (*Zentralblattes für das Deutsche Reichs*, S. 130 - 132, 25. 2. 1921).
② Beate Störtkuhl, "Wohnungsbau der Zwischenkriegszeit in Breslau im ostmitteleuropäischen Kontext. Ein Vergleichsstudie", in Alena Janatkova, Hanna Kozinska-Witt (Hgg.), *Wohnen in der Großstadt 1900 - 1939: Wohnsituation und Modernisierung im europäischen Vergleich*, S. 340.
③ Deborah Ascher Barnstone, "Transnational Dimensions of German Anti-Modern Modernism: Ernst May in Breslau", in Jeffry M. Diefendorf, Janet Ward, eds., *Transnationalism and the German City*, New York: PALGRAVE MACMILLAN 2014, p. 89.
④ Gert Kähler, "Nicht nur Neues Bauen! Stadtbau, Wohnung, Architektur," S. 323.
⑤ Annemarie Lange, *Berlin in der Weimarer Republik*, S. 314.
⑥ Annemarie Lange, *Berlin in der Weimarer Republik*, S. 321f.

现,是在战后不稳定的情况下创造出住房和工作岗位。"①当时追随田园城市理念的瓦格纳将整个居住区设计成"由两层独户住宅组成的社区,居住区中心公园内则布置少量三层住宅楼"的格局,此外还确保"每户人家均拥有一块可用于耕作的小园地"。② 建成后的林登霍夫可容纳约1,500名住户,是德国当时屈指可数的新建大型城市社区之一。但林登霍夫最初的竣工主要依靠政府住房建设补贴,因此产权归舍内贝格区(当时已并入柏林市)所有。至1922年5月,舍内贝格区以3,800万马克的价格将林登霍夫移交给小区住户组成的合作社——林登霍夫居住区合作社有限公司(Genossenschaft Siedlung Lindenhofe. G. m. b. H.),合作社方面实际负担的购买金额为500万,由合作社成员以分期付款的方式支付,剩余部分则由柏林市承担,无需偿还。③

林登霍夫所代表的城市公益企业住房项目,成为柏林市乃至德国城市在20年代推动大众保障性住房建设的发展主流。如前章所述公益性住建企业和团体早在德意志帝国成立之前就已出现,但直到1918年才由《普鲁士住房法》草案明确公益性住房建设的目标:要以建造物美价廉、符合社会福利要求的住房为明确目标;同时对建设团体的"公益性"做出具体说明,强调公益性住房建设必须"服务贫困人民且团体盈利不得超过5%"④。另一方面,十一月革命后有关工业部门社会化(或地方化)的讨论开始出现,提出要在相关国家法规框架下,由市政当局承担建筑业社会化(或地方化)实践,将原本各自为政的独立企业进行整合,消除"不合理的经营活动"。⑤ 虽然这一激进的方案未能完全实现,政府公营和工会主导的住房建设企业却逐步依托来自政府的资金支持,开始承担大众住房建设任务。一部分市政当局通过对过去的公益性房企进行注资、改制,获得对企业的实际控制权,柏林八家以为广大贫困群体"以尽可能低廉的价格建设健康且有针对性的住房"的住房建设

---

① Ludovica Scarpa, *Martin Wagner und Berlin. Architektur und Städtebau in der Weimarer Republik*, Braunschweig u. a.: Vieweg 1986, S. 27.
② Ludovica Scarpa, *Martin Wagner und Berlin*, S. 25.
③ 数据出自南柏林居住合作社(Genossenschaftliches Wohnen Berlin-Süd e. G, GeWoSüd)成立90周年纪念纪录片《南柏林居住合作社90年:传统的现代》(*GeWoSüd 90 Jahre traditionell modern*), http://www.dailymotion.com/video/xapybm_gewosued-90-jahre-traditionell-modern_lifestyle(2022年4月20日)。林登霍夫合作社1941年并入达勒姆—施玛根多夫公益土地买卖与建筑合作社有限公司(后改名为南柏林居住合作社)。
④ GStA, Rep. 120 BB, Abt. VII, Fach I, Nr. 11, adh. 8a, Bd. 1, Blatt 67,转引自Gerd Kuhn, *Wohnkultur und kommunale Wohnungspolitik in Frankfurt am Main 1880 bis 1930. Auf dem Wege zu einer pluralen Gesellschaft der Individuen*, Bonn: Dietz, 1995, S. 323。
⑤ 参见1918年12月16日有关建筑业全盘社会化的方案,BArch R 3105 Nr. 51, Siedlungs- und Wohnungswesen Baugewerbe, Bd. 1, 1919, Plan für die Sozialisierung des gesamten Baugewerbes。

企业几乎完全由市、区两级政府全资入股。①

还有一部分城市当局并不直接创立或入股企业，而是通过建筑合作社推行住房建设项目，但仍对其负有监管义务。这里的例子是马格德堡。作为城市支柱产业（冶金与机械制造业）与军备工业密切相关的城市，马格德堡在战后面临产业萧条并亟需向和平经济转型；并在20年代初就已背负沉重的劳动力就业和住房短缺压力。但当时执政的社会民主党坚持认为地方所有制企业仍属于私有经济的范畴，而按资本主义管理模式组织起来的企业，工人不仅缺乏工作积极性，亦有悖共和国要求达成工人与国家的和解的愿望。②马格德堡遂放弃政府公营建设公司的组织形式，而是由一个名为"小住房联合会"（Verein für Kleinwohnungswesen, VfKWW）的合作社团体负责城市住房建设，该协会囊括了16家大部分具有多年执行重大建设项目的建筑合作社，尽管城市当局仍是这些社团背后的大股东，但直到1925年为止都不直接负责城市住房建设事务。

（三）住房建设促进机制的中断

因战败及战争赔款而来的持续赤字预算、国际支付逆差以及国内用工成本增加，使得魏玛共和国在建立之初就陷入通货膨胀，它对政府主导下的住房建设活动的影响也日益凸显。起初按照国会住房委员会在1921年的估计，引入住建税后，州和市镇两级政府此项税收的收入或将达60亿马克，可在1922/23财年每年解决20万套住房。③但按照希尔齐费尔的估算，这笔税金在1921年6月的实际价值为3,000万金马克，而到1923年8月14日时，这笔资金的实际价值已缩水至500万

---

① 它们分别是："罗兰"公益建设管理责任有限公司（"Roland" Gemeinnützige Bau- und Verwaltungsgesellschaft m. b. H, 1910）、家园（普里姆乌斯）有限责任公司（Heimstättengesellschaft Primus m. b. H, 1913）、公益建设（亚当街）有限责任公司（Gemeinnützige Baugesellschaft Adamstraße m. b. H, 1916）、公益建设（东柏林）有限责任公司（Gemeinnützige Baugesellschaft Berlin-Ost m. b. H, 1919）、潘考家园有限责任公司（Pankower Heimstättengesellschaft m. b. H, 1919）、公益建设（赫尔街）有限责任公司（Gemeinnützige Baugesellschaft Heerstraße m. b. H, 1919）、柏林—威尔默斯多夫家园住宅区公益股份有限公司（Heimstättee-Siedlung Berlin-Wilmersdorf, Gemeinnützige Aktiengesellschaft, 1919）、公益（滕帕豪夫）家园有限责任公司，其中，罗兰公司和家园（普里姆乌斯）甚至成立于一战爆发之前。其中仅有柏林—威尔默斯多夫家园公司的地方控股比例为98.2%。参见 Wolfgang Hofmann, "Der soziale Wohnungsbau und seine gemeinnützige Träger", Essay von Rudolf Baade, *Kapital und Wohnungsbau in Berlin 1924 bis 1940*, Berlin: BWV, 2004, S. 16; Otto Büsch, *Geschichte der Berliner Kommunalwirtschaft in der Weimarer Epoche*, Berlin: Walter de Gruyter, 1960, S.152。

② Günter Uhlig, "Sozialisierung und Rationalisierung", *Arch + (spezielle Sammlung: Neue Bauen)*, 45 (1979), S.5–8.

③ GStA, I.HA. Rep.193A Nr.41, *Protokoll*, 14.10.1921.

金马克。① 而从 8 月起纸币马克加速贬值,至 10 月"住建税"实际价值更是仅剩 75,000 金马克,"仅够支付征收的费用"。显然税收转移支付的速度已跟不上货币贬值速度,以至"纸币价值已完全不值征收时列明的税额"②。

以建设成本来说,1921 年 6 月《住建税法》颁布时,全德每立方米建设成本指数为 15.46(以 1913 年为基准数),至 1922 年 9 月时已升至 96.64,10 月指数更是提高至 142.9。③ 具体到住房建设的单位成本,以德国北部石勒苏益格—荷尔施泰因州为例,一套 70 平米标准住房的建设成本从 1921 年 7 月 1 日的 7.6 万马克增至 1922 年 1 月 1 日的 12 万马克。④ 而亚琛市政府 1922 年 5 月一份电报显示,该市住房建设费用已经从 18 万马克骤增至 40 万马克,当地仅每立方米改建住房成本已达到 1,040 马克。⑤ 在这种情况下,国家劳动部不得不一再下令提高单位建设补贴的标准:1922 年 1 月确定为 1920 年的 3 倍,1922 年 5 月 18 日下令至 5 倍。仅仅一个多月后的 7 月 29 日又提高至 10 倍。⑥

建设成本的提高意味着需要筹措更多的公共资金投入建设。虽然中央政府在 1922 年初就计划将住建税的州和地方份额,从原来的 5% 提高到"1914 年 7 月 1 日租金的 25%"。⑦ 但因德国马克贬值从 1923 年入夏起达到高峰,单位补贴已从 1920 年标准的 1.2 万倍提高至 2.4 万倍,住建税比例因此不得一再调整。希尔齐

---

① Heinrich Hirtsiefer, *Die Wohnungswirtschaft in Preußen*, S.143.
② Paul Mitzlaff, "German Cities since the Revolution of 1919", *National Municipal Review* 15, no. 11 (1926) supplement, p.683,转引自 John Bingham, *Weimar Cities. The Challenge of Urban Modernity in Germany, 1919-1933*, New York: Routledge 2008, S.16。
③ 数据来源于 Indexziffern der Baukosten 1916-1923 für 1 cbm umbauten Raumes im Mittel von Fabrik- und Wohngebäude (Mitteilung des Statistischen Reichsamts), in Statistischer Amt der Stadt Berlin (Hg.), *Statistisches Taschenbuch der Stadt Berlin 1923*, S.16, Tabelle 26。国家统计署给出的这一建设成本指数特指"位于城市资产阶级中等住宅内,在较高的楼层改建出一套 110 平米四居室公寓(不带储藏室和地下室部分)居住面积内的建设成本",衡量的指标包括各项原材料价格和劳动力价格(建筑工匠和辅助工人)。但从建设成本的构成来看,人力成本的上涨幅度低于物料成本。
④ 数据来源于住房救济公司全国联合会(Reichsverband der Wohnungsfürsorge-Gesellschaft e. V)主席致德意志城市议会有关建设成本上涨的报告,GStA, I. HA. Rep. 193A, Nr. 25, Akt. Z/M R 23/2/22, Geschäftsführer an den Deutschen Städtetag, Abschrift, Blatt 3, 14.2.1922。
⑤ GStA, I. HA. Rep. 193A, Nr. 43, Telegraphie, Oberbürgermeister von Aachen an Deutschen und Preußischen Städtetag, 8.5.1922。
⑥ GStA, I. HA. Rep.193A, Nr.40, Der Reichsarbeitsminister, V A 7 N, 2785, *Gewährung von Beihilfen zum Wohnungsbau. Zum Schreiben vom 29. April, 1922*, Nr. II 20 796/22, 26. 5. 1922; Heinrich Hirtsiefer, *Die Wohnungswirtschaft in Preußen*, S.140, Anm. 28。
⑦ GStA, I. HA. Rep.193A Nr. 43, *Vorbericht für die Vorstandssitzung des Deutschen Städtetage am 23.1.1922 in Breslau, betr. Novelle zum Wohnungsbauabgabegesetz*, Tagungsordnung Nr. 6。

费尔在 5 月 24 日的会谈纪要中明确表示，普鲁士的住建税及其附加费将被提高至 6,000%。① 7 月 14 日，普鲁士福利部和财政部再次下令将这一比例提高至 45,000%。但仅仅半个多月后住房救济公司全国联合会的报告就已显示，当时依法享受补贴的 70 平米小套型住房的造价达 1 亿—1.3 亿马克。它还援引其成员威斯特伐利亚"家园"的消息指出：西部威斯特伐利亚地区建筑成本指数显示，当地建设总成本相比 1914 年平均翻番 14.34 万倍，其中工人工资提高 8.33 万倍，建材成本则增加 19.26 万倍。② 而城市议会方面 8 月 24 日从福利部高级官员处获悉，住建税还将进一步提高到至少和平使用价值的 200,000%③，至此，住建税已完全丧失了资助住房建设的作用。

但除去货币贬值的客观因素，过渡时期住房政策的内在矛盾也制约了住建税对大众住房建设的促进作用，问题的症结在于以贯彻承租人保护原则的现房统制政策与住建税税金主要来源房租之间的矛盾。按照《住建税法》的规定，住建税的课征对象应为老建筑（即建于战前的住房）内的租户，由此构成如下两组矛盾：一是住建税收入有限。出于保护租户的理由，魏玛共和国初期无论是房租还是租金涨幅都被限制在一个几乎违背市场规律的极低水平上，因此以税收形式获取财政收入其实相当有限。1922 年初，哈勒市长在一份写给城市议会的报告中就详细说明了这一点：按《国家住建税法》及普鲁士实施细则有关 1914 年使用价值征收 5% 的特种税之规定计算，哈勒市每年的地方附加费收入为 1,068,794 马克，除去 10% 上缴国家财政之外，市政府实际可支配收入仅为 961,915 马克。而同期当地建材和人工价格均已相当于 1914 年和平价格的约 25 倍。"一套位于多层楼房内的三居室住宅，1914 年时造价仅为四千马克，而今至少需要一万马克。"④二是住建税课征难度大，尤其当地方政府为扩大住房建设财源而提高住建税的地方附加费部分时，矛盾就被激发了出来——无论老建筑租户还是房产所有人均对住建税十分抵制。

在租户看来，住建税造成房屋租金的上涨，令他们难以接受或无力承担。1923 年 4 月兰德曼（他当时是法兰克福市主管经济、交通和住房建设的官员）就报告称

---

① GStA, I. HA. Rep. 193A Nr. 47, Besprechung mit dem Preußischem Minister für Volkswohlfahrt Hirtsiefer, 24.5.1923.
② GStA, I. HA. Rep. 193A Nr. 49, R 28/932/23, der Geschäftsführer von Reichsverband der Wohnungsfürsorgegesellschaften e. V an den Deutschen Städtetag, 2.8.1923.
③ GStA, I.HA. Rep. 193A Nr.49, Städtetag, IV 1335/23, 24.8.1923.
④ 哈勒市 1922 年初有关当地住房供给及住建税问题的报告，GStA, I. HA. Rep. 193A Nr. 25, II20173/22.

"存在大量租户不认可附加费再分配方案的案例。他们沉默以对,实则无力承担这笔支出。……而这种无力承担又随着住建税不可避免的提高不断扩大。如果继续提高,则很快将出现预料中的情况,税费将高于租金本身,定然加深对支付税金的抵制。"① 但房屋所有人(或房东)同样对此极为不满,这在普鲁士表现得尤为明显。普鲁士住建税征收的对象其实是房产,因此理应由房产所有人缴纳。② 不过在征收过程中,房屋所有人(或房东)通过提高租金方式分摊这部分税金。而所谓5%"年使用价值"的住建税,在不同的情况下甚至相当于现有地产税的125%—350%③,如此一来税收看似颇为可观。问题也就恰恰在于此,由于许多租户拒绝(或无力)支付,而他们又受"承租人保护原则"保护,房东无法对租户采取强制措施,只能自掏腰包承担一切费用,这就让房主群体对住建税征收同样怨声载道,也进一步加深了这一群体对这一时期的住房统制措施的不满。兰德曼也在报告中提到,"(房东)收着3,000马克的房租,却要缴纳约9,000马克的住建税,且得不到任何补偿,这本身就非常不合理。房东群体出现抵制情绪也在意料之中。"④

兰德曼报告无疑代表了普鲁士基层地方政府——特别是市政当局——对提高住建税的顾虑。不同于德国其他州,普鲁士人口超过一万人的城市享有自行确立住建税地方附加费的权利,但受房租限高、保护租户等理念影响,"显然任何党派都不欢迎租金过高增长"。科隆市曾拟将1922/23年的住建税率提高至45%,但市议会仅同意提高至15%;在布雷斯劳市,尽管市政府也向议会建议将住建税提高至45%,但政府参事福赫斯同时承认,"这套方案能否被广泛接受至少是非常令人怀疑的。"⑤ 而哈勒市政府1922年初就已考虑要将地方附加费提高至20%,更明确指出现房政策与住房建设政策之间的矛盾:

---

① 兰德曼1923年4月17日在德国城市议会下属的住宅、地产和住房问题委员会会议上所作的报告,GStA, I. HA. Rep. 193A Nr. 47, *Wohnungsbauabgabe und Baukostenzuschüsse* (W. Landmann, Frankfurt a. M), Tagesordnung für die Sitzung des Ausschusses für Siedlungs- grundstücks- und Wohnungsfragen des Deutschen Städtetages am 17.4.1923 in Potsdam。
② 普鲁士住建税实施细则明确规定,住建税是"作为1861年依法确立的房产税的附加费"开征的特别税,而纳税人的确定则根据地籍部门登记在册的纳税人名单或1921年4月1日修正过的地产登记表确定缴纳住建税的确切名单。参见GStA, I. HA. Rep. 193A, Nr 25, II 7580/21, *Protokoll*。
③ 数据来源于参见普鲁士财政部长与福利部长的1921年11月25日的联合公告,GStA, I. HA. Rep. 193A Nr. 40, K. V. II. 1059/MfV II 13.1561。
④ GStA, I. HA. Rep. 193A Nr. 47, *Wohnungsbauabgabe und Baukostenzuschüsse* (W. Landmann, Frankfurt a. M)。
⑤ GStA, I. HA. Rep. 193A Nr. 41, Magistrat Breslau an den Deutschen Städtetag, 6.1.1922.

> "……低廉租金的对立面是高昂的建设成本补贴，它满足社会公平的基础，是出于保障无房可住的人口的居住需要。然而，它却（原本）按照保护性条款以相对低廉租金居住在老建筑中的人们沦为税收（指住建税——作者注）的牺牲品。"[1]

建设成本持续上涨和货币的不断贬值导致1918—1923年住房建设始终面临资金不足的难题，各级政府疲于筹集建设成本，这一困境直接反映在1919—1923年间新增住房数量上。数据显示，在公共资金支持下德国新增的新（改）建的住房数量维持在90,000套/年上下。[2] 而普鲁士在1918年10月1日至1923年10月1日期间，每年建成的永久性住房在32,000—47,000套之间。[3] 从结果来看，过渡时期住房建设活动作为现房统制政策的补充，并未达成其克服自战争后期集中爆发的住房危机，继而维护社会稳定的目标。考虑到住建促进机制是一项从无到有的政府支持住房建设政策，政策本身在不断调整的过程中，初步形成了一个由各级政府统筹管理住宅建设用地、建设资金和开发商的总体干预框架。尽管它最后不得不暂时中断，但却已为20年代中期德国在大众住房建设领域广泛实践"福利国家"原则奠定了行动基础。

第三节 相对稳定时期的城市大众住房保障

如果说1918—1923年的德国住房政策具有强烈的"危机干预"色彩，那么从1924年起，住房政策开始朝着践行社会福利原则并满足"改善性需求"转变。在这个过程中，住宅建设成为市政当局谋求"自我实现"重要组成部分。这一重大变化首先得益于外部环境的改善：随着1923年下半年古斯塔夫·施特雷泽曼（Gustav Stresemann）政府启动货币改革，遏制通货膨胀，并于1924年加入道威斯计划，德国整体经济与社会环境逐步改善，政治形势也趋于稳定。1919年宪法中有关社会生活的相关规定由此真正得到落实。

---

[1] 哈勒市1922年初有关当地住房供给及住建税问题的报告，GStA, I. HA. Rep. 193A Nr. 25, II 20173/22.
[2] Peter-Christian Witt, "Inflation, Wohnungszwangswirtschaft, und Hauszinssteuer: Zur Regelung von Wohnungsbau und Wohnungsmarkt in der Weimarer Republik", S. 403, Tabelle 3.
[3] Heinrich Hirtsiefer, *Die Wohnungswirtschaft in Preußen*, S. 143.

一、住房政策背后的政治理想与现实

考虑到住房的社会属性,住房领域的政策改革从一开始就成为德国"福利国家"原则必不可少的组成要素,魏玛宪法第155条明确规定要为普通德国人提供健康的住宅。一方面,健康的住宅有利国民健康,进而有助于提高他们的劳动效率。对于经历失败战争的德国人而言,笃信劳动效率更成为一种全新的民族意识体现,它被认为是"德国仅剩的、唯一能指引未来的潜在崛起力量"。① 这样一来,个人、家庭的健康与国家的复兴联系在一起。另一方面,改善居住条件被认为是达成阶级和解的重要途径。不可否认,魏玛共和国对于"健康住宅"的追求很大程度上受19世纪中后期"工人住房问题将决定全社会命运"观点影响,帝国时期的出租兵营住房因此被批评为"条件有限的居住环境在健康、社会、道德和伦理各方面造成的后果是促使工人疏远国家"。② 有鉴于此,只有逐步改变贫困人口的居住方式和居住习惯,提高居住水准,才能工人和国家的和解,而要达成这一目标,就需要政府对住房市场进行有利于工人阶级的干预。

因为共和国早期政治与经济动荡,1918—1924年以克服住房危机为表,以达成阶级和解为里的德国住房政策仅在现房调控部分达成部分成果,住房建设促进机制则收效甚微。但就政策框架设计来看,却已能够保证住房政策在后续魏玛内阁更替依然频繁情况下稳定执行,其中一个不容忽视的原因是政策执行的人身稳定性。魏玛宪法明确规定保障人民的居住权,但并未授权中央政府对住房市场进行直接管理,其职能仅限于制定住房政策框架性规定。③ 一般住房事务的最高管辖权在各州政府,而实际执行则在地方政府,尤其是市政当局,从这个意义上来说,州和城市地方政坛的稳定与跨党派合作对住房政策构成正面影响。

魏玛共和国地方政治结构的相对稳定首先体现在各州州长、州劳动(或社会保障)部长、州内政部长人选和党籍中,举例来说,黑森州社民党籍州长卡尔·乌利希(Carl Ulrich)的执政从"十一月革命"爆发后的1918年11月11日一直延续至1928年,而接替他担任州长直至1933年的伯恩哈德·阿德隆(Bernhard Adelung)同样来自社民党。在巴伐利亚,从1924年7月起至1933年间巴伐利亚人民党

---

① Heinrich Hirtsiefer: *Die Wohnungswirtschaft in Preußen*, S.15.
② Heinrich Hirtsiefer: *Die Wohnungswirtschaft in Preußen*, S.15.
③ 仅有少数特别建设项目(如矿工、难民安置住房)由中央政府直接或间接干预。

(Bayerische Volkspartei)执掌了包括州长、内政、财政、工商贸易、社会保障等多个重要职能部门。① 这就为执行对延续度要求很高的社会政策制定提供了保障。而在普鲁士,社民党人、人称"普鲁士的红色沙皇"的奥托·布劳恩(Otto Braun)的职业履历几乎贯穿整个魏玛时代。1918 年他成为革命后首任普鲁士农业部长,从 1920 年起至 1932 年始终担任德国第一大州州长一职,期间仅在 1920 年和 1925 年各有数月的短暂离任。正是在布劳恩的领导下,相对稳定时期的普鲁士形成了一个被历史学家埃伯哈德·科伯称为"普鲁士联盟"的执政联合体,即由社民党、中央党和德意志民主党共同组成州政府②,通过"被明确界定范围且一贯始终的结盟政策实现稳定执政"③。正是在此背景下,主管住房政策的中央党人海因里希·希尔齐费尔④得以在危机时期就展开与出自不同党派的历任州财政部长、农林部长合作,为普鲁士在危机时期实现"建设足够的住房,克服现有住房短缺"的目标提供政策保障;而随着德国经济秩序恢复,这一被科伯所肯定的"稳定、有效"的州行政机制更是顺利进入正常运作。

相比之下,城市政坛的情况则略有不同,尽管普选制的引入使得各地呈现不同的政治氛围,但跨党派合作与市长主政的特点在各个城市表现均十分突出。在多数情况下,城市议会第一大党非社民党莫属,然而从 1924 年起,该党想"要成为在市政事务上完全不受挑战的唯一政党或党团"开始变得日益困难⑤,资产阶级政党如民主党、人民党和德意志民族人民党(Deutschnationale Volkspartei,DNVP)同样成为制定市政政策的主力;此外,还有一些本地政党对地方决策亦有影响。由于没有实力超群的政治势力脱颖而出,地方政坛也出现了类似国会的政党联盟,支持地方发展的政党之间结成盟友,并在涉及部分城市发展政策制定时,这一结盟实现了"从极个别向完全体系化转变"⑥——尤其表现在社民党与民主党

---

① 有关 1918—1933 年各州概况、州政府历年人事变动及州议会选举结果的概览可参看:http://www.gonschior.de/weimar/Deutschland/index.htm (2022 年 4 月 2 日)。
② 德意志人民党(Deutsche Volkspartei)也曾于 1921—1925 年加入布劳恩第二任期的政府,从而构成了州一级从左翼工人政党的社民党到右翼德意志民主党的"大联盟"。
③ Eberhard Kolb, *Die Weimarer Republik* (= Oldenbourg Grundriss der Geschichte, Bd. 16), Aufl. 4, München: R. Oldenbourg, 1998, S.75.
④ 希尔齐费尔从 1921 年 11 月起直至 1932 年一直担任普鲁士福利部长一职,从 1925 年起还兼任普鲁士副州长。
⑤ Ben Lieberman, *From Recovery to Catastrophe: Municipal Stabilization and Political Crisis in Weimar Germany*, New York/Oxford: Berghahn, 1998, p.59.
⑥ Ben Lieberman, *From Recovery to Catastrophe: Municipal Stabilization and Political Crisis in Weimar Germany*, New York/Oxford: Berghahn, 1998, p.61.

的联合上。

议会政党间的联合甚至能决定市长人选及地方社会与城市发展政策的方向。兰德曼在法兰克福的当选及其日后的主政便是这一跨党派合作的体现。1924年,民主党人兰德曼当选法兰克福市长,社民党则在1925年和1928年的两次市议会选举取得议会多数席。两党与中央党(后来还包括人民党)在相对稳定时期的联合主要体现在社会保障与经济发展政策上。兰德曼的传记作者迪特·雷本蒂施所说的"数以千计'新法兰克福'住房的建成正是在各党共同支持下所取得的成就"[1],指的就是市长兰德曼、财政局长社民党人布鲁诺·阿什(Bruno Asch)和建筑师出身的无党籍市政建设参事恩斯特·迈的通力合作。兰德曼在战前就担任负责房产业事务和城市经济发展的政府参事,熟稔住房事务、支持住房改革;迈则具有在西里西亚建设保障住房的实际经验。二者之所以能在1925—1930年的法兰克福推进福利住房建设,又有赖于阿什在财政问题上的全面配合。除"三驾马车"外,即便是对迈的建筑风格和营造技术有质疑的资产阶级右翼政党民族人民党,也大多赞同市政府有关推进大众住房建设的方案,有民族人民党籍市议员就曾说过:"我们的看法是,我们必须执行这一住房建设方案,或者最好是单纯执行能最迅速解决住房短缺的住房建设的方案。"[2]

在兰德曼、迈和阿什组成的施政联盟中,市长兰德曼始终处于最核心的位置,而这也体现出魏玛共和国城市政治的另一面向,即地方行政长官在推动市政发展过程始终扮演核心角色。对此施特雷泽曼曾有如下评价:

> "当今德国的市长们是继大工业家之后,这个时代实实在在的王者。(他们)当选后任期极长,不能被罢免。他们甚至比部长们还要有权势,从本质上来说,其职责是充当立法者和政治领导人。"[3]

市长在地方上拥有无上权力,源于他们脱离政党利益关注地方事务的独立性。

---

[1] Dieter Rebentisch, "'Die treusten Söhne der deutschen Sozialdemokratie' Linksopposition und kommunale Reformpolitik in der Frankfurt Sozialdemokratie der Weimarer Epoche", *Archiv für Frankfurts Geschichte und Kunst* 61(1987), S. 299-354.

[2] Ben Lieberman, *From Recovery to Catastrophe: Municipal Stabilization and Political Crisis in Weimar Germany*, p.63.

[3] 转引自 John Bingham, *Weimar Cities. The Challenge of Urban Modernity in Germany, 1919-1933*, p.20.

这种独立性不单局限于在无党籍的市长身上,也体现在各党推举出来的市长身上。以兰德曼为例,他充分理解阶级和解之于巩固政权的重要性,支持政府干预消除社会不公,尤其强调住房问题之于社会稳定的重要性,因此在1926年提出"克服住房短缺的全部重担必须作为城市自身的主要任务持续承担下去"①,这就为法兰克福的城市住房政策定下基调。而兰德曼并非个案,日后成为联邦德国首任总理的康拉德·阿登纳(Konrad Adenauer)也曾长期担任科隆市长一职,他早在1918年就坚持推动将科隆建成绿色城市的构想,同时强调在住房短缺的情况下,"内城区的土地开发立即采取更细致,符合社会福利的规范"②。事实上市长们这种普遍的自主意识源于自帝国以来市政长官超脱政党政治,以"专家"自居的自我意识,柏林市长古斯塔夫·伯斯就认为自己的职业素养"在20世纪20年代早期就吸引了柏林社会民主党的注意力"③。而这种意识又出自德国城市立足于19世纪下半叶因市政建设成果而日益强化的"地方自治"信念。

正是受"地方自治"信念影响,跨党派合作与市长主政促成了一战后德国民族复兴意识在地方层面铺开,更因此衍生出被美国历史学家本·利伯曼概括为"市政行动主义"(municipal activism)的"大规模(发展)野心,以及一些成功的复兴项目"。④ 对地方政治家而言,他们在迫切希望平复因战争和通货膨胀造成的经济和社会伤害的同时,也确信凭借自己的能力能够促进复兴愿景的实现。从这个意义上来说,魏玛时代地方政坛这种"地方意识"的增长,成为城市大众住房建设的不容忽视的重要政治推动力。

二、"房租税"时代开启

为解决恶性通货膨胀危机,德国于1923年10月中旬正式启动货币改革,11月

---

① Landmann, *Siedlungswesen*, S. 28, Gerd Kuhn, *Wohnkultur und kommunale Wohnungspolitik in Frankfurt am Main 1880 bis 1930*, S.355.
② Konrad Adenauer, "Die Grünflächenpolitik der Stadt Köln", *Kommunalpolitische Blätter*, 1930, S: 3 - 11,转引自 Wolfgang Hoffmann, *Zwischen Rathaus und Reichskanzlei. Die Oberbürgermeister in der Kommunal- und Staatspolitik des Deutschen Reiches von 1890 bis 1933 (= Schriften des deutschen Instituts für Urbanisitik, Bd. 46)*. Stuttgart: W·Kohlhammer 1974, S.136。
③ Ben Lieberman, *From Recovery to Catastrophe: Municipal Stabilization and Political Crisis in Weimar Germany*, p.59.
④ 有关这一概念的具体表述参见 Ben Lieberman, *From Recovery to Catastrophe: Municipal Stabilization and Political Crisis in Weimar Germany*。

15日德国新货币发行,即地产抵押马克,它以德国全部的农业可耕地和工业资产为抵押品,换取民众对新货币的信任。同时,施特雷泽曼内阁宣布完全放弃放任公共开支增长的赤字财政模式,采取通货紧缩政策:新货币总发行量为32亿马克,其中12亿作为政府在未收到税款前的日常开支。① 如此严格的限制固然促使新马克价值在1924年4月前后稳定下来,却对大量依靠政府资金的建筑业构成前所未有的打击。而此时的德国民众又普遍受到通货膨胀危机影响而陷入极度贫困之中,住房短缺不仅未见好转,反而愈演愈烈。德国政府因此面临新的挑战。

(一) 房租与房租税

有关调整住房政策的提议,其实远早于施特雷泽曼内阁启动紧缩财政。1922年《国家租赁法》对房租限价的调整并未起到积极的作用,而房东又因为货币贬值越发无法负担房屋维修的成本,现房供应形势进一步恶化。在此背景下,1922年12月,普鲁士财政部长恩斯特·冯·里希特(Ernst von Richter)率先提出要取消房租限价。在他看来,既然德国货币行将崩溃,房租限价也就失去了存在的合理性。部长的这一提议虽然在当时并未引起重视。但仍触动了一些政治家,即使是坚决维护不富裕人口居住权益的社民党人,也不得不开始思考房租限价的可持续性。②

然而,直到1923年8月联合政府成立并准备启动货币改革,国家财政部和劳动部才正式开始有关重新调整住房政策的讨论。劳动部在9月的一份备忘录中总结了两部门的共识,即通过"维护现有的住房并扩大新建住房的产能"来克服住房短缺问题,远比房租限价来得重要。③ 当前老建筑房租价格过低是客观的事实,亟需提高至恰当的水平,但房租上涨的收益不应由房产所有人获得,因为他们同样因抵押贷款贬值而减轻负担④——国家统计局的数据显示,老建筑内的房产所有人在恶性通货膨胀时期所负担的抵押贷款已缩水70%—80%。⑤ 不过,两部门就具

---

① [德]卡尔·哈达赫:《二十世纪德国经济史》,第31页。
② Karl Christian Führer, *Mieter, Hausbesitzer, Staat und Wohnungsmarkt: Wohnungsmangel und Wohnungszwangswirtschaft in Deutschland 1914–1960*, S.155.
③ *Ebenda*, S.156.
④ 事实上,最早提出提高房租的冯·里希特也认为,房租上涨不应有利房东,而是至少要扣除公共资金补贴部分。
⑤ Peter-Christian Witt, "Inflation, Wohnungszwangswirtschaft, und Hauszinssteuer: Zur Regelung von Wohnungsbau und Wohnungsmarkt in der Weimarer Republik", S.396.

体调整方案仍存在分歧。劳动部最初的设想从1924年初起将各州原本相当于和平租金25%—40%的法定租金提高至战前水平，差额部分作为低息贷款支持住房建设。而财政部长汉斯·路德则认为，可以拿出部分房租上涨的金额交给房产所有人，剩余则上缴州和地方政府，以应对后者的日常开支。[①]

为了避免与《国家租赁法》所明确的"承租人保护原则"形成法理冲突，最终的妥协方案是通过开征新税，实现社会财富的再分配，具体来说，是在排除必要的房屋维护、管理费用及还本付息部分后，对房产所有人属于资本获益部分的那部分房租课税。1924年2月14日第三部《国家税收紧急条例》（*Die dritte Steuernotverordnung*）颁布，正式面向建筑物所有人开征建筑通货膨胀补偿税（Gebäudeentschuldungssteuer），并规定税收的十分之一将作为低息贷款促进住房建设，以此取代在危机期间完全失去价值的住建税。该特种税随后还通过1926年6月颁布的《已建成地皮通货膨胀补偿法》（*Gesetz über den Geldentwertungsausgleich bei bebauten Grundstücken*）得以确认。由于新税的计税基础是房租，因此该特别税后来也被约定俗成地简称为"房租税"（Hauszinssteuer）。

与此前的住建税一样，"房租税"属于州税。具体的征收税率由各州在1924年紧急税法的基础上制定房租税地方条例确定，因此它在各州的官方名称不一，征收比例亦不同。其中普鲁士是房租税征收比例最高的州。它于1924年4月1日实施州税收经济条例时规定的房租税为和平租金的16%（合地产税的400%），1925年这一比率被提高至28%（合地产税的700%），1926年4月之后再度提高至40%。[②] 到1928年时，普鲁士的房租税已提高至和平租金的48%，紧随其后的萨克森，为45%。[③] 随着"房租税"税率的不断提高，实际流向政府财政的公共资金也逐年递增：1925/26财年房租税总收入为12.5亿马克，到世界经济危机爆发的1928/29财年，全德房租税收入已提高至17亿马克。按照历史学家米夏埃尔·鲁克的分析，1925—1932年德国房租税总收入估计为100.64亿马克，其中45.9%来自各州，47.3%来自各地方政府，另有6.8%由不来梅、汉堡和吕贝克三座汉萨城市缴纳。

[①] Michael Ruck, "Der Wohnungsbau-Schnittpunk von Sozial- und Wirtschaftspolitik. Probleme der öffentlichen Wohnungspolitik in der Hauszinssteuerära (1924/25 – 1930/31)", S. 159.
[②] Gustav Böß, *Wie helfen wir uns? Wege zum wirtschaftlichen Wiederaufstieg*, S. 79f.
[③] Greven: Die Finanzierung des Wohnungsneubaus, S. 103.

第二章　魏玛共和国时期的住房政策(1918—1933)

　　虽然 1924—1931 年全德共有约 50% 的房租税收入被投入住房建设①,但由于各州自行其是,其房租税资金的分配比例亦不尽相同。普鲁士有约 55.6% 的房租税被用于定向支持住房建设,萨克森、梅克伦堡—什未林、汉堡和安哈特的房租税税率虽不及普鲁士,但它们投入住房建设的税金比例并不亚于前者,分别为:59%、56%、57.4% 和 57.4%;其余各州则大多在 50% 以下。② 此外,普鲁士投入住房建的房租税 70% 由各县市自留,剩余 30% 则上缴旨在平衡州内各县市住房供应的州住房救济基金。巴伐利亚则将投入住房建设部分的房租税全部上缴州财政,由州政府统一分配。符腾堡和汉堡的做法与巴伐利亚类似,但二者并非将资金转入州财政,而是转入专门设立的州信贷机构,由后者以抵押贷款的方式发放。③

　　几乎与此同时,针对房租的调整也开始启动,并最终在 1926 年 4 月 1 日《国家财政补偿法》(Reichsfinanzausgleichsgesetz)中得到确认。从紧急条例颁布到 1924 年底,房租政府指导价(即法定租金)已提高至和平租金的 55%—85%;1925 年这一金额被再度提高,达到 78%—100%;而从 1927 年 10 月起,已经超过了战前租金水平,达到 120%,至 1931 年时则为 133%。④ 不断提高的法定租金价格不仅标志着德国的房租价格终于开始回归市场,也传递出自 1915 年确立的住房统制模式正式松绑信号:在维持"承租人保护"原则不变的基础上,将房屋租赁关系交由市场和法律调节,政府仅以税收形式有限介入。这也使得魏玛共和国的房屋租赁政策自 1924 年起至 1929 年经济大危机爆发前始终保持相对稳定的状态。

---

① Michael Ruck, "Der Wohnungsbau-Schnittpunk von Sozial- und Wirtschaftspolitik. Probleme der öffentlichen Wohnungspolitik in der Hauszinssteuerära(1924/25 – 1930/31)", in Werner Abelshauser (Hg.), *Die Weimarer Republik als Wohlfahrtsstaat. Zum Verhältnis von Wirtschafts- und Sozialpolitik in der Industriegesellschaft*, S.162;维特估算得出 1924—1932 年间这一金额应在 5.82 亿马克/年左右,而根据这一数据得出房租税投入住建的平均比例为 46%(仅有 1927—1929 年将近 50%),参见 Peter-Christian Witt, "Inflation, Wohnungszwangswirtschaft, und Hauszinssteuer: Zur Regelung von Wohnungsbau und Wohnungsmarkt in der Weimarer Republik", S.401。
② Michael Ruck, "Der Wohnungsbau-Schnittpunk von Sozial- und Wirtschaftspolitik. Probleme der öffentlichen Wohnungspolitik in der Hauszinssteuerära(1924/25 – 1930/31)", S.162。按照格雷文的计算方法,普鲁士投入的房租税金额合和平租金的 26.77%,萨克森为 25%,汉堡为 22%,其余各州则为 15%—20%。但从实际情况,即使是房租税利用比率最高的普鲁士在 1924—1928 年间,投入住房建设的房租税并未达到上述比例,一般维持在 51% 甚至更低(在该税推行的第一年[1924 年]则仅为 42.1%)。参见 Greven, Die Finanzierung des Wohnungsneubaus, S.103。
③ Greven: Die Finanzierung des Wohnungsneubaus, S.103。
④ Peter-Christian Witt, "Inflation, Wohnungszwangswirtschaft, und Hauszinssteuer: Zur Regelung von Wohnungsbau und Wohnungsmarkt in der Weimarer Republik", S.397。

(二) 公共资金的分配与使用

德国学界普遍将 1924—1931 年称为"房租税时代"（Hauszinssteuer-Ära），原因在于房租税构成了魏玛共和国相对稳定时期大众住房建设最重要的资金保障。这不仅因为房租税是德国在这一时期仅次于个人所得税的重要税收来源，能够为住房建设提供充足的资金，另一方面也与面向普通人的住房建设资金构成有关，由房租税构成的公共资金贷款承担了这一时期住房建设资金的大部分。

魏玛时期的住宅建设资金主要由三个部分组成：建设本金、由私人资本构成的一级贷款和"房租税"贷款；三者的分配比在20年代中期大致为10%，30%—40%（最多）和50%—60%（至少）。[①] 与帝国时代的情况类似，开发方（或业主）仍只需承担极低本金，但迫于持续存在的流动资本短缺压力，通过机构获取私人资本的要价依然十分高昂，一级贷款利率和费率分别为 8.5%和 10.5%。房租税正是在这一背景下承担起低息建设贷款的职责，其贷款利率一般为 3%，本金偿还率（即费率）[②]为 1%；在极端情况下，房租税贷款甚至可以覆盖除本金外剩余的全部建设成本。[③] 以法兰克福市政住宅建设项目的贷款构成为例，本金、一级贷款（私人资本）和"房租税"贷款的比例为本金 20%，一级贷款和二级贷款（主要是"房租税"贷款）则各占 40%。[④] 此外，由于恶性通货膨胀导致许多企业出现严重资本短缺现象，许多建设项目原本由开发商提供的本金中保证金部分（约占本金的 10%）也被一并取消，进一步缓和了开发商的资金压力，该市最重要的住宅建设企业——法兰克福小住房建设股份公司就享受了这一优惠待遇。

除"房租税"贷款外，州市两级地方政府还额外给予针对特定群体（如难民、矿工）的住房建设项目财政资金支持，它包括"附加贷款"和"特别附加贷款"两类。以普鲁士为例，附加贷款发放标准为"每套住房不超过 1,500 马克，且房租税贷款及附加贷款的总额不应超过总成本的 2/3 或建设及土地费用的 60%"。特别附加贷款可以在"附加贷款"的基础上叠加，其与房租税贷款的组合甚至允许覆盖 90%的建设及土地费用或是 100%的建设费用。但特别附加贷款特别提供给拥有 4 个未

---

① Günter Schulz, "Kontinuität und Brüche in der Wohnungspolitik von der Weimarer Zeit bis zur Bundesrepublik", S.144f.
② 还款率（Tilgung）指贷款需偿还的本金百分比，这部分还款不包括利息，因此利率另外计算。
③ Otto Büsch, *Geschichte der Berliner Kommunalwirtschaft in der Weimarer Epoche*, S.153.
④ Gerd Kuhn, *Wohnkultur und kommunale Wohnungspolitik in Frankfurt am Main 1880 bis 1930*, S.358.

成年子女的多子女家庭及贫困的战争重伤员（尤其是因战致盲者）。① 基层地方政府同样也会提供类似"附加贷款"的特别资金，柏林每年在这方面的投入都以百万乃至千万马克计②，并格外照顾棚户区居民和多子女家庭的居住需求，但由于这一特种贷款利率比房租税贷款利率更低，因此此项贷款也主要面向公益性企业，尤其是合作社发放，且贷款方必须接受房租调控，不得随意调价。③

至1927年，德国总体资本环境已得到较大改善，前一阶段曾一度举步维艰的各类公私一级贷款金融机构的贷款发放能力也有显著提高，因此住房建设贷款获取范围进一步扩大。在首都，柏林担保债券局联合多家公立信贷机构同意为带有房租税贷款的建筑做抵押贷款——尽管前提是要求柏林市承担一部分资金作为担保。随后社保资金如国家职员保险和柏林州立保险也参与到新建住房投资当中。除了公立信贷机构外，私人抵押银行同样加入了建设贷款发放的行列：柏林住房救济公司成功与普鲁士中央土地贷款股份公司旗下的抵押贷款银行财团达成贷款储备协议；同时与巴伐利亚贸易银行组成工作组，引入后者资金作为建设贷款资金发放。④

随着住房建设资金来源的扩大，其资助的对象已不仅限于诸如公建住房（即由公益性企业、市镇当局或公共机构建设），而是更广泛地面向合作社甚至纯粹私人业主。⑤ 希尔齐费尔指出，普鲁士在1921—1923年两个建设年度中建成的永久住房有超过60%属于公建住房，分别为74,221套和77,895套；但进入1924年之后情况起了变化，1924—1928年私人业主的建房比例开始有反超公建住房的迹象。（参见表4）因此或可认为政府对大众住房建设开发的态度，正逐步从全面资助公益性建筑企业向以公共资金扶持住房建设市场转变，不过仍不能据此认定相对稳定时期的住房建设已完全回归市场经济。在公益性住宅建设方面，依然是各类公有制的企业及合作社占据主流，1926年通过的《国家促进住房建设方针》(*Reichsrichtlinien für die Förderung des Wohnungsbaus*)就明确指出："地方或公

---

① Heinrich Hirtsiefer: *Die Wohnungswirtschaft in Preußen*, S. 397.
② 1924—1927年之柏林市对部分财政投入分别为：500万，1,000万，2,300万，3,000万马克。数据来源于Otto Büsch, *Geschichte der Berliner Kommunalwirtschaft in der Weimarer Epoche*, S. 154。
③ Christoph Bernhardt, "Aufstieg und Krise der öffentlichen Wohnungsbauförderung in Berlin 1900 - 1945. Zusammenhang und Brüchigkeit der Epoche", S. 72.
④ Otto Büsch, *Geschichte der Berliner Kommunalwirtschaft in der Weimarer Epoche*, S. 153f.
⑤ Hellmuth, "Wohnungsbedarf und Wohnungsangebot", in *Schriften des Verein für Sozialpolitik*, Bd. 177 (1930), S. 150, 转引自Gerd Kuhn, *Wohnkultur und kommunale Wohnungspolitik in Frankfurt am Main 1880 bis 1930*, S. 328。

益性住宅建设及合作社应优先获政府财政资金注资"。[①]

表4　1920—1928年普鲁士建成公私有住房数量

普鲁士建成住房的时间段		已建成永久住房总数	百分比估值(%)	
起	止		私房	公建住房(集体所有、市镇所有、公益性建筑企业等)
1920.10.1	1921.10.1	59,815	36	64
1921.10.1	1922.10.1	74,221	37	63
1922.10.1	1923.10.1	77,895	34	66
1923.10.1	1924.10.1	55,276	45	55
1924.10.1	1925.10.1	93,263	54	46
1925.10.1	1926.10.1	117,300	53	47
1926.10.1	1927.10.1	164,779	51	49
1927.10.1	1928.10.1	186,771	50	50

(数据来源：Heinrich Hirtsiefer, *Die Wohnungswirtschaft in Preußen*, S.501, Tabelle)

正是依托这些公共资金，各城市当局针对公益性住房建设形成了不同的资金利用与住房建设组织思路。如汉诺威主要由城市主导住房建设，"市政府……为私有和公益性住宅建设提供资金。资金的分配并无定制，而视申请决定"，但"城市原则上不自行建设住宅"[②]，因此市政当局采取的措施是成立一家城市独资的建设企业——汉诺威公益建设有限公司，主要为多子女家庭和独居人士建造住房，并由当时在任的市政建设参事卡尔·埃尔卡特(Karl Elkart)担任企业监事会主席。住房史学者格尔德·库恩的研究显示，人口在五万人以下的城市，多由政府充当住房开放商，但这其实是1918—1924年住房建设促进机制的直接延续。

合作社建房则在马格德堡发扬光大。受城市政治氛围的影响，马格德堡的市政建设参事约翰内斯·格德里茨(Johannes Göderitz)认为，市政当局可以通过合作社的形式"保护自己免受在城市自行开展建设活动时所蒙受的政治抨击"，此外还能"很好地节约运营成本……减少开发商因经济周转不灵而造成的损失"。[③] 被

[①] Gert Kähler, "Nicht nur Neues Bauen! Stadtbau, Wohnung, Architektur", S.327.
[②] Gerd Kuhn, *Wohnkultur und kommunale Wohnungspolitik in Frankfurt am Main 1880 bis 1930*, S.334.
[③] Johannes Göderitz, "Magdeburg baut", *Madgeburger Amtblatt*, 10.9.1926, S.504,转引自 *Ebenda*, S.335.

格德里茨评价为"第三条道路"的组织形式便是小住房联合会。从1925年开始，小套型住宅联合会开始在马格德堡市的支持下独立开发住宅项目。市政当局以永久租赁的方式将建设用地出让给合作社，并与后者签订房租税贷款协议。相应的，合作社要获得如此优惠的土地及建设资金资助，就必须遵守一系列相关规定，如所有住宅仅用于居住用途；住宅的改扩建"不得影响其作为中小套型住宅的性质"；城市当局有权对建成租房的租金水平进行调控，以避免业主过度提价。① 相比汉诺威，马格德堡则是在地方层面切实贯彻住房建设政策调整，即不再采取政府直接干预的形式，而是通过公共资金（即"房租税"）支持有限度地介入公益性住宅的建设并为更广大民众提供居住保障。

但在这方面更为突出的例子是柏林市。作为德国最大的城市，柏林在整个20年代都未形成垄断式利用"房租税"进行建设的市属建设公司，而是成立了一个专门分配、管理住宅建设资金的机构，其主要工作职责是审核并发放提供给私有或公益性建筑企业住宅建设所需的建设贷款，即以房租税为代表的公共贷款。柏林市政当局的基本观点是，"在加速复苏和推动住房建设的问题上，仅凭当局的行政手段并不能完全胜任，必须开启一种以商业模式运作的机构，提供具体的协助；同时在工作过程中，又不会破坏其与行政机关及与建设方案之间的紧密联系"。② 因此于1924年2月20日在中央政府明确开征房租税后不久——宣布成立"拉动经济的建筑基金管理机构"，3月13日市议会通过该决议。③ 1924年4月"柏林住房救济公司"④正式成立。

得益于掌握资金分配大权，柏林住房救济公司在无需自行开展（住房）生产活

---

① StA Magdeburg, Rep. 35, Hm 6, 转引自 *Ebenda*, S. 335。
② GStA, I. HA. Rep. 151 IC. Nr. 12421/2, *Gesellschaftsvertrag der Wohnungsfürsorgegesellschaft Berlin 1924 - 1925*. S. 4。
③ GStA, I HA. Rep. 151 IC. Nr. 12421/2, *Gesellschaftsvertrag der Wohnungsfürsorgegesellschaft Berlin*, 1924, S. 5。
④ 需要指出的是，单从名称来看，柏林这一新设立机构与之前就已存在的普鲁士各省级住房救济公司完全一致，均写作"Wohnungsfürsorgegesellschaft"（WFG），但两者成立的法律依据和职能范围并不相同。战后成立的一系列省级住房救济公司所依据的法规是1918年《普鲁士住房法》第8条，因此它们实际上是由各级行政机关（例如普鲁士省、县市、乡镇）、州保险公司或公益性建筑协会成立的"大致符合"公法原则的"房地产开发联合总会"，因此也会被称为"住房保障协会"，而其主要职责包括为乡村建设用地规划提供咨询（例如对房地产及住宅区规划进行调整）；从事建设用地及资金的中介活动；此外还根据住宅法第八条的其余规定，协助普鲁士州注资各类公益性建筑团体。参见 Christoph Bernhardt, "Aufstieg und Krise der öffentlichen Wohnungsbauförderung in Berlin 1900 - 1945. Zusammenhang und Brüchigkeit der Epoche", S. 63。

动情况下影响柏林住房项目从开发到建设的各个环节：它除对各类开发方（无论是私人业主还是公益性企业）的资本实力进行考察，还会对项目是否能达成"经济或社会福利意义上的积极结果"进行综合评估，以此为依据决定公共资金的发放。① 同时柏林住房救济公司还可以像马格德堡那样通过提供优惠贷款的方式对住房的盈利属性提出要求；在一些特别贷款项目中，柏林住房救济公司还有权否决开发商（或业主）确定的房租价格②，以保障住房的公益性。关于这一点，即使是一贯反对住房救济公司的柏林市政建设参数马丁·瓦格纳也不得不承认，"所有警方建筑规定、法规和禁令都远不及城市行政当局的这一财政干预（手段）"。③

住房建设的公益导向，还体现在柏林住房救济公司对"小住房"建设的推动上。它将住宅类型根据面积大小分为 A 到 D 的四种类型④——其中 A、B 类住房即所谓的"小住房"，为了贯彻"公益性企业应主要为贫困的房屋申请人建造住房"的社会保障理念，该公司要求申请公共资金贷款的私有业主必须保证建设项目中至少一半的住房应为 A 类或 B 类；而对公益性或城市企业申请则提高至至少 70％⑤，此外，柏林住房救济公司还制定了相关的公共卫生最低标准，包括规划住宅必须带有浴室；起居室必须朝南，以及为促进室内空气流通，房屋必须放弃两层外墙设计等内容。⑥

三、相对稳定时期新建大众住房的特点

从 1925 年起，在政策和公共资金的支持下，德国城市住房建设呈现蓬勃发展的态势，它一方面体现在新建成住房数量持续增加：新建住房的数量从 1924 年的

---

① Jokob Schallenberger, Hans Kraffert, *Berliner Wohnungsbauten aus öffentlichen Mitteln. Die Verwendung der Hauszinssteuer-Hypotheken*, Berlin: Bauwelt-Verlag 1926, S. 111 – 115.
② Rudolf Baade, *Kapital und Wohnungsbau in Berlin 1924 bis 1940. Die öffentliche Förderung in der Weimarer Republik und im NS-Staat*, S. 42.
③ Ludovica Scarpa, *Martin Wagner und Berlin. Architektur und Städtebau in der Weimarer Republik*, S. 33.
④ A 类为居住面积 48—53.99 平米，最多不超过三居室（含厨房）的住房；B 类居住面积为 54—61.99 平米包含厨房的 3—4 居室住房；C 类住房则是包含厨房 4 居室，居住面积 62—77.99 平米；D 类则是居住面积 78—130 平米的 4 居室及以上的住房。
⑤ Gerd Kuhn, *Wohnkultur und kommunale Wohnungspolitik in Frankfurt am Main 1880 bis 1930*, S. 334.
⑥ Rudolf Baade, *Kapital und Wohnungsbau in Berlin 1924 bis 1940. Die öffentliche Förderung in der Weimarer Republik und im NS-Staat*, S. 56.

106,502 套增加至 1930 年的 317,682 套,年平均建成数量维持在 2.6 万套房。① 另一方面是新的建筑样式和建造技术的出现,以及各地政府对住房建设项目的大力支持。一时间,德国各大城市,如柏林、汉堡、科隆、法兰克福、慕尼黑、汉诺威、马格德堡、不伦瑞克等地,涌现出一大批在地方公共资金支持下由专业建筑师(或拥有建筑师背景的市政官员)规划建造的公共住宅小区。

  总体来看,这些居住区普遍规模庞大。以柏林为例,1925—1931 年间柏林建成住宅小区(或一期建成)共计 14 座,共建成居住单元超万余套②,其中囊括了 2008 年柏林入选世界文化遗产的六座"柏林现代主义住宅建筑群"中的五座。而在大众住宅建设发展的另一重镇法兰克福,恩斯特·迈和他的团队共主持建成 21 个"新法兰克福"居住区项目,其中最具代表性的六个小区包含超过 8,000 个居住单元。③ 除规模庞大外,冯·萨尔登还对这一时期的居住区有如下总结④:首先,这些居住区虽无一例外由多个建筑师进行设计,但均事先经过规划,建筑风格统一。其次,因城郊土地价格低于内城地块,且一些土地本身就归市政当局所有,这些居住区大多位于城市的郊区地带,使建设成本负担大为减少,也为建设带有社会福利性质的大众住房,尤其是使租金水平与"贫困人口的平均收入水平"相适应的目标创造了有利的条件。第三,新建住宅小区的建筑密度普遍很低:不仅建筑物的层高大多保持在 2—3 层,建筑物之间的间距亦十分开阔;同时在住宅楼周围配备有大量绿化带,并开辟出尺度亲和的居住区内道路。除此之外,住宅区具有高度的内向性,这种内向性不仅体现在居住区地理位置或高度围合的规划样式,同样还表现在对于小区内部设施的配置上,在住宅区内设有各类配套设施,如商店、医疗结构、幼儿园、中央洗衣房甚至图书阅览室,从而构成了一个个独立的完整生活社区。但这种内向的布局又不同于帝国时代"封闭式"工人定居点,为了保证居住地与外部的联系,在住宅区外规划有连通城区或居民工作地点的公交线路。第四,由于是带有社会福利性质的居住区,因此居住单元则大多为中小户型(建筑面积在 55—80 平

---

① Ursula Weis, "Zu den sozialen Grundlagen des Wohnungsbaus in der Weimarer Republik", S.172.
② 根据 Christoph Bernhardt, "Wohnungsbauförderung in Berlin", DEGEWO u. a (Hgg.), *Ausstellung Wohnen in Berlin. 100 Wohnungsbau in Berlin*, S.276-293 统计得出。
③ Karlheinz E. Kessler, *Wohnungsbau der 20er Jahre. Die Architekten Ernst May und Walter Schwagenscheidt. Ihre Theorien und Bauten*, Frankfurt a.M: Haag+Herchen 2006, S.21-24.
④ Adelheid von Saldern, "Neues Wohnen. Wohnverhältnisse und Wohnverhalten in Großwohnanlagen der 20er Jahre", S.202-208.

方米左右）①。建筑面积虽然不大，但内部配套设施相对摩登舒适：大多配有独立卫生间、浴室或淋浴房、冷热水供应，采取中央供暖，并附带大阳台。历史学家波伊科特曾这样描述这些新建成的住房：

> "这些保障性住宅设计是将功能导向的审美，及对健康居所和花费较少的建筑施工结合起来。……居住空间的分隔是以尚未完全在工人阶级聚居区推广开来的小家庭生活规范为基础。按照合理化设计的小型厨房，可能更多意味着避免像过去起居厨房那样承担全方位的社会交往活动，而不是技术上的简化。"②

这些设计使新建居住区与内城人满为患的旧式出租楼房形成鲜明对比，也让地方政治家们感到十分得意，例如汉堡市政参事弗里茨·舒马赫（Fritz Schumacher）就称自己设计的汉堡杜尔斯贝格小区"相比位于巴姆贝克旧区或汉堡市区内的工人区，堪称一个真正的天堂。充足的采光与空气流通确保生活在那里的人们能够健康成长，那种后楼房和庭院加盖住房内空气污浊不堪的居住环境将不再为人所知晓。"③

除此之外，相对稳定时期居住区外观与空间组织也呈现明显变化，这种变化固然是受战后初年一度极端恶劣的经济形势和不断上涨的建材价格的影响，同时也催生出专业技术人员为解决问题革新技术手段、降低建设成本的极大兴趣。得益于市政当局与住房建设企业的支持，许多建筑师得以开展有关建筑形式和材料的改革试验，德国的"现代建造技术"体系也在魏玛共和国时期真正建立起来。这个体系包括材料和建造两方面内容，前者追求更廉价的建材，后者是指采取"类型化"和"标准化"手段加快施工进度。所谓"类型化"是以某一建筑类型为基础开发可重复使用的设计模式，"标准化"则是为所有的建筑元素创造标准尺寸、廓形

---

① 至 20 年代末，随着"满足最小生存需要住房"概念的提出，建筑面积再次下降，减至 50 平米以下，甚至不到 40 平米。

② Detlev J. K. Peukert, *Die Weimarer Republik. Krisenjahre der Klassischen Modernen*, Frankfurt a. M.: Suhrkamp, 1987, S.183.

③ 转引自 Sigrid Jacobeit, Wolfgang Jacobeit, *Illustrierte Alltags- und Sozialgeschichte Deutschlands 1900–1945*, Münster: Westfälisches Dampfboot, 1995. S.336。

和连接件,预制建筑部件,随后通过现场装配降低建设成本。① 恩斯特·迈在西里西亚和法兰克福的工作便是"现代建造技术"最突出的实践案例。

对于魏玛时代的执政者和建设者来说,建设大众住房并不仅限于满足德国民众的基本居住和居住改善的需求,它还被赋予了将居住与意识形态相结合的意义,简言之是希望通过"规范居住领域的日常生活"以达到教化"新人"、改良社会的愿望,这就将住房建设与魏玛共和国的社会福利政策紧密联系在一起。其中一部分由现代主义建筑师执掌的建筑因此也被称为"新建筑"(Neues Bauen)——这一概念最早可以追溯至瓦尔特·格罗皮乌斯(Walter Gropius)在1918年提出的《包豪斯宣言》(*Bauhaus Manifesto*)。冯·萨兰登曾明确指出,当时的这些大型居住区建设给出了"在不变更(过去和现有)生产关系的条件下,如何能够以及应该如何改变社会"的答案:一方面是通过提高居民的居住体验,改变个体对生活和居住质量的意识而达成的;另一方面则"以一种'软手段'的方式,在一片新创建的空间内,实现社会化调控,并将之……作为未来整个城市居住文化的原型"。②

第四节 社会福利住房政策的中止

以"福利国家"观念为指导的住房政策在全德范围内的真正落地,主要表现为相对稳定时期秉承"承租人保护"原则平稳发展的房屋租赁市场与欣欣向荣的大众住房建设。但事实上,即便是这一繁荣时期德国仍未完全克服住房短缺、改善大众居住条件。随着20年代后期起政治和经济紧张重新显现,对住房政策的质疑再次卷土重来。特别当1928年德国城市普遍陷入地方债务危机,地方政府凭借公共资金资助住房建设模式缺陷开始暴露,不仅招致中央政府和财经界的批评,在地方层面也引发新的矛盾与普遍不理解。外部经济大危机和内部政治力量的调整最终导致房租税乃至魏玛共和国住房干预政策的全面中止。

---

① Deborah Ascher Barnstone, "Transnational Dimensions of German Anti-Modern Modernism: Ernst May in Breslau", S. 97.
② Adelheid von Saldern, "Neues Wohnen. Wohnverhältnisse und Wohnverhalten in Großwohnanlagen der 20er Jahre", S. 214f.

一、问题初现的城市住房政策

1924—1929 年之所以被冠以"相对"稳定时期之名，乃是因为德国虽在这一时期迈上复兴的道路，但无论是在政治还是经济层面，德国仍面临不少困难和问题，并由此引发诸多社会后果。其中最突出的表现莫过于经济繁荣的不持久和不平衡性：例如德国工业生产水平虽已逐步达到并超过战前水平，但农业始终处于慢性危机之中，对外贸易则长期入超，赤字严重；此外，部分工业行业还存在开工不足的问题。这些结构性缺陷直接导致德国经济反复出现波动，对海外资本依赖度高，长期及隐形失业人口众多等问题。经济的有限恢复与发展与"福利国家"、民族复兴目标的实现，社会福利保障的应然和实然之间的落差，构成了 20 年代中后期德国社会内部隐而未发的紧张关系，而以面向大众为目标的城市住房政策正处于这些矛盾的交汇点上，其中又以法兰克福和柏林两座城市最具代表性。

(一) 法兰克福

在政府推动大众住房建设领域，法兰克福一直是一座深具社会改革传统的城市。这一城市特质的形成首先与其自德意志帝国以来就由具有改革思想的市政长官执掌不无关系：冯·米克尔和阿迪克斯先后推出多项涉及土地改革和住房建设供给的措施，令法兰克福在 19 世纪末的普鲁士和帝国树立起住房政策"改革者"的形象。进入魏玛共和国之后，由于左翼政治势力如社会民主党、中央党及共产党在城市议会的实力加强，加之从 1924 年起长期主管住房事务且对城市发展颇有心得的市政参事路德维希·兰德曼出任市长，法兰克福各派势力在 20 年代中期基本上就住房问题达成一致。1925 年上半年，市政当局正式提出"应当将住房建设作为当前地方事务领域即将面临的最重要、但亟需完成的任务"[①]，并将未来五年建设目标确定为 1 万套住房。而在民主党人兰德曼、社民党人布鲁诺·阿什以及无党籍的恩斯特·迈的通力合作下，该市因此进入市政当局全面主导住房建设发展的黄金时期。

为尽可能减少政治和党派利益对市政规划及住房建设活动的干扰，兰德曼首

[①] Stadtverordnete Nelles, Protokolle der StVV 1925, S. 227, 转引自 Gerd Kuhn, *Wohnkultur und kommunale Wohnungspolitik in Frankfurt am Main 1880 bis 1930*, S.354。

先坚持完成对相关行政部门的整合,成立"高层建筑业总部门"总揽住房建设事务;同时还对法兰克福小住房建设股份公司①和田园城市股份公司②进行注资和改组,使之成为承担城市住房建设任务的主要建设力量,并确保其经营方向与市政府的建设意图始终保持同步。在建设资金方面,货币稳定之后法兰克福住房建设的单位建设成本基本维持在1万—1.5万马克,其中来自州房租税的贷款占到总成本的40%以上。③ 但无论是公共收入组成的房租税贷款,还是通过各类金融机构获得一级贷款,此外还包括各类来自财政的直接补助,财政局长阿什无疑扮演了重要的资金保障角色。而恩斯特·迈则是法兰克福住房建设当之无愧的坚决执行者。得益于行政环境的改善和建筑技术的进步,迈于1925—1930年共完成了五座大型居住区和12座小型居住区的建设,共计建成1.6万余套居住单元④,其中大部分住宅项目由迈领导的高层建筑部完成设计规划⑤,这些居住区项目后来被总括为"新法兰克福"项目。

然而,在法兰克福住宅建设高歌猛进期间,不和谐的声音已悄然出现,它最早出现于1926年德国经济出现周期性波动之时。随着经济日益在20年代后半期不容乐观,地方政治氛围也开始不复往日的融洽。

引发法兰克福政坛普遍不满的源头是一笔名为"建设成本补贴金"(Baukostenzuschuss)的费用。虽然"新法兰克福"项目大部分的建设资金来自各类贷款,但仍有部分需要由城市开发商(即前述的两家城市控股企业)承担。一般来说,这部分企业自筹资金一般占到10%—20%。但因许多城市控股建设企业需要承担大量居住区项目,摊子铺得过大,资金链吃紧。为解决建设困境,德国各城市流行的做法是由开发商或合作社要求入住新房的租户共同承担。具体办法是由开

---

① 这家成立于1890年的企业曾是帝国时代最具影响力的公益性住房建设企业,它主要面向社会底层民众建造和出租小住房,且很早就开始尝试在物业管理引入民主化机制,如设立仲裁人及租户委员会制度,但在魏玛共和国初年的恶劣形势下,这家企业却面临资金短缺、入不敷出的局面,因此当时市政参事兼企业董事会政府代表的兰德曼提议对其进行改组。
② 其前身为1910年成立的米特海姆股份公司。该公司于1923年陷入支付危机而被法兰克福市全资收购,此后更名为田园城市股份公司。
③ Jan Abt, "Ernst May und das Neue Frankfurt. Siedlungsbau zwischen 1925-1930", Jan Abt, Alexander Ruhe, *Das Nene Frankfurt. Der soziale Wohnungsbau in Frankfurt am Main und sein Architekt Ernst May*, S.126f.
④ Liselotte Ungers, *Die Suche nach einer neuen Wohnform. Siedlungen der zwanziger Jahre damals und heute*, Stuttgart: DVA 1983, S.67.
⑤ 另有部分项目是由迈亲自邀请的建筑师设计,如包豪斯的创始人格罗皮乌斯及建筑师马特·施塔姆(Mart Stam)等人。

发商根据房屋规模向住户一次性收取费用。这笔费用即称为"建设成本补贴金",并且作为未来启动新建设项目的本金,它实质上是一种由租户承担的住宅"共建费"。正是这笔费用自20年代中后期在法兰克福市议会内部遭到质疑。批评者的观点十分明确:法兰克福"新建筑"所要达成的社会福利目标是为贫困的弱势群体建造住房,但共建费显然为这一福利目标设置了门槛。为此,市议员、中央党人希佩尔(Hipper)于1926年率先提出批评,认为利用房租税建成的住房被优先"提供给'那些负担得起建设补贴'的人,而那些无法负担(这笔费用)的可怜人则始终被忽视,大规模的对立情绪便由此产生。"①

如从保障低收入群体居住需求来看,则议会的批评不无道理。1926年一名法兰克福普通工人(非熟练工或技术工种)的月工资在150—200马克之间——当时泥瓦匠平均时薪为1.15马克,化工厂工人为0.68马克。② 而当时新建居住区的月房租在50—90马克之间浮动。③ 照此计算,房租将占到工人工资收入的1/3—1/2。但问题在于,如果租户需入住一套小户型三居室,就必须额外缴纳700—800马克的"共建费"。这样一来,租户的入住成本就大幅上升。此外,"共建费"还存在上涨的可能性,例如1927年田园城市公司甚至试图将"罗马人"城小区的"建设成本补贴金"提高至1,000马克。因此,即使小有积蓄的普通工人能够且愿意负担"共建费",费用的上涨也是他们不愿意看到的。由此产生的情况是,原本用以保障普通人居住权、带有福利性质的住房,如今只有那些收入较高且享有政府或企业住房补贴(或减免)的职员或公务员阶层才有能力入住④,这些社区也因此被戏称为"体面人小区"。不仅阶层分化随着居住社区的划分而被不断加强,广大居住需求强烈的低收入群体(如工人)也因无法负担房租而被排除在新建居住区之外,不得不退而申请老式建筑内的住房,这一点在1927—1928年法兰克福建成住房与住房申请

---

① Hipper, Protokolle StVV Ffm., 1926. S.570,转引自 Dietrich Andernacht, Gerd Kuhn, "Frankfurter Fordismus", in Rosemarie Höpfner (Hg.), *Ernst May und das Neue Frankfurt 1925 - 1930*, Berlin: Ernst Wilhelm & Sohn 1986, S.46。
② Gerd Kuhn, *Wohnkultur und kommunale Wohnungspolitik in Frankfurt am Main 1880 bis 1930*, S.358.
③ 以法兰克福布鲁赫费尔德街小区为例,两居室公寓的标准房租在47—57马克之间,三居室则在77—88马克;而在"罗马人城",48平方米住房每月房租为52马克,75平方米的则为90马克。转引自 Gerd Kuhn, *Wohnkultur und kommunale Wohnungspolitik in Frankfurt am Main 1880 bis 1930*, S.74,88。
④ 企业(如IG法本)或市政当局为其雇员建设的住房,则无需缴纳这笔费用,这是因为企业可以获得来自雇主补贴贷款的补助,而城市也可以为其下属的公务员、职员和工人提供相应的贷款保障。从这个意义上来说,魏玛共和国时期的社会阶层之间差异拉大,并不仅仅体现在不同阶层的收入上,更表现在隐形的社会福利保障上。

人数量对比(参见表5)中表现突出。就连恩斯特·迈也坦言,仅有少数工人有能力入住新建居住区,"居住在普劳恩海姆小区中24.5%的居民为工人,但其中仅有1.8%是未接受专门训练的普工"。[1] 最终,市政当局于1927年5月作出让步,有限下调"建设成本补贴金"金额:由法兰克福小住房建设股份公司承建带有厨浴的两居室成本补贴从1927年5月的500马克减至400—500马克;带有厨房、浴室和储藏室的两居室补贴从700马克减至500—600马克;面积较大的三居室住房则从1,200—1,500马克减至900—1,000马克。[2] 从金额来看,小户型的减免幅度明显低于大户型,因此议会的批评仍在持续,直到1928年才迫使市政当局方面正式确认:目前还在建的普劳恩海姆小区三期项目,必须保证其中50%的住宅不会被收取"建设成本补贴金"。

表5　1927—1928年法兰克福登记的住房申请人数统计

时间	"迫切需求"申请者	普通申请者	新建成住房数量
1927年1月	14,317	6,791	16,665
1927年10月	14,058	7,903	16,713
1928年1月	13,887	8,481	16,947
1928年4月	13,783	10,118	18,397
1928年7月	13,575	11,119	19,112
1928年10月	13,132	12,391	19,835

(数据节选自 Gerd Kuhn, *Wohnkultur und kommunale Wohnungspolitik in Frankfurt am Main 1880 bis 1930*, S.414, Tab. 26)

事实上,法兰克福市议会和当局围绕"建设成本补贴"的角力根源于社会福利政策的终极矛盾——即如何平衡经济效益与社会公正。一方面,魏玛共和国的"福利国家"原则要求政府提供更为广泛的住房保障,尽可能减少大众居住支出,这一社会福利保障的考量构成市议会要求减少甚至免除居住共建费的基本出发点。但另一方面,在资本主义私有制条件下,公益性房企又必须和普通的利润导向企业一样承担建材、人力成本的上涨,同时还要兼顾高规格的住房标准,因此即使采取了一系列的合理化措施,这些企业仍无法进一步"合理优化"建设成本,不得不额外开

---

[1] Ursula Weis, "Zu den sozialen Grundlagen des Wohnungsbaus in der Weimarer Republik", S.195.
[2] Dietrich Andernacht, Gerd Kuhn, "Frankfurter Fordismus", S 46, Anm., 114.

辟资金来源，如收取"共建费"。而"共建费"的取消，就意味着企业想要收回成本，要么提高房租标准，要么降低建设标准、调整户型大小，但如此一来，又违背了当局试图为民众提供"宜居住宅"的初衷。正是这一两难的局面，引发了20年代末公共领域对"新法兰克福"住房的普遍批评。

(二) 柏林

相比法兰克福，柏林的住房问题则由来已久。它在一战前的城市人口密度之高已冠绝全球。[1] 自1870年起，城市东部和北部地区便形成了大批条件恶劣的底层民众聚居区；但与此同时，城市又缺乏对这一群体居住环境的必要重视，"出租兵营之城"的名称正是由此而来。一战结束后，城区面积的扩大与外来人口的大量涌入，使得柏林面临的住房供应压力再次远超其他城市。至1925年时，柏林仍有7.1万人生活在地下室改建的住所内，未能得到妥善解决的存量居住需求估计在15万套左右；而1926年又因人口迁入新增住房需求14.4万套。[2] 在此背景下，城市各股政治势力均要求市政当局改变现状，民主党籍的市长伯斯也反复强调改善大众居住条件的重要性，并坚决要求将大众住宅建设视为一项"公共任务"加以贯彻执行。

柏林市政当局及社民党主导的市议会对住房建设的推动主要体现在建筑条例规范、资金和土地支持三个方面。1925年11月颁布的新建筑条例正式限制"柏林大院"的无节制发展，对建筑密度、容积率、布局、用途乃至建筑物附属的庭院面积作出明确规定。[3] 在资金支持方面，一方面由于柏林的房租税逐年增加，至1927—1929年时每年平均税收总额达到1.2亿马克[4]，尽管"房租税"并未被悉数投入柏林的住房建设，但仍构成柏林大众住房建设的主要资金来源，并由柏林住房救济公司对房租税贷款及各类特种贷款的分配和发放进行严格把关。但另一方面，1926年的经济危机引发了房地产业的反经济周期发展，私人资本开始入场柏林的住房建筑行业，带动了资本市场在1927年的活跃。柏林市抓住这一机会，允许开发商

---

[1] 柏林的战前人口密度为75人/100平方米，超过了同期的伦敦和纽约。
[2] Böß: *Wie helfen wir uns? Wege zum wirtschaftlichen Wiederaufstieg*, S.120.
[3] 条例规定城市建筑密度不得超过70%，容积率为3.5（换算下来居住类建筑层高不得超过5层），庭院实际面积不得小于40平米。这一规定不仅针对条例颁布时在建或新建建筑物，也同样适用于已建的老式建筑，因此在容积率一定的情况下，已建成但超标的建筑业主必要予以整改已符合现行标准。参见 Rudolf Baade, *Kapital und Wohnungsbau in Berlin 1924 bis 1940*, S.38f, 42。
[4] Annemarie Lange, *Berlin in der Weimarer Republik*, S.641.

从私人资本市场上获取部分二级贷款,以减少政府在单个住房项目上的公共资金负担,每套住宅的"房租税"贷款额度因此从过去的 6,500 马克缩减至 4,000 马克。① 通过这种公私资本合作的方式,柏林市政当局得以抽出更多公共资金投入更多住宅的建设,显然有助于扩大柏林的住房供应。而在建设用地筹措方面,除了因为行政区合并取得大量城郊土地,柏林市政当局还把握住通货膨胀时期土地价格严重跳水,仅相当于战前价格 1/4—1/3 的机会,大量购入廉价土地。1924 年 12 月柏林市议会就以每平方米 0.94 马克的价格,以 580 万马克的总价购入布里茨约 600 公顷的土地②,这里日后成为以现代主义风格闻名的"马蹄铁"居住区(1915—1933 年)的所在地。通过 1924—1929 年间的一系列土地交易,柏林市的储备用地从 2,203 公顷增至 6,315 公顷,按照城市地产部门主管保罗·布什(Paul Busch)估计总市值达到一亿马克,占到市有土地总量的约三分之一。③ 这就为该市在相对稳定时期大量建设公共住宅,尤其是大型居住区提供了价格低廉的建设用地。

而与法兰克福主要由城市公营房企承揽居住区建设项目不同,柏林的八家公营企业所承接的项目仅占这一时期柏林住房建设总量的 20%——按照沃尔夫冈·霍夫曼估计,总建设数量在 29,172 套。更为活跃的住房开发商则是工会下辖的建筑企业,占到 55%④,其中最重要的两家企业是职员家园公益性股份公司和柏林公益家园储蓄和建筑股份有限公司。前者由国家职员保险注资成立,后者则是自由工会下属的住房建设企业。此外,还有若干规模较大的建筑合作社,例如成立于 1907 年的夏洛滕堡建筑合作社,它在 1925—1929 年共建成 2,686 套住房。⑤ 住房承建单位的多样化,固然与柏林住房建设政策的定位有关,即由柏林住房救济公司以资金方式介入住房生产有关,但也使柏林的大众住房在整个 20 年代呈现出不同的风格与审美。

尽管先后有新建筑条例和柏林住房救济公司分别从用地、建筑规范和资金角

---

① Christoph Bernhardt, "Aufstieg und Krise der öffentlichen Wohnungsbauförderung in Berlin 1900 – 1945. Zusammenhang und Brüchigkeit der Epoche", S. 74f.
② Christoph Bernhardt, "Aufstieg und Krise der öffentlichen Wohnungsbauförderung in Berlin 1900 – 1945. Zusammenhang und Brüchigkeit der Epoche", S. 76.
③ Christoph Bernhardt, "Aufstieg und Krise der öffentlichen Wohnungsbauförderung in Berlin 1900 – 1945. Zusammenhang und Brüchigkeit der Epoche", S. 74f.
④ Wolfang Hofmann, "Der soziale Wohnungsbau und seine gemeinnützigen Träger", Essay von Rudolf Baade, *Kapital und Wohnungsbau in Berlin 1924 bis 1940*, S. 16.
⑤ Ebenda, S. 19.

度对住房建设活动加以调控,但柏林市政府在房产领域的行政组织架构也使得住房建设成为利益团体角力的场域。主管柏林城市住房建设及相关发展的政府部门是一个被称为"定居及住房代表团"的委员会,其成员由市政府班子成员和市议员组成。委员会以下才是各个专业部门,由专人负责。举例来说,1926 年当选市政建设参事,日后还被视为 20 年代柏林大众住房建设的重要奠基人的马丁·瓦格纳曾担任高层建筑和居住区部门的负责人。而按照他的说法,20 年代中期之后,包括他在内共有 24 名市政官员分担城市住房政策决策的种种工作职能。① 这种分散的机构设置、各委员会或部门成员不同的职业背景和立场,导致柏林住房政策制定与建设实践的复杂化。据建筑史学者莉泽洛特·温格斯考证,柏林的建设方案一般"首先需要经过四个不同的建筑警察部门审核,接着由两个'审美委员会'就建筑风格进行评估,随后再按照技术规范和建筑法规进行检验。(因此)项目得以最终获得建筑许可之前,它已在多达 30 个部门间流转了"。② 而只有获得官方建设许可,才能向柏林住房救济公司申请必要的公共资金贷款。一旦牵涉大型居住区项目时则会有更多的委员会介入。这种层层报批的官僚习气,并不仅仅因相关行政部门林立而起,还掺杂进大量利益拉扯,甚至还存在反对住建生产的意见,1927 年流产的"查普曼"项目便是其中的例子。

1927 年 2 月,一家名为查普曼的美国财团宣布愿意为柏林舍内贝格区南部约 203 公顷土地开发提供总价为 1.5 亿马克的投资,计划在三年内建成 15,000 套住房,这一数字十分惊人,相当于当时柏林最大的大众住宅区布里茨小区建成住房数量的十倍。③ 然而柏林市政当局对该项目却反应冷淡,并最终迫使查普曼财团退出舍内贝格地区的开发竞标。柏林市政当局在明知城市住房供应紧张的情况下却依然拒绝这一开发项目,一方面是因为柏林市对查普曼作为开发商即充当投资人,又是业主同时还身兼管理者的盘算极为不满,另一方面源于部分市政官员对大力推动该项目的市政建设顾问马丁·瓦格纳个人的不满,瓦格纳张扬的个性,其与工会系建筑公司的密切联系,过于激进要求改革城市行政机构的政治诉求,尤其是他

---

① "Das Berliner Wohnungsproblem. Ein Interview des Schriftleiters mit Stadtrat Dr. Wagner", Martin Wagner, *Städtebauliche Probleme in amerikanischen Städten und ihre Rückwirkung auf den deutschen Städtebau (=Sonderheft zur Deutschen Bauzeitung)*, Berlin: 1929, S.50.
② Liselotte Ungers, *Die Suche nach einer neuen Wohnform. Siedlungen der zwanziger Jahre damals und heute*, S.20.
③ Ludovica Scarpa, *Martin Wagner und Berlin. Architektur und Städtebau in der Weimarer Republik*, S.66.

第二章　魏玛共和国时期的住房政策（1918—1933）

与柏林住房救济公司的公开不和,令其在市政府内的处境越来越微妙——甚至部分市政班子成员认为"瓦格纳迟早会变成共产党员"。

但随着德国经济从1928年起开始走下坡路,动摇城市住房建设政策的另一个问题开始显现,这就是此前一直被大多数人看好的土地购置和征收政策。事实上,柏林市的扩张性土地政策的危害早在1926年就已出现,当年土地购置的专项资金缺口已达到450万马克,财政局局长弗里德里希·朗格（Friedrich Lange）因此在日记中抱怨城市土地购置"不应跟个蠢婆娘似的贪图便宜"①。随着1928—1929年柏林财政危机的爆发,民众又开始怀疑当局存在高价购置和征收土地中饱私囊的行为,而柏林市盘根错节、极其不透明的官僚结构又为其中的利益输送提供了机会。以1928—1930年"巴特克诉讼"②为代表的土地征收补偿的诉讼进一步瓦解了柏林公众对土地政策的信任与信心。原被告双方在征地补偿款问题上存在严重分歧③,不仅在公共领域引发市政当局是否应该"照价赔偿"的争论,也在地方政坛激起对现行土地制度的各种抨击。

正因为过多政治力量参与到住房政策的制定和贯彻之中,使得柏林住房政策的合理性被一步步消解殆尽。不同于法兰克福在某一个时间点集中被抨击,柏林市政府对于城市住房建设相对干预较少,但不断累积的各类事件依然成为公众质疑政府执行力和公信力的证据。在矛盾积累的过程中,无论是法兰克福,还是柏林,都在政治和公共领域表现为特殊问题动辄被一般化处理的倾向,对住房政策的批评很容易滑向对现有"制度"的严厉批判。由此产生的打击不仅削弱了住房建设政策的稳定性,更加剧了普通民众对于整个德国住房政策合理性的质疑。

---

① Friedrich C. A. Lange: *Groß-Berliner Tagebuch*, Berlin: 1929, S. 61, 转引自 Christoph Bernhardt, "Aufstieg und Krise der öffentlichen Wohnungsbauförderung in Berlin 1900 - 1945. Zusammenhang und Brüchigkeit der Epoche", S. 76。
② 一位名叫瓦尔特·巴特克（Walter Betke）的柏林印刷厂主于1928—1930年间多次向柏林各级法院提起诉讼,要求柏林市政当局补偿其所有的土地不得建造私人住房的损失。理由是他被告知,自己购入的土地按照1875年《普鲁士建筑线法》的规定属于预留的"公共空地",任何私人不得在此兴建建筑物。最终最高法院裁定《普鲁士建筑线法》第13条违宪并要求柏林市政当局向原告支付征地补偿。"Urteil des Reichsgerichts in Sachen Betcke gegen Stadt Berlin (111.87/1929)", Martin Wagner, *Das Reichsgericht Als Scherbengericht gegen den deutschen Städtebau*, 1930, Anhang, Berlin: 1930, S.1.
③ 因高院并未给出具体的赔偿金额,需要双方进行协商。最初巴特克要求的赔偿金额为10万马克连同2%的利息,但由于诉讼持续两年之久,土地出现增值,因此巴特克认为赔偿金应提高至621,291.32马克,并要求首付为10万马克包括利息,而这个金额显然是柏林市所无法接受的。"Urteil des Reichsgerichts in Sachen Betcke gegen Stadt Berlin (111.87/1929)", S. 4.

二、房租税征收的内在矛盾与后果

从1924年起,房租税就成为德国住房建设最重要的公共资金来源,但因其面向广大建成于1918年之前的老式住房租赁行为(或房产本身)所直接征收的税金,因此成为连接整个住房政策体系——即房屋租赁与住房建设政策——的关节点。尽管房租税收入直至魏玛末年都相对稳定,数据显示1925—1932年间房租税收入始终占全国税收总收入的十分之一。但因为它的这种连接属性,无论是租赁环节的租金问题,还是建设领域的资金变动,都会对另一端产生类似"跷跷板"的效应,随着经济大环境的改变,这种此消彼长的相互作用日益凸显。

事实上,房租税在引入之初并非被所有人欣然接受,房东和租户均不同程度表达过不满:房东视之为加诸于自己头上"新的不公平负担",因为房租税的实际承担者并非租户,而是房主。由于房租税是一种收益补偿税,因此不仅已出租的房屋需要纳税,未出租甚至属于危房(非自住)的住房同样需要纳税——尤其在后一种情况下,房东(或屋主)更有理由相信,正是因为要缴纳房租税的缘故才使自己无力承担老式住房维修与养护。而在租户看来,房租税的征收模式和逐年上涨的趋势最终还是反映在房租上。以莱比锡一套典型的两居室工人住房房租为例,1924年1月时为每月5.79马克,而同年10月提高至18.57马克,这一明显涨幅显然是1924年2月房租及税收调整的结果,随后1925年又上涨至25.50马克/月,1926年时为30马克/月。① 从1925—1926年房租调整来看,对工人阶级日常生活并不构成太大影响,但随着经济形势的转变,问题便浮出水面:1926年周期性经济危机使失业率再创新高,以柏林、波鸿、多特蒙德为例,1927年1月1日三座城市登记在册的失业人口分别为179,583人(其中长期失业者14,359人)、7,767人(长期失业者786人)、29,958人(长期失业者2,275人)。其中半数以上失业者(包括已停发救济金的长期失业者)拥有独立住房②,而当时三城的年租金分别为353马克、300马克和300马克(基本已与和平租金持平),而按照和平租金40%计算房租税的话,则分别为141.2马克和120马克——其他居民人口在五万人以上的城市房租税则在96—

---

① Karl Christian Führer, *Mieter, Hausbesitzer, Staat und Wohnungsmarkt: Wohnungsmangel und Wohnungszwangswirtschaft in Deutschland 1914 - 1960*, S.169.
② 柏林失业人口及长期失业人口拥有住房的比例均为60%,多特蒙德则均为52%,波鸿则为70%和90%。

148马克之间。① 在这种情况下,无论是自有住房还是租房而住,失业者相当于都需要支出与住房相关的费用;而这一群体因为人数众多,因此房租(税)问题就显得格外突出。

最终,普鲁士福利部于1928年采纳失业群体要求暂缓缴纳并适当减税的诉求,对此前的房租税执行条例进行修订,规定家庭(主要是多子女家庭)自住的小住宅,贫困租户如靠小额年金过活或失业人员居住的闲置住所,均可部分或全部免除房租税。② 这一减免房租税的做法客观上缓解了弱势及低收入群体的经济压力,但这也意味着,1928年之后房租税应收和实收之间的差距开始拉大。事实上,在条例修订之前,由于经济条件恶化,钻政策空子的行为已日渐增多,很多人通过谎报房屋为自住以逃避或部分逃避税收,削弱了房租税的实收。此外,为了鼓励房屋产权人贷款修缮房屋,普鲁士当局还规定,从1927年4月1日起,房主还可以用支付所谓"维修贷款"的利息和债息的方式全额抵扣房租税。然而,这种鼓励维护老建筑的措施反过来又影响了房租税的税金,据估算,普鲁士在1927—1929两个财年实际少收的房租税税金高达3亿马克/年。

此外,房租税并非是完全针对住房建设的专门税,它从诞生之日起就有超过一半的份额用于补充地方普通财政开支。以普鲁士为例,从1927年起,普鲁士因为采取各种调整房租税措施,使得这部分税金实际收入减少,但各城市财政则因社会福利制度扩大及城市发展之需要,对税金的依赖度却不断增加,因此房租税投入住房建设的比例开始减少。所幸1927年私人资本市场十分活跃,作为试点的普鲁士也同意在基层地方政府担保下增加私人资本在住房建设贷款中的占比。③ 全国的情况也较为类似,1927—1928年各类机构类贷款占全部住建投资份额的比重因此从36.3%提高至47.3%,其中私人贷款的增幅最为明显,从8.8%提高至15.2%。(具体金额见表6)

---

① 参见普鲁士城市议会1927年5月针对德国人口在五万以上城市所做的调研:LAB B Rep. 142-01, Nr. 2839, Preußischer Städtetage, Ruchfrage-Nr. II 24/27-An die unmittelbaren Mitgliedsstädte über 50,000 Einw., 15.2.1927。
② LAB B Rep. 142-01, Nr. 2490, Anschrift, Der Magistrat der Stadt Wiesbaden an preuss. Minister für Volswohlfahrt, Minister des Inners und Finanzminister, 31.3.1927; der Magistrat der Stadt Kiel an das Preussische Staatsministerium, 27.1.1928.
③ 普鲁士的具体做法是使房租税贷款在整个建设成本中的占比从过去之前的不低于50%-60%降低为不低于30%,同时作为机构贷款的一级贷款(I. Hypothek)的比例则有近10%的增长,而在此基础上还增加了一个被称为"I-b-抵押贷款"(I-b-Hypothek,即一级贷款的分支)的新明细,占总成本20%。这就意味着在整个住房建设成本中,有至少60%的贷款来自资本市场。参见Michael Ruck, "Der Wohnungsbau-Schnittpunk von Sozial- und Wirtschaftspolitik. Probleme der öffentlichen Wohnungpolitik in der Hauszinssteuerära(1924/25-1930/31)", S.108.

然而，好景不长，国内资本繁荣只是短暂现象，很快1929年时这一数字就有所回落。从这个意义上来说，从20年代晚期开始，公共资金虽然仍是住房建设资金的主要来源，但一方面是房租税还需要补充财政收入，因而投入建设的分额不足；另一方面是私人资金的不稳定，最终导致公共住房建设资金在20年代晚期趋于不稳定。

表6　1924—1931年德国住房及住宅区建设投资构成（单位：百万马克）

	1924	1925	1926	1927	1928	1929	1930	1931
总投资	1,000	1,700	1,900	2,600	2,800	2,900	2,400	1,200
公共资金总额	500	935	1,110	1,340	1,340	1,230	1,010	445
—房租税	250	540	670	780	775	765	695	325
机构贷款总额	100	290	560	945	1,325	1,240	1,235	645
—私人抵押贷款	20	60	135	230	425	355	400	155
—公法机构贷款	10	40	90	135	245	200	220	65
—储蓄所	35	130	250	450	455	455	325	220
—寿险	20	25	45	75	80	100	120	90
—社会保险	15	35	40	55	120	130	170	115
其他	400	475	230	315	135	430	155	110

（数据来源于：Michael Ruck, "Die öffentliche Wohnungsbaufinanzierung in der Weimarer Republik. Zielsetzung, Ergebnisse, Probleme", S.169.）

但随着启用房租税建成的住房大量落成，又产生出新的房租问题。大量建成于一战前的住房大多已还本付息，并已形成相对完备系统的房租定价机制保障租赁双方的权益，但建成于20年代中期以后的住房就必须考虑企业的建设成本。这一成本压力一般通过两种方式解决，一种方法是后来遭到法兰克福政坛一致炮轰的"建设成本补贴金"（即"共建费"），另一种便是提高房租。事实上，1924年《国家租赁法》第16条就已列出不受房租限价机制约束的三类情况：1)1918年7月之后建成，完全未使用公共资金的私有住房；2)归各级各类政府所有，"不服务于公共事务，也非提供给国家、州及各基层地方行政机关成员居住的建筑物内的住房"；3)由合作社或公益性房企建造，专门提供给低收入家庭居住的保障性住房。[①] 该规定

---

① Walter Holtgrave, *Neues Miet- und Wohnrecht. Kommentar zum Gesetz über den Abbau der Wohnungszwangswirtschaft und über ein soziales Miet- und Wohnrecht*, S.79.

使得许多20年代中期的新建住房的房租普遍高于老建筑,换算下来,1927年时纯私人资本建造的新房房租一般为和平租金的300%,而即使是由公共资金资助建设、带有保障性质的新建住房也已达到和平租金的150%—170%,1929年时此类住房的租金更提高至180%—250%,远高于同期老式住房的法定租金。① 汉堡是当时已以严格执行低租赁价格政策著称的城市,但它在1927年时建成的住房平均年租金仍不低于425马克,一套普通的新建两居室住房(55平方米)年租金550马克,三居室住房的年租金则在600—800马克之间。② 其他州新建住房的价格相比汉堡则更是有过之无不及,首都柏林1929年时一套位于3层楼房内的60平方米新建住房的年租金则为899—957.5马克。

上述价格无疑是普通工人群体所无法承担的,对此官方也不得不承认:"贫困阶层根本不可能搬入新居"(普鲁士州政府),抑或"新房高昂的房租无法帮助遭受住房短缺最严重伤害的贫困群体"(柏林住房救济公司)。③ 结果便是帝国时代的那种"居住难"阴影似乎又开始笼罩着德国各大城市。汉堡住房局的官员曾有如下报告,称"汉堡34%的住房申请人想拥有一套两室户,50%的人希望得到三室户,但其中有68%的人表示,最多仅能承受500马克的年租……"。④ 相比新建住房的租金,租金更为低廉的老式建筑显然更受大众欢迎,因此一面是住房局门口依然大排长龙,普通工人家庭欲求一与自己经济实力匹配的住房而不得,等候时间以年计算;另一方面是如上述官员所说,年租377马克的三居室住房,"位于狭窄房屋扎堆的城区,如巴姆贝克,建于19世纪末或20世纪初,一梯四户……的5—6层楼房内。"⑤

从新建住房租金与普通大众居住预算的落差中,不难看出在经济普遍下行的情况下,魏玛共和国旨在通过扩大建设普及大众住房保障的福利实践的脆弱性。但这里也需要结合考虑普通民众居住观念。费勒甚至认为从当时普通工人平均工

---

① Michael Ruck, "Die öffentliche Wohnungsbaufinanzierung in der Weimarer Republik. Zielsetzung, Ergebnisse, Probleme", S.168.
② 转引自 Karl Christian Führer, *Mieter, Hausbesitzer, Staat und Wohnungsmarkt: Wohnungsmangel und Wohnungszwangswirtschaft in Deutschland 1914 - 1960*, S.176。
③ Karl Christian Führer, *Mieter, Hausbesitzer, Staat und Wohnungsmarkt: Wohnungsmangel und Wohnungszwangswirtschaft in Deutschland 1914 - 1960*, S.178.
④ Sigrid Jacobeit, Wolfgang Jacobeit, *Illustrierte Alltags- und Sozialgeschichte Deutschlands 1900 -1945*, S.345.
⑤ Sigrid Jacobeit, Wolfgang Jacobeit, *Illustrierte Alltags- und Sozialgeschichte Deutschlands 1900 -1945*, S.344f.

资水平来看,新建住房房租并非完全无法承受,因此支配他们放弃新建住房的仍是帝国时代延续下来的传统居住观:房租一旦占到家庭总收入的四分之一以上,便视为"昂贵"。尽管如此,仍有一部分接受新观念的工人改变了自己的居住观,愿意为舒适的现代化居所和生活方式支付更多的金钱,但这种对于美好生活的希冀,很快就被经济大危机彻底打破。很多已经住进新居的普通人,甚至因为突然而至的减薪、失业,不得不搬出新居。

三、福利住房政策中断与地方债务危机

1929年10月24日,美国纽约股市暴跌,随即引发了一场持续数年、影响波及全球的经济大危机。这场全球性经济大危机对德国的打击尤为沉重。由于20年代的德国经济建设与城市发展过度依赖以美国资本为主的外资,当经济危机爆发导致外资大规模撤离,德国国内资金就此断裂。经济大危机除造成德国工业生产各个领域产值下降、出口受阻外,还突出体现为德国民众的收入和生活水平下降,失业人数不断刷新记录:1929年9月至1933年初德国失业人口分别为130万、430万、510万、600万,"每三个在职成年人中就有一个失业中",远远高于同期美国1/4、英国1/5、法国1/7的比例。[①] 在危机中,不仅工人及其家庭首先遭到冲击,小资产阶级和职员家庭也成为受害者。大规模的失业、贫困以及无法及时地获得救济,再加上短短七年间两度遭逢重大经济灾难(1923年和1929年),激发出德国人内心的极度惶恐不安,不但造成民众政治立场的极化,共产党和纳粹党的支持者均持续激增,还有人选择自我了断。经济危机还引发了政治动荡:1930年3月27日社民党籍总理赫尔曼·米勒(Hermann Müller)辞职,此后魏玛共和国进入"总统内阁"阶段;3月28日总统兴登堡授权中央党人海因里希·布吕宁(Heinrich Brüning)组阁。正是布吕宁的上台,最终为魏玛共和国市政当局主导下的住房政策画上了句号。

布吕宁政府危机克服机制核心是启动财政紧缩政策限制政府公共开支(甚至是削减公务员工资),同时顺应企业界与地产所有者的要求下调土地税和营业税,以期刺激私有经济的活力,帮助德国克服危机。在此背景下,国家对住房政策的调整也随之展开,要求各级地方政府放弃对住房经济的干预,由私有住房市场提供满

---

① Eberhard Kolb, *Die Weimarer Republik*, S.119. 科伯还提示,官方的失业人口统计并未包括长期失业者,即那些因超过补助时限而已被停发失业救济金的失业人口,因此实际失业的人数远高于600万。

足当前实际住房需求。布吕宁在 1930 年 11 月 4 日有关住房建设新方针的报告中明确提出,"我们必须无论如何在今后几年中完成住建业从完全政府资助向私有经济回归的过渡。"① 其财政部长赫尔曼·迪特里希(Hermann Dietrich)则进一步补充:

> "首先考虑是调整(住房)建筑经济,使之适应房屋申请者的实际需求及支付能力。第二考虑要为经济提供资本。第三考虑不再大力推进大城市发展,而是进一步促进农村地带的住宅建设。第四取消住房经济,同时(逐步)使政府(干预的)建筑经济向私有经济转化。"②

迪特里希的这四点意见宣告了布吕宁政府住房政策的新方针,即促成住房经济从政府干预转向私有经济,以达成以下两个目标:一是要提高老式建筑的利润率,二是刺激有产者的投资热情。其中,逐步取消作为联结住房租赁与建设的房租税成为政策调整的关键,整个过程随后通过 1930—1931 年间的三部紧急法彻底实现:1930 年 12 月 1 日和 1931 年 10 月 6 日发布的第一部和第三部紧急法率先对房租税投入住房建设的部分加以削减,以此减少各级地方政府(尤其是城市)对住房建设的干预。以柏林来说,1930 年时的房租税住建部分的总额仍接近 1.1 亿马克,而 1931 年时这一金额便降至仅有 3,200 万马克,缩水超三分之二。③ 12 月 8 日颁布的新紧急法则宣布房租税不再投入住房建设,同时从 1932 年 4 月 1 日起下调房租税税率,"逐年等额减少 20%,直到 1940 年 3 月 31 日完全废止","被削减的税金利益归房屋所有人"。④ 至此,诞生于 1924 年、充当市政当局干预城市住房保障资金手段的房租税,正式宣告不再发挥作用。

从房租税的最终取消来看,政策转型固然是为了实现住房经济的彻底市场转型,放弃政府的干预。但正如科隆副市长格雷文在 1928 年撰文指出的那样,大

---

① Michael Ruck, "Der Wohnungsbau-Schnittpunk von Sozial- und Wirtschaftspolitik. Probleme der öffentlichen Wohnungspolitik in der Hauszinssteuerära (1924/25 - 1930/31)", S. 106.
② Ebenda.
③ Rudolf Baade, *Kapital und Wohnungsbau in Berlin 1924 bis 1940. Die öffentliche Förderung in der Weimarer Republik und im NS-Staat*, S. 137.
④ 按照布吕宁内阁的设想,房租税应于 1940 年完全取消,但它真正退出历史舞台则要到 1943 年。Karl Christian Führer, "Betrogene Gewinner? Die deutschen Hausbesitzer und der Streit um den Gewinn aus Inflationen Währungsreform 1923 - 1943", *Vierteljahresschrift für Sozial- und Wirtschaftsgeschichte*, 82 (1995), S. 42 - 44, 50.

量的住房建设资金不仅仅来自"房租税",还包括其他各类政府筹措的贷款。[①] 因此与其说是经济大危机突然降临导致现行城市住房政策被打断,不如说是1928年德国地方政府普遍陷入财政危机,致使依靠公共资金扩大保障性住房供应无以为继,在这种情况下,中央政府必须对住房政策做出调整。从这个意义上来说,这场危机早已潜藏于魏玛共和国财政制度设计之中。

1920年,马蒂亚斯·埃茨贝格(Matthias Erzberger,魏玛共和国第三任财长)主导的财政改革彻底改变了中央与地方的收支格局。这场改革在帮助新生的共和国建立起三级税收分配模式的同时,也标志着地方政府(尤其是市政当局)享有极大自主权[②]的时代一去不复返,取而代之以国税由上级政府返还或分配,如需开征新税不仅需要上级政府批准,同时内容上不得与国家利益构成抵触。就积极的面向而言,这一税收改革无疑有助于加强中央集权,但从地方政府视角出发,则税收主权变动直接影响了地方收入。尽管原则上国家:州:地方税收按1:1:1分配:国家占三分之一,剩余的三分之二再平均分配给州政府和地方政府[③],但地方的实际收入有明显下降,以个人所得税为例,改为国家税收返还后,其在地方税收收入中的占比明显减少,柏林取得的个人所得税就从1913年的51%下降至1925年的27%[④],降幅接近一半。

一方面是税收收入的减少,增税又缺乏现实条件且受到制度制约;一方面却是市政当局从相对稳定时期便已开始推行大量建设与社会保障项目(其中就包括住房建设项目),导致地方支出逐年增加。1925—1929年人口在二万人以上的城市普通财政支出普遍从人均130马克增至人均177马克,其中住房建设补贴的平均支出从13.07马克/人提高至22.01马克/人。此外还有额外财政补贴(即所谓的需求补贴["Zuschußbedarf"]),其中住房补贴1925年为1.33马克/人,1929年则为2.45马克/人。以杜塞尔多夫和汉诺威来说,这两座城市仅特别财政支出就分别从1925年的

---

① Greven, "Die Finanzierung des Wohnungsneubaus", S.104f.
② 帝国时代的德国城市享有土地税、营业税(即财产税的主要构成)的征收权,还可以自行制定个人所得税地方附加费的税率并依法征收。而各邦自主征收的个人所得税、资产收益税、公司所得税等重要的税收也被收归国有,各州仅保留财产税及房租税(1924年起)的征收权。参见 Adelheid von Saldern, "Frühe sozialdemokratische Kommunalpolitik 1890–1933", S.39 的相关论述。
③ Gustav Böß, *Berlin von heute. Stadtverwaltung und Wirtschaft*, Berlin: Gsellius, 1929, S.77.
④ Gustav Böß, *Berlin von heute. Stadtverwaltung und Wirtschaft*, Berlin: Gsellius, 1929, S.77.

258.5万马克和206.6万马克,增长至1929年的1,115万马克和1,348.8万马克。① 首都柏林的数字则更为惊人,1929年1月呈送市议会审批的预算案总额已高达11.2亿马克,其中普通财政支出计划占到9.21亿马克,用于社会福利保障、医疗卫生和建筑建造,而仅失业救济的预算较上一年提高4,000万马克。②

但与地方扩张性财政截然不同的则是国家财政部对此的态度,从1924年斯特莱斯曼内阁的财政部长汉斯·路德(他曾担任埃森市长)起的历任财长均对基层地方的建设活动与大量开支提出质疑,路德就曾向各州政府通报当前财政形势时公共批评基层地方,"对大量项目支出缺乏约束的力度和克制的态度"③,并建议州政府在"批准市镇(财产税)地方附加费的决议时减少其征税额度,以此将(市镇的)支出需求压下去。"④正因为中央政府的拒绝态度,要获得来自中央政府更多的资金和税收政策支持变得越发困难,越来越多的地方政府(尤其是城市)转向长期借贷获取必要的资金。1924年德国宣布接受道威斯计划,在接受总额高达8亿美元的国际贷款的同时,也意味着德国市场开始重新向国际资本开放。这对无法在国内疲软的资本市场上获取巨额资金的地方政府而言无异天赐良机,它们因此迅速将目光转向海外。但地方政府的这一举措加剧了中央政府的批评,除了财政部之外,最激烈的反对声音出自德国国家银行行长亚尔马·沙赫特(Hjalmar Schacht)。沙赫特曾极不客气地将地方政府以借贷方式促使地方经济实现"渐进社会化"(kalte Sozialisierung)称为"猪猡经济"(Schweinewirtschaft)。作为货币专家,他尤为反对基层地方政府"不加节制"地获取海外贷款。为了控制地方政府的海外借贷行为,中央政府在1924—1925年间出台了一系列规定,明确基层地方政府只有获得中央政府批准后方可获取此类贷款,其中最重要的举措是在国家财政部下设立"外国借贷咨询处"审核贷款申请,约束过度借贷行为。据统计,1925—1928年德国政府申请外国贷款金额高达20.38亿马克,但获批符合融资条件的申请金额只有

---

① 数据来源于本·利伯曼根据1927—1931年的德国城市统计年鉴整理所得到,参见 Ben Lieberman, *From Recovery to Catastrophe: Municipal Stabilization and Political Crisis in Weimar Germany*, pp.83-84。
② Felix Escher, "Ernst Reuter und die Gründung der Berliner Verkehrsbetriebe BVG", Heinz Reif, Moritz Feichtinger (Hgg.), *Ernst Reuter — Kommunalpolitiker und Gesellschaftsreformer*, S.134.
③ Gisela Upmeier, "Die kommunale Schuldaufnahme", Karl-Heinrich Hansmeyer (Hg.), *Kommunale Finanzpolitik in der Weimarer Republik (=Schriftenreihe des Vereins für Kommunalwissenschaften e. V. Berlin, Bd.36)*, Stuttgart u.a: Kohlhammer, 1973, S.104.
④ Ebenda, S.105, Anm. 21.

9.27亿马克。① 审核条件的苛刻正是使超过半数的贷款申请落马的主要原因，1928年时法兰克福市就因未通过审核而与一笔6,000万美元的长期借款失之交臂，然而面对市政当局不断累积的怨言，沙赫特却给出这样的回复：

"一个贫穷的民族应该同样对住房建设采取限制手段，一如在衣食领域执行的措施一样。"②

以沙赫特的立场而言，他认为应当优先支持生产性的贷款要求，而地方政府为服务"诸如道路和住宅建设一类非生产性目的"的建设而申请贷款，则是"不负责任的财政政策"③。但这也导致德国的地方政府在这一时期无法顺利获取到长期贷款，不得不越来越多地转向短期的过桥借贷（Zwischenkredite）寻求帮助，然而正是这一举措最终打开了潘多拉的魔盒。大量形成的所谓"悬浮"（"schwebend"）债务随着经济形势下滑而面临到期无力偿还的局面。因此，很多地方政府在经济大危机到来之前就已濒临破产。

四、国家住房救济与"非法"定居

无论是布吕宁政府在1930年宣布逐步缩减"房租税"投入住房建设的份额，还是在此之前已经深陷债务危机的地方政府，都意味着政府干预住房事务，即广义上的"住房统制经济"制度已被全面放弃。然而，此时的德国仍深陷经济危机的泥淖无法自拔，私人资本尚无雄厚实力投入住房建设；而住房经济高度依赖公共资金的运作模式已经形成，如果布吕宁政府高调回归市场经济，断然中止现有的政府干预模式，则又会对建筑业及其下游的建材业和其他一些相关行业构成消极影响，尤其对劳动力市场冲击巨大。另外，从30年代初德国城市的住房供应情况来看，住房难问题仍依然存在，尤其对于底层民众而言，20年代末的经济危机重新将其抛入

---

① Ben Lieberman, *From Recovery to Catastrophe: Municipal Stabilization and Political Crisis in Weimar Germany*, S.88.
② 转引自 Rolf Kornemann, "Gesetze, Gesetze…Die amtliche Wohnungspolitik in der Zeit von 1918 bis 1945 in Gesetzen, Verordnungen und Erlassen," Gerd Kähler (Hg.), *Geschichte des Wohnens (Bd. 4:1918 - 1945: Reform Raktion Zerstörung)*, S.619。
③ Ludovica Scarpa, *Martin Wagner und Berlin. Architektur und Städtebau in der Weimarer Republik*, S.61.

20 年代初的恶劣居住环境中。在这种情况下,就必须要求由政府出面给予紧急住房援助。

1930 年 7 月 14 日,国家劳动部在获得总理布吕宁同意的情况下推出了一项兼顾住房救济和以工代赈的特别住房建设项目,项目总投资一亿马克,以帮助在建建设项目能在经济危机期间顺利完工,该项目还肩负着在危机时期创造劳动岗位的职责。这也成为魏玛共和国政府首个付诸实施的中央政府直接介入的住房建设项目。作为救济工程,同时为了回应德国住房经济向实际需求转变的要求以及公众对于"可负担房租"的呼声,受国家补贴的住房项目必须摒弃一切"改革要求",且为建筑面积在 32—45 平方米、"样式简单"的小微住宅,月租则不得超过 40 马克。①

随后,1931 年 10 月 6 日的第三部紧急法在进一步削减房租税住建促进份额的同时,又正式宣布给予特定人群居住援助,通过补贴建设所谓"郊区定居点"(vorstädtischen Kleinsiedlung),解决庞大的失业人口流离失所的问题。"郊区定居点"脱胎于迪特里希 1930 年的"四点思考"中关于发展农村定居点的设想,其本质是希望通过规划城郊及农村居住区,将定居政策与创造就业机会联系起来。"促进在城市及大型工业城镇周边新建农村定居点及市郊小居住区,同时为失业者分配(可供生产的)小园地,以此推动人口向农村定居,缓解失业问题,改善失业人口的生活水平"。② 随后发布的"11 月 10 日公告""12 月 7 日的公告",尤其是 12 月 23 日的《郊区小定居点及为失业人员提供小园地条例》(*Verordnung zur vorstädtischen Kleinsiedlung und Bereitstellung von Kleingärten für Erwerbslose*,也称《失业人员定居点条例》)对援助措施予以细化和具体化。

根据《失业人员定居点条例》的规定,这些定居点规模首先一般不得小于 600 平方米,最大则不宜超过 5,000 平方米,以便定居家庭可以通过自给自足缓解生活压力;其次,定居者或失业人员应以"自愿报名"的形式,共同参与房屋建造和定居点的管理运行;第三,优先考虑长期失业人员和多子女家庭;第四,建设所需土地由地方政府以不附加额外费用的形式提供。除此之外,它还包含了一定振兴民族经济的考虑,例如所有建筑材料必须为国产。这一国家资助项目由一名直接隶属于

---

① Rudolf Baade, *Kapital und Wohnungsbau in Berlin 1924 bis 1940. Die öffentliche Förderung in der Weimarer Republik und im NS-Staat*, S.136; Karl Christian Führer, *Mieter, Hausbesitzer, Staat und Wohnungsmarkt: Wohnungsmangel und Wohnungszwangswirtschaft in Deutschland 1914 - 1960*, S. 178.
② Tilman Harlander, Katrin Hater, Franz Meiers, *Siedeln in der Not. Umbruch von Wohnungspolitik und Siedlungsbau am Ende der Weimarer Republik*, Hamburg: Christians, 1988, S.68.

总理且拥有特别权力的国家专员负责,其权力甚至包括在必要情况下直接征用所需土地。而项目所需资金则来自由国家财政部长委托德意志建筑与土地银行的特别资金,向符合条件的定居点提供建设资金,建设标准为上限 3,000 马克,其中 2,500 马克为国家提供的利率为 3%、本金偿还率为 1%的低息贷款,资助对象主要是各州、市镇的住房救济公司和定居公司,而其余的 500 马克则由定居者自行承担。建设用地则由市政当局向失业人员提供,面积介于 600—5,000 平方米之间,用于耕种和饲养牲畜。不过由于柏林的建设成本尤其高昂,因此中央政府再额外补贴 100 马克。① 这一安置计划在魏玛末年的 1931—1933 年共建成约三万余座"小农庄"(Siedlerstelle)。②

但无论是 1930 年由国家劳动部启动的特别住房建设项目,还是郊区定居点项目,它们所能覆盖的范围仍极为有限,要么对申请项目资格有严格限制,要么有区域限制——例如"郊区定居点"就主要位于大城市和煤矿产区。这样一来,在德意志帝国建国初期伴随大城市住房短缺而出现的特殊居住形式,即民众自发圈地搭建简陋住房,在经济大危机期间又再次卷土重来。由于此类建设活动"不仅没有建筑许可,有部分未得到土地所有者同意,甚至是在地产主明令禁止的土地上"开展,因此也被定性为"非法定居"(wildes Siedeln)。③ 在许多城市都出现"大量的失业人口聚居在城市所有的土地上,在既未获得土地所有权,也未得城市许可的情况下就自行分配土地,随后搭建自己的小屋,并开辟出一块住种植用的园地","非法定居点"也因此产生。

本章小结

德国历史上首个国家住房政策体系始于魏玛共和国,但它的部分理念和实践可以追溯至德意志帝国之前就由资产阶级社会改革家所倡导的"住房改革",希望

---

① Rudolf Baade, *Kapital und Wohnungsbau in Berlin 1924 bis 1940. Die öffentliche Förderung in der Weimarer Republik und im NS-Staat*, S.141.需要说明的是,这里"Siedlerstelle"并非一般意义上的"农庄",其居住者也非真正的"农民",而是指郊区定居点中的定居形式。
② Rolf Kornemann, "Gesetze, Gesetze … Die amtliche Wohnungspolitik in der Zeit von 1918 bis 1945 in Gesetzen, Verordnungen und Erlassen", S.629.
③ Tilman Harlander, Katrin Hater, Franz Meiers, *Siedeln in der Not. Umbruch von Wohnungspolitik und Siedlungsbau am Ende der Weimarer Republik*, S.43.

通过为"小人物"提供"促进其身心健康的合适住所"达到消弭社会对立乃至政治革命的目的。魏玛住房政策真正的创见在于它彻底舍弃帝国时代偏向房产主的自由市场经济，基本建立起一套相对完善但又开放的政府住房保障体系，涵盖立足"承租人保护"原则的住房租赁调控和借助税金与政府财政支持促进住房生产两个方面。不可否认，起初促成这一被称为"从住房问题到住房政策"转变的是第一次世界大战及其后果，但从这一系列政策在20世纪20年代的实践来看，一系列的措施的切实承担起所谓"矫正社会失灵"的社会福利任务，也践行着魏玛宪法有关保障普通人居住权的要求。

但伴随魏玛共和国经济在20世纪20年代后半期开始走上下坡路，针对现行住房保障机制的批判也纷至沓来，公共领域对它的批评主要集中于房东与租客关系紧张、住房政策缺乏对家庭政策的回应，抑或指责土地和住房重新成为投机的对象。这些言论表明，这套住房保障机制已逐渐失去应有的功能，虽然保障的失效不仅与其设计中先天缺陷相关，也与魏玛时代高度特殊的经济、政治环境密切相连，尤其随着经济形势下滑，新房空置数量与住房缺口齐高的局面——1932年全德有150,000套新房空置，却只有不到10%的家庭有能力租住或购入[①]，成为当时人质疑住房政策的合理性最直接的证据。而在魏玛共和国末年政治分裂的背景下，这种对特定政策的批评，又极易被各方政治势力利用为对整个"制度"的批判，最终动摇了政权的稳定性。

---

① Rolf Kornemann, "Gesetze, Gesetze … Die amtliche Wohnungspolitik in der Zeit von 1918 bis 1945 in Gesetzen, Verordnungen und Erlassen", S. 640.

第三章

纳粹统治时期的"福利"住房政策（1933—1945）

> "如果我将100万枚手榴弹堆作一堆，它们无法构成一座纪念碑；但如果我垒起100万套住房供德意志工人居住，对我而言这将是一座丰碑。"[①]
>
> ——阿道夫·希特勒

纳粹党（包括其前身"德意志工人党"）最初的创党理念是要建立一个"维护小资产阶级和熟练工人利益、德意志化的无阶级社会"[②]。因此，作为草根起家的"斗争政党"，它坚决视魏玛议会民主制为"斗争对象"。除了攻击民主政体下的政治与社会多元性导致民族和国家分裂，纳粹党还指责魏玛体制低效与腐败，投入大量公共资金、未能切实解决大众居住困难的住房政策尤其成为它攻击的对象。同时，纳粹党又是在经济大危机中壮大并夺取政权，它既迫切需要像前政权那样尽快解决诸如住房短缺这样的危机以巩固统治，又希望从本党意识形态出发对住房政策做出根本性调整。但与魏玛共和国将保障人民居住权写进宪法不同，纳粹政权自始至终未形成与之相关的主导方针，仅有部分官员或专家就现状给出解决构想[③]；而纳粹政权结构的特殊性，又决定了其住房政策的种种矛盾和极端表现。最终战争

[①] 这是希特勒1936年3月29日在卡尔斯鲁厄为当年国会选举造势所作的演讲，1936年国会选举是纳粹党强行通过《授权法》取缔一切合法政党后的第二次国会选举。正是在这次演讲中，希特勒提出要由国家承担大众新建住房的费用。转引自"Granaten oder Häuser?", in *Die Deutsche Wohnwirtschaft*, 43(1936), S. 196－199。

[②] 郑寅达、陈旸：《第三帝国史》，南京：江苏人民出版社2020年版，第186—188页。

[③] 直到1936年，国家劳动部主管住房政策制定的司长恩斯特·克诺尔（Ernst Knoll）才根据德国当前的住房现状在德意志住房改革协会发表相应的方案构想，后以"国家住房政策"（Reichswohnungspolitik）为题发表。但克诺尔构想的主要内容与德国现实仍有出入。这主要是由两方面原因造成的：一是克诺尔的设想与主流观念存在差异；二是住房政策实践在二战爆发前存在变化，因此并不能视之为纳粹德国住房政策的根本文件。克诺尔的观点共有九点，全文可参见 Ulrike Haerendel, *Kommunale Wohnungspolitik*（转下页）

的爆发,使得一切有益或无益的解决尝试都化为乌有。

第一节 纳粹德国的住房政策设计

1933年6月,上台不久的纳粹政权针全德居民人口超过1万人的城市行政区①进行人口和住房普查。结果显示,这些地区在6月15日共有112,900套未利用的闲置住房,住房空置率为1.3%,由此可以推测全德闲置住房数量应在17万套左右。② 事实上,在20世纪20、30年代普遍存在住房紧张的大背景下,德国的住房短缺标准,即空置率,已顺应时代潮流被放宽至1%—2%以下,但更为详细的住房普查报告不仅揭示出住房短缺的存在,还明确指出这一短缺具备类似德意志帝国时代"小房子短缺"的特征。

首先,在所有112,900套空置住房中,30%为4—5居室(含厨房)的大户型住房,23.7%为4居室住房,38%为2—3居室住房,而典型的一居室小住房仅有4.9%闲置。具体到各个城市,汉堡1—3居室住房的空置率为1.6%,首都柏林为1.4%——而普鲁士除柏林以外的大城市,同类型住房的平均空置率则为1.2%。③ 显然,经济适用的小户型供应已高度紧张,且这一问题在能够提供更多生活与工作机会的大城市表现尤为突出。其次,即使部分城市空置率尚未达到"住房短缺"标准,也已无法掩饰恩格尔在19世纪70年代就已提出的因房屋质量堪忧而导致的供应短缺。许多空置住房与其说是无人入住,不如说是无法入住:房屋设施因破旧不堪到无法加以利用,这才被登记为"未出租"④——其中又以小户型住房的质量问题最突出。糟糕的屋况还得到许多市政当局的证实,如柏林住房总局

(接上页) *im Dritten Reich. Siedlungsideologie, Kleinhausbau und „Wohnraumarisierung" am Beispiel Münchens*, S.123 转引。

① 按照1887年在罗马召开的第一届国际统计学家大会给出的界定,居民人口在10万以上的行政区被视为大城市,2万—10万人口为中小城市(镇),其范围涵盖从非农乡镇一直到中等城市的不同类型,居民人口2,000人的人口聚集地则为乡村。

② "Wohnungswesen", *Bauen-Siedeln-Wohnen. Zeitschrift für Bau-, Siedlungs- und Wohnungswirtschaft*, 14(1934), Heft. 6/7, S.47-48.

③ Karl Christian Führer, "Anspruch und Realität. Das Scheitern der nationalsozialistischen Wohnungsbaupolitik", *Vierteljahrshefte für Zeitgeschichte*, 45(1997), Heft 2, S.225-256.

④ 1933年的住房普查并未专门统计不宜居住的住房。但鉴于1927年闲置住房屋况统计曾对屋况有过调查,并指出当时空置住房中有43%以上的房屋无法居住,由此可大致推测出30年代的闲置房屋质量会进一步下降。

在1933年初就专门发布声明,称经其专业调查,大多数两居室以下的闲置住房都出自该市最老的两栋大楼,"它们中绝大多数建筑状态已完全不能称之为'住房'了"。① 汉堡市政当局也在1933年对空置住房进行了一番深入调查,最终确定该市有1,500套空置住房已不宜居住——而该市空置住房的总数为4,500套。②

正因为可供出租的房屋数量的减少,"一房难求"的现象格外突出。经济景气研究所1933年夏发布的报告显示,在全德总计1,773万户家庭中,有115.5万家庭无法拥有自住住房(这里的"自住住房"也包括独立租住的房屋),不得不与人分租甚至是在临时安置点落脚。③ 由于魏玛晚期推行的国家住房救济政策所能覆盖的范围极其有限,很多家庭为了适应收入急剧下降被迫自寻出路,"每个人都在竭尽全力寻找最便宜、又刚好够他全家容身的住所",汉堡社会福利部门在1932年10月这样写道。考虑到1933年时市场上仍存在少量可供出租的空置住房,甚至是小户型的住房,这又表明,一部分家庭的经济状况甚至不足以支撑他们独立租住现有的空置住房。毫无疑问,在纳粹党上台之初,住房问题已与德国在危机后的经济社会问题交织在一起,因此格外错综复杂。

一、住房政策的结构性调整

面对如此恶劣的居住现实,纳粹官方认定问题症结在于魏玛共和国的住房政策。他们的理由如下:首先,共和国末年各利益群体围绕房屋租赁的不满甚至引发严重骚乱,证明立足"承租人保护"原则的房屋租赁政策并未真正保障德国人的居住权利;其次,"黄金二十年代"虽是公认的住房建设大发展时期,但政府的过度干预实际上制约了住房经济的活跃度,致使产量下降——经济危机期间及危机之后的住房短缺便是"有力"的证据;最后,充斥"浪费和腐败"的公共资金促进建设机制一手造就普遍的地方债务危机,导致经济大危机对德国的危害不断向纵深发展。历史学家罗尔夫·科

---

① K. Wild, "Gibt es in Berlin keine Wohnungsnot mehr?", *Mieter-Zeitung für Bremen, Bremerhaven, Wesermünde und Umgebung*, 12(1933), Nr.2,转引自Karl Christian Führer, "Anspruch und Realität. Das Scheitern der nationalsozialistischen Wohnungsbaupolitik".

② StA Hamburg, Verwaltung für Wirtschaft, Technik und Arbeit, II 18, Denkschrift des Statistischen Landesamts Hanburg, über den Wohnungsbedarf, 17.9.1934,转引自Karl Christian Führer, "Anspruch und Realität. Das Scheitern der nationalsozialistischen Wohnungsbaupolitik".

③ Walter Fey, *Leistungen und Aufgaben in deutschen Wohnungs- und Siedlungsbau* (= *Schriften des Institutes für Konjunkturforschung, Sonderheft 42*), Berlin: s.n. 1939, S.44.

尔内曼在此基础上将纳粹官方对魏玛住房及市政建设政策的具体批评意见归结为如下几类：

1）建设生产总体不足，且其建设重点放在"大城市的出租兵营"上；
2）房东与房客之间存在尖锐的"阶级斗争"；
3）租金与收入不成比例；
4）缺少家庭政策部分的考量（"人口政策也是住房政策"）；
5）住房不再是家园，土地和住房沦为投机的对象；
6）不同国家部门职权分散，存在大量房产经济组织；二者造成效率低下。[1]

正是这些批评意见构成了纳粹党上台调整住房政策的基本出发点，新政权试图在住房经济回归市场化的基础上动用国家手段进行住房规划，管理和协调居住关系。

(一) 住房经济的市场化转向

纳粹住房领域的首个重要调整是放弃政府干预，使住房经济重新回归市场调节。按照国家劳动部高级参事约阿希姆·费舍尔-迪斯考（Joachim Fischer-Dieskau）的说法，"要满足居住需求就应向私有制经济大规模转型"，而国家的任务"是唤醒私人积极性，操纵和引导资本流动，监督而非管制建设活动"。[2] 客观来说，这个转变诉求并非真正基于纳粹党在野时期对魏玛政策的批评——虽然该党上位后确实致力于在住房政策方面与"20年代作意识形态切割"。它直接源于经济大危机导致的资金短缺。

由于一战战争赔款及赔款利息的长期存在，魏玛共和国自始至终笼罩于国内资本短缺的阴影之下是不争的事实，即便德国在20年代中期迎来经济复兴，复兴依靠的仍是大量输入的海外资本。但经济危机的爆发，一方面导致长期资本的输入在1929年戛然而止[3]，许多地方政府更是早在1928年就已面临大批海外短债到期无力偿还的局面；另一方面，布吕宁政府的紧缩财政进一步削减了来自政府的公共资金（如房租税税金）投入住房建设。最终，自1932年起，高度依赖公共资金的大型居住区项目建设逐步放缓直至停摆。从这个意义上来说，经济危机率先成为

---

[1] Rolf Kornemann, "Gesetze, Gesetze … Die amtliche Wohnungspolitik in der Zeit von 1918 bis 1945 in Gesetzen, Verordnungen und Erlassen," S. 639f.
[2] Joachim Fischer-Dieskau, "Staatsgedanke und Wohnungsbau", *Soziale Praxis*, 44(1935), S. 306-312; ders, "Probleme der Wonungsbau- und Siedlungsfinanzierung," *Die Banke*, 31(1938), S. 10-16.
[3] [德]卡尔·哈达赫：《二十世纪德国经济史》，扬绪 译，北京：商务印书馆1984年版，第49页。

撬动魏玛住房政策改变的杠杆①，而布吕宁政府的危机应对措施最终促成德国住房政策的"保守转向"：即排除政府干预，回归市场机制。

与此同时，纳粹党猛烈抨击政府干预住房建设造成的"浪费与腐败"，提出只有回归市场才能解决这一问题。魏玛福利住房建设促进政策之所以在20年代末被广泛诟病，在于建设目标与建设实践之间的矛盾：虽然大批居住区、公寓楼在20年代中后期拔地而起，但有迫切居住需求的家庭往往无力承担其高昂的房租，因此公共住房的福利保障属性也就无从体现。但这些明显"为经济条件较好群体"建设的公共住房，因为大部分建设成本出自公共资金，又反过来造成地方政府因建造"福利"住房负债累累且难以回本——有国家劳动部高级官员甚至因此称为"公共资金误入歧途"②。纳粹党正是抓住了这个问题，提出住房福利则应保障"真正迫切需要福利救助的贫困群体"，而非无差别地提供给普通公共住房建设，因此公共资金补贴应仅限于投建设施最简单的住房，尽可能保证低廉房租。③ 同时，削减公共资金投入也有助于重新恢复住房建设行业的活力，吸引私人投资。

1933年上台后的纳粹党因此继续延续布吕宁政府的这一"住房政策保守转向"④。首先是宣布有关取消房租税的三部紧急法案继续有效，房租税虽然没有被废除，继续征收并流入国库，但它基本不再充当资助住房建设的公共资金来源——至1939年时，投入住房建设的房租税税金已不到2%。⑤ 整个建筑业更是被定性为要"完全从资本市场融资"的标杆。于是在纳粹统治前期（1933—1936年），公共资金直接参与住房建设的情况极少发生，国家贷款仅能弥补极小的融资缺口，且"必须按照资本市场规则获取"。而国家调控住建行业的关键手段是为从资本市场获得的贷款提供违约担保，以便起到激励和引导私人投资的作用。⑥

---

① Michael Ruck, "Der Wohnungsbau-Schnittpunkt von Sozial- und Wirtschaftspolitik. Probleme der öffentlichen Wohnungspolitik in der Hauszinssteueräre (1924/25 – 1930/31)", S. 123.
② Otto Wölz, " Das zusätzliche Wohnungsbauprogramm des Reichs 1930 als Glied der Reichswohnungspolitik", *Die Wohnung*, 5(1930/31), S. 249 – 252. 奥托·沃尔茨当时是国家劳动部第六处处长，劳动部普遍认为将政府资金投资福利待遇标准过高的产品是错误的。
③ Karl Christian Führer, "Wohnungsbaupolitische Konzept des Reichsarbeitsministeriums", in Alexander Nützenadel (Hg.), *Das Reichsarbeitsministerium im Nationasozailismus. Verwaltung-Politik-Verbrechen*, Göttingen: Wallstein 2017, S. 181.
④ Tilman Harlander, *Zwischen Heimstätte und Wohnmaschine: Wohnungsbau und Wohnungspolitik in der Zeit des Nationalsozialismus*, S. 39.
⑤ Gert Kähler, "Nicht nur Neues Bauen! Stadtbau, Wohnung, Architektur", S. 404.
⑥ Ulrike Haerendel, "Wohnungspolitik im Nationalsozialismus", *Zeitschrift für Sozialreform*, 45(1999), H. 10, S. 843 – 879.

(二) 住房政策的意识形态化

魏玛住房政策从克服政治、社会危机的经济措施向普遍住房福利保障转变的过程包含了诸如避免社会革命爆发、以新居住形式教化新人等考量。相比之下,纳粹住房政策的意识形态色彩更加强烈,纳粹政权不仅试图通过住房政策化解社会矛盾,更设想通过介入日常生活塑造全新的"民族共同体社会"。

魏玛共和国开创的"承租人保护原则"的出发点是保障资本主义私有制条件下处于财产弱势的一方,以避免爆发社会革命,与施莫勒"一笔适中而克制的保险费"一脉相承。但事与愿违的是,至共和国末年,围绕住房形成的各利益群体对于房屋租赁问题均已满腹牢骚,收入下跌与新建居民区房租过高的矛盾首先致使租户要求改善生活境遇的抗议从 1930 年起不断涌现。例如 1932 年 10 月汉堡东北面的两处新建小住房居住区租户两次示威游行,要求小区产权所有人,两家公益住房建设公司降低租金。而公司方面不仅寸步不让,还在第二次游行时要求法院驱逐 71 名房租缴纳逾期的租户。[1] 不仅是汉堡,柏林、慕尼黑、布雷斯劳这些大城市,小城如瓦尔登堡也在 1932 年爆发类似的抗议。但在纳粹党看来,这些事件代表了房东和租户在当前的租赁条件"你死我活的激烈阶级斗争",并着重强调"承租人只承担义务,毫无权利可言,这令人无法容忍"。为此该党还在 1930 年和 1932 年两度与社民党和共产党结成政治联盟,共同发声"三党及其多数党员将为在未来实现更好的住房经济组成一个……阵线"。[2] 但随着魏玛末年政治局势不断恶化,党争逐渐泛化为不同群体之间的激烈冲突。在极端团体及其同情者的"准军事化动员、游行,各政治派别间的暴力冲突冲击城市日常秩序"[3]的情况下,纳粹党又转变立场。它将租赁双方的"阶级矛盾"重新表述为受到其他政党的挑唆:"一边是共产党出于一己私利从中挑拨离间,煽动租户闹事;一边是当时的自由派和所谓的人民党,试图怂恿大批房产所有者为他们的利益而战。结果是出租公寓楼逐渐朽坏,公寓破

---

[1] Karl Christian Führer, "Die deutsche Mieterbewegung 1918 – 1945", in Günter Schulz (Hg.), *Wohnungspolitik im Sozialstaat. Deutsche und Europäischen Lösung 1918 – 1960*, Düsseldorf: Droste 1993, S.237.
[2] "Nach der Wahl", *Deutsche Mieter-Zeitung*, 27(1930), Nr.19; "Nachdenkliches zur Reichstagswahl", *Deutsche Mieter-Zeitung*, 29(1932), Nr.21,转引自 Ebenda, S.234f.
[3] Dirk Blasius, *Weimars Ende. Bürgerkrieg und Politik 1930 – 1933*, Aufl. 2, Göttingen: Vandenhoeck & Ruprecht 2006, S.13f.

损以及数不清的租赁官司。"①

　　虽然将矛头指向魏玛住房租赁政策的结构性缺陷并借此抨击议会民主制,但纳粹党对住房政策相关议题的指责并非完全捏造,而这种针对特定政策的批评,将特殊问题加以一般化并"放大为对整个'制度'的批判"②也是魏玛末年政治分裂的具体表现之一。但问题在于,上台后的纳粹党同样需要面临住房短缺的问题。不可否认,"承租人保护"原则依然在纳粹德国时期得到承认,1936年《国家租赁法》和《解约法》到期后,"承租人保护"改称为"社会租赁权"(soziale Mietrecht)继续存在。③ 但同时,纳粹党在"斗争时期"一度推崇的国家统制经济向掌权后维护私有制与市场经济的转变,也被投射在住房政策领域,并表现为竭力回避对房东私有财产与隐私的干预。这一点在1935年9月国家劳动部驳回慕尼黑市市长卡尔·菲尔勒(Karl Fiehler)提议重启住房统制模式以克服住房短缺时表现得十分突出。劳动部在批复中写道:"房主认为该项措施严重侵害其财产权,态度强硬予以激烈反对";且"重启房屋征收,意味着根本性变革,其直接影响不仅限于相关房产,首先将影响房地产贷款"。此外,劳动部还声明此决定已得到"各州及国家部门代表的认同"。④

　　但如此一来,纳粹党人的居住主张就出现了矛盾,并且与在野时期可以将问题引向制度或党争不同,作为执政党,纳粹党现在必须提出一套既能迎合大众居住需求又不损害有产者利益的主张。为了模糊利益冲突,纳粹党提出要在居住领域贯彻"民族共同体"(Volksgemeinschaft)思想,承诺提供包括工作、休闲和住房在内的全面保障,"在民族社会主义国家,每一位加入德意志民族共同体的'民族同志'(Volkgenossen),直至其告别共同体,亦即从其出生到其死亡,德意志民族社会主

---

① Gerhard Lazari, "Aufbau der Gemeinschaft im Haus und Heim", *Bauen-Siedeln-Wohnen. Zeitschrift für Bau-, Siedlungs- und Wohnungswirtschaft*, 17(1937), H. 20, S. 526 – 527.但客观来说纳粹这一事后攻击并非完全无中生有。K. C.费勒在对20世纪上半叶以汉堡为主要考察对象的租户运动研究中指出,从1929年起,德国共产党就积极参与租户协会一类的组织,主要从事组织租户抗议示威,抵制房东强制出清的行动:如组织隶属"失业委员会"的失业者在被要求出清的房屋前阻止法警入内强制执行,或是将已经搬出的家具又重新搬回屋内。这些行动有时确实能够威慑房东撤销出清房屋请求。参见 Karl Christian Führer, "Die deutsche Mieterbewegung 1918 – 1945", S.236。

② [英]玛丽·弗尔布鲁克:《德国史 1918—2008》(第三版),卿文辉译,上海:上海人民出版社2011年版,第38页。

③ Karl Christian Führer, "Wohnungsbaupolitische Konzept des Reichsarbeitsministeriums", S.183.

④ "Gegen die Einführung der Wohnungszwangswirtschaft", *Bauen-Siedeln-Wohnen. Zeitschrift für Bau-, Siedlungs- und Wohnungswirtschaft*, 15(1935), H. 21, S.443.

义党都有责任给予养育和关爱"①。同时，它还偷换概念，将租赁双方在利益、权利上的争议（甚至是阶级矛盾）定义为种族矛盾，反复叫嚣"房屋产权正日益受'异族'支配，城市出租公寓楼日益由非德意志人控制，犹太人将房屋和房间变成一类商品，用于建设房屋的地皮成为受欢迎的投机对象，而大部分德国工人却被迫生活在通风差、缺乏光照的贫民窟，备受寄生虫的侵扰。"②

而纳粹党在建党之初就秉承激烈的反城市观也在此时成为纳粹居住构思的理论基础。反城市观念最早可以追溯至工业化时代欧洲各国普遍出现、强调城乡对立的农业浪漫主义与敌视大城市思想；纳粹党的反城市观还结合了"血与土"理论③。重要的纳粹理论家如阿尔弗雷德·罗森贝格（Alfred Rosenberg）、汉斯·F. K. 京特（Hans F. K. Günter）均对现有大城市的存在提出强烈质疑，认为城市要么吞噬家庭和民族，要么只留下劣等遗产，因此必须按照纳粹主义理论加以改造。如京特就提出城市化在生物学上"加速灭绝高种族价值的家庭"，且城市化带来的技术和思想进步还将一部分人抛入无可依靠的危险境地④；罗森贝格则简单粗暴地强调城市聚集着大量共产主义信徒、反社会分子和罪犯。⑤ 另外，魏玛末年宣传鼓动民粹主义运动的经历又让纳粹党本身对城市中所谓"不受控制"群体可能造成的潜在社会威胁保持高度警惕，因此该党提出居住建设规划首先需要排除"新建让数百人挤住在一起的大型定居点"，其次"未来的小公寓应尽量建在舒适且靠近土地的独栋小屋内"。⑥ 同样持反城市观点的纳粹经济学家戈特弗里德·费德尔（Gottfried Feder）将大城市生活所呈现出的问题归结为"德意志人口不良分布"，他在1934年提出通过加强中小城镇和乡村定居点的建设，疏散大城市人口，因为"从种族政策的角度来看，居民人口在两万左右的'乡村城市'（Landstadt）的生活条件最为健康"。⑦

---

① Gerhard Lazari, "Aufbau der Gemeinschaft im Haus und Heim".
② Gerhard Lazari, "Aufbau der Gemeinschaft im Haus und Heim".
③ "血与土"是将德国农民和土地的关系加以神话，称德国农民是捍卫德意志土地的支柱和德意志种族的根基所在。有关纳粹"血与土"理论的概述性介绍，参见郑寅达、陈旸：《第三帝国史》，第249—250页。
④ Hans F. K. Günther, *Die Verstädterung. Ihre Gefahren für Volk und Staat vom Standpunkte der Lebensforschung und der Gesellschaftswissenschaft*, B.G. Teubner Verlag 1938, p.42.
⑤ Dirk Schubert, "Großstadtfeindschaft und Stadtplanung. Neue Anmerkungen zu einer alten Diskussion", *Die alte Stadt*, 13(1986), H. 1, pp.22 – 41.
⑥ Johannes Büttner, *Nationalsozialistische städtische Wohnungs- und Siedlungspolitik*, Berlin: Triltsch und Huther 1937, S.36, 转引自 Ulrike Haerendel, "Wohnungspolitik im Nationalsozialismus".
⑦ Thilman A. Schenk and Ray Bromley, "Mass-Producing Traditional Small Cities: Gottfried Feder's Vision for a Greater Nazi Germany", *Journal of Planning History*, vol.2, 2(2003), pp.107 – 139.

这一系列意识形态主导的观点,最终贯彻于纳粹德国和平时期涉及住房政策执行的各个方面,而实践也表明,纳粹德国政府虽然放任建设资金市场化流动,但对于区域居住规划及建筑理念具有绝对话语权。

(三) 人口增长与家庭导向的住房政策

纳粹住房政策另一个调整重心则是以人口和家庭为导向。德国自一战结束以来"结婚潮"持续不退是客观存在的事实,大批新人因组建家庭需要自立门户,一定程度上进一步加剧德国自魏玛共和国以来的住房短缺困局:1932 年时有 509,000 对新人缔结婚约,1933 年又增至 630,000 对——其中 328,000 对新人需要入住新居。具体到城市,以巴伐利亚的奥格斯堡为例,1933—1937 年每年平均有 2,000 对新人结婚,但可提供的住房只有 776 套/年。① 国家统计署政府参事卡尔·瓦格纳(Karl Wagner)在 1933 年估算,1930—1940 年因组建家庭而新增的住房需求平均每年维持在 25 万—27 万套,至 1945 年时还"需为德国人民新建 400—500 万住房"。② 而新人在组成家庭后,随着孩子数量的增加可能会需要更大的住房,而在收入相同的情况下,多子女家庭的住房支出显然将更多。在这种情况下,出于保障的考虑,要么以发放儿童金的方式增加其收入,要么减免多子女家庭的房租。③

如果仅从人口增长角度看待这一住房需求,则纳粹政权这一侧重保障多子女家庭的住房政策似乎与魏玛共和国差别不大,但事实上,这一保障的内核已出现根本性转变。住房政策本身服务于塑造和团结"民族共同体"社会,因此这一人口增长导向同样具有强烈的意识形态色彩;甚至与其说纳粹政权奉行的是与人口与家庭政策导向的住房政策,不如说纳粹住房政策从一开始就与种族卫生学联系在一起。

纳粹所称的德意志民族共同体,本质是一个立足于种族和血统之上的集体。按照 1924 年 2 月颁布的纳粹党纲所言,只有具备德意志血统之人方可成为"民族同志",而只有民族同志才能称之为公民。④ 而这个以种族为基础的集体又被理解

---

① 数据转引自 Berhard Gotto, *Nationalsozialistische Kommunalpolitik. Administrative Normalität und Systemstabilisierung durch die Augsburger Stadtverwaltung* 1933 - 1945, München: R. Oldenbourg 2006, S.215。
② "Aufsteigendes Volk braucht Wohnungen", *Bauen-Siedeln-Wohnen. Zeitschrift für Bau-, Siedlungs- und Wohnungswirtschaft*, 15(1935), H. 21, S.441f。
③ Rolf Kornemann, "Gesetze, Gesetze… Die amtliche Wohnungspolitik in der Zeit von 1918 bis 1945 in Gesetzen, Verordnungen und Erlassen", S.642。
④ 转引自郑寅达、陈旸:《第三帝国史》,第 9 页。

成一个有机体,因此有机体的发展就需要每个个体为之付出努力,即如维尔茨堡遗传与种族研究所所长路德维希·施密德—克尔(Ludwig Schmidt-Kehl)在1934年所说:"如果德意志民族要生存下去,就必须克服个人主义,不再将个人福祉放在首位"①。换言之,从全民族存续的角度来看,则种族集体健康高于个体健康:一方面是要将"劣等人"——罹患精神或遗传疾病者,也包括诸如犹太人这样的非"雅利安人"——排除在共同体之外;另一方面要保证和提高("有价值")个体促进全民族健康的能力以维护种族血统,从而建立起住房与种族—个体健康、繁衍后代的关联性。"持续改善恶劣的居住条件,消除人口聚集于狭窄空间对民族存续与健康造成的破坏性影响",就成为第三帝国在定居事务中所背负的使命,"每个个体亦有责任从旁协助。"②就这一点而言,即使不考虑前述消除所谓"潜在社会风险"的动机,城市出租大楼(即"出租兵营")逼仄拥挤的居住环境也与纳粹人口增长理念不合。这就构成了纳粹政权在30年代前中期将可以容纳更多人口的小定居点作为主要推进的建设和居住形式的基本出发点。

(四) 主管机关的调整

魏玛共和国时期围绕住房事务的重要决策权掌握在各州和地方政府(主要是城市政府)手中。在实践过程中,由于市政当局拥有的权力更大,经常因理念差异或资金问题与州政府或中央财政部门产生摩擦。相比之下,表面上的最高主管机关,即1918/19年成立的国家劳动部,却在整个20年代,影响甚微。③ 直到1930年魏玛共和国议会民主制终结,进入半独裁的"总统内阁制"阶段,在总统兴登堡的授权下,中央政府将议会、州政府及市政当局排除出政治决策过程之外。国家劳动部这才真正成为德国住房政策的最高决策机构,并完全主导30年代初德国住房经济市场化的转型。

纳粹在掌权之初由于客观上需要巩固统治根基和克服经济危机,加之其党国

---

① 转引自 Marianne Rodenstein Stefan Böhm-Ott, "Gesunde Wohnungen und Wohnungen für gesunde Deutsche", Gert Kähler (Hg.), *Geschichte des Wohnens (Bd. 4: 1918 – 1945: Reform Raktion Zerstörung)*, S.494。
② Uebler, "Wohnungsnot, Volksgesundheit und Volksmoral", *Bauen-Siedeln-Wohnen. Zeitschrift für Bau-, Siedlungs- und Wohnungswirtschaft*, 15(1935), H. 21, S.438 – 440。
③ 按照相关规定,劳动部有权制定框架性法规,但也仅限于此。1924年"房租税"实施后,其中10%的税金交由劳动部支配,但该部门本身并不主导"房租税"的具体分配额度。参见 Karl Christian Führer, "Wohnungsbaupolitische Konzept des Reichsarbeitsministeriums", S.178f。

一体化也尚未建立，各级政府系统仍依旧例运行，国家劳动部的主管权限因此并未发生变化。但随着纳粹当局和希特勒本人开始试图以纳粹主义思想改造国家和社会，围绕住房事务主管权限的首个变化随之出现：纳粹政权认为贯彻小定居点建设能够兼顾创造就业机会，提供福利保障，加速人口增长，因此要求加快建设。1934年3月希特勒发布有关广泛开展德国定居点工作的命令，他下令设立"国家定居事务专员"专门负责处理小定居点。这个职位隶属于国家经济部，同时接管经济部下属的所有住房建设专家，专员一职由戈特弗里德·费德尔担任。费德尔是纳粹城市理论的专家，他在任职专员期间提出"大城市疏散理论"，并计划在德国境内建造1,000座经过统一规划的小城镇。尽管费德尔对纳粹德国的居住和定居政策产生极大影响，但他本人并未对国家劳动部的管辖权构成太多影响，原因是他担任定居事务专员仅八个月后便离职而去。而纵观纳粹的组织机构，国家定居事务专员"是少数未能享有独立行事最高权限的国家部门"：有关定居点的建设事宜，定居专员必须会同国家经济部及劳动部协商解决。①

但就在同一时间，希特勒又授权德意志劳动阵线②"保证社会和平"，并根据纳粹党的建制改组家园局的机构及工作范围——家园局原本是魏玛共和国为了规范"非法定居"等不受监管的筑屋活动步入正轨及帮助无家可归者获得住房的机构。纳粹时期的家园局被分为中央和大区两级，最初其"最高任务是监督定居工作的实施"，但工作职责实质是在推进定居点建设时对招募"合适"定居者进行意识形态宣传，并根据党派和种族对定居申请者进行筛选。③ 很快这个部门及其背后的德意志劳动阵线就成为劳动部共同管辖住房事务的主管部门，理由是由于房主和租户是"同一个共同体内的德意志民族同志，团结在德意志劳动阵线组成的民族社会主义共同体下"④；从1935年起，纳粹党对各类房东与租户组织加以强制合并，归德意志劳动阵线管辖。1935年11月，德意志劳动阵线的官方刊物《建筑·定居·居住》(Bauen Siedeln Wohnen)就刊登了一则短讯，称"德意志新建及自有住房房主

---

① Karl Christian Führer, "Wohnungsbaupolitische Konzept des Reichsarbeitsministeriums", S. 190.
② 德意志劳动阵线是隶属纳粹党领导的全德劳工组织，但与传统意义上的工会组织不同，它尤其强调"去工会化"的特征，即不干涉劳动条件与工资谈判，而是注重意识形态的"教育"和培训。参见郑寅达、陈旸：《第三帝国史》，第402页。
③ "Grundsätze des Reichsheimstättenamtes für Siedlungslustige", *Bauen-Siedeln-Wohnen. Zeitschrift für Bau-, Siedlungs- und Wohnungswirtschaft*, 18 (1938), H. 6, S. 224f; Tilman Harlander, "Kleinsiedlungspolitik zwischen 1930 und 1950 — eine deutsche Geschichte", in Günter Schulz (Hg.), *Wohnungspolitik im Sozialstaat. Deutsche und Europäischen Lösung 1918-1960*, S. 127.
④ Gerhard Lazari, "Aufbau der Gemeinschaft im Haus und Heim".

国家联合会依 1935 年 9 月 21 日之法令于即日起解散";而另一篇报道则提到,"国家劳动部长呼吁已解散的德意志新建及自有住房房主国家联合会成员加入中央协会的各地方协会,并将对企图加入其他协会者采取行动"。①

从住房事务管理的角度来看,任命"国家定居事务专员",改组家园局,意味着纳粹党开始在住房事务领域贯彻纳粹主义的思想,设想从全新的空间和居住结构入手重新安置德国民众,并在安置过程中建立诸如"无家可归"的大城市居民"扎根土地"的认识;同时通过对各类分属租赁双方的社会团体的整合,创建属于"民族共同体"的群体归属感,加强社会控制。这种新旧机构并置的手段本身也符合纳粹政权政治管理体制的特点。不过这些人事任命及针对机构的改造,此时尚未影响劳动部在住房事务方面的话语权。由于劳动部与纳粹党及德意志劳动阵线最初在减少政府干预尤其是反对魏玛公共资金促进机制上的立场一致,因此尽管有"国家定居事务专员"的短暂插曲,但党政系统在 1936 年之前总体合作无间。

二、纳粹住房政策的具体实施

结合纳粹意识形态及对魏玛住房政策的批评意见和政策调整,新的居住观得以逐渐形成:一方面,住房政策自 19 世纪晚期以来逐步形成的类似"社会稳定器"的系统功能将继续保留,无论是出于克服危机抑或提供福利保障的动机,国家都必须为德国民众提供舒适、安宁的家园。但另一方面,住房保障成为当局贯彻纳粹主义思想改造国家和社会的手段之一,不仅要提高德国人(尤其是工人)的工作效率,还要使他们始终保持"自己是民族战斗与命运共同体一员"的集体意识。② 因此,尽管德国住房政策 1933—1939 年一度表现为放任建设资金的市场化流动,但实则是国家干预贯穿住房建设到租赁的各个方面,更由此形成具有突出纳粹特点的"福利"住房政策。

---

① "Neuhausbesitzer-Reichsverband aufgelöst", *Bauen-Siedeln-Wohnen. Zeitschrift für Bau-, Siedlungs- und Wohnungswirtschaft*, 15(1935), H. 21, S. 443; "Aufforderung des Reichsarbeitsministers zum Beitritt in die örtlichen Vereine des Zentralverbandes Deutscher Haus- und Grundbesitzer", S.451f.唯一的例外情况是"唯有购置土地非用于满足居住需求而用作园地,则此类成员不被视为房产所有人,而应视为自耕农",但在这种情况下,根据国家家园局的补充通知,这部人必须加入德意志垦殖者联合会。

② Ebenda; Rolf Kornemann, "Gesetze, Gesetze … Die amtliche Wohnungspolitik in der Zeit von 1918 bis 1945 in Gesetzen, Verordnungen und Erlassen", S.646.

(一) 小定居点建设

定居点(或小定居点)是纳粹政权区别于魏玛共和国的典型居住形式。它通常被描述为坐落于大城市郊外带有小菜园的独栋住宅,是属于"定居者"的私人财产,而非由出租屋大楼组成的街区。它甚至还被认为是在日常生活中贯彻纳粹主义的象征。然而,定居点其实并非纳粹党的发明,也不具备"乌托邦"色彩,它的前身是"战士家园运动"计划为战场返回的军人建造的住所——甚至还可以追溯到胡贝尔的"内部殖民"理念,随后在20年代末经济大危机期间又成为魏玛政府解决失业和住房短缺的救济重要手段。

纳粹上台时,经济大危机虽已逐步退潮,但德国的失业率仍居高不下——1933年初失业人口依然高达601.4万人[1]。失业率对德国人的"住"构成的深刻影响仍在持续。为了解决问题,政府针对失业且无家可归的民众采取生产性救济措施。因此,不仅布吕宁时期颁行的《第三部紧急法》仍继续适用,希特勒还在1933年5月1日的劳动节讲话中专门提及此事。6月1日,希特勒、财政部长冯·克罗西克(Schwerin von Krosigk)、劳动部长泽尔特(Franz Seldte)还共同签署《减少失业法》(Gesetz des zur Verminderung der Arbeitslosigkeit)。该法授权财政部发行总值为10亿马克的劳动国库券以促进就业,其中将以贷款或补贴形式资助如下三类建筑及住房建设形式:住宅楼修缮,住房分隔及将住宅楼内其他空间改建为小户型住房,兴建郊区小定居点(Kleinsiedlung)及农业定居点。[2] 9月21日第二部《减少失业法》(Zweites Gesetz des zur Verminderung der Arbeitslosigkeit)出台,法规将资助建筑修缮与扩建工程的专门资金总额提高至5亿马克。通过这两部国家法规,1933年总计有8亿马克被投入住房建设,而建筑行业的雇佣工人人数增加25%。[3]

在所有的救济措施中,兴建郊区或农业定居点是最为突出的举措。简单来说,定居点项目是由各级政府通过给予极有限的土地和房屋,将失业者和短工安置在农村或城市边缘地带以实现生产救济。[4] 纳粹政权更是明确将"位于郊区小

---

[1] 数据引自郑寅达、陈旸:《第三帝国史》,第189页。
[2] "Gesetz des zur Verminderung der Arbeitslosigkeit", §1, Reichsgesetzblatt, Jg. 1933, Teil 1, S.323.
[3] Rolf Kornemann, "Gesetze, Gesetze … Die amtliche Wohnungspolitik in der Zeit von 1918 bis 1945 in Gesetzen, Verordnungen und Erlassen", S.648.
[4] Dirk Schubert, "Großstadtfeindschaft und Stadtplanung. Neue Anmerkungen zu einer alten Diskussion", Die alte Stadt, 13(1986), S.22-41.

定居点内,接受政府补贴兴建的小房子定义为'(面向失业工人定居的)小农庄'"①。按照1931年11月10日颁布的郊区小定居点建设指导方针,小定居点应设立在"城市和大型工业城镇周边"且满足以下条件:可利用现有交通路线连接定居点,存在扩展社会服务配套设施(教堂、学校等)的可能性,地理位置靠近工作场所以利重返职场。②

1933年2月,劳动部如期启动第三期"郊区定居点"建设计划(1933年2月20日至1933年7月6日),计划在815个基层地方建设10万座"小农庄",以安置因经法院审判必须搬离住处者,同时解决他们的工作问题。③ 以柏林为例,魏玛共和国末年投建的两期郊区定居点分别安置了1,800和800名定居者,第三期郊区定居点(1933年2月至1933年7月)安置700人。④ 在第一、二期安置中,完成短期就业人数分别为216和94人;而到第三期时,找到短工的人数已增至374人,占比超过一半。普鲁士政府据此在1933年8月报告中称"雇佣双方达成短期工作关系的短工定居点已成主流。"⑤

短工就业数据无疑做实了郊区小定居点的应急属性,但正如当代城市史学者迪尔克·舒伯特在分析小定居点的形制和特征时所指出的那样:尽管小定居点鼓励所谓"多余"劳动力在城市边缘地带自力更生,且其与城市之间的空间联系一目了然,但小定居点只是暂时接纳被从城市空间中转移出来的失业和住房短缺问题,"大量被转移出来的失业人员仍不得不通过自建农舍并从事农业生产,等待着重新融入资本主义生产过程并返回城市"。⑥ 这里且不论实际安置人数在失业和无家可归人数中的实际占比,失业工人的临时安置点本质上也不具备可持续发展性,不定期的安置不利于整个社会的稳定,因此随着经济形势的转好,它必须转型为可供长

---

① Karl Christian Führer, "Wohnungsbaupolitische Konzept des Reichsarbeitsministeriums", S. 193.
② "Die amtlichen Richtlinien zur vorstädtischen Kleinsiedlung vom 10. 11. 1931", *Reichsarbeitsblatt*, Jg. 1931, Teil 1, S. 264.
③ Rolf Kornemann, "Gesetze, Gesetze … Die amtliche Wohnungspolitik in der Zeit von 1918 bis 1945 in Gesetzen, Verordnungen und Erlassen", S. 646.
④ LAB, A Rep 044-08, Nr. 156, Oberbürgermeister Berlin an Bezirksämter, betreff: Fortführung der vorstädtischen Kleinsiedlung als Kurzarbeitersiedlung vom 6. 11. 1933, 转引自 Jan Andreas Kaufhold, "Innerstädtische Mobilität im Kontext des Siedlungsprogramms 'vorstädtische Kleinsiedlung'", Informationen zur modernen Stadtgeschichte, 1(2014), S. 104-122。
⑤ *Rheinische Blätter für Wohnungswesen*, 8(1933), S. 150, 转引自 Jan Andreas Kaufhold, "Innerstädtische Mobilität im Kontext des Siedlungsprogramms 'vorstädtische Kleinsiedlung'", Informationen zur modernen Stadtgeschichte, 1(2014), S. 104-122。
⑥ Dirk Schubert, "Großstadtfeindschaft und Stadtplanung. Neue Anmerkungen zu einer alten Diskussion".

期居住的福利性公共社区。1934年3月国家定居事务专员的设立及改组家园局,无疑为小定居点性质的转变提供了首个契机,它也表明纳粹德国试图通过将城市人口向郊区或农村安置作为常态化解决住房短缺问题手段,"有必要……将此前从事定居事务的所有部门整合起来,确保由国家经济部对全国定居事务进行统一、稳定的管理"①。

但在临时安置点向真正意义上的"定居点"转变过程中,对于定居点建设的纳粹意识形态色彩日益突出:一是优先保障所谓的拥有雅利安血统的"民族同志";二是优先照顾多子女家庭。1935年2月12日国家劳动部长的"更新公告"(Ablösungserlass)宣布"小定居点"主要面向普通产业工人与职员提供居住和一定的经济安置,并就小定居点居民身份做出如下说明:"所有贫穷但正直的民族同志[……],与其妻均属德意志国公民,均为雅利安血统[……],民族成分与政治立场均可靠,具有种族价值、身体健康且具生育能力。"②身为共产党员或社会主义者的德国公民,则会被视为"不受欢迎"的定居者被赶出居住地,或不予批准申请定居。

事实上有关定居者种族身份的强调可以追溯到1933年。当年9月劳动部长泽尔特就向各州政府发出通知,要求:

"参与郊区小定居点执行的各单位在甄选和照顾定居者时切记坚决秉承人口与家庭政策观点[……]着重考虑维护和增加种族价值高且具有健康生育能力的定居者家庭,淘汰罹患遗传性精神与身体疾病的定居者,其反社会的劣等后代最终只会给集体造成负担,削弱民族力量。"③

由此可见,种族卫生学的要求很早就进入小定居点救济的筛选之中——甚至早于它转变为定居社区。但这一趋势真正强化是在1936年。1936年颁布的《促进小定居点建设条例》(Bestimmung über die Förderung der Kleinsiedlung)正式落实

---

① BArch NS 25, Nr. 1625, "Das Deutsche Siedlungswerk", Vortrag von Dr. ing. J. W. Ludowici, Siedlungsbeauftragter im Stabe des Stellvertreters des Führers und Leiter des Reichsheimstättenamtes der NSDAP und DAF auf dem Parteikongress 1935.
② BArch R 43 II, Nr. 205, Reichsarbeitsminister an Regierung der Länder, Fortführung der Kleinsiedlung (Ablösungserlaß), 12.2.1935. 转引自 Jan Andreas Kaufhold, "Innerstädtische Mobilität im Kontext des Siedlungsprogramms 'vorstädtische Kleinsiedlung'".
③ BArch, R 2, Nr. 19124, Bd. 1, Reichsarbeitsminister an Länderregierungen vom 21. 9. 1933. 转引自 Ebenda.

第三章 纳粹统治时期的"福利"住房政策(1933—1945)

由大区家园局负责集中审查定居申请人资质。条例规定,"未来月收入不超过200马克的全职人员均可获得国家抵押贷款和担保资助,在小定居点定居;优先考虑前线军人、发动起义的斗士、为战争、民族起义、民族工作做出牺牲的受害者,以及各类多子女家庭。郊区小定居点将发展成为全职人员与共同体定居点。"①

小定居点就此成为受纳粹意识形态和人口政策指导居住保障的典型,并从1935年起就成为少数获得国家资金支持兴建的居住类型。这些规模不大的小定居点能够提供的住房其实并不多,一般最多两层楼高,可以提供1—4套居住单元,但仍然成为这一时期主流的居住形式,甚至有从郊区或农业地带向大城市反向扩展的趋势。1933—1940年担任柏林市长的尤里乌斯·利珀特(Julius Lippert)就提到"除大力推广小定居点住房外,我们希望打造与城市景观相融、真正成为居民家园、家乡的建筑物,既非宫殿,也非兵营,而是朴素、整洁的房屋,它在内城一般不高于四层,位于城郊则不超过三层。"②而从全德的情况来看,1933—1935年德国90%—92%的新建房屋类型都是此类小房子;大城市独栋小住房也占到新建住房的五分之四,比例相当之高。③

而在小定居点建设中,还包含了一类福利保障性质最为突出的住房。它被称为"人民公寓"(Volkswohnung),于1935年夏天投入建设,也是少数获得国家资助的房屋类型。这里"人民"的含义类似"人民汽车"(Volkswagen④),特指普通德国民众能够住得起的公寓,尤其是要"真正适合贫困阶层"。按照1935年5月的《国家及普鲁士劳动部长令》(Erlaß des Reichs- und Preußischen Arbeitsministers)就"人民公寓"给出的法律定义,"人民公寓"是"一层或多层建筑物内最廉价的出租屋,其格局和设施都极为简单",且总建设成本一般限制在3,000马克以内(但不包括建设用地成本)。⑤ 作为廉租房,按照约阿希姆·费舍尔-迪斯考的观点,应优先

---

① 转引自 Rolf Kornemann, "Gesetze, Gesetze … Die amtliche Wohnungspolitik in der Zeit von 1918 bis 1945 in Gesetzen, Verordnungen und Erlassen", S. 664。
② "Sofortprogramm für 3,000 Kleinwohnungen in der Reichshauptstadt", *Bauen-Siedeln-Wohnen. Zeitschrift für Bau-, Siedlungs- und Wohnungswirtschaft*, 15(1935), H. 21, S. 451.
③ Adelheid von Saldern, *Häuserleben. Zur Geschichte städtischen Arbeiterwohnens vom Kaiserreich bis heute*, S. 206.
④ "Volkswagen"更为普及的名称是"大众汽车",后者作为汽车品牌一直沿用至今。其生产的初衷是希特勒在《我的奋斗》提到的"要让人民的汽车(Volkswagen)打破机动车特权",为了要实现"全民机动化",希特勒提出要让普通大众以不到1,000马克的价格购买经济、耐用的国产汽车。
⑤ "Erlaß des Reichs- und Preußischen Arbeitsministers vom 27.5.1935", *Reichsarbeitsblatt*, Jg. 1935, Teil 1, S. 259.

考虑"多子女家庭,尤其是那些虽然长期失业但仍勉力支付房租,并在条件极度匮乏的情况下维持房屋秩序的家庭"。①

"人民公寓"通常位于小住房定居点的行列式房屋内,但有自己的出入口和小院子——换言之,居住在这些单位里的租户家庭和其他业主一样"拥有"自己的小房子和菜园,单从外观来看,外人无法察觉出是一间出租屋。纳粹自诩要建立一个立足民族共同体的平等社会,因此意在以这种看似无差别化的租户与产权人同在一个屋檐下的方式,打破空间中的社会隔离,贯彻社会平等。但由于当局对"人民住宅"的成本和租金有严格限制,无法吸引到更多的投资人,在整个纳粹政权的和平统治时期都未能成为面向工人大众的主流住房。

(二) 房屋租赁

随着德国经济缓慢恢复景气,"400万人重新拿上了工资,吃上了面包",一部分曾经寄人篱下(与人分租或同住的)德国民众开始重新希望获得与其当下的收入匹配的住房;而各类鼓励结婚生育措施的出台(如"婚姻贷款")进一步推高了德国人组建家庭意愿的提高。以普鲁士和巴伐利亚两大州为例,1933—1939年普鲁士两口之家与三口之家的比例分别提高40.5%和18.9%,巴伐利亚则为50.4%和28.2%。② 不过受制于收入水平,住房市场最受欢迎的房型依然是中小户型——80%—90%的德国家庭希望能在未来获得一套中小户型住房,很大程度上源于改善性需求的住房短缺问题于是重新席卷德国城市:首都柏林的住房短缺便是在此背景于1935年再次进入公众视野并引发热议,有报道称该市对小户型公寓的需求在50,000套以上③;而柏林名义上的空置率已降至1.1%,一年之后继续跌至0.7%。④ 而慕尼黑市长菲尔勒也在1935年夏天发出警告,该市经济适用住房日益短缺的情况"势必将在短期内引发住房市场的灾难"。奥格斯堡则在1935年4月出现了402户家庭"争夺"36间空置公寓的惨烈局面——其中366户居住条件极为

---

① Joachim Fischer-Dieskau, "Die Förderung des Baues von Volkswohnungen", *Bauwelt*, 26(1935), H. 35, S. 805 – 807.
② 数据来源于 Karl Christian Führer, "Anspruch und Realität. Das Scheitern der nationalsozialistischen Wohnungsbaupolitik".
③ "Sofortprogramm für 3,000 Kleinwohnungen in der Reichshauptstadt".
④ Christoph Bernhardt, "Aufstieg und Krise der öffentlichen Wohnungsbauförderung in Berlin 1900 – 1945. Zusammenhang und Brüchigkeit der Epoche", S. 84.

恶劣,亟需改善。①

虽然郊区定居点从1934年起已逐步转型为有稳定工作者的居住选择之一,但一方面它对定居者申请资格要求颇高——除"身家清白"外,还需要定居者自带一部分建设资金,因此并非全部工人阶级都能承担得起产权自有的小住房;另一方面,郊区定居点大多设立在交通便利、工作机会较多的大城市周边地带,对中小城市住房供应状况并无太大改善。巴伐利亚州政府曾在1934年就报告称,从当年夏天起,36座居民人口在5万—10万人的乡镇及14座人口在10,000以上的小城市"已完全没有空置住房"。②

供应的短缺与需求的旺盛不断被推高,城市闲置中小户型住房的价格也日益水涨船高,以至于1935年时普通德国工人已完全无法承受按市场价格租赁的房屋。更为糟糕的是,不仅房东盘算着从新租户那里获得老租客更高的房租,由于找房者群体内部"竞争"激烈,许多人都希望"自己的出价高过其他竞争者从而一举拿下住房,为此经常超出自己的经济实力。"③只有极少数中小户型住房能做到不加价出租。由于房租的不断上涨,德意志承租人联合会主席约翰内斯·赫尔曼(Johannes Herrmann)警告称,"对许多德国家庭而言,房租收入比已属病态";由于许多人没有加薪空间,"在可预见的未来,后果将不堪设想"。④ 以1935年为例,新建成的普通2—3居室住房在1935年时全国平均租金为40—56马克/月,而当时90%的所谓"民族同志"月收入不到250马克,工人的收入则更低——60%的德国工人每月收入不到100马克。经济景气研究所据此估计,普通工人家庭可负担的租金不超过26马克/月⑤。

在供求完全不对等的市场条件下,现有法规与纳粹党政系统三令五申均不足以对当前的租金上涨和任意解约构成约束。造成约束力均不强的根本性原因在于纳粹最初的住房政策设计。为了借助私人力量推动住房产品的生产与供应,早在

---

① 转引自 Karl Christian Führer, "Anspruch und Realität. Das Scheitern der nationalsozialistischen Wohnungsbaupolitik"。
② 转引自 Karl Christian Führer, "Anspruch und Realität. Das Scheitern der nationalsozialistischen Wohnungsbaupolitik"。
③ Johannes Herrmann, "Mieten und Einkommen", *Bauen-Siedeln-Wohnen. Zeitschrift für Bau-, Siedlungs- und Wohnungswirtschaft*, 16(1936), H. 3, S.118 – 119.
④ Ebenda.
⑤ Ebenda; Karl Christian Führer, "Anspruch und Realität. Das Scheitern der nationalsozialistischen Wohnungsbaupolitik"。

1933年4月1日纳粹政权就全面取消住房统制措施"以避免对房主（及租户）造成负面影响，因为他们尤其讨厌这种对其财产和隐私的干预"①。1936年4月1日，《国家租赁法》和《解约法》到期，这意味着限制老式建筑的房东行动自由、保护租户权益的法律约束也将全面取消。但住房供应形势的恶化及由此可能产生的政治后果最终迫使纳粹政权放弃不干预的初始立场。但这一重启本身并非出于为民众提供居住保障的考虑，而是基于政权稳定的考虑：在房屋租赁问题上，一旦租户的地位被减弱，业已突显的住房危机很可能会迅速扩大为社会紧急事态，从而影响民众情绪。与民众直接联系的纳粹基层党政机关在1936年就已观察到民众对住房市场失望，称"即使最精妙的宣传也无法掩饰这种大众情绪的蔓延"。不来梅的盖世太保在1937年5月撰写报告称，"工人们百思不得其解，为什么国家和（纳粹）党一面在宣传提高结婚率和生育率，一面却无法满足日益增长的居住需求。"②威悉—埃姆斯大区党部更是在1937年1月的地区会议上发出警告，担心许多家庭对令人忍无可忍的住房短缺的出离愤怒，"会脱离民族社会主义转向共产主义。"③

1936年4月18日，纳粹政府以《国家租赁法与承租人保护法修改法》（*Gesetz zur Änderung des Reichsmietengesetzes und des Mieterschutzgesetzes*）及其实施条例对《国家租赁法》与《承租人保护法》两部房屋租赁基本法加以修改和合并，并重新明确国家享有对房屋租赁的最高主管权限：法规一方面明确扩大受解约权保护的房屋类型范围，过去不纳入保护的住房类型——"1918年7月1日起或未来可入住的新建或改建住房"，"由一间公寓分割出的，或由商用及其他空间改建而来的空间和经济独立公寓"，"由公益住房建设公司出租的房间"等——如今也受法律约束，尽最大可能避免各路房东借解约哄抬房租。④

法规还将一部分原本重新订租约后不受"承租人保护"限制的房屋，根据不同地区、不同的基准租金（即重新出租后的房屋年和平租金）纳入必须履行保护义务的范围内：

---

① Ulrike Haerendel, "Wohnungspolitik im Nationalsozialismus".
② Karl Christian Führer, "Anspruch und Realität. Das Scheitern der nationalsozialistischen Wohnungsbaupolitik".
③ StA Bremen, 4, 29/1 - 738, Geheime Staatspolizeistelle Bremen an Senator f. d. Innere Verwaltung Bremen, 14.5.1937; Kreiswohnungsreferent d. Gauleitung Weser-Ems an Kriminalpolizeistelle Bremen, 均转引自 Ebenda。
④ "Gesetz zur Änderung des Reichsmietengesetzes und des Mieterschutzgesetzes", Reichsgesetzblatt, Jg. 1936, S. 371; Helmut Richardi, "Der neugeregelte Mieterschutz", *Bauen-Siedeln-Wohnen. Zeitschrift für Bau-, Siedlungs- und Wohnungswirtschaft*, 16(1936), H. 3, S. 330 - 332.

柏林、斯德丁及特别等级地区为 800 马克及以上；

A 级地区 600 马克及以上；

B 级地区 500 马克及以上；

C 级和 D 级地区 300 马克及以上（普鲁士为 240 马克）[①]；

普鲁士则在国家法规的基础上，于 4 月 24 日颁布地方实施条例。它将商改住或由公寓分割出来的住房也纳入"承租人保护"范畴，标准如下：

柏林和斯德丁为 1,200 马克及以上；

特别等级地区 1,000 马克及以上；

A 级地区 800 马克及以上；

B 级地区 600 马克及以上；

C 级地区 450 马克及以上；

D 级地区 350 马克及以上。

上述标准的制定，实质上全面扩大了自《承租人保护法》自 1928 年修订以来的适用范围。随后，11 月 26 日的"价格冻结令"则宣布禁止所有日用品及服务价格的上涨——房租也包括在内。房租的冻结不仅意味着 1931 年才被正式取消的租金约束机制以一种最极端的方式重新出现，它最终宣告了一切形式的土地（住房）投机均告一段落——这在某种意义上也算是真正落实了纳粹党纲第 17 条的诉求："要求实现一种我国需要的土地改革，要求制定一项为了公益而无代价没收土地的法令，要求废除地租，要求制止一切土地投机倒把。"[②]

从 1937 年下半年起，国家劳动部和司法部又两度颁布法令，进一步扩大承租人保护与解约权保护的适用范围。在此基础上，两部门共颁布六部具体实施条例，实现了从严格限制房东解除租约权利向完全保护租户的转变。1943 年 1 月 1 日颁布的新版《承租人保护法》最终成为上述各种限制的集大成者。

---

① Helmut Richardi, "Der neugeregelte Mieterschutz", 根据赫尔穆特·里夏迪的说明，这里不同等级地区根据《国家薪酬法》划定，因此即使同面积的住房在不同地区和平租金亦有差距。

② 转引自郑寅达、陈旸：《第三帝国史》，第 10 页。

第二节 1933—1939 年住房建设实践的问题

1933—1939 年德国新建住房总量为 160 万套,而 1919—1932 年的新建住房总量接近 250 万套,从数据来看第三帝国在战前的年均建成数量其实是高于魏玛共和国的:魏玛共和国为 202,503 套/年,而纳粹统治前期则为 283,426 套/年——几乎是 1932 年(159,121 套)的两倍;其中住房建设最景气的 1936 年和 1937 年分别建成 332,370 套和 340,370 套居住单元,甚至已达到魏玛共和国"房租税时代"的平均水平。[①] 既然纳粹德国住房建设状况正不断趋向好转,为何民众对于住房市场的供应状况日益失望,甚至主管住房事务的政府高级官员也不断公开发出住房短缺的警告[①]?矛盾源于两个方面:首先是住房需求缺口过大且始终高于新房竣工的数量;其次大量新建住房过大、房租过高,并不适合大多数"找房者"。以前述的小定居点住房为例,虽名为"小住房",但其实保障的主要群体是拥有全职工作、条件相对较好的工人群体,尤其面向家庭。但上述问题产生并不单纯是纳粹住房政策设计上的缺陷所致,也与其城市治理理念、经济政策乃至政治制度相连。

一、城市更新与居住现实的矛盾

欧洲现代城市更新运动可以追溯到 19 世纪下半叶包括巴黎、维也纳和柏林在内的一系列首都城市改建方案。从 19 世纪末至 20 世纪初,针对问题老旧城区改造设想也在德国随之展开。以汉堡为例,自 1892 年霍乱大流行之后就出现

---

① 数据来源于 Adelheid von Saldern, *Häuserleben. Zur Geschichte städtischen Arbeiterwohnens vom Kaiserreich bis heute*, S. 196; Karl Christian Führer, "Anspruch und Realität. Das Scheitern der nationalsozialistischen Wohnungsbaupolitik"; Axel Schildt, "Wohnungspolitik", Hans Günter Hockerts (Hg.), *Drei Wege deutscher Sozialstaatlichkeit*, München: Oldenbourg 1998, S. 161。

① 例如恩斯特·克诺尔在 1937 年称"住房短缺在德国已经达到前所未有的程度……它已达能够忍受的临界值,濒临种族健康与政治极限";到 1939 年初,劳动部国务秘书卡尔·杜斯特(Karl Durst)更是直言不讳地警告称"尽管在过去的六年中已建设了 180 万—200 万套住房……住房短缺数量仍从 100 万上升至 150 万,且完全无法阻止其继续攀升",且"如若放任不管,则将造成极大的内政负担"。参见:Karl Christian Führer, "Anspruch und Realität. Das Scheitern der nationalsozialistischen Wohnungsbaupolitik";BArch R 41, Rep. 318/355, o.D (ca. Jan./Feb. 1939), Denkschrift des Leiters der Hauptabteilung IV im Reichsarbeitsministerium, 转引自 Ulrich Blumenroth, *Deutsche Wohnungspolitik seit der Reichsgründung. Darstellung und kritische Würdigung*, S. 311。

了整治贫民聚居地区的考虑;1905年在汉堡召开的犯罪人类学大会详细讨论了老城区"危险的劳动阶级"因收入不足而导致偷盗、乞讨或流浪的问题;进入20世纪20年代,汉堡的诺伊施塔特区更成为政治极化、犯罪与卖淫的代名词。[1] 类似的问题也在其他大城市出现。尽管以贯彻公共卫生及社会治理要求的城市更新思想已经出现,但20世纪上半叶德国真正出现城市更新实践浪潮,始自纳粹统治时期。然而,正是城市更新率先加剧了德国的居住供需紧张与民众对此的不满。

建筑史学家乌苏拉·冯·佩茨引用的一段发表于1935年的文字,明确提示出纳粹党对于城市问题的看法及解决办法:

> "……民族社会主义政府正在尽一切努力促进和拓展农业……但只有一部分人口从事农林工作并生活在乡间。那么身处工业中心的和大城市的大量人口又将变成什么样子?这些形态本身又将何去何从?……贫民窟必须统统消失,但这不仅是出于人口政策、社会福利抑或卫生原因的,也是出于政治上的考虑。那里的犯罪活动日益频繁,卖淫盛行,反对人民和祖国的选票被投了出去,这些都绝非巧合。(不过)有很多种途径可以达成目标,可以是通过完全拆除这些街区,或是建设采光良好的新建筑,也可以是清理后院与住宅楼的阴暗角落,还可以是拆除筒子楼。"[2]

客观来说,纳粹党对于"问题"城区的基本认识与治理思路并未超出当时人们的普遍认知:城市被理解为一个空间结构,而非功能结构,因此纳粹党同样认为可以通过"重塑"城市空间来解决问题,并将改造对象集中在"城市核心区、老城区和部分建设不充分的城区"。但不同于帝国与魏玛共和国的地方在于,纳粹统治时期的城市改造在发展到1936年时已被提高至国家政治的高度。按照冯·佩茨的归纳,纳粹统治时期的德国城市更新大致可以梳理出三个动机:创造就业机会,消除失业,以尽快证明新政权的效率;消灭内城区的贫民窟,"提高德意志建筑文化的可识别度,促进对日耳曼属性与德意志民族伟大的认同";通过改造城市改善交通状况使

---

[1] Adelheid von Saldern, *Häuserleben. Zur Geschichte städtischen Arbeiterwohnens vom Kaiserreich bis heute*, S.198f.

[2] Clausmüller, 1935,转引自 Ursula von Petz, *Stadtsanierung im Dritten Reich: dargestellt an ausgewählten Beispielen*, Dortmund: IRPUD 1987, S.31.

之更为现代化。①

但诚如前文所述,纳粹党是一个以反城市立场自居的政党,不仅希特勒在所谓"斗争时期"激烈抨击大城市是"万恶的资本主义"的象征,罗森贝格甚至叫嚣要"粉碎国际大都市",这种反大城市观在纳粹掌权后更是成为官方意识形态——费德尔正是在此基础上提出加强中小城镇和定居点的建设意见。然而,当纳粹党成为唯一的执政党,它过去为争取和迎合选民提出的倡议——反对垄断资本和大地主、"打破利息奴役制"——就不再适用。作为统治集团,纳粹党迫切需要根据整个国家所面临的"经济和空间结构上的工业资本主义的'实际困境'"②进行调整。因此,此时的纳粹已不可能再喊出"消灭城市"的口号,而是要求"重塑"(Neugestaltung)城市空间,以此促成内城区的"政治纪律化"(politische Disziplinierung)。其目的是维护纳粹政权,同时也实现政权对城市的社会控制。汉堡、阿通纳(后并入汉堡)、卡塞尔、汉诺威、布雷斯劳、美因河畔法兰克福、不伦瑞克、科特布斯、曼海姆、弗伦斯堡、科隆和耶拿等城市都在这一时期对其城区采取不同形式的城市更新运动。

最初的城市改造大致来说可以分为两种类型:一类是延续传统的城市改造方式,即采用奥斯曼改造巴黎的方式,以全新的街道线路打破原有的老城区结构,布雷斯劳便采取这种方式。一类是拆除旧的建筑街区,但"通过保留外围历史建筑、恢复历史建筑的外立面,使建筑物实现现代化,改善采光与通风以及提高居住标准的方式,以此改善老城区的居住条件",不伦瑞克便是拆除旧城区的典型城市。而像卡塞尔、美因河畔法兰克福等城市则二者兼而有之。

但纳粹所谓的"重塑"并非单纯在物理上拆除老城区内破旧不堪的房屋,"在所有的市政改造措施中,对于本民族种族未来的考量至关重要。"纳粹德国城市当局拆除条件恶劣、通风采光差,且大多位于"贫民窟"的破房子,根本出发点是认为这些老旧社区或建筑不仅容易滋生危害人类身体健康的疾病,还是最糟糕的社会与政治疾病的"孳生地"。③ 1934 年,当时还是国家经济部国务秘书的戈特弗里德·费德尔明确提出,当前德国城市更新的主要目标是"通过改造老城区与老建筑街区

---

① Clausmüller, 1935, 转引自 Ursula von Petz, *Stadtsanierung im Dritten Reich: dargestellt an ausgewählten Beispielen*, Dortmund: IRPUD 1987, S. 31f.
② Dirk Schubert, "Großstadtfeindschaft und Stadtplanung. Neue Anmerkungen zu einer alten Diskussion".
③ Adelheid von Saldern, *Häuserleben. Zur Geschichte städtischen Arbeiterwohnens vom Kaiserreich bis heute*, S. 199.

以及有类似情况大城市,摧毁马克思主义的孳生地。"①其中至关关键的一点是"不再软弱地放任那些伤害人民的东西,而是要将其控制起来并加以无害化处理。"②此外,还要对生活在这些地方的居民加以甄别和重新组织,以阻止社会与政治疾病的蔓延。许多市政当局希望"通过摧毁街区彻底消灭社会上的、最终是政治上的'危险源头',以便为'健康的世代'提供生活空间";同时又将那些"不符合种族纯洁理论的人排除出去"。③

汉堡老城区盖厄街区④更新是其中最为突出的例子。早在纳粹掌权之前的1927年,汉堡市政当局和警察部门就已意识到这个地区社会问题突出,特别是"反社会分子聚集,对公共安全构成极大威胁……狭窄、曲折蜿蜒的小巷子阻碍了巡逻警察的视野……一旦发生有预谋的政变,则今日状态下的盖厄街区将对公共安全构成更大的危害。"⑤但受制于当时城市住房短缺以及日后的经济危机,更新计划一再推迟。1933年5月5日,汉堡警察局长阿尔弗雷德·里希特(Alfred Richter)被任命为街区更新国家专员,街区拆迁工作才正式启动。当然此举也是为了创造就业机会,并从1934年起拆除工作进一步拓展。但城市更新的目标和实践,与汉堡市民的居住现实之间的矛盾就此产生。

首先影响居民的是土地征用,居民面临土地无偿被国家占用的局面。但从当局的角度出发,无论是纳粹党纲第17条所谓"为了公益而无代价没收土地"的设计,还是魏玛共和国晚期德国城市天价土地赔偿的教训(如柏林的"巴特克诉讼"),都要求纳粹当局必须对现有土地征用规则进行调整,将主动权掌握在自己手上。希特勒本人对此给出了"合理"的解释:"既然民族社会主义工人党坚持私有制原则,那么'无偿征收'毫无疑问只会在合法条件下进行。必要时应征收以非法手段

---

① StA Hamburg, 321-2 Baudeputation, B156, Gottfried Feder, Vortrag auf die Reichswohnungskonferenz in München 1934, S.2,转引自 Dirk Schubert, "Stadtsanierung im Nationalsozialismus. Propaganda und Realität am Beispiel Hamburg," *Die alte Stadt*, 4(1993), S.363-376。
② Andreas Walther, *Wege zur Großstadtsanierung*, Stuttgart: Kohlhammer, 1936, S.3.
③ Adelheid von Saldern, *Häuserleben. Zur Geschichte städtischen Arbeiterwohnens vom Kaiserreich bis heute*, S. 202; Ursula von Petz, *Stadtsanierung im Dritten Reich: dargestellt an ausgewählten Beispielen*, S.171.
④ 盖厄街区德语为"Gängeviertel"。"Gängeviertel"本意为"过道街区",起初是用来形容汉堡老城与新城中一些建筑密度极高的居住区。这些街区的房屋一般条件极差,只能通过狭窄的街道、曲折蜿蜒的大院以及居住楼之间的过道(即"Gang"或"Gänge")才能抵达,因此得名。但1933年启动更新运动的"过道街区"位于汉堡新城南区,从汉堡港边缘经过新大市场至鹅市的区域,常年聚集大批底层劳动者和东欧犹太人,被认为是"罪犯的温床"。因是特定区域,这里选择以音译以示区分。
⑤ Dirk Schubert, "Stadtsanierung im Nationalsozialismus. Propaganda und Realität am Beispiel Hamburg".

购得或不符合人民利益的土地,这首先针对的是犹太人的房地产的投机公司。"①显然,这里"合法"征收土地的基础是没收"非法获得"成属于犹太人的土地。1933年8月17日颁布《土地征收法第三修正案》(Drittes Gesetz zur Änderung des Enteignungsgesetzes),明确将其中的"全额"补偿修改为"适当"补偿,应依法予以补偿的年限也缩短一半。② 而9月22日颁布的《居住区开发法》(Gesetz über die Aufschließung von Wohnsiedlungsgebieten)则从法律层面"体现国家最高机关的民族社会主义观点"并构成各州最高当局行使解释权的基础。③ 这两部法规显然为30年代中期的土地征收提供了极大便利。

其次,城市基于城市现状制定的更新方案与国家的预期存在出入。首个瓶颈在于老城区改建后的建筑层高问题,如在汉堡1934年提交的改造补贴申请中,规划的新建建筑物层高普遍在4—5层,但其中五层楼的建筑规划遭到费德尔的严厉批评。汉堡市的改造初衷至少部分是通过新建居住单元解决城市当前住房短缺的难题,这是德国各大城市的基本共识,尤其在过度老化的内城区,短缺的问题更为突出。许多住房虽破旧不堪,但"一旦闲置就会立即被租出去",例如汉堡房屋养护部门在1934年就曾声明,现有3,260套住房"质量极差,当局本应考虑其对居民身体健康构成严重威胁而宣布这些住房不宜居住,然而缺乏可替换居住单元使得在这件事上的任何尝试都化为泡影。即便本部门最终列为完全无法居住的1,761套住房,其中也有一半处于在官方默认的情况下继续使用。"④但地方政府试图以城市改造解决住房短缺的考量未能取得国家部门的体谅。费德尔作为大城市去中心化的强烈倡导者,坚决反对多层出租公寓,"五层高的建筑只有仅用于商业目的才可视为例外(允许建造)"。而经济部长沙赫特虽认可城市分区对所谓"放松"大城市的重要性,但他在1934年8月明确指示,"(汉堡)存在如此严重公共卫生与住房顾虑,恕我不能批准五层楼高的建筑许可"。⑤ 显然中央政府与地方政府对公共卫生和住房问题的理解存在差

---

① 转引自 Gottfried Feder, *Das Programm der NSDAP und seine weltanschaulichen Grundlagen*, Aufl. 166-169, München: Franz Ehe Nachf 1935, S.20。
② Dirk Schubert, "Stadtsanierung im Nationalsozialismus. Propaganda und Realität am Beispiel Hamburg".
③ Rolf Kornemann, "Gesetze, Gesetze ... Die amtliche Wohnungspolitik in der Zeit von 1918 bis 1945 in Gesetzen, Verordnungen und Erlassen", S.657.
④ StA Hamburg, Verwaltung für Wirtschaft, Technik und Arbeit, II 18, Denkschrift des Wohnungspflegeamts Hamburg über minderwertige Wohnungen im Hamburg, 11.6.1934, 转引自 Karl Christian Führer, "Anspruch und Realität. Das Scheitern der nationalsozialistischen Wohnungsbaupolitik".
⑤ Dirk Schubert, "Stadtsanierung im Nationalsozialismus. Propaganda und Realität am Beispiel Hamburg".

异,受制于资金和国家政策导向,城市更新运动并没有改善城市住房短缺的现状。

城市更新带来的另一个现实问题是拆迁居民的安置。一部分市政当局会对居民加以安置。如不伦瑞克旧城改造范围较大,涉及居民甚至占到总人口的20%—25%。市政当局在经过谨慎筛选后,将待安置家庭分成两类加以安置:一部分出于生计考虑留在改造区内的家庭,迁入闲置住房居住;离开改造区的家庭,则为其提供位于城郊定居点的自有独户住房,即前文所述的小定居点——居住面积一般为45平方米,同时提供400平方米可进行简单农业劳动的园地。这些位于郊区的安置点建设成本一般在4,500马克,每月会向居住者收取20马克支付所谓建立居民"作为有产者建立起与土地联系"的费用。①

按照这套方案,改造区域内居民的居住条件似乎并未受太大影响。但事实上,对于更多民众而言,城市更新运动不仅没有改善城市居住环境,反而进一步恶化了住房供需矛盾。如盖厄街区更新运动声称达成了"消除所有不健康、缺乏福利保障的住房"这一最终目标,但为此人们首先必须付出极大耐心。对于身处老城区"贫民窟"的居民来说,拆迁更是意味着居无定所——汉堡前建设部门主管约翰·克里斯托弗·兰克(Johann Christopher Ranck)曾一针见血地指出:官方并"没有打算提供安置住房"。1934年启动改造的汉堡盖厄街区最终共建成约500套设施相对齐全的住房,官方给出的月租定价不超过40马克。② 但这个价格并不是普通德国工人家庭能够轻松承受的价格,而这些"负担不起的"人正是盖厄街区的主体居民。此外,区区500套住房的供应量,相对整个汉堡市的居住需求不过是杯水车薪。冯·萨兰登和舒伯特的当代研究还表明,官方并未记录受汉堡城市更新运动影响的约12,000名"原"居民的下落——这也意味着"市政当局并未协助这些人在自由住房市场上找到其他的落脚之处。"③

汉堡的例子并非个案,无力全面安置低收入拆迁居民是几乎所有启动更新运动的城市普遍面临的问题。在卡塞尔,市住房局局长直言不讳地警告拆迁住房不宜超过"绝对必须(拆除)的数量",因为"经验表明,由于收入有限,很大一部分老城区居民(残障人士、领救济者)无力承担新房租金……将租户从需要维修或拆除的

---

① Adelheid von Saldern, *Häuserleben. Zur Geschichte städtischen Arbeiterwohnens vom Kaiserreich bis heute*, S. 202.
② Adelheid von Saldern, *Häuserleben*. S. 201.
③ Adelheid von Saldern, *Häuserleben*. Dirk Schubert, "Stadtsanierung im Nationalsozialismus. Propaganda und Realität am Beispiel Hamburg".

住房内转移至与其收入相匹配的住房内,是更新工作中必须解决的最困难任务之一。"①虽然廉租房项目"人民公寓"此时已经启动建设,但只有极少数人能被安排入住其中——例如1936—1938年卡塞尔在老城区以外地区仅建成215套"人民公寓"居住单元。汉诺威的情况也类似,用于安置拆迁居民的廉租廉建安置房完全不够用,更多居民不得不自己寻找新的住处。②

老城区更新运动其实并非纳粹德国的"发明",同一时期的其他欧洲国家也在清理"贫民窟"以塑造优美的现代城市环境,但在德国城市更新过程中,从中央政府到市政当局,在围绕拆迁居民的妥善安置与放任自流之间存在一个轮廓日益清晰的"人口筛选"环节。表面上,在经过改造的老城区,体面的新居民取代了过去鱼龙混杂的"老土地",环境的改善也使得地区的地价与房价有所提高。在汉诺威的改造地区,83栋新居住楼取代了310栋"老破楼",居住在那里的居民,如工人、手工业者、退休者和寡妇,被职员尤其是城市雇员所取代;房租也因此提高至每月30—40马克;原先的居民部分被安排到位于维恩霍斯特和里克林根的"人民公寓"加以安置。③

但这一"人口筛选"实际上与纳粹种族政治密切相连。按照纳粹社会学家安德烈亚斯·瓦尔特(Andreas Walther)1936年对居住在贫民窟工人家庭的分类,工人群体应分为应予支持和应予控制甚至清理的两类:前者包括那些虽身处恶劣环境却"洁身自好"的家庭和个人,适合在郊区和农村定居点生活的人,以及虽然感染"不良"习性但仍渴望能被安置在所谓"健康生活圈子"中的人;后者则包括"恶行"无法改善、只能加以控制的人,以及"由于无药可救的生物学缺陷,必须清除其遗传物质的人"。④ 按照这套理论,只有"健康的工人阶级"才有资格住在改造后的地区,或是居住在郊区的小定居点。斯图加特市长卡尔·施特罗林(Karl Strölin)则更为直接,"将更新区居民安置在定居点都是不负责任,因为这些定居点原则上应保留给最具种族价值的群体。"他因此提议,应当逐一审查待安置的贫民窟居民。⑤ 而在

---

① Manfred Walz, *Wohnungsbau- und Industrieansiedlungspolitik in Deutschland 1933–1939. Dargestellte am Aufbau des Industriekomplexes Wolfsburg — Braunschweig-Salzgitter*, Frankfurt a. M./New York: Campus, 1979, S. 126.

② Adelheid von Saldern, *Häuserleben. Zur Geschichte städtischen Arbeiterwohnens vom Kaiserreich bis heute*, S. 203f.

③ Adelheid von Saldern, *Häuserleben. Zur Geschichte städtischen Arbeiterwohnens vom Kaiserreich bis heute*, S. 204.

④ Andreas Walther, *Wege zur Großstadtsanierung*, S. 4f.

⑤ Manfred Walz, *Wohnungsbau- und Industrieansiedlungspolitik in Deutschland 1933–1939. Dargestellte am Aufbau des Industriekomplexes Wolfsburg — Braunschweig-Salzgitter*, S. 246.

科隆的莱茵街区改造中,规定拆除的 140 套住房中居民将被安置在一处郊区定居点,"其他反社会分子的住所将由警方和城市健康局联手规训"。

因此,冯·佩茨将纳粹德国城市更新的本质高度概括为"为贯彻统治群体的统治观念及纯粹种族观念的服务,在迫害及消灭政敌、经济边缘群体以及身心不健全者方面尤其如此。"①对于当时的人们——尤其是那些被牵涉进更新进程的当事人——而言,最直接的体验是自己习以为常的生活与工作环境遭到破坏,私人领域遭到入侵,无论他们是被视为"社会绊脚石""有害"的工人阶级,还是得到妥善安置、"洁身自好"的家庭,抑或是那些取代原来的"老土地"入住的体面市民。而这种体验又并非出自日常生活,而是源于政治操作。就这一点而言,即便是那些取代原来的"老土地"入住的体面市民,或是地皮所有者都不能幸免——如科隆市政当局就告诫业主,"一旦未能妥善维护房屋,或将其出租给不道德者"则将终止发放公共建设援助并计入土地登记册。②

这种将人贴上不同的标签并在社会空间中加以区分、隔离,最终导向了纳粹对"反社会者"及犹太人的大规模驱逐与残酷迫害。虽然从 1937 年 1 月起,老城更新逐步让位于以建设所谓"元首城市"(Führerstadt)③为代表的更大规模城市重塑计划,但这种带有明显等级色彩的人口分类与市政拆迁待安置的现实问题交织在一起,使得纳粹德国的住房难题进一步深化。

二、经济转型与住房建设的矛盾

如果说城市更新运动在 30 年代中期带给德国民众更多是情绪上的影响,那么纳粹德国在 1936 年之后的经济政策转型则在某种程度上间接加剧了住房供应短缺的问题。

(一) 四年计划的出台

受国内外经济形势波动的影响,德国从 1935 年下半年起出现国内粮食短缺,

---

① Ursula von Petz, *Stadtsanierung im Dritten Reich: dargestellt an ausgewählten Beispielen*, S.173.
② *Ebenda*, S.153.
③ 1937 年 1 月,希特勒正式向国会宣布计划对部分德国城市进行计划的扩建,扩建的重点对象首先是五座"帝国城市":即首都柏林、纳粹党中央总部所在地慕尼黑(或称"[政治]运动之都")、纳粹党党代会所在地纽伦堡、国际贸易中心汉堡及艺术中心林茨(希特勒老家)。其次是各纳粹党大区首府城市。由此宣告纳粹党从"反大城市主义"政党,向支持工业化与城市化,尤其是彰显其在城市空间中的权力的转变。

而本国外汇储备的不足不仅无法提高粮食进口额,甚至连必要的工业原料进口也无法满足——后者的短缺甚至已影响到德国正在秘密加速的扩军备战进程。生存抑或扩军,成为以经济部长沙赫特为代表的德国经济界与当时已成为空军总司令的赫尔曼·戈林(Hermann Göring)、国防部长维尔纳·冯·勃洛姆贝格(Werner von Blomberg)之间矛盾不断激化的导火索。最终,个人政治地位业已稳固的希特勒也因"不满于国家经济部的无知及德国经济界对一切大规模计划的阻挠",于1936年8月在上萨尔斯堡"愤然"撰写一份备忘录,决定彻底放弃与沙赫特的妥协,开始"贯彻一项四年计划,并(将此项任务)委托给戈林"。[1]

虽然希特勒的这份秘密文件被认为宣传演说的性质大于备忘录,且措辞随意、混乱,"给人的初次印象是将一段时间以来的想法付诸笔端"[2],但备忘录呈现的政治意图与经济目标关联十分紧密。希特勒认为,一切历史的运动规律都是人民出于"生存主张"进行的生存斗争,现阶段的德国正面临与"马克思主义和犹太教"的生存对抗,"如果不能在短时期成功训练、整编和装备德国军队,尤其是从精神将其教育为一支世界第一的军队,则德国将一败涂地……"。[3] 在此背景下,德国经济"并不意味着军备产业回归战争经济抑或转型计划经济,而是军备产业要求经济思想与处理立足国防需要"[4];而一旦为它的人民占据更为广阔的生存空间,则德国当前的经济难题必然能迎刃而解。对希特勒而言,扩充军备无疑位于第一位,而德国经济在未来几年的主要职能是维持现有框架下的经济生活,为"最终生存主张"创造条件。[5] 他在备忘录的最后提出,德国当前面临两项任务:一是德国军队要在四年内具备作战能力;二是德国经济要在四年内能够负担一场战争。

1936年9月9日,慕尼黑大区领袖阿道夫·瓦格纳(Adolf Wagner)在纳粹党

---

[1] Wilhelm Treue, Vorbemerkung, "Hitlers Denkschrift zum Vierjahresplan 1936", *Vierteljahrshefte für Zeitgeschichte*, 3(1955), Heft 2, S.184-210. 德国学界关于"四年计划备忘录"的起草均援引日后担任德国军需部长的阿尔伯特·施佩尔在1945年的说法,施佩尔本人于1944年从希特勒处拿到总共三份副本"四年计划备忘录"的其中之一,并推测该文件应成稿于1936年夏天。有关1935—1936年德国外汇与进口危机与四年计划产生的经典论述参见 Dieter Petzina, *Autakiepolitik im Dritten Reich. Der nationalsozialistische Vierjahresplan* (=*Schriftenreihe der Vierteljahrshefte für Zeitgeschichte*, Nr.6), Stuttgart: DVA, 1968 第一章。

[2] Wilhelm Treue, Vorbemerkung, "Hitlers Denkschrift zum Vierjahresplan 1936".

[3] "Hitlers Denkschrift zum Vierjahresplan 1936".

[4] George Thomas, *Grundlagen für eine Geschichte dder deutschen Wehr- und Rüstungswirtschaft*, BArch RW 19/1452, 转引自 Wilhelm Treue, Vorbemerkung, "Hitlers Denkschrift zum Vierjahresplan 1936".

[5] Dieter Petzina, *Autakiepolitik im Dritten Reich. Der nationalsozialistische Vierjahresplan*, S.50.

党代会代读了希特勒的这份"新四年计划"①文件,正式明确"德国要在四年内动用一切德国能力,利用我们的化学、机械制造以及采矿业获取所有独立于外国的原材料。"②11月18日,希特勒签署实施四年计划的命令,并任命戈林为"四年计划全权总代表"。随着政策风向转为向全面战争过渡的备战体制,德国国民经济的产业布局与空间分布均出现不同程度的变化:一方面是钢铁、化工、冶金等大企业出现新一轮的分化组合,其中既有积极参与开发替代性原材料(人造汽油、合成橡胶等)的私人康采恩如IG法本,也出现了由纳粹党一手扶持的工业企业"赫尔曼·戈林国家工厂";另一方面,德国的军备及相关企业从1936年起集中于柏林、鲁尔区、萨克森和勃兰登堡,逐步转向农业为主地区如巴伐利亚,或是东部占领区。以巴伐利亚为例,按照"四年计划"最初的计划,1936—1939年巴伐利亚工业的核心产业是炸药及飞机制造,但从1940年起又开始大力推进装甲车及潜艇的建造。③

(二) 住房建设与军备产业的竞争

国民经济向备战经济转型的1936—1938年,恰逢德国住房建设最景气的年头,表面看来是一派互相成就的繁荣局面:在工业"自给自足"口号及军备产业迅速发展的推动下,德国工业生产能力持续保持增长,而产业空间布局的调整,又产生出大量以产业工人为主体的居住需求,且主要表现为对城市租赁住房(尤其是小户型)的巨大需求。纳粹当局也正是在这一背景下调整其住房政策的基本立场,从重视强调纳粹意识形态的定居点建设,转变为强化国家对于租赁住房建设的干预,甚至在房屋租赁事务问题上重回"统制"模式以保护其劳动力的居住需求。

然而,在表面的繁荣之下,住房建设产业实际已逐渐开始走下坡路。在普通民用住房方面,由于建筑业同样是劳动力密集且大量消耗原材料的产业,民用住房建设与"四年计划"为实现德国重新武装存在直接竞争关系;同时,由于"四年计划"强调自给自足,因此国家劳动介绍所拒绝为建筑公司"开绿灯"招聘外国技术工人,理由是"由此产生的工资转移会加剧德国的外汇短缺"。④ 其直接结果是最迟至1937

---

① 由于希特勒认为纳粹在上台后已采取一定经济措施并取得成效,因此1936年起实施的四年计划也被称为"新四年计划"或第二个"四年计划"。
② Wilhelm Treue, Vorbemerkung, "Hitlers Denkschrift zum Vierjahresplan 1936".
③ Winfried Nerdinger, Ulrich Heiß, "Industriebauten", ders. (Hg.), *Bauen im Nationalsozialismus. Bayern* 1933-1945, München: Klinkhardt & Biermann, 1993, S.417.
④ Karl Christian Führer, "Anspruch und Realität. Das Scheitern der nationalsozialistischen Wohnungsbaupolitik".

年，整个"第三帝国"境内已普遍缺乏熟练建筑工人，以至于不得不依靠其他失业人员来填补劳动力的短缺，例如面包师或理发师，但这样一来，建设工期与质量都无法得到保证。

与劳动力政策的紧张状态形成对比的是信贷政策的放宽。纳粹政权对魏玛住房政策的主要批判是政府在政策和资金两方面介入住房市场过深，因此上台后竭力主张资金市场化流动。因此，纳粹政府方面仅承担担保责任，主要是为过去由公共资金（主要是房租税资金）构成的"二级贷款"提供违约担保，以此降低投资人的投资风险；而在政府担保采取简化流程进一步降低了政府干预住房建设，同时，又增设各类信贷机构以及扩大私人贷款的途径。数据显示，在纳粹统治的前五年，德国政府共为384,054套住房提供担保，公共资金在住房建设资金构成的占比则呈现显著下降趋势：1919—1932年时平均占比为80%，而1933—1939年下降至40%[①]；这一比例在1936年更是降至最低的18%（1933—1939年德国住房投资额见表7），而此时德国也迎来大规模推进住房建设浪潮。这似乎可以证明纳粹政权对于住房建设市场化的判断是正确的；尤其1936年时抵押贷款的利率下调至4.5%—5.5%，几乎与1914年以前的水平相当[②]，可以进一步"确认"利率调节的有效性。

表7 1933—1939年德国住房建设投资（单位：百万马克）

年份	公共资金		资本市场资金		其他资金*		总计
	金额	占比(%)	金额	占比(%)	金额	占比(%)	
1933	185	20.6	145	16.1	570	63.3	900
1934	275	18.3	375	25.0	850	56.7	1,500
1935	220	13.8	615	38.4	765	47.8	1,600
1936	175	8.0	1,015	46.1	1,010	45.9	2,200
1937	200	9.5	1,210	57.6	690	32.9	2,100
1938	250	12.5	1,180	59.0	570	28.5	2,000
1939	259	16.7	955—975	64.3	280—300	19.3	1,500

* 其他资金包括住房建设中的自有资金、过渡性贷款、其他各类私人投资等。
（数据来源：Ulrich Blumenroth, *Deutsche Wohnungspolitik seit der Reichsgründung. Darstellung und kritische Würdigung*, S.272）

---

① Günter Schulz, "Kontinuität und Brüche in der Wohnungspolitik von der Weimarer Zeit bis zur Bundesrepublik", S.155.
② 有关德意志帝国与魏玛共和国住房私人贷款的利率，可参见前两章的相关叙述。第三帝国的贷款利率出自Günter Schulz, "Kontinuität und Brüche in der Wohnungspolitik von der Weimarer Zeit bis zur Bundesrepublik", S.156。

但卡尔·C.费勒的研究指出,利率调控实际上并非专门针对住房建设,相反降低利率的根本出发点是尽可能减轻纳粹德国因借贷扩军备战贷款而背负的负担,"不过是国家和军备产业留在桌上的那些残渣碎屑被留作住房建设资金"①。费勒的结论并非毫无依据,从1938年秋天起德国的信贷政策就出现新变化:首先不再允许发放新的建设贷款,禁止令为期六个月;其次是在1939年再次规定所有公法信贷机构及储蓄银行有义务将其抵押贷款资金较上年缩减三分之一,以便为军事项目留出更多资金。②受此影响,普通民用住房建设数量随即呈现下降趋势,以柏林为例,1938—1940年新建住房分别为14,953、14,258、7,032套,建成数量逐年递减。③但此时的需求却没有出现缓和现象,瓦尔特·法伊在其出版于1939年的书中提到,整个30年代下半叶,德国每年光需满足"有消费能力的"居住需求就达到385,000套(其中还不包括置换需求)④。

显然,住房建设与扩军备战之间并不存在共同发展的兼容性,但二者之间又恰恰存在交集,且这个交集还得到了国家的大力资助,这便是"工人住房"——纳粹德国赋予了它一个全新的法定名称:Arbeiterwohnstätte(本书姑且译作"工人住所",以区别于帝国时代的"工厂住房"——作者注)。与普通民用住房不同,工人住所是少数明确由国家给予公共资金补贴、税收减免和国家担保的保障性住房建设项目,形式上类似魏玛时代的公共住房;但从建设意图来看,工人住所与经济生产的关系无疑更为紧密,它更类似于德意志帝国兼顾生产与福利控制的工厂住房。1937年德意志劳动阵线对此的表示更为清晰:"对为四年计划服务的工业企业,部分选址既无必要的技术工人,亦无提供给工人和职员居住的现成住房,必须以最快的速度建造全新的工人住所,特别是要与工厂建设工程同步推进,因为没有足够的技术工人住房,就不可能开始生产"⑤。正因为发展军备产业的客观要求,"工人住所"由此构成至1939年战争爆发为止纳粹住房建设政策的重点,但这其中依然存在着各种紧张关系,也同样未能部分解决工人住房短缺的问题。

---

① Karl Christian Führer, "Anspruch und Realität. Das Scheitern der nationalsozialistischen Wohnungsbaupolitik".
② Karl Christian Führer, "Anspruch und Realität. Das Scheitern der nationalsozialistischen Wohnungsbaupolitik".
③ Christoph Bernhardt, "Aufstieg und Krise der öffentlichen Wohnungsbauförderung in Berlin 1900 – 1945. Zusammenhang und Brüchigkeit der Epoche", S.84.
④ Walter Fey, *Leistungen und Aufgaben in deutschen Wohnungs- und Siedlungsbau*, S.55.
⑤ Dok. 82: "DAF und Wohnungsbau (Sondersiedlungswerk)", in Anna Teut, *Architektur im Dritten Reich 1933 – 1945*, Berlin/Frankfurt a.M/Wein: Ullstein 1967, S.261.

(三) 工厂新城与工人住所

1937年7月15日，戈林以"四年计划全权总代表"的身份宣布在萨尔茨吉特成立"赫尔曼·戈林矿业开采及钢铁国家工厂股份公司"（下文简称"戈林工厂"）。萨尔茨吉特是位于下萨克森哈茨山脉以北的铁矿产区，设立戈林工厂的主要目的是要让萨尔茨吉特成为德国的"新洛林"，实现德国钢铁资源的"自给自足"，并成为服务整个中部的重工业中心。① 此举也是为与鲁尔的矿业与钢铁集团叫板，后者一直谨慎但顽强地以"矿石质地糟糕，冶炼无利可图"为由反对四年计划有关开采萨尔茨吉铁矿的要求。重工业巨头们的态度令希特勒大为恼火，他于1937年2月公开表态，"毫无疑问，要么所谓的自由经济能够解决这些问题，如果不能，自由经济就没必要继续存在下去。"② 政治上的压力，再加上1937年8月沙赫特被迫离开经济部（他于11月被正式解除部长职务），西部的重工业巨头终于向政权低头：赫施和克虏伯于8月底宣布愿意放弃自己对萨尔茨吉铁矿的开采权；至1937年时弗里克和克勒克纳更表示，如有需要，私营钢铁企业将愿意在财政上支持戈林工厂的发展。重工业巨头的态度转变极大地壮大了戈林工厂的实力，其资本从初建时仅为500万马克，提高至1938年的4亿马克，工人人数也迅速达到1.7万名。③

1937年11月，戈林选定萨尔茨吉特矿区的瓦滕施泰特为钢铁厂厂址，12月工厂破土动工。萨尔茨吉特地区原本是介于自由州布伦瑞克与普鲁士省汉诺威之间的农业地区，拥有28个乡镇，居民两万人。④ 由于工厂投建时就有数以千计的工人拖家带口来此谋生，原先的农业地区无论是住房还是其他配套设施，都无法消化如此众多的外来人口。很多工人不得不栖身于工棚内，每个工棚营地甚至要安置1,000—2,000名工人⑤，工人对于生产生活条件的不满及当地居民与工人之间的

---

① Jörg Leuschner, "Salzgitter — Die Entstehung einer nationalsozialistischen Neustadt von 1937 - 1942", *Niedersächsisches Jahrbuch für Landesgeschichte. Neue Folge der "Zeitschrift des Historischen Vereins für Niedersachen"*, 65(1993), S.34 - 48.
② 转引自 Jörg Leuschner, "Salzgitter — Die Entstehung einer nationalsozialistischen Neustadt von 1937 - 1942".
③ 有关"戈林工厂"的概括性论述参见郑寅达、陈旸：《第三帝国史》，第207—208页。
④ 转引自[德]迪特马尔·赖因博恩：《19世纪与20世纪的城市规划》，第152页，以及下萨克森州立档案馆馆刊在2017年4月有关萨尔茨吉特建城75周年介绍：https://nla.niedersachsen.de/startseite/landesgeschichte/aus_den_magazinen_des_landesarchivs/2017/aus-den-magazinen-des-landesarchivs-april-2017-149885.html(2022年6月1日访问)。
⑤ [德]迪特马尔·赖因博恩：《19世纪与20世纪的城市规划》，第152页。

纠纷从一开始便存在。而伴随着建造厂房而来土地购置、征收和搬迁安置——戈林工厂在1937—1945年厂区面积约为13,000公顷——又引发了厂方与农民之间的严重分歧，致使地方气氛紧张，"当地乡长和基层纳粹党部为此经常面临上级部门质询"。①

为避免政治风险扩散，也为了稳定工厂的劳动力，戈林在萨尔茨吉特的工厂"总管"保罗·普莱格（Paul Pleiger）于1937年11月底组建了工厂下属的住房公司，计划在原来的工棚营地为不同的生产部门建设总计一万套住房。他为此任命建筑师赫伯特·林普尔（Herbert Rimpl）进行住房设计，明确提出"要留给第一批抵达国家工厂的员工"。也正是在这个大型住房计划的基础上，逐步形成工业"新城"规划。

接受委托的林普尔遂在萨尔茨吉特附近的赖本施泰特设计一座可以就近容纳25万人的新城，"新城"一期建设占地面积为1,925公顷，计划容纳13万居民。然而，林普尔设想的"让这些从帝国各地集中在一起的居民能融合成为一个新的集体"②未能完全实现，由于民用住房建设必须为军备产业让路，从1938年起无论是劳动力还是建筑材料都十分短缺，而到了1939年战争爆发前后，人力更是全部集中到军备产业上。最终直到1943年，萨尔茨吉特才终于完成最初的住房建设目标，建成超过1万套住房。③

另一座被认为体现纳粹政权通过城市规划全面贯彻社会控制力的"新城"则是今天作为大众汽车所在地而声名远播的沃尔夫斯堡——其在纳粹德国城市史研究领域地位亦不容小觑。学界认为此类"新城"建设不同于此前的城市更新或同期的"元首城市"改造是强行加诸于业已成熟的城市形态之上，而是从零开始摆脱传统地方与国家行政机关的决策，通过听命于"元首"的建筑师的设计使之完全服从于"元首的权力"。④ 而沃尔夫斯堡正是此类纳粹"模范城市"中的典范。

1938年5月26日，希特勒在位于下萨克森的法勒斯莱本为日后的大众汽车厂

---

① 可参见 Jörg Leuschner, "Salzgitter — Die Entstehung einer nationalsozialistischen Neustadt von 1937 - 1942"的相关论述。
② Dok. 102: Herbert Rimpl, "Die Stadt der Hermann-Göring-Werke", 9.1939, Anna Teut, *Architektur im Dritten Reich 1933 - 1945*, S. 327.
③ [德]迪特马尔·赖因博恩：《19世纪与20世纪的城市规划》，第154页。
④ Marie-Luise Recker, "Wolfsburg im Dritten Reich. Städtebauliche Planung und soziale Realität", *Niedersächsisches Jahrbuch für Landesgeschichte. Neue Folge der "Zeitschrift des Historischen Vereins für Niedersachsen"*, 65(1993), S. 19 - 31.

(当时称"KdF-Wagen-Werk",意为"力量源于欢乐"汽车厂)奠基,但除了设立厂房,这里还将"建设一座计划在完全建成后成为约六万名居民家园的新城市"——当时的新闻报道如此写道。但与萨尔茨吉特的钢铁厂性质不同,大众汽车厂建立的初衷是帮助德国大众实现拥有私家车的渴望,因此包括汽车生产基地、汽车的销售以及汽车城的规划建设都被委托给承担促进社会福利政策任务的德意志劳动阵线。

1938年7月1日,由法勒斯莱本和沃尔夫斯堡周围的若干乡镇和无人区合并为"力量源于欢乐汽车城"(下文将简称"汽车城"),位于汽车厂的南面。为便于管理,纳粹政权还于当年11月任命了一位代理市长。但新城的规划早在1937年11月就已展开,建筑师彼得·科勒(Peter Koller)负责对汽车城进行规划设计,并于1938年3月将规划草案提交希特勒及其"御用"建筑师阿尔伯特·施佩尔(Albert Speer)审阅。在这份最终将居民人口扩容至九万人的城市规划中,科勒计划建设2.4万套住房,并以2—3层的出租楼房为主。虽然新城住房建设的重点此时已出现转变,不再是此前推崇的产权自有的独栋住房和定居点"农庄"。但纳粹人口与家庭政策依然在住房建设中占据支配地位:即使是出租房,其主流户型也应当是居住面积55平方米的3—4居室住房,以便为未来家庭人口增加提供足够的居住空间;而2居室的小户型或5居室以上的大户型则占少数。同时还要兼顾"家园"及"与土地相连"的居住氛围。①

相比于萨尔茨吉特,"汽车城"的建设进度较快,1938年中至1939年中的第一期城市建设就完成了"施泰姆克贝格"居住区首批450幢住房(最终至1940年3月完成全部480栋的建设)以及日后位于市中心区域的两千套公寓。但实际建成的住房类型与规划方案面向工人的目标存在不小的出入。首先是位于城郊的封闭式居住区"施泰姆克贝格"因为主要面向工厂职员层和城市规划办公室自己雇员量身定制,不仅房型普遍较大,而且多为行列式的二层住房与一层楼的连体住房,居住面积则在56—118平方米;住房内部陈设也相当现代化:所有住房均配备远程供气功能的中央取暖设施、带浴缸或淋浴的浴室以及保暖性更强的双层窗户。② 这些设计即使放在一些大城市也是只有高收入群体才能享受的高规格公寓。市中心公

---

① Marie-Luise Recker, "Wolfsburg im Dritten Reich. Städtebauliche Planung und soziale Realität", *Niedersächsisches Jahrbuch für Landesgeschichte. Neue Folge der "Zeitschrift des Historischen Vereins für Niedersachen"*, 65(1993), S.19-31.

② [德]迪特马尔·赖因博恩:《19世纪与20世纪的城市规划》,第157页;Marie-Luise Recker, "Wolfsburg im Dritten Reich. Städtebauliche Planung und soziale Realität".

寓则面向租户出租，其居住面积相比"施泰姆克贝格"略小，但也超出了原先的规划设想：公寓居住面积在 50—70 平方米，为 3—5 居室的中大户型。

这些掩映在优美绿化环境中宽敞、舒适的公寓，显然已满足甚至超出纳粹政权设想的"模范产业工人城市"的要求，按照历史学家玛丽—路易·雷克尔的说法，它"与许多工人阶级郊区连同它的出租兵营的现实（及经常被引用的陈词滥调）形成鲜明的对比，这里的目的是展示第三帝国领导层如何履行纳粹社会福利的职责，在一个富于魅力的地方为大型工厂职工建设宽敞且适合阖家居住的住房。在'民族共同体'的旗号下迄今为止在居住环境中呈现出的社会差异被弥合，并为低收入群体提供适宜且宽敞的住房。"[1]

然而目标和现实之间的落差是巨大的。首先是住房建设规格超标。"工人住所"作为少数能够明确获得国家公共资金补贴的建设项目，在享受补贴的同时就必须依法限制房屋的规模、建设成本、租金范围。根据 1937 年 8 月国家劳动部对于"人民公寓"建设的调整说明，可享受国家补贴房屋的居住面积应为 34 平方米（可适当为多子女家庭放宽至 42 平方米），每套公寓的建设成本应控制在 4,500—5,000 马克之间，房租不得高于 40 马克。[2] "汽车城"新建住房平均水平远远高出法规规定的补贴标准。尽管后来国家劳动部做出让步，同意沃尔夫斯堡特事特办，住房面积可适当放宽 10%—15%，但仍未能解决大部分的建设超标的问题，最终导致国家补贴计划被全部取消。失去了国家补贴与建设标准的超标，注定了多数的车厂普通工人不可能负担这笔住房开支，大批工人和他们的家人因此不得不继续蜗居于工棚营地。

其次，德国经济全面转向军备生产，使得车厂及新城建设从投建之初就出现劳动力短缺的问题。虽然德意志劳动阵线在 1938 年 9 月从意大利招募到约 2,400 名意大利工人，但由于无法提供住处，这些工人最初被安置于所谓的"共同体营地"[3]的临时住处。另一方面，根据 1939 年建设禁令，新城有约 600 套住房并不属

---

[1] ［德］迪特马尔·赖因博恩：《19 世纪与 20 世纪的城市规划》，第 157 页；Marie-Luise Recker, "Wolfsburg im Dritten Reich. Städtebauliche Planung und soziale Realität".
[2] Ebenda; Rolf Kornemann, "Gesetze, Gesetze … Die amtliche Wohnungspolitik in der Zeit von 1918 bis 1945 in Gesetzen, Verordnungen und Erlassen", S. 668f.
[3] 由于缺乏人力和建材，直到二战结束时，沃尔夫斯堡城市公共建筑大多未能建成，包括市长办公室及诸如邮局、消防队、劳动介绍所、银行以及纳粹党的各类组织都设立在板房内，而这些机构聚集的区域就称为"共同体营地"，它构成了这座新城的实际市中心，参见沃尔夫斯堡市政府有关"共同体营地"的简要介绍：https://www.wolfsburg.de/newsroom/2018/04/25/07/41/portal-gemeinschaftslager（2022 年 6 月 9 日访问）。

于"为战争服务项目"而被叫停建设①,因此直到 1942 年"汽车城"建设工程被彻底叫停前,共建成近 3,000 套住房。但这个数量远不能满足工人的居住需求,大批工人居住在条件恶劣、外观丑陋的工棚营地直到战争结束,他们对于第三帝国宣称的"社会福利住房是满足广大民众平均居住需求的住房"②完全没有概念。

三、纳粹政体对住房建设政策的影响

纳粹政权的政治制度设计也是影响这一时期德国住房建设发展的重要因素。二者之间的张力不仅牵涉从 19 世纪后期出现、并在魏玛共和国时期持续发酵的中央集权与地方自治的传统角力,又涉及纳粹政党与国家围绕权力分配的新斗争,因此矛盾在"第三帝国"时期格外突出。这一矛盾也对住房政策执行构成影响。

(一) 党国一体化中的矛盾

"领袖原则"是纳粹德国政治体制运作的基础。它被认为是国家的一切权力都集中于元首,内政外交的一切事项均听命于希特勒的个人意志;但它也应用于各级领导机构乃至新设机构的"领袖",从而形成部门、组织和地区独裁者职权交错、山头林立的局面。在住房建设领域,传统的国家主管部门是劳动部,表面看来并未受到"领袖原则"的过多影响。尽管纳粹时期的首任劳动部长泽尔特是 1933 年 4 月加入纳粹党的前钢盔团领袖,但由于泽尔特本人缺乏对除意识形态之外的住房专业事务的兴趣,在客观上给了这个部门维持现状的有限自主行政权,除部长任命之外的高级官员变动也不大,例如泽尔特任命的劳动国务秘书便是在魏玛时期就一直领导劳动部第二处的资深官员约翰内斯·克罗恩(Johannes Krohn)。

但希特勒的根本意图是以纳粹主义的理论改造国家,并使国家按照该党的模式运行,即贯彻"党国一体"。因此政党对政权机构的干预势在必行,设置隶属于纳粹党(尤其是希特勒本人)的平行机构是其中的一种办法。具体到住房政策领域,针对劳动部的初次干预尝试是 1934 年经济学家兼希特勒的"老伙计"费德尔并任命为负责国家定居事务的专员。虽然费德尔任职时间不长,但已传递出纳粹党住房政策理念与劳动部的观点有所不同。

---

① [德]迪特马尔·赖因博恩:《19 世纪与 20 世纪的城市规划》,第 157 页。
② Anna Teut, *Architektur im Dritten Reich 1933–1945*, S.251.

劳动部最大的竞争者是罗伯特·莱伊领导的德意志劳动阵线。德意志劳动阵线最早通过在1933年5月解散工会并接手工会旗下的各类公益建筑合作社，取得进军住房建设领域的"入场券"；随后又组建了自己的建筑部门，由建筑师尤里乌斯·舒尔特·弗洛林德（Julius Schulte Frolinde）执掌。1937年由德意志劳动阵线全权负责建设的汽车城沃尔夫斯堡更是成为这个组织和罗伯特·莱伊在住房领域扩充势力的重要体现。而在住房管理方面，1934年它与纳粹党系统联合成立家园局是在希特勒直接授意下成立，后者明确将定居点事务提高到政治的高度，"只有[……]通过家园定居点的建设才能实现基本的政治目标，而党作为整个国家唯一的政治意愿承担者，对此加以干涉是不言而喻的"①。虽然这一部门从1936年起单独由德意志劳动阵线管理，但在某种程度上承担起此前费德尔所担任国家定居事务专员的职责，负责"为推进定居点建设及为其招募'合适'定居者进行意识形态宣传"②；同时它也试图在住房与定居点建设实践中逐步取代国家机关与公益性住房企业的位置。

随着希特勒独裁地位不断巩固且纳粹党"以党干政"格局的逐步固定，纳粹党对于住房建设事务的立场在1936年发生转变，代表纳粹党的德意志劳动阵线与国家劳动部也从此前的立场基本一致转为公开不合。希特勒在1936年3月为国会选举造势的演讲中公开承诺国家未来要承担每座工人住房的建设资金。德意志劳动阵线领袖罗伯特·莱伊（Robert Ley）则在希特勒讲话后不久也提出"创造健康居住环境不仅是社会福利要求，更是迫切需要"，声称"第三帝国将在今后几年中新建500万套住宅"。③ 两人的公开表态意味着纳粹党的住房政策方针开始向国家干预转变，但耐人寻味的是，作为主管部门的劳动部对此"未发表评论"④——这表明在所谓"第三帝国真正的住房政策方针"问题上，纳粹党与政府部门之间开始出现分歧。

面对住房短缺，秉承住房经济市场化的劳动部坚持认为需要对公共资金进入住房建设市场加以约束，且考虑到有居住需求者如年轻夫妇的支付能力有限，必须通过严格限制户型大小和设施建造最廉价的住房。但德意志劳动阵线则对劳动部的主张

---

① 转引自 W. Gebhardt, "Heimstättensiedlung und Reichsheimstättenamt", *Bauen-Siedeln-Wohnen. Zeitschrift für Bau-, Siedlungs- und Wohnungswirtschaft*, 15(1935), H. 13, S. 349 – 353。
② "Grundsätze des Reichsheimstättenamtes für Siedlungslustige", *Bauen-Siedeln-Wohnen. Zeitschrift für Bau-, Siedlungs- und Wohnungswirtschaft*, 18(1938), H. 6, S. 224f.
③ Robert Ley, "Das Siedlungsprogramm des Führers", *Bauen-Siedeln-Wohnen. Zeitschrift für Bau-, Siedlungs- und Wohnungswirtschaft*, 16(1936), H. 18, S. 329 – 330.
④ Karl Christian Führer, "Wohnungsbaupolitische Konzept des Reichsarbeitsministeriums", S. 177.

持强烈反对态度,该组织从1936/37年起就致力于从住房与人口增长关系的角度驳斥上述观点,认为国家如果仅对小户型公寓给予补贴,将无助于提高德国的出生率——莱伊本人甚至还在1938年秋态度强硬地提出"小公寓将置人民于死地,而不是带给他们以生机"[①]。

由于德意志劳动阵线与国家劳动部存在职权范围的交叉和矛盾,此时莱伊插手劳动部主管的住房及安置事务并取而代之的意图又十分明显,因此德意志劳动阵线除了批评劳动部不重视人口增长之外,还对住房市场经济发起攻击。它提出"国家应该为出租屋建设提供'100%的融资',把国家担保、过渡性融资、公司贷款,还有其他的一些机构抛诸脑后"[②],这实际上就意味着纳粹党系统重新启动国家干预住房建设。1939—1940年,德意志劳动阵线下属智库"劳动科学研究所"提出,国家每年应为30万套新建住房提供资金,并"摆脱私营经济部门的纠缠",理由是"将住房建设作为一种产生利息的基本投资,从本质上不符合纳粹意识形态。未来必然有大批孩童在宽敞、健康但价格低廉的公寓中诞生,他们才称得上是这些资本的'利息'"[③]。显然纳粹党此时已彻底转变态度,放弃自己在上台之初对魏玛共和国政府干预的批评。

然而,德意志劳动阵线与国家劳动部直到1940年都处于并立状态,这使得纳粹德国时期的住房政策观点出现严重对立,而对立的实质是德意志劳动阵线或莱伊本人要求制定并主管德国住房政策。党政系统之间的权力斗争导致住房事务出现多头现象,这使得纳粹住房政策的实践面临多重的困难。

(二) 中央干预地方行政

在地方层面,尤其是在城市,围绕住房建设的管辖问题则更为复杂,牵扯亦更广泛。可以明确的是,纳粹政权对于地方自治的干预有一个渐进的过程,历史学家霍斯特·马策拉特和杰瑞米·纽克斯先后指出,虽然纳粹党标榜"草根革命"的政治斗争与暴力活动确实严重破坏了魏玛共和晚期德国城市"市政府与市议会建设性合作"的地方自治基础,但如果遵循奥托·冯·基尔克(Otto von Gierkes)的理

---

① Robert Ley, "Was hat die Partei mit Wohnungsfragen zu tun?", *Bauen-Siedeln-Wohnen. Zeitschrift für Bau-, Siedlungs- und Wohnungswirtschaft*, 18(1938), S. 563–564.
② Otto Wetzel, "Nationalsozialismus und Wohnungsbau", *Bauen-Siedeln-Wohnen. Zeitschrift für Bau-, Siedlungs- und Wohnungswirtschaft*, 17(1937), S. 351–355.
③ Karl Christian Führer, "Wohnungsbaupolitische Konzept des Reichsarbeitsministeriums", S. 208.

第三章 纳粹统治时期的"福利"住房政策(1933—1945)

论路径,则地方自治源于早期日耳曼社会中的共同体形式,依然在纳粹意识形态中拥有合法地位。同时,纳粹党直到夺权之时都未曾形成经过深思熟虑的地方政纲,"即便出现过若干地方或城市政纲,也未得到官方承认"。[1] 因此,城市自治的传统,即如马策拉特所说,"德国原本的市镇法人地位,包括一些已构成自治概念的要素特征(如地方政府、职责范围和统一行政)",在第三帝国时期仍得到承认。[2] 具体到城市规划及住房建设主管权限,在纳粹夺权之初也仍旧延续魏玛传统,集中掌握在地方政府手中,以至于希特勒在1933—1934年打算实现自己改造城市的梦想时,首选考虑是与市政当局进行磋商。[3]

纳粹党和国家干预地方事务的起点是1935年1月30日出台的《德国市镇条例》(Deutsche Gemeindeordnung)。这部法规明确扩大了市镇长官的权力,甚至在第32条明确长官权力的执行细则中直截了当地注明:"市镇长官即为市镇之领袖"[4],表面看来是以"领袖原则"迎合自魏玛以来以超越党派的"专家"自居的市长们的自觉。但与此同时,条例增设一个全新的地方管理职位:纳粹党代表(Parteibeauftragte)。党代表通常由纳粹党的基层地方领袖如县级分部领袖(Kreisleiter)兼任,亦市镇条例规定。该职位拥有任命市镇长官、市镇副职长官、市镇议会议员并通过法律的权限。不仅如此,法规还明确规定,居民人口超过10万的市镇则由国家内政部长任命市长,任期12年。更为重大的变化出现在第48条,规定市镇议会不再由民众选举产生,而是经党代表和市镇长官协调决定人选,且议会不再具有决策权,只拥有"自行向市镇长官提供建议并促进民众了解后者措施"的权利。显然这些具体涉及人事任命及机构权限的规定,不仅意味着纳粹党和国家深入介入地方事务,普通公民参与地方事务的机会也被一并剥夺,市镇至此完全丧失地方自治体的地位和职能,沦为国家党政机关在地方的派出机构。而这一点已在条例第106条中得到体现,"国家应监督市镇,以确保其完全与国家领导

---

[1] Horst Matzerath, "Nationalsozialistische Kommunalpolitik: Anspruch und Realität", *Die Alte Stadt*, 5 (1978), S.1 - 22; Jeremy Noakes, "Die kommunale Selbstverwaltung im Dritten Reich", in Adolf M. Birke, Magnus Brechtken (Hgg.), *Kommunale Selbstverwaltung: Geschichte und Gegenwart im deutsch-britischen Vergleich (=Prinz-Albert-Studien, Bd.13)*, München/New Providence/London: K·G·Saur 1996, S.67, 69.

[2] Horst Matzerath, Ebenda.

[3] Jost Dülffer, "NS-Herrschaftssystem und Stadtgestaltung: Das Gesetz zur Neugestaltung deutscher Städte vom 4. Oktober 1937", *German Studies Review*, vol.12, 1(1989), pp.69 - 89.

[4] Jost Dülffer, "NS-Herrschaftssystem und Stadtgestaltung: Das Gesetz zur Neugestaltung deutscher Städte vom 4. Oktober 1937", *German Studies Review*, vol.12, 1(1989), pp.69 - 89.

(Staatführung)的法律与目标步调一致"①。

具体到地方政务实践,纳粹党系统带给地方政府的压力更超出市镇条例规定。大批纳粹党干部和党员通过各种方式成为地方官员,从人事架构上实现地方党政一体化,甚至有地方党部认为地方政府只是自己的执行机关。在一些城市,地方议会中的资深纳粹党员或干部对地方事务的影响力因此可与市长或市政府班子比肩。例如慕尼黑市议会中的纳粹党领袖、希特勒的密友克里斯蒂安·韦伯(Christian Weber)的影响力就与市长卡尔·菲尔勒、慕尼黑大区领袖兼州内政部长阿道夫·瓦格纳不相上下。韦伯曾在1934年8月初向菲尔勒汇报会议情况时提出解散"第七处"并将其人员分配至其他部门。慕尼黑市政府的这一"第七处"主要负责住房及定居事务,从1933年1月起又承担起"创造工作岗位"的职责。其实韦伯历来不重视住房事务,他认为"将其并入地籍登记办公室即可",但又觉得"创造工作岗位"这个任务对于议会党团主席(即他本人)而言十分重要,因此应当由他,而非"第七处"的主管吉多·哈伯斯(Guido Harbers)负责——当然,两人素有嫌隙也是导火线之一。最终,菲尔勒顶住了韦伯的压力,给出"哈伯斯未来不应被解职,也不应屈居任何一位先生之下,凭他的能力和知识,他应该在技术部门担任领导职务"的明确回应,但他仍部分采纳韦伯的建议,将原本由第七处作为"创造工作岗位措施"负责的高速公路项目转给其他部门负责。② 纳粹党对于地方政务的干预在这个例子中可见一斑。

德国学界在20世纪90年代之后的研究③证明,虽然受"领袖原则"的支配,但许多大市市长仍具备相当的自由裁量权和决策自由,因为"现有的结构足够灵活,

---

① 本段相关条款引文均出自"Deutsche Gemeindeordnung vom 30. Januar 1935", *Reichsgesetzblatt*, Jg. 1935, Teil 1, S. 49 – 64。
② Ulrike Haerendel, *Kommunale Wohnungspolitik im Dritten Reich. Siedlungsideologie, Kleinhausbau und „Wohnraumarisierung" am Beispiel Münchens*, S. 71.
③ 德国学界有关纳粹政党与地方政府关系的研究始于1970年霍斯特·马特拉策出版的《纳粹主义与地方自治》(Nationalsozialismus und kommunale Selbstverwaltung (= Schriftenreihe des Vereins für Kommunalwissenschaften e. V. Berlin), Stuttgart: Kohlhammer 1970)。马特拉策在书中建立起了地方政府与纳粹基层党部二元对立从而破坏德国传统地方自治的经典解释框架,20世纪90年代一批年轻学者对这一解释框架发起挑战,安德烈亚斯·维尔申、伯恩哈德·戈托、米夏埃尔·鲁克等人从区域研究的角度出发,以具体城市的各类政策与施政为研究对象,证明纳粹统治时期的市政当局具有相当的决策与行政空间。相关作品参见:Sabine Mecking, Andreas Wirsching (Hgg.), *Stadtverwaltung im Nationalsozialismus. Systemstabilisierende Dimensionen kommunaler Herrschaft*, Paderborn: Ferdinand Schöningh 2005; Bernhard Gotto, *Nationalsozialistische Kommunalpolitik. Administrative Normalität und Systemstabilisierung durch die Augsburger Stadtverwaltung*; Michael Ruck, "Die deutsche Verwaltung im totalitären Führerstaat 1933 – 1945", *Jahrbuch für europäische Verwaltungsgeschichte*, 10(1998), S. 1 – 48.

能够使政治与行政与纳粹主义的目标保持一致,甚至连指导思想和内部原则都无需做根本性调整"①,但各市镇需为各类政党任务提供资金或服务也是不争的事实。其服务范围从早期为冲锋队营地、希特勒青年团之家提供场地并承担建设,到为地方政府中党系人员免费供水、供煤,不一而足。② 此外,在部分工作领域,如社会福利,一些纳粹党下辖的组织也确实开始取代地方政府的职能,例如"民族社会主义人民福利协会"对青少年福利与幼儿园的管理,抑或是家园局对地方定居(住房)事务的介入,因为它自认为承担考量"世界观与政治立场是否合宜"的任务。虽然极少数城市如慕尼黑,因视家园局为威胁"地方自治"新威胁而拒绝与其开展合作,同时亦避免后者参与定居点事务——这在某种程度上也证明了地方自治的空间③,但大多数地区对家园局并不完全排斥,以萨克森省来说,其省级区域规划主管机构(称"规划共同体")除了包含辖区内36座市镇、电力、煤气等基础设施企业的代表外,当地大区家园局的代表也参与其中。④ 而在它的邻省安哈特,马格德堡—安哈特大区家园局从1937年起就与马格德堡市多个公益性住房建设机构合作建设"工人居所"——银河与林登霍夫居住区。1938年2月16日出版的《马格德堡报》(*Magdeburger Zeitung*)甚至还有这样的报道:

> "如果说今天首个大规模建设项目业已完工,如果说对我们的景观及中部德国人民而言反应良好、恰当的本土建筑类型已被开发出来,那么这项目标明确前期工作就是有效,这首先是由大区家园局为之付出努力。"⑤

(三) 地方财政自由的进一步收缩

国家制约地方的另一重要手段则是财政,这一手段甚至可以追溯到1920年埃

---

① Bernhard Gotto, *Nationalsozialistische Kommunalpolitik. Administrative Normalität und Systemstabilisierung durch die Augsburger Stadtverwaltung*, S.425.
② Jeremy Noakes, "Die kommunale Selbstverwaltung im Dritten Reich".
③ Ulrike Haerendel, *Kommunale Wohnungspolitik im Dritten Reich. Siedlungsideologie, Kleinhausbau und „Wohnraumarisierung" am Beispiel Münchens*, S.145.
④ Wolfgang Hofmann, "Raumplaner zwischen NS-Staat und Bundesrepublik. Zur Kontinuität und Diskontinuität vom Raumplanung 1933 bis 1960", Heinrich Mädling, Wendelin Strubelt (Hgg.), *Von Dritten Reich zur Bundesrepublik. Beiträge einer Tagung zur Geschichte von Raumforschung und raumplanung am 12. Und 13. Juni 2008 in Leipzig*, Hannover: ARL, 2009, S.49.
⑤ Heidi Roeder, *Nationalsozialistischer Wohn- und Siedlungsbau. Fuchsbreite Lindenhof-Siedlung "Gagfah-Siedlung"*, Magdeburg: Stadtplanungsamt Magdeburg, 1995, S.29.

茨贝格财政改革。客观来说，纳粹德国时期的市镇财政状况较魏玛共和国已有所好转。一方面是经济复苏使得地方政府在失业救济方面的福利支出大为减少，且地方危机津贴也被转移给国家劳动介绍署，地方经济负担得以减轻。另一方面，1936年财政改革对财产税加以统一并明确从1938年起财产税（土地税、营业税）与市民税专为地方征收，使得地方政府获得了自埃茨贝格改革之后两项最重要的收入来源。1937—1938年全德有超过50%的地方政府支出可由地方税负担，四年计划对德国经济的重新布局，也让一部分市镇（主要是城市）从军备产业中获利，通过保有一定的财政余地确保相对的自治权。[1]

与此同时，1933年9月的《市镇债务重组法》（*Gemeindeumschuldungsgesetz*）及市镇条例中有关对地方预算监管的规定证明，以财政手段限制地方自治的命题依然成立，市镇条例不仅规定市镇财政预算需要经过专门的监察机构根据年度预算章程加以审核（过去这一权限在地方议会），任何出售地方财产，特别是任何借贷，都必须事先得到国家监察机关的批准（第82条及以下诸条）；此外市镇当局需严把债务关，对任何可以投入重新武装的资本进行限制（第76条及以下诸条）。[2] 随后于1936—1938年出台一系列财政平衡法及修正案[3]进一步改变了地方财政环境。首先，平衡法以拨款取代了过去的国家转移支付，直接导致各类市镇在1937—1939年每年减少超过10亿马克的收入。1938年7月《财政平衡法第三修正案》（*Drittes Gesetz zur Änderung des Finanzausgleichs*）则又取消了地方政府收取收入颇为可观的市镇啤酒税和一部分土地交易税的权利，造成市镇税收缩水8%—10%。[4] 这就在很大程度剥夺了地方政府从事经济活动的机会。同时，地方政府还被要求额外承担如教师工资及州道路修建的费用。显然，这些调整都服务于德国正日益公开的战争经济转型，国家寄希望于由地方承担更多的经济责任，提供更多地方收入，以便腾出更多的资金。

正因为此，在现有住房供应远不能满足住房需求的现实条件下，纳粹德国的

---

[1] Jeremy Noakes, "Die kommunale Selbstverwaltung im Dritten Reich".
[2] 这里涉及的市镇条例内容均引自"Die Deutsche Gemiendeordnung vom 30. Januar 1935", *Reichsgesetzblatt*, Jg. 1935, Teil 1, S.49-64。
[3] 财政平衡法及其修正案包括：1936年3月30日颁布的《第二财政平衡法修正案》（*Zweites Gesetz zur Änderung des Finanzausgleichs*），1937年12月10日颁布的《州市（及市镇联盟）财政与税收平衡原则》（*Grundsätzen über den Finanz- und Steuerausgleich zwischen Ländern und Gemeinden (Gemeindeverbänden)*），以及1938年7月31日颁布的《第三财政平衡法修正案》。
[4] Jeremy Noakes, "Die kommunale Selbstverwaltung im Dritten Reich".

市镇能够活动的空间进一步缩小:收入的减少意味着地方政府不得不考虑如何从国家那里获得金额有限的融资,但现在国家贷款又统一由德意志建设与土地银行股份公司分配,由各州政府首脑进行审核;且城市从1934年就被剥夺了对城市住房公司的控制权。[1] 如此一来,作为住房问题直接应对者和住房建设承担者的地方政府就处于两难的境地。奥格斯堡市是第三帝国受住房短缺危机影响最严重的大城市之一。该市在一份撰写于1935年(1938年修改)的备忘录中坦诚"市政当局凭借自身力量根本无法解决住房短缺"且言明"绝无虚言",希望借此向国家和州政府"乞求"拨款。[2] 而在慕尼黑,尽管菲尔勒和哈伯斯成功让正在推行慕尼黑"(政治)运动之都"改造计划的希特勒本人都无法忽视"没有配套住房建设措施的代表性建设方案必将被城市居民拒绝"[3],但市政当局开辟其他融资渠道的尝试,如与保险公司探讨二级贷款的可操作性,甚至直接向纳粹党系统要求建设补贴的方案(哈伯斯认为慕尼黑的住房困境很大程度上应归咎于政党),均以失败告终[4];菲尔勒在1935年提出为克服当前的居住困境重启住房统制模式也遭到国家经济部和劳动部的否决。

反过来,市政住房建设项目接受国家资金,也就意味着国家取得对新建住房建设活动在空间规划乃至建筑设计方案的控制。[5] 然而,国家对于住房的意识形态要求与地方当前的居住现实与民众需求同样存在落差,即如奥格斯堡市前经济部门负责人约瑟夫·克莱因丁斯特(Josef Kleindinst)在1934年所说:"大多数找房者并不打算定居,而只是想找到足够容身且能负担的住所","只有建造中小户型住房并为大户型公寓提供出租便利才能缓和市场紧张"。[6] 但由于纳粹政权与民众联系的断绝,媒体也不再承担公共领域的职能,使得围绕民生问题的民众意识无法通过正常的途径得以传达。居住需求与住房供应不匹配的问题直到1936年10月推行"新四年计划"才得以调整。即便如此,"四年计划"所要求的"创造健康住所"

---

[1] Adelheid von Saldern, *Häuserleben. Zur Geschichte städtischen Arbeiterwohnens vom Kaiserreich bis heute*, S.198.
[2] Bernhard Gotto, *Nationalsozialistische Kommunalpolitik. Administrative Normalität und Systemstabilisierung durch die Augsburger Stadtverwaltung*, S.216.
[3] Ulrike Haerendel, *Kommunale Wohnungspolitik im Dritten Reich. Siedlungsideologie, Kleinhausbau und „Wohnraumarisierung" am Beispiel Münchens*, S.13.
[4] Ebenda, S.281.
[5] Ulrike Haerendel, "Wohnungspolitik im Nationalsozialismus".
[6] StdAA 45/978, Kleindinst an Geschäftsleitung, 转引自 Bernhard Gotto, *Nationalsozialistische Kommunalpolitik. Administrative Normalität und Systemstabilisierung durch die Augsburger Stadtverwaltung*, S.222。

本身服务于国家经济政策,而非真正出于保障性的理由;而更为糟糕的是,此时德国城市住房短缺状况已进一步恶化,甚至演变为令各级政府及纳粹党系统警惕的"不稳定情绪"。从这个意义上来说,纳粹德国的政治结构本身对住房政策实施构成了较为负面的影响,冯·萨尔登甚至因此将市政当局称为"住房政策的重组过程中的输家"①。

第三节 "安置"与驱逐:背离保障的"民族共同体"

纳粹德国社会政策的根本出发点是保护整个民族共同体,并非为处于困境的个体提供普遍保障。这一点早在1935年就为纳粹社会福利专家赫尔曼·阿尔特豪斯(Hermann Althaus)所确认:只有符合纳粹世界观与种族卫生学标准,即被认为是"有用"和"有价值"的人才能主张共同体的保护,而所有"无用者"应当被排除在外。② 正因为如此,魏玛福利制度在纳粹党人看来效率低下,难以对症——而他们所认为"对症"的社会政策,是采取"彻底排除"一切"(种族)价值低下者"的方式克服社会问题。③ 正是基于这一指导思想,纳粹德国的社会政策看似"平等",推崇"民族共同体"内部社会融合,反对社会空间隔离,但其中包藏着的却是强烈的分层社会控制与种族隔离的思想内核。这种分裂的双重性在著名的第三帝国史学者沃尔夫冈·本茨看来,源于这个信奉强者思维、敌我思维的政权"对规范和塑造社会的关注",它对顺应政权者表现为矫正、意识形态教育和一体化,而对民族、政见、宗教甚至身体上的"异类"进行排斥和迫害。④ 具体到居住领域,就表现为纳粹政权一方面将不同群体安置在不同区域内生活,其目的可以是规训、惩戒甚至是消灭;一方面又将剥夺产权与居住权作为克服第三帝国住房

---

① Adelheid von Saldern, *Häuserleben. Zur Geschichte städtischen Arbeiterwohnens vom Kaiserreich bis heute*, S.198.
② Hermann Althaus, *Nationalsozialistische Volkswohlfahrt*, Berlin: 1935, S.9, 转引自 Wolfgang Ayaß (Bearb.) *Gemeinschaftsfremde. Quellen zur Verfolgung von "Asoziale" 1933 – 1945*, Koblenz: Bundesarchiv 1998, S XI.
③ Deutscher Bundestag, WD 1 – 3000 – 026/16, Ausarbeitung, "'Asoziale' im Nationalsozialismus", 27 Juni 2016, S.4
④ Wolfgang Benz, "Deutsche Gesellschaften und ihre Außenseiter. Kontinuitäten im Umgang mit 'Gemeinschaftsfremden'", in ders, u. Barbara Distel (Hgg.) *"Gemeinschaftsfremde". Zwangserziehung im Nationalsozialismus, in der Bundesrepublik und der DDR*, Berlin: Metropol 2016, S.11.

建设不足问题的辅助手段。纳粹德国"福利"住房政策最阴暗的一面,就此暴露。

一、排除"反社会者"

"反社会者"(Asoziale),抑或"共同体异类"(Gemeinschaftsfremde),是纳粹政权用来形容种族价值低下(更确切来说是不具备"遗传优势"),不配成德意志民族共同体的一员的人——"即便他们拥有德国血统"。① 1938年4月4日,国家刑事警察总局发布《预防犯罪斗争基本令》(*Grunderlass vorbeugende Verbrechenbekämpfung*),在这部旨在明确启动刑事预防性拘役的法令的"指导方针"部分,对"反社会者"有如下定义:"任何行为有悖共同体(准则)者,即使不构成犯罪,仍表明其不愿融入共同体"。该法令还具体列出23类应予以不同程度惩戒的"反社会"人群,大部分可以归结为以下两类人:1)"不愿服从在民族社会主义国家理所当然的秩序,虽情节轻微,但屡屡触犯法律者";2)"无论是否有前科,逃避工作义务并以依赖救济为生者"。② 按照这个定义,居无定所者、乞丐、流浪汉、好吃懒做(即逃避工作)者、吃救济者、打零工者、军备企业中消极怠工的工人、生活放荡滥交者(也包括育有非婚子女的单身女性),或是缺乏责任心、无法维持家计并抚养子女成长为"有用的民族同志",都会被宣布为"反社会者"③。

---

① Deutscher Bundestag, WD 1 - 3000 - 026/16, Ausarbeitung, "'Asoziale' im Nationalsozialismus", 27 Juni 2016, S.5.
② "Richtlinien zum Grundlegenden Erlass über die vorbeugende Verbrechensbekämpfung durch die Polizei des Reichsinnenministeriums vom 4. April 1938", in Wolfgang Ayaß (Bearb.) *Gemeinschaftsfremde. Quellen zur Verfolgung von "Asoziale" 1933 - 1945*, S.125.
③ "Richtlinien zum Grundlegenden Erlass über die vorbeugende Verbrechensbekämpfung durch die Polizei des Reichsinnenministeriums vom 4. April 1938",《预防犯罪斗争基本令》提及的"反社会者"还包括:性工作者(妓女、皮条客)、成瘾者、政治犯、同性恋者、重病缠身者以及非德意志如犹太人、吉普赛人。事实上,"反社会"一词并非纳粹党独创,且即使是在纳粹采用技术手段系统迫害这一群体时,它也不像其他受害群体(如犹太人、吉普赛人)那样有明确的法令界定,因此"反社会"始终只是一个"从外部强加给各种形式的异常行为的贬义集合名词"(Wolfgang Ayaß, "Einleitung", ders. (Bearb.), *Gemeinschaftsfremde. Quellen zur Verfolgung von "Asoziale" 1933—1945*, S XII)。刑事总局的这部法令虽将少数民族、政治犯、同性恋等纳入所谓对"反社会者"的预防性控制,但法令本身只是纳粹德国各职能部门"各自解决方案"中的一种。而从《预防犯罪斗争基本令》的归纳来看,更侧重于对"行为偏差者"的罗列,但即便如此,诸如"属于经济与社会条件糟糕及(或)接受救济,被认为是'民族共同体负担'的大家庭一员"的表述,也相当笼统而不明确。此外,当代德国学者在论述受害者群体时,还会将"反社会者"与犹太人、政治犯或同性恋者等群体并列,因此本章节考察的"反社会者",主要是被认为对纳粹党人视为有悖德国社会秩序和行为规范的德意志人,不涉及种族身份、宗教或政治立场、性取向或身体原因的"种族价值低下者"。特此说明。

(一) 对"反社会者"的矫正安置

虽然"反社会者"分类庞杂，但其中的大部分仍属于工人群体。他们因为身处社会底层，无论是在经济、社会还是文化领域都缺乏可资宽容的余地，行为动辄因被认为违背现行价值观与规范而遭到排斥。① 一部分工人群体更因深受工人运动塑造的价值观影响而成为社会民主党人、共产党人、其他社会主义者以及工会分子——这些人甚至成为纳粹体制的政敌。在安德烈亚斯·瓦尔特基于汉堡各区选举状况分析建立的群体分类模型中，社民党和共产党得票率较高的地区就被视为遭遇"严重威胁"，他的理由是"这些共产党的桥头堡也是反社会者和罪犯的温床"。此外瓦尔特还提出，迟至1935年，在传统工人与贫民聚居区存在着一个相对稳固的反民族社会主义的抵抗区，在这里，政治异见与犯罪行为紧密相连。② 罪犯、穷人与政治异见者因此构成"反社会者"的主体，成为除"非德意志人"以外，纳粹进行种族筛选与消灭的主要对象。

其实纳粹党并非德国主流社会形成排斥和歧视"反社会"群体的始作俑者，相反这种排斥由来已久。在德国的社会治理传统中，始终贯彻着这样一种观念：关怀"大众福祉"往往要求采取一定的强制手段，即在"教导不守规矩或冥顽不化的对象时，除了需要实质性的引导和榜样，也需要警告与惩罚"③。但纳粹政权是在立足社会达尔文主义的基础上将对行为存在偏差群体的控制转变为一种系统迫害，并赋予其激进、残酷的新特点，这使得该政权对"反社会"群体的排斥成为一种国家行动。纳粹德国针对不同的"反社会"群体采取了分级处置手段。他们除了遭受侮辱、被警方监控、剥夺公民权、从事强迫劳动外，还会根据其"有害"的程度被送入感化机构、劳教所、劳动营，直至进入被称为"营地恐怖之巅"的集中营。除了这些带有明显惩戒性质的营地外，还包括一些看似"无害"、实则同样带有规训性质的"类

---

① Adelheid von Saldern, *Häuserleben. Zur Geschichte städtischen Arbeiterwohnens vom Kaiserreich bis heute*, S. 217.
② Andreas Walther, *Wege zur Großstadtsanierung*, S. 14; Karl Heinz Roth, "Städtesanierung und 'auszumerzende' Soziologie. Der Fall Andreas Walther und die 'Notarbeit 51' der Notgemeinschaft der Deutschen Wissenschaft 1934‐1935", Carsten Klingemann (Hg.), *Rassenmythos und Sozialwissenschaft in Deutschland. Ein verdrängtes Kapital sozialwissenschaftlicher Wirkungsgeschichte*, Wiesbaden: VS Verlag für Sozialwissenschaften, 1987, S. 370.
③ David Crew, "'Eine Elternschaft zu Dritt', -Staatliche Eltern? Jugendwohlfahrt und Kontrolle der Familie in der Weimarer Republik 1919‐1933", in Alf Lüdtke (Hg.), *„Sicherheit" und „Wohlfahrt". Polizei, Gesellschaft und Herrschaft im 19. Und 20. Jahrhundert*, Frankfurt a. M.: 1992, S. 272.

营地"。斯图加特市长施特罗林就曾明确提出,要以最严厉的态度处置非常明显的反社会分子,"要么将他们带到还能加以挽救教育的地方,要么——如实在无可救药——把他们永远留在劳改所、济贫院或类似的封闭机构内"。① 他此番言论的初衷是希望从空间上将"反社会者"与其"种族价值优秀"的邻里隔离开来,明白无误地揭示出纳粹当局通过对特定群体的居住管控以达到分层社会控制目的的意图。而用于处置"反社会者"的不同等级营地构成服务和塑造民族社会主义社会规范的安置体系中特殊的一环。②

根据冯·萨兰登的分类,对于可通过"矫正"行为偏差予以挽救的"反社会者"及其家庭,会在警方安排下进入"类营地"接受教育后"重返社会"。类营地分为供临时居住和永久居住两类。前者在魏玛共和国时期就已出现,它是由公法结构设立的居住地,居民主体为接受福利救济者,纳粹德国在此基础上又兴建了一批临时安置住房。从外观来看,这些住房与其他城郊小住房定居点并无不同,但往往是"位于最局促小房子里最局促的公寓,带有小菜园,可能还有一个小小的牲畜栏"③。不过它的内部管理则与普通民居有所不同:它是出于"提供最后的缓刑和改造机会"的目的,提供给由警方(或社会福利部门)送来的"反社会家庭"临时居住,以便进行监测和筛选。汉堡的列金街便是这样的一处安置地:这里的租户原本是长期居住在市郊非法搭建的棚户区的无家可归者,也属于"反社会者"行列。他们在警方的统一安排下,无需签署租赁合同即入住列金街并定期接受检查与劝诫,据称"大约六个月后,居民们就已放弃他们从棚户区带来的大部分坏习惯"④,此后居民便可搬出临时住所,回归常规居住区。

海德堡的韦希恩定居点的"改造"意图则更为明显。按照该市市长奥托·韦策尔(Otto Wetzel)的观点,任何集体都会出现"反社会家庭"这种"人类残次品",这些"次品"会给每个地方带去危险。不过通过"教育",还是可以将他们拉回到民族

---

① Manfred Walz, *Wohnungsbau- und Industrieansiedlungspolitik in Deutschland: 1933 bis 1939: Dargestellt am Aufbau des Industriekomplexe Wolfsburg — Braunschweig-Salzgitter*, S.246.
② 此外,还有为培养大学生、司法从业者以及大学讲师共同体意识的营地生活,在经历数周的集体生活后,接受培训者还可以拿到品行良好证书,参见 Adelheid von Saldern, *Häuserleben. Zur Geschichte städtischen Arbeiterwohnens vom Kaiserreich bis heute*, S.216. 但这部分不属于本节论述的内容,故略去不表,仅作简要说明。
③ Adelheid von Saldern, *Häuserleben. Zur Geschichte städtischen Arbeiterwohnens vom Kaiserreich bis heute*, S.217.
④ Adelheid von Saldern, *Häuserleben. Zur Geschichte städtischen Arbeiterwohnens vom Kaiserreich bis heute*, S.217f.

社会主义生活的正轨上。因此他试图建立一个更适应纳粹国家公民教育的机构，将全体"反社会家庭"纳入其中。他认为，"反社会家庭"应当在"反社会者定居点"住上一段时间，不断接受指导、监督和教育，以此尝试将其改造为能够"创造价值"的合格民族共同体成员。① 1934 年启用的韦希恩定居点便是这样一个贯彻市长社会改造理念的特殊居住点。整个定居点由 20 栋石头砌成的房子组成，每栋房子包含 1—3 户住房，由于海德堡社会福利部门在此安置全市所有的"反社会家庭"，因此也被称为"反社会者部落"。

与汉堡列金街的不同，韦希恩由一位社会福利官员负责监督和"照管"，有强制登记要求并实行宵禁的房屋条例。营地还专门安排了精神卫生与神经学的医师对居民进行精神和遗传生物学"鉴定"并进行强制消毒。不过，由于韦希恩的目标是帮助"取得进步的反社会者"重新融入"民族共同体"，因此在管理方面未采取严加控制和看守的传统济贫院管理模式。这里的劳动改造措施以农业劳动为主，居民们在城市园艺师的指导下共同耕种属于定居点的田地，收获的农产品则优先分配给积极向上、表现良好的居民——甚至表现特别优秀者还可以获得自己的田地。一部分"改造好"的"反社会家庭"可以很快重新离开定居点，搬入其他条件更好的居住地。但那些被认为"行为存在偏差且不可理喻"的家庭，"无论他们是从根子上就反社会、好吃懒做或与社会为敌，还是因为遗传疾病导致道德低下"，则必须解散。具体的办法是成年家庭成员被收容，剥夺父母对子女的监护权，孩子被送走寄养。② 还有一部分家庭则永久留在营地。这些人则可能是吉普赛人，因为按照海德堡市法律参事卡尔·弗里德里希·阿姆曼（Karl Friedrich Ammann）的说法，这些家庭并"不反社会，只是由于今天私人房东依然对'吉普赛人'抱有厌恶之情，才导致其无法搬离定居点"。③

显然，类似韦希恩这样的"反社会者"安置所并非封闭的强制感化院，甚至韦策尔的安置考量从一开始就包含了节约政府福利开支的意图④，因此韦希恩定居点

---

① Elke Steinhöfel, *Die Wohnungsfürsorgeanstalt Hashude: Die NS-"Asozialenpolitik" und die Bremer Wohlfahrtspflege*, Bremen: Selbstverlag des Staatsarchivs Bremen, 2013, S.129f.
② K.F. Ammann, "Erfahrungsbericht über die Heidelberger Asozialen-Kolonie", *Deutsche Zeitschrift für Wohlfahrtspflege*, 13(1937), S.4-12.
③ Ebenda.
④ 韦策尔的初衷是为"反社会者"及其家庭的再教育提供一个对市政当局而言相对物美价廉的机构，一方面如果将那些"反社会家庭"完全拆散并安置在不同感化机构，同时将孩子交给寄养家庭养育（市政当局仍需要承担抚育金），则市政当局的这部分福利开支将十分庞大；而通过这种方式，只需要承担"完全无药可救家庭"的感化费用。参见 Elke Steinhöfel, *Die Wohnungsfürsorgeanstalt Hashude: Die NS-"Asozialenpolitik" und die Bremer Wohlfahrtspflege*, S.129。

虽然被称为反社会定居点的"先驱",但与前文中斯图加特市长施特勒林的要求仍有一定差异。

真正被认为明确具备空间隔离与惩戒性质的(类)营地是 1936 年在不来梅兴建的"哈斯胡德反社会者定居点"。哈斯胡德是在不来梅福利局局长汉斯·哈特曼(Hans Haltermann)的倡议下,以海德堡的韦希恩为榜样建立起来的矫正"反社会者"的定居点,其正式名称为"哈斯胡德住房救济所"。1936 年,经福利部门判定后共有 84 个家庭(共计 170 名成人和 420 名儿童)被安置在这里接受矫正教育,"逃避工作"是主要的"入住"标准。1935 年 12 月哈特曼在接受《不来梅消息报》(Bremer Nachrichten)的采访时谈及通过强制住房安置集中并控制"反社会家庭"的可行性。他强调家庭作为"民族的生殖细胞"的重要性,所以要将"反社会者"以家庭为单位强制安置进住房救济所接受再教育,从而为重返民族共同体做准备。在此基础上,他提出要以毫不通融的严谨帮助这些家庭重返共同体,"那些没有把握机会的人,只能自行承担责任,忍受被排斥在共同体之外的处境"。由此不难看出,哈特曼对设置反社会者定居点的动机、措施及其力度已较韦策尔出现很大不同,强调种族意识形态和强制矫正,这使得哈斯胡德定居点成为一处强制教养场所。

整个哈斯胡德营地包括分两期建成的 84 座行列式石砌住房,一期居住单元为 54 平方米,二期为 44 平方米,房子均为两层,一楼是起居厨房和厕所,二楼则是几间极为狭小的卧室。除了居住区之外,还建有一个包含防空洞、两间公务宿舍、浴室和儿童活动室的行政楼。居住区域造价总计 398,400 马克。乍看之下营地与普通居住区无异,但它矫正安置点的强制性与威慑性首先体现在定居空间的相对封闭:整个定居点是由一道高高的双层栅栏和一道墙围合起来。出入大门会在夜晚十点关闭,但围墙区域内灯火通明。此外,居住楼的分布也方便警卫监视居民的活动。不过,与韦希恩以务农促进居民改造不同,哈斯胡德秉承矫正懒惰思想,强制男性一家之主外出从事艰苦的紧急劳动,因此并无可供居民务农的公共或家庭用地,也不允许他们饲养家禽。①

除了实现社会空间隔离,不来梅福利局和营地管理部门还制定了严格的居民行为守则与惩戒条款,共计 22 条。条款首先着重强调营地集体劳动纪律,以矫正

---

① 有关定居点建设情况参见 Elke Steinhöfel, *Die Wohnungsfürsorgeanstalt Hashude: Die NS-"Asozialenpolitik" und die Bremer Wohlfahrtspflege*, S.153。

居民"好逸恶劳、逃避工作"的恶习,举例来说,负有劳动义务的男性居民,每天必须在开工前 15 分钟在行政楼前集合,"在看守的带领下排队前往紧急工作地点";不得私自接活并按照自己的意愿开价。而一旦出现"拒绝劳动或消极怠工"现象,营地管理方可以将其送往强制劳动营接受改造。其次是严格规定居民的生活作息时间。营地规定夏季晚上 10 点,冬季晚上 9 点之后不得外出,且必须提前一小时回到住处,若有人晚归则会遭到看守的殴打及其他惩罚。违背营地行为准则将会被惩罚在地下室禁闭三天,严重违规或屡教不改者上报内政部门长官(即州刑事警察)。营地管理者还可在一天中的任何时段进入居民家中进行批评教育,居民的邮箱也会被随机检查,从而构成对居民私生活的严重干预。此外,由于哈斯胡德是一处针对家庭的强制教养场所,因此在营地生活的孩子虽然被允许外出前往定点学校上学,但他们往往会受到外界的非议与歧视。[①]

按照福利局 1937 年 7 月对外公布的方案,95%的哈斯胡德居民在接受改造一年之后即可以搬离营地,具体标准是"一家之主有一份稳定的工作,而且能够负担起住房救济所外的一处住房"。然而埃尔克·施泰因赫费尔的研究表明,从 1936 年至 1942 年先后共有 123 户多子女家庭被安置在此,但仅有 13 户家庭因"改造良好"如期在一年内搬离,59 户人家在此居住超过五年。此外还有人因为再次违规而被举家重新送回营地。[②]毫无疑问,此类有目地严格控制居民生活、行动自由乃至思想的强制安置点管理,构成了日后集中营控制、强制和施行暴力的空间基础。但哈斯胡德种种使"反社会者"始终无法摆脱住房救济所的措施,更大的负面影响在于它预示着德国官方试图以特定的居住安置点这种空间隔离的方式,将"反社会者"从"民族共同体"社会中彻底抹去。

(二) 摧毁"反社会者"的社会存在

针对流动人口及非主流群体的空间隔离其实可以追溯自德意志帝国建立之初。1871 年生效的德国刑法典制定了旨在处罚乞讨、流浪,以及部分情况下无家可归行为的"第 361 条",规定上述行为均被视为"违法",将被判处最高六周的拘

[①] 以上均出自不来梅城市档案局藏哈斯胡德住房救济所草案:StAB, 4, 29/1 - 859, Entwurf einer Anstaltsordnung,转引自 Elke Steinhöfel, *Die Wohnungsfürsorgeanstalt Hashude: Die NS-"Asozialenpolitik" und die Bremer Wohlfahrtspflege*, S. 158 - 161。

[②] Elke Steinhöfel, *Die Wohnungsfürsorgeanstalt Hashude: Die NS-"Asozialenpolitik" und die Bremer Wohlfahrtspflege*, S. 167。

役。第362条则规定,法官可酌情将违法者送入劳教机构"矫正性拘留",羁押时间可延长至最多两年。① 不过,从实际收押情况来看,直到魏玛共和国时期,关押此类违法者的劳教所也经常空置一半。但从1933年秋天起,所有的劳教所就呈现人满为患的局面:羁押在劳教所的犯人从1,700人增加至超过4,000人②,一些地区甚至不得不想方设法扩容劳教所。

  这一变化正与纳粹政权强化对违反第361条的所谓"反社会"群体的控制密切相关:1933年11月《打击危险惯犯及安全与改善惩处法》(Gesetz gegen gefährliche Gewohnheitsverbrecher und über Maßregeln der Sicherung und Besserung)颁布,除了针对屡教不改的惯犯,该法明确指示"因懒惰,或因放荡进行乞讨,或以此为业"的违法者同样需要进入劳改所接受劳动改造。③ 当局还认为大多数矫正犯之所以被反复处以劳动教养,原因在于刑法第362条规定的矫正力度不足:首次进入劳教所者拘留时间最长不超过两年,因此计划"利用法律为居无定所者创造终身被拘禁的机会"④。1934年1月,纳粹政府对刑法第42f条进行增补,将对矫正犯的强制安置时间延长至"直至目标达成"——换言之,反社会者或将面临终身监禁。这就从法律上确认延长违法反社会者的关押时间。

  从1934年到1940年末,共有约7,956人被判处劳教所安置。其中最突出的劳教所是位于卡塞尔市附近的布莱特瑙劳教所⑤。这处劳教地点最初是作为集中营建造起来的,从1934年起正式成为拘留"反社会民族害虫"的永久机构,并在30年代末出现关押人数猛增的情况。和在居住地接受"矫正"的情况类似,劳教

---

① Wolfgang Ayaß, "'Wohnungslose im Nationalsozialismus'. Eine Wanderausstellung der BAG Wohnungslosenhilfe", in Werena Rosenke (Hg.), *Integration statt Ausgrenzung-Gerechtigkeit statt Almosen: Herausforderungen für eine bürger- und gemeindenahe Wohnungslosenhilfe*, Bielefeld: Bundesarbeitsgemeinschaft Wohnungslosenhilfe, 2006, S.172.

② Ebenda.

③ 因失去劳动能力的乞讨者则可被安置于收容所。"Gesetz gegen gefährliche Gewohnheitsverbrecher und über Maßregeln der Sicherung und Besserung vom 24. November 1933", §42d, *Reichsgesetzblatt*, Jg. 1933, Teil 1, S.996.

④ Wolfgang Ayaß, *Das Arbeitshaus Breitenau. Bettler, Prostituierte, Landstreicher, Zuhälter und Fürsorgeempfänger in der Korrektions- und Landarmenanstalt Breitenau (1874–1949)*, Aufl. 1, Kassel: Gesamthochschule Kassel, 1994, S.269.

⑤ 有关布莱特瑙劳教所的经典研究是沃尔夫冈·阿亚斯撰写的《劳教所布莱特瑙:布莱特瑙矫正与济贫机构中的乞丐、妓女、流浪者、皮条客与福利接受者(1874—1949)》。他的这部专题研究也是德国史学界系统研究纳粹时期"反社会群体"的开创性作品。"反社会者"在纳粹统治时期遭受残酷迫害的历史曾长期不为人知,受害者亦无法从德国官方获得赔偿,直到2020年2月才最终得到德国国会确认其为纳粹受害群体。

所的主要矫正措施也是劳动。以布莱特瑙劳教所为例，它主要为各路雇主提供外包劳动力（即"矫正犯"）。1938 年犯人的夏季工作时间为早上六点半至晚上 7—8 点，到 1942 年时他们的工作时间已固定为每周工作六天，每天 12 小时，以此响应国家司法部国务秘书罗兰·弗赖斯勒（Roland Freisler）的"号召"，他在 1939 年 10 月提出的"矫正犯"在战时的工作时间应提高至 11 小时。① 与此同时，布莱特瑙犯人的基本生活保障也持续下降。早在 1937 年 11 月，卡塞尔的一位市政官员就在一次地方经济与劳教事务的会议上提出，应对归市政当局主管的"反社会及不具备遗传能力者"进行成本控制——具体来说就是降低食品成本并要求其实现"自给自足"，同时还要缩减洗衣和取暖费用。受这次会议的影响，布莱特瑙教所在押人员的伙食和住宿成本支出从 1934 年的每人每天 48 芬尼下降至 1939 年的 35 芬尼。② 一面是长时间的强制劳动，另一面是出于成本考虑削减基本的生活保障，这表明纳粹德国对于"反社会者"的管控已从空间隔离向剥夺他们的身体和生存权方向发展。许多接受矫正的"反社会者"由于没有工作、居无定所而被认为"天生痴呆"，不符合种族卫生学有关具备"种族遗传优势"的标准，被施行绝育手术以避免繁育"有害"后代（主要是妇女），还有一部分人在劳教所被强行安乐死。③

1938 年，纳粹政权进一步收紧对被贴上游手好闲、不事生产标签的"反社会者"的控制。1 月 15 日，希姆莱电令慕尼黑警察头子、党卫队上将卡尔·冯·埃伯施泰因（Karl von Eberstein）摸清慕尼黑当前乞讨者数量，要求后者于 19 日采取抓捕行动，将好吃懒做的乞丐"一个不漏"立即送进集中营。④ 4 月颁布的《预防犯罪斗争基本令》则在此基础上全面确认对"反社会者"采取预防性监禁的打击方针。当年夏天，盖世太保和刑警发起了两次被称为"懒汉行动"（Aktion Arbeitsscheu Reich）的大规模逮捕行动，抓捕超过一万名所谓的"反社会者"，他们中大多是乞丐、

---

① Archiv des LWV-Hessen, Bestand 2, Nr. 10412, S. 245 RS; Nr. 9773, 28.10.1939; Nr. 9761, S. 241，转引自 *Ebenda*, S. 306f.
② *Ebenda*, S. 306.
③ Wolfgang Ayaß, *Das Arbeitshaus Breitenau. Bettler, Prostituierte, Landstreicher, Zuhälter und Fürsorgeempfänger in der Korrektions- und Landarmenanstalt Breitenau (1874 - 1949)*, S. 320.
④ BHStA, Minn 71576（巴伐利亚国立总档案馆州内政部档案）。这份电报以复印件形式附于诺因加默集中营纪念馆展览导览手册: "Asoziale" Häftlinge im KZ Neuengamme, S. 13, http://neuengamme-ausstellungen.info/content/documents/thm/ha2_1_4_thm_2349.pdf (2022 年 3 月 20 日访问)。诺因加默集中营位于今属汉堡城区之一的诺因加默，在总计 9,200 名囚犯中，有 1,200 人为"反社会者"，其中包括 62 名妇女。

居无定所者、酗酒成瘾者。此后虽再无大规模突击行动,但对"反社会者"定期抓捕仍在继续。按照希姆莱的指示,从1938年起,所有对"反社会者"采取的预防性安置均为送入集中营,这使得针对这一群体的空间隔离和惩罚进入空前激烈阶段,例如1941年埃森盖世太保在给一个名叫约翰·莱默特(Johann Lemmert)据称"消极怠工"的矿工出具"保护性关押"申请上这样写道:"毫无疑问,他作为一个(非精神上的无行为能力)人,要为其伤害民族的卑劣行径负全部责任,本人认为将其置于集中营完全必要。"①随后莱默特被送往诺因加默集中营,并于1942年11月13日在那里死亡。

集中营是纳粹德国针对所有民族共同体"敌人"设立的关押机构。至1944年时纳粹德国已形成一个庞大而完整的集中营体系,拥有20座主体营及165座全封闭附属营——其中规模较大者有13座位于德国境内,三座位于波兰总督区,30座位于东部占领区,还有两座位于荷兰。②此外纳粹德国还设有不计其数的派出营,它是党卫队为将具有劳动能力的主体营囚犯投入各项生产而在各地设立的派出营(或卫星营)——以达豪集中营为例,其从1942年起兴建的派出营多达140座。"党卫队将囚犯作为劳动力'出租'给具有战略重要性的经济企业,从强迫囚犯劳动获利。它将囚犯运至那里(指派出营——作者注),并负责看守、补给和照看。"③因此相比远离城市的主体营,派出营出于生产考虑,大多设在城区内或城郊,方便囚犯"上下班"。

冯·萨兰登记录了位于汉诺威的派出营的基本情况。④在汉诺威,共设有七座派出营,每一座都隶属一家工业公司。派出营建设成本由雇佣企业承担,因此一般都会建在工厂所有的土地上,同时囚犯们居住的工棚也由企业承担建设。例如隶属于一家名为瓦尔塔电池股份有限公司的派出营就位于工厂以南120米处的荒地上,它被铁丝网围了起来,起初拥有500名囚犯,至1944年中期增加至1,000人。虽然相对于负责建设公路之类户外工作的派出营,抑或是主体营内的生产生活,为工厂工作的派出营条件略胜一筹,但居住环境依然相当恶劣。冯·萨兰登写道:"(这座派出营拥有)五座工棚,大小均为12×64米,每座工棚可安置最多300

---

① LAV NRW R. RW 58, Nr. 294, Abb. 22(北威州州立档案馆莱茵兰分馆盖世太保档案),转引自 *Ebenda*, S.27.
② Adelheid von Saldern, *Häuserleben. Zur Geschichte städtischen Arbeiterwohnens vom Kaiserreich bis heute*, S.221.
③ 参见达豪集中营纪念馆有关派出营的介绍:"Außenlagernetz KZ Dachau", https://www.kz-gedenkstaette-dachau.de/historischer-ort/aussenlagernetz-kz-dachau/ (2022年3月20日访问)。
④ Adelheid von Saldern, *Häuserleben. Zur Geschichte städtischen Arbeiterwohnens vom Kaiserreich bis heute*, S.221f.

人。通常两名工人共用一张床铺。最早的工棚因为是木质结构,没有烟囱,因此也不可能供暖。后来的工棚则采用砖砌并开始供暖,但房间没有隔断,就餐与睡觉多少混在一起。设在营地厕所也不够用,因此奇臭无比。"

虽然无法确切计算到底有多少"反社会者"被送入集中营①,但可以肯定,具有劳动能力的"反社会者"会被党卫队优先投入上述派出营的高强度工作,在完全榨取他们的剩余价值后,再以一种被称为"用工作灭绝"(Vernichtung durch Arbeit)的方式加以消灭。但更多被迫佩戴黑色三角的"反社会者",则因根深蒂固的社会歧视与排斥而沦为集中营囚犯等级的最底层——他们被视为"不可靠的、无法团结的人",不仅遭到集中营看守的骚扰和折磨,还要忍受其他囚犯的贬低和侮辱,以至于在集中营内部形成了一种新的社会隔离,这也导致在所有集中营囚犯群体中,"反社会者"的死亡率始终居高不下。数据显示,在1938年"懒汉行动"后被送入弗洛森堡集中营的囚犯,有五分之四在两年内死亡——显然其中大部分是"反社会者"。② 这也证明,在打击"反社会者"的问题,纳粹政权完全立足种族卫生学与共同体福祉,继而通过逐步升级的围捕与强制安置的方式达成自己的目标。

二、剥夺犹太人财产

除了"反社会者",被纳粹德国视为民族共同体之外的"异类"(Artfremde),还明确包括生活在德国领土上的各类少数民族,如犹太人、吉普赛人、索布人、波兰人等。其中遭受迫害最系统、影响最深远的群体莫过于犹太人。纳粹党纲明确列明:"犹太人不得为本民族同志"(第四条),"非公民只得客居德国,需遵从相关法规"(第五条)。③ 但从该党打出反犹主义旗号到排犹和屠犹被制度化,则并非一蹴而就,而是分步骤执行。1933年纳粹取得政权,4月展开对犹太人的有组织袭击;1935年9月出台《保护德意志人血统与荣誉法》(*Gesetz zum Schutze des deutschen Blutes und der deutschen Ehre*)和《德国公民法》(*Reichsbürgergesetz*)正式剥夺德国犹太人的公民权;1938年"水晶之夜"后于11月12日出台的《德国犹

---

① 2016年德国国会一份围绕确认"反社会者"(包括"职业罪犯")为纳粹受害者"提案提交的补充材料提出,综合希姆莱在1943年在巴德沙兴召开的指挥官会议上估计,与2015年当代学者安妮·阿列克斯(Anne Alex)结合不同材料统计的结果,遭迫害并被监禁于集中营中的"反社会者"(包括"职业罪犯")总数应在34,000—70,000人之间。参见Deutscher Bundestag, WD 1-3000-026/16, S.17.
② Deutscher Bundestag, WD 1-3000-026/16, S.12.
③ 转引自郑寅达、陈旸:《第三帝国史》,第9页。

太人赎罪令》(*Verordnung über eine Sühneleistung der Juden deutscher Staatsangehörigkeit*)要求犹太人为其针对德意志人民和国家的敌对行为"赎罪",向德国国家"贡献"10亿马克[①];最终1939—1940年开始启动大规模驱逐犹太人的官方行动,直至将其送入集中营加以肉体消灭。

但相比于纳粹政权完全出于种族卫生学和共同体福祉目的剥夺"反社会者"生活空间,其对犹太人的驱逐和灭绝则不单纯源于意识形态,其中服务德国经济发展方针和"共同体"社会政策的动机亦十分明显。总体来看,纳粹政府采取各种方式将犹太人的财产、房产转为国有,将犹太人彻底排除德国经济生活,即所谓"从经济上消灭犹太人",这为"最终解决"犹太人问题奠定基础。尽管学界对德国犹太人被没收财产的总额仍未有定数,经济史学家亚伯拉罕·巴尔凯认为,至1939年战争爆发前,被没收的犹太人财产已超20亿马克。[②]而柏林和勃兰登堡财政部门主管则提出至二战末期被没入纳粹国库的犹太人财产为35亿马克——相当于全部犹太人财产三分之一。[③]考虑到犹太人不得不贱卖资产,如房屋以市值30%,未开发的土地以市值10%的价格出售,因此他们被没收财产的实际价值应更为可观。这其中对犹太人房产、居住权的剥夺又构成了德国这一时期解决住房短缺问题的一项特殊手段,甚至纳粹德国住房保障政策中极少数看似平等的"亮色",如避免工人阶级居住"隔都化",反对社会各阶层的空间隔离,实际上也对犹太人构成人身与经济伤害。

纳粹德国对犹太人的经济剥夺是一个渐进的过程,它经历了从向外移犹太人征税到限制其出售资产,再到没收全部财产的转变。事实上,直到1936年"四年计划"提出之前,纳粹党内对采取大规模排犹仍存在争议。虽然大批党员支持没收富裕犹太人财产并消灭贫穷犹太人,但不仅是沙赫特这样的现实主义政治家对大规模排犹行动影响德国经济运行表示担忧,资深纳粹党人如四年计划的负责人戈林亦不赞成采取类似行动。后者的考量是犹太人作为廉价劳动力和外汇来源的重要性,以及大规模经济剥夺可能引发的国外反德舆论。[④]因此纳粹德国反犹政策至

---

① "Verordnung über eine Sühneleistung der Juden deutscher Staatsangehörigkeit", *Reichsgesetzblatt*, Jg. 1938, Teil 1, S.415.
② Abraham Barkai, *Vom Boykott zur "Entjudung". Der wirtschaftliche Existenzkampf der Juden im "Dritten Reich" 1933 - 1943*, Frankfurt a. M.: Fischer, 1988, S.63.
③ Thilo Sarrazin, Rainer Speer, "Vorwort", Martin Friedenberger, *Fiskalische Ausplünderung. Die Berliner Steuer- und Finanzverwaltung und die jüdische Bevölkerung 1933 - 1945*, Berlin: Metropol, 2008, S.9.
④ Martin Friedenberger, *Fiskalische Ausplünderung*, S.51.

1938 年前的实施重点是在逐步限制和剥夺犹太人就业、受教育权情况下"鼓励"他们外移。不过,虽名为"鼓励","1931 年 3 月 31 日仍为德国公民"的移民仍需交纳 1931 年由布吕宁政府制定,旨在防止资本外逃的"国家外流税"(Reichsfluchtssteuer)。外流税税率的依据是 1934 年修订的《国家估值法》(Reichsbewertungsgesetz),作为一项惩戒性征税,它的税率相当高,占到移民总资产的 25%,同时,该税的起征点不断下调:从最初为 20 万马克下降至 1934 年 5 月外流税缴纳规则调整后的 5 万马克。[①] 起初,外流税会作为公民申请护照的证明材料之一,要求他们以预付款形式予以缴清[②];从 1934 年起,被怀疑有移民倾向者也会收到由地方税务部门寄出的安全通知书。少数移民群体享有免征外流税的权利,但犹太人不在其列,理由是这需要税务部门证明他们放弃德国国内住所或常住地"有合理的经济理由",或"符合德国的利益"——这里所谓的"德国利益",本身就是一个极为含糊的表述:"能够促进德意志文化、正派行为与本质的有计划、有针对性的行动"[③]中。但显然,犹太人的种族身份从一开始就决定了他们与此无关。

事实上国家外流税的收入在整个德国犹太人被没收财产中占比并不高,这与许多中产阶级以上的犹太人直到 1938 年 11 月"水晶之夜"掀起反犹狂潮前仍踌躇于是否举家移居海外有关。许多人一来并无可供谋生的海外资产,二来仍未意识到即将面临的生存危机——尽管 1935 年《德国公民法》已经正式宣布"只有德意志人及相近血统者,并以自己的行为证明有意愿及能力效忠德意志人民及国家,才能成为德国公民"[④]。此外,移居行为的不可控,也导致税收总额不高:许多人在未缴纳外流税的情况下就已离开德国。但正是这一点触发了德国官方的进一步动作——没收移民的财产。

没收移民在德国国内的财产起初同样只是一种惩罚性手段,财税部门甚至会出具相关处罚凭证。1933 年 7 月《撤销国籍及剥夺德国公民身份法》(*Gesetz über den Wiederruf von Einbürgerungen und die Aberkennung der deutschen Staatsange-*

---

① "Gesetz über Änderung der Vorschrift über die Reichsfluchtsteuer vom 18. Mai 1934", *Reichsgesetzblatt*, Jg. 1934, Teil 1, S.392f.

② 参见柏林财政局官网有关纳粹统治时期柏林和勃兰登堡税收及财政管理状况的介绍:Senatsverwaltung für Finanz, "Die Reichsfluchtsteuer und 'Judenvermögensabgabe'", https://www. berlin. de/sen/finanzen/ueber-uns/architektur-geschichte/artikel.5183.php(2022 年 5 月 9 日访问)。

③ Heinz Meilicke, "Steuerrecht und Devisenrecht bei Auswanderung und Rückwanderung unter Berücksichtigung des Gesetzes über Änderung der Vorschriften über die Reichsfluchtsteuer", *Juristische Wochenschrift*, Jg. 63, H. 23(1934), S.1395f.

④ 转引自郑寅达、陈旸:《第三帝国史》,第 331 页。

hörigkeit)给出了惩戒的法律依据:一旦移民在海外的行为"违背对国家和人民的忠诚义务,并对国家部门要求其返国的命令置若罔闻",则国家将宣布没收其财产。随后的执行条例还对此作出补充:可应财税部门要求,将地产登记册上的产权人名字变更为国家。① 但随着纳粹反犹方针的日益明确,没收财产、"国家外流税"和外汇管制构成了德国为"合法征收"犹太人财产打出的组合拳:一方面,有移民意图的犹太人想要在短时间内出售不动产,尤其是低于市价的抛售,就会面临应税税率上调;另一方面,即使纳税完成,受制于当时的外汇规定,移民无法将资产转移至国外,不得不将其留在德国国内的"移民冻结账户"中②——这也是导致德国犹太人移民热情不高的原因之一。

虽然纳粹政权很早就布局谋夺犹太人财产,但直到1936年"四年计划"宣布后当局才正式"含蓄"披露其真实意图:全体犹太人应承担起"侵害德国经济,伤害德意志民族"的责任,而承担责任的具体办法便是由政府全面没收犹太人财产并将之投入军备生产。在此背景下,纳粹当局首先需要对犹太人的财产状况进行摸底。1938年4月颁布的《犹太人财产申报令》(*Verordnung über die Anmeldung des Vermögen von Juden*)及相关规定要求每名犹太人③必须对其所有国内外财产进行申报。犹太人需详细填写一份涉及各类投资(人寿保险也包括在内)、所持有奢侈品和艺术品的问卷,并对此进行估价。虽然按国家经济部国务秘书鲁道夫·布林克曼(Rudolf Brinkmann)在一次媒体通气会上解释称,"犹太人可自行评估自己的财产,以便在国家征收时获得相应补偿"。④ 但紧随财产申报而来

---

① "*Gesetz über den Widerruf von Einbürgerungen und die Aberkennung der deutschen Staatsangehörigkeit*", §2, *Reichsgesetzblatt*, Jg. 1933, Teil 1, S.480;及执行命令中针对第二条的具体规定,参见"*Verordnung zur Durchführung des Gesetzes über den Widerruf von Einbürgerungen und die Aberkennung der deutschen Staatsangehörigkeit*", *Reichsgesetzblatt*, Jg. 1933, Teil 1, S.539。

② Rolf Kornemann, "Gesetze, Gesetze … Die amtliche Wohnungspolitik in der Zeit von 1918 bis 1945 in Gesetzen, Verordnungen und Erlassen", S.686.

③ 这里"犹太人"的认定依据是1935年11月14日颁布的《帝国公民法》第一次令(*Ersten Verordnung zum Reichsbürgergesetz*)第五条规定:1.拥有至少三位完全犹太种族的祖父母即为"犹太人";2.有两位完全犹太种族祖父母的犹太混血儿,虽拥有公民身份,但存在以下情况仍被认定为"犹太人":1)本法颁布之时为犹太教团体成员,或之后皈依犹太教;2)本法颁布之时或之后与犹太人成婚;3)与第1类犹太人存在婚姻关系,且该婚姻是在1935年9月15日《保护德意志人血统与荣誉法》生效后缔结的;4)与第1类犹太人存在婚外关系,并育有出生于1936年7月31日之后的非婚子女。因此官方有权剥夺财产的犹太人范围就十分广泛。参见"Ersten Verordnung zum Reichsbürgergesetz", §5, *Reichsgesetzblatt*, Jg. 1935, S.1333.

④ Avraham Barkai, *Vom Boykott zur "Entjudung". Der wirtschaftliche Existenzkampf der Juden im "Dritten Reich" 1933-1943*, S.53.

的便是1938年11月的《德国犹太人赎罪令》以及更为苛刻的经济后果:12月5日纳粹官方发布《犹太人财产利用令》(Verordnung über den Einsatz des jüdischen Vermögen),宣布犹太人"可以"放弃他们的企业和地产——这构成了德国经济普遍"去犹太化"(Entjudung)的起点。同时犹太人不得再购置不动产。《犹太人财产利用令》第8条规定,执行法院在强制拍卖地产时,如得知投标人为犹太人,则必须驳回其申请;而犹太人如需处分房产及房产所有权,则必须获得官方许可方能生效。《财产利用令》第10条还特别规定,犹太人如在柏林变卖房产,则柏林市可依照"帝国首都重建建设专员办公室"制定的市政建设措施享有"优先购买权"。[①] 仅仅一周之后,戈林作为四年计划全权代表就下令:1938年11月9日之后签订的涉犹太人地产合同一律不得批准。而在1940年1月颁布的第二部《犹太人财产利用令》中进一步规范有关地产及其他资产出售的细节。

以税收方式夺取的手段也在这一时期得到进一步加强。从1938年底起,以《德国犹太人赎罪令》向全体德国犹太人征收的10亿马克"赎罪"款为基础,形成了一种特别针对犹太人的财产税,戈林领导的财政部门负责征收该税。这种特别财产税最初设定的征收比例为犹太人全部财产的20%,并计划从1938年12月15日起按每季度4%的比例缴纳给主管的税务部门。虽然基于4月资产摸底确定的最低起征点为价值5,000马克的财产,但财政部门认为,按当前的税率可能无法达成预期的征收目标,遂又将特别税率提高至25%——而最终征收的特别税款将达14亿马克。[②] 柏林的莫阿比特(西)税务局还被授权追缴1938年11月12日之前离开德国的德国犹太人或无国籍犹太人的特别财产税,共涉及全德范围近两万起案件。

随着1939—1940年德国反犹政策进入强制迁出犹太人阶段,新问题随之产生:占有和夺取犹太人财产的行动已实质性存在,但现行法规尚未对处分遭强制驱逐的犹太人留在国内的房产及财产作出明确界定。1941年11月25日《德国公民法》第11次令遂在此背景下出台。它确认,长居国外或经常逗留国外的犹太人丧失德国国籍。12月24日《国家经济部部刊》(Ministerialblatt des Reichswirt-

---

① "Verordnung über die Anmeldung des Vermögens von Juden", §8, §10, *Reichsgesetzblatt*, Jg. 1938, Teil 1, S.1710.
② Rolf Kornemann, "Gesetze, Gesetze … Die amtliche Wohnungspolitik in der Zeit von 1918 bis 1945 in Gesetzen, Verordnungen und Erlassen", S. 691; Senatsverwaltung für Finanz, "Die Reichsfluchtsteuer und 'Judenvermögensabgabe'".

schaftsministeriums)上的一份通令进一步提示:"迁移至外国、随后常驻国外的犹太人"同样会被撤销国籍①——但这里"迁移""常驻"国外,其实指的是犹太人被强制驱逐至东部占领区(如波兰总督府),甚至已被送入集中营。而在遭驱逐的过程中,失去德国国籍的犹太人不仅自己的财产会落入国家之手(第3条第1款);也不得继承其他德国公民的财物,亦不得接受捐赠(第4条)。在国家安全局和国家内政部看来,该法令实质是宣告纳粹德国可以"合法"没收被驱逐犹太人的财产。从奥斯维辛集中营幸存下来的奥地利作家汉斯·君特·阿德勒(Hans Günter Adler)后来写道,第11次令使"遭绑架的"犹太人的财产不再是"预防性扣留,而是立刻被收归国有"②。1942年1月万湖会议召开之后,纳粹德国正式进入"犹太人问题最终解决方案"(Endlösung der Judenfrage)的最后阶段,伴随种族灭绝政策而来的是所有犹太人财产悉数为纳粹政权所夺取。

所有遭到驱逐的德国犹太人必须填写财产申报表并在财产清单中附上所有财产凭证,如有价证券、地契、抵押贷款、保险等。但随着驱逐政策的逐步推进,财产申报表也变得日益详细,从1938年的8页增加为1941年的16页。而从1941年起,犹太人还需要填写房屋财产清单和衣物清单,家具、地毯、桌椅、厨具到衣物,甚至是袜子,都必须如实填写。犹太人在遭驱逐后仅允许带走部分物品,其余财物则必须留在屋内。德国南部城市维尔茨堡的盖世太保手册甚至要求"所有橱柜及贮藏设备必须解锁,钥匙必须插在锁眼上";并在"在被接走前缴清所有水、电、煤气账单"。③而当犹太人登上前往东部的火车(这部分交通费也必须由犹太人自行承担),当地财政部门就会启动财产评估和没收程序。以柏林为例,负责此项工作的部门称"财产利用办公室",他们会在收到盖世太保发来的运输名录、没收令和财产申报表后,由专人前往同样标记有"大卫星"的房屋进行财物评估。历史学家弗里登贝格记录了1941年10月对原居舍内贝格区艾泽纳赫街97号的威利·勒文贝格(Willy Löwenberg,其家庭已被驱逐至位于波兰的犹太人隔都罗兹)的家居用品进行清点和拍卖的过程:

---

① "Einsatz des jüdischen Vermögens Auswirkung der Elften Verordnung zum Reichsbürgergesetz vom 25. November 1941", Runderlass des RWM, *Ministerialblatt des Reichswirtschaftsministeriums*, 15.12.1941.
② Hans Günter Adler, *Der verwaltete Mensch. Studien zur Deportation der Juden aus Deutschland*. Tübingen: Mohr, 1974, S.503.
③ *Ebenda*, S.54.

> "他们(指柏林高等法院的执行人)从门房那里拿到了相关公寓的钥匙,并根据(莫阿比特西)税务局交给他们的财产申报表进行清点。然后他们对各类物品进行拍卖并将拍卖所得上缴莫阿比特西财政。拍卖直接在公寓内进行。10月25日,高等法院执行人绍姆齐格尔(Saumsiegel)对[……]拍卖进行记录,在附件中列明了[……]威利·勒文贝格公寓内的各种物品,并记下成交的竞标人名字。有超过30位竞标人从这户被驱逐家庭的财产中购得物品:床单、窗帘、床、洋娃娃、留声机、地毯、橱柜、靠垫、带餐巾的桌布、观看歌剧的小望远镜、扶手椅等。绍姆齐格尔将总计3,390.20马克的拍卖所得上缴后于1941年10月31日向莫阿比特西税务局报告该公寓空置。"①

当然对于德国犹太人来说,最令他们毛骨悚然的并非私人财产被国家以各种"合法"手段加以剥夺,而在于物质剥夺本身昭示着他们的生命即将被消灭。英格·多伊奇克罗恩在她的回忆录中写道:"在第一次驱逐之后,没有一个柏林犹太人不晓得那张看似无害、要求登记财产的表格的真正厉害之处。"②

三、居住空间的"去犹太化"

土地、房产固然是纳粹政权系统迫害犹太人的重要组成部分,但因二者可供居住的实用属性,又将统治者的种族意识形态与克服住房短缺的现实连结在一起。这其中最为突出的表现便是对犹太人房屋租赁权的剥夺,纳粹称之为居住空间的"去犹太化"。

(一) 剥夺犹太人的居住权

按照纳粹主义的共同体原则,共居一栋房屋的所有居民构成一个"楼栋共同体"(Hausgemeinschaft)。在这个共同体中,房东与房客不再是存在利益冲突的对

---

① BLHA Rep. 36 A (II)/Nr. 24057, Blatt. 22ff, 25, 转引自 Martin Friedenberger, *Fiskalische Ausplünderung. Die Berliner Steuer- und Finanzverwaltung und die jüdische Bevölkerung 1933–1945*, S. 293.
② Inge Deutschkron, *Ich trug den gelben Stern*, München: dtv, 1994, S. 90. 英格·多伊奇克罗恩是著名记者、出版人,她与母亲是靠着"非法"东躲西藏逃过被驱逐命运并活下来的柏林犹太人中的两人。

立个体,而是彼此融洽共处的"民族同志"。① 但犹太人作为"摧毁健康种族的致命细菌"则被认为会破坏这一和谐的共同体生活,因此应将他们排除在外。然而,尽管当局从 1935 年起就加紧对犹太人各项权利的剥夺,但对其居住权的限制却暂未同步展开。直到 1935 年底,才有一部分住房合作社宣布不再接纳犹太合作社员,或劝说犹太租户"自愿"搬离。②

  延迟的原因有二:一是如沃尔夫·格鲁德所说,犹太人财产的"雅利安化"由国家财政部负责,而住房事务则由市政当局负责。③ 这中间就需要厘清各方的权责;二是纳粹党在掌权之后继续维护私有制,未对民法典及魏玛共和国制定的《承租人保护法》中涉及租赁权的内容作出调整,因此合法履行合同的犹太人租约无法被无故中断。正是 1923 年对租赁纠纷归于法律途径解决的司法解释调整,使得行政部门不能立刻插手租赁合同的订立与解除,而司法部门亦无法擅自以种族理由裁决契约关系。事实上,直到 1938 年各地法院适用的中止租房合同的法条依然是《承租人保护法》第二条,即只有当租户出现重大违约过错时方可终止合约。④ 该条款并不涉及租户的种族身份,因此许多地方法院——如 1938 年 5 月 6 日在纽伦堡、9 月 12 日在兴登堡——在审理租赁纠纷时均裁定"身为犹太人并不构成中止合同的重大过错";而柏林施潘道地方法院更是在 10 月 1 日明确指出:"因缺乏法律依据无法裁决房屋出清"。⑤

  法规的缺失暂时保住了犹太租户的居住权,但此时整个德国社会的舆论风向已出现不可逆转的变化:一方面是各住房利益团体和媒体开始为现房领域的"去犹太化"造势,鼓吹"放任犹太人租房是一个错误",如国家房地产主协会提出,为避免向雅利安租户减租,不应将房屋租借给犹太人;同时该协会还建议房东增加合同条款,要求租户声明非犹太人。而早在 1934 年就已开除其犹太成员的租户团体,更是在 1935 年 6 月的德国租户日上公开宣称,现有的租赁法"已落伍到是时候让纳

---

① Friedrich Wilhelm Adami, "Das Kündigungsrecht wegen eines jüdischen Mieters", *Juristische Wochenschrift*, 36(1938), H. 51, S.3217 – 3219.
② Jürgen Herrlein, "Die 'Entjudung' des Mietwohnungsbestands im Nationalsozialismus als Teil der geplanten 'Ausrottung des jüdischen Volkes'", *Kritische Justiz*, 48(2015), S.17 – 37.
③ Wolf Grunder, "NS-Judenverfolgung und Kommunen", *Vierteljahrshefte für Zeitgeschichte*, 48(2000), H. 1, S.75 – 126.
④ "*Gesetz über Mieterschutz und Mieteinigungsämter vom 1. Juni 1923*", §2, *Reichsgesetzblatt*, Jg. 1923, S.353.
⑤ Friedrich Wilhelm Adami, "Das Kündigungsrecht wegen eines jüdischen Mieters".

粹主义的租赁法取而代之"。① 另一方面，围绕犹太人与"雅利安人"租赁纠纷也出现了日趋极端化的趋势——虽然这一点其实早在纳粹夺权之初就已初露迹象。例如一位名叫弗里德里希·索伦(Friedrich Solon)的犹太律师自述在1933年3月31日的几周后曾代表他的犹太房东当事人出席一场房屋出清诉讼。令人意想不到的是，被告律师不仅未身穿律师法衣，更以一身党卫队制服示人。这位律师还威胁法官如果判决结果是要他的当事人扫地出门，那他们就等着盖世太保的惩罚。②

随着1937年9月希特勒在纽伦堡党代会上公开发表演讲攻击犹太人，德国反犹形势更是出现急转直下的变化，开始朝着加速压缩犹太人生活空间的方向发展。在约瑟夫·戈培尔(Joseph Goebbels)"(我们的)口号是抛开法律只谈骚扰。犹太人必须滚出柏林！"的话语煽动下，全国各地都在为成为"无犹地区"采取激烈排挤犹太人的行动。党卫队也从1938年下半年起开始介入司法部门有关涉犹太人租房解约的审理之中。在其暴力干预下，秉承法律思维的地方法院不得不构思出一套将《承租人保护法》第二条的过错原则与"家园共同体"相结合的司法新解释，以此为依据强行终止与犹太人的租约。根据新的司法解释，犹太租户的"重大"过错在于因其种族成分之缘故不得加入楼栋共同体，而德意志房东恰恰负有组建与维护楼栋共同体的责任。因此如犹太租户拒绝"自愿"离开，就构成滋扰房东的重大过错，可依法解除租约。③ 司法部门的"倒戈"随后引发严重后果：在1938年"水晶之夜"事件发生后不到两周时间内，仅慕尼黑就有250套住房解除租约，居住其中的犹太租户遭到驱离。④ 不仅如此，向经济弱势群体发放的房租补贴也因1938年12月31日第二部《房租补贴令》(Zweite Verordnung über Mietbeihilfe)出台而将犹太租户排除在外。⑤ 这笔福利津贴原本是补贴贫困人口因建筑物通货膨胀补偿税提高而导致房租上涨的部分，而《房租补贴令》初衷就是要进一步迫使犹太人"自愿"搬入要价更便宜、面积也更小的住房内。

然而，官方和民间基于意识形态掀起的排犹浪潮，率先引发了严重社会危机。

---

① Jürgen Herrlein, "Die 'Entjudung' des Mietwohnungsbestands im Nationalsozialismus als Teil der geplanten 'Ausrottung des jüdischen Volkes'".

② Friedrich Solon, *Mein Leben in Deutschland vor und nach dem 30. Januar 1933*, New York: Leo Baeck Institute, Manuskript ME 607 MM 72, S.94。

③ Fritz Kiefersauer, "Die Juden in der deutschen Grundstück- und Wohnwirtschaft", *Deutsche Justiz*, Berlin: Decker 1939, S.1270。

④ Wolf Grunder, "NS-Judenverfolgung und Kommunen", Anm. 274.

⑤ "*Zweite Verordnung über Mietbeihilfe*", Artikel 1, §1, *Reichsgesetzblatt*, Jg. 1938, Teil 1, S.2017.

犹太人国家代表因此不得不在1938年8月和10月分别致信劳动部长和司法部长,提醒当局注意当前因"过去几周内,犹太租户遭解约被赶出住处的案例日益增多——即便他们受到承租人保护原则的保护","由此产生的紧急情况——犹太租户难以找到新居"。① 大批犹太民众遭到无端攻击和流离失所的局面也在德国以外地区受到关注并引发媒体的强烈抗议。历史学家绍尔·弗里德伦德尔提出,受此影响,希特勒在当年12月下旬观点似有所转变,认为大规模解约行动"首先要避免引发令国内外舆论产生负面感觉的隔都化(Ghettoisierung)效果。"② 在希特勒的授意下,作为四年计划全权代表,同时负责犹太人企业和资产"雅利安化"的戈林于1938年12月23日秘密通令各部门,对犹太人租户处置方案进行调整,主要明确两方面内容:针对犹太人承租人保护原则上不会被废除;但在租赁条件允许的情况下,应尽可能将犹太人集中在一套住房内。③ 该秘密通令遂构成制定犹太人至1939年被强制驱逐出境之前的房屋租赁法规与贯彻执行的总指导方针。

从1938年12月起,劳动部和内政部就开始起草专门针对犹太人租赁活动的专门法,这部法案最终以"涉犹太人房屋租赁关系法"(*Gesetz über die Mietverhältnisse mit Juden*)的名称于1939年4月30日出台。法规一方面授予"雅利安"房东和市政当局将犹太租户扫地出门的权力,另一方面又贯彻了希特勒不希望完全废除承租人保护原则的指示。这种看似矛盾的双面性主要体现对雅利安—犹太租赁关系与犹太—犹太租赁关系的区别对待上。法规首先排除承租人保护原则对雅利安—犹太房屋租赁关系的制约:非犹太人的房东"可由官方证明其租户在租约终止后可在他处安置"时,犹太租户不得依法主张承租人保护原则(第1条);且租赁双方如有一方为犹太人,即使是未到期的期限合同或长期合同,也可提前终止(第2条)。在犹太人租赁关系方面,法规则继续贯彻租户保护原则,但规定犹太房产所有者则应应地方政府之要求尽可能招揽更多的犹太人承租或转租(第四条);而犹太租户只能与犹太人分租房屋(第3条)。④

---

① BArch R3001, 21912, Blatt 182 – 185, 转引自 Jürgen Herrlein, "Die 'Entjudung' des Mietwohnungsbestands im Nationalsozialismus als Teil der geplanten 'Ausrottung des jüdischen Volkes'"。
② Saul Friedländer, *Das Dritte Reich und die Juden*, Aufl. 3, München: C. H. Beck, 2007, S. 313.
③ BArch R3901, 20715, Blatt 40 – 42, 转引自 Jürgen Herrlein, "Die 'Entjudung' des Mietwohnungsbestands im Nationalsozialismus als Teil der geplanten 'Ausrottung des jüdischen Volkes'"。
④ "Gesetz über Mietverhältnisse mit Juden", *Reichsgesetzblatt*, Jg. 1939, Teil 1, S. 864.

"犹太人只租给犹太人"的规定赋予希特勒和戈林"尽可能将犹太人集中在一套住房内"的构想以合法性,这类用于安置犹太人的住房被称为"犹太人之家"(Judenhaus)。事实上,早在《涉犹太人房屋租赁关系法》出台前的1939年1月,慕尼黑市政当局已采取此类安置措施,"约12—16户犹太家庭被安置在一栋有4间公寓的房屋内"[1]。最初的"犹太人之家"主要是由犹太房主或有闲置房间的租户提供。理由是按照《涉犹太人房屋租赁关系法》,犹太人房屋租赁事务由市政当局负责,它们甚至"可在必要时采取强制手段"——一些大城市市政当局为此还专门设立犹太人迁居办公室。然而,市政当局对犹太人住房事务的行政介入看似很深,实则具体到住所的安排很快就被分摊给各犹太社区,由各犹太社区自行组织"住房局"为这些遭解约的犹太人提供替代住所,帮助他们成为其他犹太人的租客或分租客。然而,这种尽可能将大量犹太家庭塞进私人住房内极易引发希特勒唯恐避之不及的"隔都效果",因此纳粹政权随后认为需要由官方出面,专门建设比邻而立、供犹太人集中居住的"犹太人之家",以"不会引发关注的方式说服犹太人搬迁至另一地"[2]掩盖对犹太人的实质性驱赶。奥地利(1938年3月12日德奥"合并"——作者注)的做法是将各省的犹太人集中到维也纳。一些德国城市也在城市中划定特别区域安置犹太人,只有斯图加特反其道而行,将犹太人集中在农村地带。这样一来,纳粹地方党部和盖世太保开始在这方面发挥重要作用,在杜塞尔多夫、莱比锡等地,市政当局会同市议会中的纳粹党领袖、大区信托部门以及盖世太保合作设立"犹太人之家"。[3]

尽管黑伦德尔认为"这种方式的启动有助于日后有组织驱逐出境的集中进程",但从《涉犹太人房屋租赁关系法》及其执行条例的内容来看,有组织的驱逐其实早于官方设立"犹太人之家"。犹太人租户租赁权利看似继续得到法律"保护"的情况,实则高度强化了德国地方政府对犹太人房屋租赁活动的限制。1940年9月《〈涉犹太人房屋租赁关系法〉修订令》(Verordnung zur Änderung und Ergänzung des Gesetzes über Mietverhältnisse mit Juden)出台,这一"暂时"保护的虚伪面纱最终被完全撕去。修订令修正的第一条便是:首都柏林、政治运动之都慕尼黑以及

---

[1] Ulrik Haerendel, "Der Schutzlosigkeit preisgegeben: Die Zwangsveräußerung jüdischen Immobilienbesitzes und die Vertreibung der Juden aus ihren Wohnungen", Angelika Baumann, Andreas Heusler (Hgg.), *München arisiert. Entrechtung und Enteignung der Juden in der NS-Zeit*, München: C. H. Beck, 2004, S. 105.

[2] Rolf Kornemann, "Gesetze, Gesetze … Die amtliche Wohnungspolitik in der Zeit von 1918 bis 1945 in Gesetzen, Verordnungen und Erlassen", S. 695.

[3] Wolf Grunder, "NS-Judenverfolgung und Kommunen".

维也纳的犹太租户,均不再受承租人保护原则的保护。① 此时战争已经打响,而犹太人早已深陷被系统驱逐出境并面临生命威胁的悲惨境地。

(二) 克服住房短缺?

需要注意的是,剥夺犹太人居住权并将其驱离自己的家园,并非单纯出于所谓"克服犹太人占据德意志空间"的种族意识形态考虑,它同时也是纳粹德国在贯彻社会政策或进行城市改造涉及居住问题时所采取的最为极端的手段。其中最突出的例子便是维也纳和柏林。

维也纳是公认"大德意志"范围"去犹太化"进程推进最广泛、最系统的城市,相比德国城市,它旗帜鲜明地打出"迁走犹太人胜过建设福利住房"（Judenaussiedlung statt sozialer Wohnbau）的口号,意图通过剥夺犹太人的住房和居住权改善城市住房供应。这种功利性的目标压倒意识形态的考量根植于维也纳住房供应的恶劣现状:自一战结束以来,维也纳的住房建设始终处于产能不足的状态,住房短缺问题严重,以至于在为旨在避免奥地利局势因翻版"水晶之夜"失控而出台的《居住与商用住房要求法》(Gesetz über die Anforderung von Wohnungen und Geschäftsräumen,1938 年 11 月 21 日颁布)中,解决住房需求被放在关键位置,明确提出"超出两周无人居住且家具已清空的空置住房,可向区长申报要求重新分配"②。根据建设、住房与定居事务专员利奥波德·塔夫斯(Leopold Tavs)的报告,至 1939 年 12 月时,该市住房局的住房申请已达 13.4 万份。③ 然而,在普遍住房短缺的背景下,维也纳犹太人的居住条件却相对较好。1934 年的奥地利人口普查显示,共有 176,034 名犹太人生活在维也纳的 58,678 套住房中,占维也纳住房总数的 9.6%;至 1938 年 3 月 12 日,维也纳犹太教信徒为 167,248 人,拥有住房

---

① "Verordnung zur Änderung und Ergänzung des Gesetzes über Mietverhältnisse mit Juden vom 10. September 1940", §1, *Reichsgesetzblatt*, Jg. 1940, S.1235.
② "Gesetz über die Anforderung von Wohnungen und Geschäftsräumen," §2, *Gesetzblatt für das Land Österreich*, Jg. 1938, Stück 167, S.2989. 维也纳市公寓、房间和商业空间短缺的事实甚至得到总理阿图尔·赛斯-英夸特(Arthur Seyß-Inquart)的确认,参见赛斯-英夸特以总理身份签署的维也纳市贯彻《居住与商用住房要求法》的公告,"Kundmachung des Reichsstatthalters in Österreich, betreffend die Anwendbarkeit des Gesetz über die Anforderung von Wohnungen und Geschäftsräumen", *Gesetzblatt für das Land Österreich*, Jg. 1938, Stück 173, S.3038.
③ Ingeburg Weinberger, *NS-Siedlungen in Wien. Projekte — Realisierungen — Ideologietransfer*, Wien/Berlin: LIT Verlag, 2015, S.106.

达 6.3 万套,其中 6 万套为租住。① 专门研究租赁权的律师汉斯·蒂尔(Hans Türr)曾在二战结束后这样写道:"如果考虑到犹太居民'外移'、'撤离',离婚率攀升和出生率下降,可能就会发现 1939 年时(他们的)住房数量要比家庭数多,甚至住房缺口也应不复存在。"②蒂尔的这段话点明了维也纳市政当局驱逐犹太房客的现实动机。据统计,从 1938 年 3 月德奥合并到 1939 年 5 月,所谓"野生雅利安化",即非官方主导的驱赶犹太人行动,已使约 4.4 万套住房完成"去犹太化"并出租给雅利安人。③ 而据纳粹党籍的维也纳副市长托马斯·科茨希(Thomas Kozich)估计,应当还可提供 35,000 套住房。④ 从 1939 年 3 月起,维也纳驱赶犹太人的工作进入官方推动的系统化阶段。

住房局首先成立了专门的住房与定居事务部,负责住房数据的收集与统计、管理房屋租约及安置犹太人。其次,与德国的做法类似,解除犹太租户与雅利安房东之间的租赁关系:1939 年 5 月的《东部马克引入〈涉犹太人房屋租赁关系法〉令》(Verordnung zur Einführung des Gesetzes über Mietverhältnisse mit Juden in der Ostmark)宣布取消对租住雅利安人房屋的犹太租户的解约保护。但维也纳的不同之处在于,虽然引入了《涉犹太人房屋租赁关系法》,但"雅利安民族同志"的租赁自由完全不受影响,他们既不必放弃自己位于犹太人所拥有的大楼的公寓,也无需承担通知自己的犹太租户解约的义务——城市住房局会发出数以千计的解约通知,要求犹太人搬离。对遭官方驱赶的犹太人的安置则贯彻了戈林 1938 年 12 月秘密通令的主旨:若干户犹太家庭将安置在较大规模的犹太人私人公寓中——其中甚至不乏名人宅邸,如已迁居英国的心理学家弗洛伊德的私宅就成了这样的"犹太人之家"。尽管官方认为有必要避免"隔都效应",但对犹太人和非犹太人社会联系的阻断和隔绝以及对犹太人居住面积的削减,构成了犹太人在维也纳城市空间的实质性聚集:多瑙河两岸的第二、九区,以及第一、三、二十区,都成为伫立"犹太

---

① 数据来源于 Ingeburg Weinberger, *NS-Siedlungen in Wien. Projekte — Realisierungen — Ideologietransfer*, S.105; Philipp Mettauer, "Die 'Judenumsiedlung' in Wiener Sammelwohnungen 1939 - 1942", *Wiener Geschichtsblätter*, 78(2018), H. 1, S.1 - 22.

② Hans Türr, *Die Wahrheit über den Wohnungsbedarf in Wien. Eine Untersuchung über die quantitative Wohnungsfrage in Wien* (= *Veröffentlichungen des Reformverbandes österreichischer Hausbesitzer, Bd. 11*), Wien: 1946,转引自 Philipp Mettauer, "Die 'Judenumsiedlung' in Wiener Sammelwohnungen 1939 - 1942".

③ Ingeburg Weinberger, *NS-Siedlungen in Wien. Projekte — Realisierungen — Ideologietransfer*, S.105.

④ Ingeburg Weinberger, *NS-Siedlungen in Wien. Projekte — Realisierungen — Ideologietransfer*, S.105.

人之家"的区域。① 甚至一部分街区的犹太人口已超过了非犹太人的常住人口数，反而引发"雅利安民族同志"的不满。

1939年10月，维也纳大区领袖约瑟夫·比尔克尔(Josef Bürckel)特别委托欧根·贝克(Eugen Becker)对犹太人重新安置问题及维也纳住房需求进行调查。贝克在报告中给出的结论是，在按客观标准厘清"最紧迫"居住需求的情况下，可以通过腾空犹太人住房的办法加以解决；而维也纳若完全实现"去犹太化"，则至少可部分满足中等住房需求。② 按照贝克的构想，为克服城市住房问题而被牺牲掉的这部分犹太人，最终可以被"重新安置在波兰"；但这一点如果无法如愿达成的话，就必须将"不愿迁徙的"犹太人安置在维也纳城外的棚户中，以防因犹太聚集引发政治动荡。③ 显然贝克的建议已触及犹太人问题最终解决方案，但他的出发点却是为了解决维也纳住房的问题。

德国首都柏林在战前同样聚居着大量犹太人口。1933年希特勒上台时，这座城市共有约16万犹太居民，占城市总人口的4%——其中不乏拥有舒适住所的富裕阶层。但除了大多数德国城市普遍存在的住房供应紧张外④，1937年1月希特勒下令启动首都柏林大规模改造计划，额外造成了大量新的居住需求：1938年已拆除7,000套住房，而仅南北轴线建设就计划拆除6.2万套住房。⑤ 如此一来，柏林市就将额外面临大批遭遇市政拆迁的租户的重新安置问题。考虑到新建住房的产能与资金不足，负责首都重建的"总督察"阿尔伯特·施佩尔(他领导的部门称"帝国首都建设总督察办公室")提出，可通过"强制"出清柏林现有大户型住房中的犹太人的办法，释放居住空间，同时建设成本更经济的小户型住房提供给犹太家庭，他因此在1938年9月首先要求"摸清柏林有多少被犹太人占据的大中户型住房"⑥。

---

① Philipp Mettauer, "Die 'Judenumsiedlung' in Wiener Sammelwohnungen 1939 – 1942".
② Rolf Kornemann, "Gesetze, Gesetze … Die amtliche Wohnungspolitik in der Zeit von 1918 bis 1945 in Gesetzen, Verordnungen und Erlassen", S. 696; Ingeburg Weinberger, *NS-Siedlungen in Wien. Projekte — Realisierungen — Ideologietransfer*, S.107.
③ Ingeburg Weinberger, *NS-Siedlungen in Wien. Projekte — Realisierungen — Ideologietransfer*, S.108.
④ 柏林在1932-1935年间年均新建住房量均不超过10,000套，1936年才勉强有所提高至15,000套，因此始终处于住房短缺状态：1937年市政当局通报的住房需求在100,000套。数据来源于Johann Friedrich Geist, Klaus Kürvers, "Tatort Berlin, Pariser Platz — Die Zerstörung und 'Entjudung' Berlins", Jörn Düwel, Werner Durth, u. a., *1945. Krieg — Zerstörung — Aufbau. Architektur und Stadtplanung 1940-1960 (= Schriftenreihe der Akademie der Künste, Bd. 23)*, Berlin: Henschel Verlag 1995 S.65.
⑤ Johann Friedrich Geist, Klaus Kürvers, "Tatort Berlin, Pariser Platz — Die Zerstörung und 'Entjudung' Berlins", S.69.
⑥ BArch R120, Nr.1942, Vol.1, "Niederschrift über eine Besprechung beim G.B.I. am 14.9.1938," S. 2f., 转引自Johann Friedrich Geist, Klaus Kürvers, "Tatort Berlin, Pariser Platz — Die Zerstörung und 'Entjudung' Berlins", S.68.

11月,负责执行首都改建管理、财政和建筑施工任务的"帝国首都重建执行办公室"向其报告称,当前犹太居民住房达4万套,其中2.5万套为大户型。① 随后,"帝国首都重建执行办公室"一方面趁12月颁布《犹太人财产利用令》对犹太人财产进行"雅利安化"之机,大肆没收有犹太人住房。另一方面,1939年2月出台的《帝国首都柏林与政运之都慕尼黑重建令》(Verordnung über Neugestaltung der Reichshauptstadt Berlin und der Hauptstadt der Bewegung München,下文简称《重建令》)规定的申报义务,即"雅利安"房东有义务申报已与犹太租户解除或将解除租赁关系的房屋情况,申报信息上报首都重建执行办公室(在慕尼黑则为市长)②,使得重建执行办公室得以掌握犹太人租赁雅利安人房产(或房间)的情况。同时该法令规定,此类"犹太住房"首次重新出租将由施佩尔负责,并将首先为雅利安"拆迁租户"保留。③

然而,恰恰是这一看似解决"紧急"住房需求的举措却带来了极为恐怖的后果:《重建令》首先使暴力驱逐成为现实:在经过房东申报,建设专业办公室批准出租后,这些公寓即进入强制出清程序,由已获得具体地址信息的党卫队(后来是盖世太保)采取所谓的"住房行动"(Wohnungsaktionen),即强制居住其中的犹太租户搬离,迁往"犹太人之家"。而随着战争的打响,尤其是自1940年8月盟军对德国城市展开空袭,平民房屋遭受一定程度战损起,德国犹太人的命运再次改变,"犹太人之家"也被征用为"灾难应急住房"。只不过这一次犹太人不再是强制"迁出"(Wohnräumung),而是所谓的"疏散"(Evakuierung)——但在纳粹政权的话语体系中,针对犹太人的"疏散"的真正含义是"驱逐"(Vertreibung)。1941年10—11月,来自柏林、杜塞尔多夫、法兰克福、汉堡、科隆、卢森堡、布拉格和维也纳的2万名犹太人,分20批被强制运往位于波兰的犹太隔都罗兹(纳粹称之为"利茨曼城"),由此揭开德国"最终解决犹太人"的序幕。④ 而在柏林,正是得益于帝国首都重建执行办公室所掌握的犹太人居住信息,连同1939年5月德国人口普查对非犹

---

① LAB, Pr. Br., Rep.107, Acc. 311/1, "Schreiben der Durchführungsstelle an Speer vom 17.11.1918", Anlage, 5.
② "Verordnung über Neugestaltung der Reichshauptstadt Berlin und der Hauptstadt der Bewegung München vom 8. Februar 1939", §1, *Reichsgesetzblatt*, Jg. 1939, Teil 1, S.159.
③ "Verordnung über Neugestaltung der Reichshauptstadt Berlin und der Hauptstadt der Bewegung München vom 8. Februar 1939", §2.
④ Johann Friedrich Geist, Klaus Kürvers, "Tatort Berlin, Pariser Platz — Die Zerstörung und 'Entjudung' Berlins".

太人民族、职业和企业的调查,使得由莱因哈德·海德里希(Reinhard Heydrich)领导的盖世太保能够更为高效、精准地启动有组织的大规模驱逐犹太人程序。

作为"克服"住房供应短缺手段的"去犹化"住房,一般暂由市政当局代持。前文提及的柏林犹太人在面临被驱赶时必须填写的财产申报表,从1941年起还额外增加了公寓大小、房租、装修情况、分租人等与实际财产无关的登记内容,这是为让官方尽可能多地掌握"空置"的公寓信息以便分配租赁。犹太住(租)户留在屋内的物品则由财政部门进行清点后予以征收或拍卖,随后房屋会在经消毒处置后进行分配。但颇为讽刺的是,原本旨在安置"雅利安"拆迁租户而强征的住房,似乎既未及时提供给迫切想要获得住处的德国民众,也未在战时真正成为安置遭受空袭者的"灾难应急住房",而是主要提供给公务员,尤其是外交人员、国防军军官,以及纳粹各级党部成员优先入住[①];少数安排给属于"生命之源"组织[②]的母亲和她们的孩子入住。在住房史学者J.F.盖斯特和克劳斯·库维斯检视柏林"去犹太化"运动的论文中就给出了相关档案记录,此处摘录两则如下:

  1. "犹太人公寓"1号:威尔默斯多夫(区),约阿希姆·弗里德里希大街33号,侧边翼楼,1楼左,两居室;犹太租户:赫佩尔;房东:阿戈普·巴基尔加尼[地址、电话省略——作者注];新租户:党卫队下士W.弗林格斯[原地址省略——作者注](租赁授权证:2943—党卫队配额)。"

  2. "犹太人公寓"2号:夏洛滕堡(区),莱布尼茨街43号,沿街,4楼,两居室;犹太租户:马鲁姆;房东:安联人寿保险公司[地址省略——作者注];新租户:奥托·迈尔少尉,原地址:帝国元帅官署[地址省略——作者注](租赁授权证:2937—特殊配额)。[③]

通过查阅1937—1940年的柏林市地址簿及犹太受害者纪念名录,两位学者还原出两位原租户的基本信息:前者名叫罗莎·赫佩尔(Rosa Herper,旧姓胡施),生于

---

① Hans Günter Adler, *Der verwaltete Mensch. Studien zur Deportation der Juden aus Deutschland*, S. 607.
② "生命之源"(Lebensborn)是党卫队立足种族优生学理论,为提高所谓雅利安出生率而设立的养育机构,主要任务包括协助"种族价值高"的家庭生育更多子女,安排"种族价值高"的孕妇(匿名)生育合格的孩子后送养。
③ LAB, Pr. Br. Rep. 107, Nr. 144/3 (Räumungsliste 87a vom 6.11.1942),转引自 Johann Friedrich Geist, Klaus Kürvers, "Tatort Berlin, Pariser Platz — Die Zerstörung und 'Entjudung' Berlins", S. 98f.

1878年6月22日,寡妇,居住地原为犹太社区的一处老人院,赫佩尔最后居留地为柏林,1943年1月13日被驱逐至奥斯威辛,下落不明。后者全名汉斯·马鲁姆(Hans Marum),生于1898年4月15日,商人,1939—1940年两度遭监禁,最后居留地为柏林,1943年7月2日自杀身亡。①

第四节 战时住房政策

1939年10月波兰攻势基本结束后,希特勒正式提出旨在击败法国和英国的西线作战计划。虽然入侵计划一再拖延,战斗直到1940年5月才打响,推进却相当顺利,德军先后占领荷兰、卢森堡、比利时和法国,并迫使英军撤出欧洲大陆。在西线获得的巨大军事胜利让希特勒开始思考战后世界格局与未来德国的发展蓝图。除了要继续推进彰显纳粹社会控制力的城市重塑计划②,希特勒还计划在战争胜利结束后重新定位德国内政及社会政策。住房无疑是其中的核心问题,但希特勒和纳粹党的考量仍从扩大德国人口出发:住房问题是"除养老问题之外最迫切的社会政策问题……住房是家庭的载体,也因此是整个民族社会和平、人民健康、生活愉悦和工作高效的最基本前提"③;而帝国居住条件的改善也有助于提高人口出生率,"以便下一代能够在欧洲肩负起未来的使命";同时还可以在新占领地区兴建大型定居点,借此巩固德国在那里的统治。

一、《战后住房建设筹备令》

1940年9月15日,希特勒下令组建一个由德意志劳动阵线领袖罗伯特·莱伊领衔的委员会,起草有关尽快启动社会福利住房建设筹备的元首令。委员会成员

---

① 二人的最终命运均可在德国联邦议会犹太受害者在线纪念名录 https://www.bundesarchiv.de/gedenkbuch/中查询到(2022年2月20日访问)。

② 纳粹城市重塑计划从1940年起进入一个新的发展阶段:城市重塑不仅在"元首城市"、大区首府以及其他一些重要城市推进,还开始向普通德国大城市推进,至1940年加入"重塑"计划的城市已接近30座,最终城市"重塑"计划将覆盖所有居民人口超过10万人的城市,即大约50座城市,此外还将包括被占领地区的部分大城市也将接受"重塑"。

③ BArch, NS 6/251, O.D (ca. Sommer 1940), Denkschrift der Parteikanzlei: Der Wohnungsbau nach dem Krieg.

除主席莱伊外,还有代表希特勒的国家劳动部长泽尔特、"建设总督察"施佩尔,以及地方政策总局局长菲尔勒——他同时兼任慕尼黑市市长。11月15日,《战后住房建设筹备令》(*Erlaß zur Vorbereitung des deutschen Wohnungsbaues nach dem Krieg*,下文亦简称《筹备令》)颁布。在这部元首令中,希特勒开篇即声明德国未来推进大规模住房建设的理由:

> "这场战争的胜利果实将带给德意志帝国只有通过扩容其人口才能完成的使命。有必要通过提高生育率填补战争对民族肌体的戕害。因此未来德国的住房建设必须构成多子女家庭健康生活的前提。为确保战后能够立即启动复合这一基本原则的住房建设计划,现在就必须采取准备措施。"①

《战后住房建设筹备令》对未来住房建设计划的实施细节做出如下规定:首先,命令明确住房建设计划将按年确定兴建住房数量,并对最初11年的数量作出规定:战后第一年应新建30万套住房,此后十年应建成60万套住房/年。其次,建设计划的执行者应为地方政府、公益性住房企业及其他获得特殊许可的合格单位。第三,住房建设应配合纳粹家庭和人口政策执行,而纳粹政权的"理想"家庭应拥有4—5名子女。因此无论住房是多层公寓楼还是独栋房屋,都必须按以下标准执行:包括一间起居厨房、一间父母主卧、两间各10平方米的儿童房,此外还应配有浴室、卫生间、过道和阳台。所有住房项目均有三种户型可选,标准户型为74平方米,小户型(62平方米)和大户型(86平方米)则分别占比10%。第四,为减少成本,同时提高工作效率,整个建设施工过程要求实现构件标准化、施工方法合理化和平面、层高等类型化。第五,地方政府在取得党的许可后,方可为租户分配住房。房租应在租户承受范围内,一般为其收入的五分之一。但如何达到这一"健康"的房租收入比,或可通过国家直接投资建设以降低建设成本,或为低收入家庭发放租金补贴,或结合子女人数发放此类补贴,仍需讨论。②

从《筹备令》的内容来看,与其他的纳粹住房建设法令基本类似。它使用标

---

① "Erlaß zur Vorbereitung des deutschen Wohnungsbaues nach dem Krieg", *Reichsgesetzblatt*, Jg. 1940, Teil 1, S.1495.
② "Erlaß zur Vorbereitung des deutschen Wohnungsbaues nach dem Krieg", *Reichsgesetzblatt*, S. 1495ff; Marie-Luise Recker, "Staatliche Wohnungsbaupolitik im Zweiten Weltkrieg", *Die alte Stadt: Zeitschrift für Stadtgeschichte, Stadtsoziologie und Denkmalpflege*, 5(1978), S. 117-137.

准的纳粹话语强调住房建设为德国人口增长服务的重要性,建设目标、保障意图均围绕这一目的展开。值得注意的是,希特勒在这部法令中提出要建设"社会福利住房"(sozialer Wohnungsbau),这个表述乍看之下与德意志帝国晚期以来的"社会福利住房"概念完全一致,对此蒂尔曼·哈兰德对此有清晰的解读,一方面,希特勒的"社会福利住房"是在住房政策中立场"鲜明"地贯彻种族意识形态,即为"生物遗传意义上有价值的多子女家庭或其他值得支援的民族同志"提供住房,并以此构筑"抵御外来种族渗透的保护屏障"。[1] 另一方面,战争最初阶段的胜利让纳粹政权意识进一步明确可以利用被征服国家(甚至盟友)的人力、原材料、设备和金钱来帮助德国达成建设目的;在它看来,无论是西欧的法荷比卢,中东欧的波兰、苏联,南欧的意大利,都能提供用之不竭的资源,可以着手全面组织战后住房建设计划。[2] 因此纳粹德国的住房福利保障本质上是以掠夺其他民族和国家为基础的。

在这份元首令中,希特勒还重新决定了纳粹德国住房政策的组织架构:"达成我所提出的要求是帝国的使命。在此我任命一位社会福利住房建设帝国专员执行此事,直接向我汇报。"[3]而被他选中的负责人便是罗伯特·莱伊。至此,莱伊成为整个二战期间负责德国住房政策的最高领导人。这一人事任命也表明,在住房政策制定与居住事务管理上曾长期存在的党政机构并置局面——1938年希特勒的副手马丁·博尔曼(Martin Bormann)还在抱怨"劳动部内没有实行纳粹主义"[4]——终于被打破。然而,纳粹政体特有的机构重叠、职权分散与部门个人独裁之间的矛盾,令莱伊作为住房事务"领袖"的地位依然不稳固。除了继续与劳动部在建设方针和管辖权问题上存在龃龉,他上位后的主要对手还包括阿尔伯特·施佩尔。施佩尔作为首都重建的"总督察",拥有柏林城市规划与改造的全权,其中

---

[1] Tilman Harlander, "1933 bis 1945: Wohnungs- und Städtebau im Nationalsozialismus — Gemeinschaftsideologie und Exklusion", ders, Gerd Kuhn, Wüstenrot Stiftung (Hgg.), *Soziale Mischung in der Stadt. Case Studies-Wohnungspolitik in Europa-Historische Analyse*, Stuttgart/Zürich: 2012, Krämer Verlag, S. 74f.

[2] Tilman Harlander, *Zwischen Heimstätte und Wohnmaschine. Wohnungsbau und Wohnungspolitik der Zeit des Nationalsozialismus*, Basel: Birkhäuser, 1995, S.198. 有关纳粹德国对周边占领国的具体经济剥夺可参见[德]格茨·阿利:《希特勒的民族帝国——劫掠、种族战争和纳粹主义》,刘青文译,南京:凤凰出版传媒集团,第128—153页。

[3] "Erlaß zur Vorbereitung des deutschen Wohnungsbaues nach dem Krieg", S.1495.

[4] Karl Teppe, "Zur Sozialpolitik des Dritten Reiches am Beispiel der Sozialversicherung", *Archiv für Sozialgeschichte*, 17(1977), S.195-250.

也包括住房事务①,因此莱伊的部分权力被施佩尔分走。此外,施佩尔与莱伊同样存在意见分歧,二者矛盾在1942年阿尔伯特·施佩尔接替空难身亡的弗里茨·托德(Fritz Todt)成为国家军需部长后进一步扩大。

二、战时住房短缺与应对措施

表面看来,《战后住房建设筹备令》是纳粹政权在取得战争胜利的乐观气氛下提出的旨在改善国民居住条件的战后社会改造设想,其作用是进一步鼓舞士气。但《筹备令》之所以在战争胜利之初就被立即提出,背后隐藏的其实是住房供应严重不足的现实问题。正因为问题之紧迫和严重,迫使纳粹最高当局(即希特勒)不得不对住房政策作出重大调整。事实上,早在1939年初,国家劳动部国务秘书杜斯特已将德国的住房短缺描绘为"德国有史以来最严重"。他的具体叙述如下:

> "原帝国(范围)内有150万户无房可住,数十万人'住房一言难尽';而在东部马克和苏台德地区,居住条件更为恶劣。尽管在过去的六年中已建设了180万—200万套住房……住房短缺数量仍从100万上升至150万,且完全无法阻止其继续攀升。"②

至1940年7月,劳动部对于无房可住家庭的估计已升至200万。由于住房供给状况实在恶劣,连部长泽尔特都不得不硬着头皮委婉批评希特勒旨在呈现标志性建筑的"元首城市"规划,并明确提出"为'民族同志'这些小人物建设新房,同样必须是当下建筑领域最紧迫的事情"③。

如前所述,纳粹德国住房供需不平衡是一个结构性问题。一方面,四年计划及

---

① 根据1937年施佩尔的任命令,涉及柏林重塑建设的事务,国家、普鲁士州和柏林市政当局均需听从施佩尔调派,纳粹党系统的各级机关也必须为其提供相关项目所需的必要信息;同时党政机关所有牵涉建设专员职责范围的举措,必须事先告知并获批准后方可执行。参见"Erlass über einen Generalbauinspektor für die Reichshauptstadt", *Reichsgesetzblatt*, 30 Januar, 1937, part 1, 1937, S. 103, http://www.documentarchiv.de/ns/1937/generalbauinspektor_erl.html,(2022年12月3日访问)。
② BArch R 41, Rep.318/355, o.D (ca. Jan./Feb. 1939), Denkschrift des Leiters der Hauptabteilung IV im Reichsarbeitsministerium; Ulrich Blumenroth, *Deutsche Wohnungspolitik seit der Reichsgründung. Darstellung und kritische Würdigung*, S.311.
③ BArch, R43/II, 1007, Reichsarbeitsministerium an der Chef der Reichskanzler, 11.7.1940,转引自Karl Christian Führer, "Anspruch und Realität. Das Scheitern der nationalsozialistischen Wohnungsbaupolitik",

向战争经济转型致使住房建设不得不退居军事和工业项目之后，发展受到严重制约：建筑业投资总额从1939年的90亿马克下降至70亿马克，其中住房建设投资缩水严重：1939年为15亿马克，1940年已下降至8—9亿，1941年继续减至6亿—7亿马克。① 另一方面，纳粹德国住房政策的市场经济导向与人口增长导向，不仅造成供应类型（大户型豪华住房）与需求类型（紧凑经济住房）不匹配，还因其无力约束新房房租价格致使面向普通人供应的住房数量进一步缩减。

但随着战争的打响，住房领域出现了新的变化——费勒认为这一需求上涨与纳粹政权的战争动员政策及经济转型密切相连。首先，在现房领域出现了一波乍看颇为奇特的需求上涨。由于纳粹政权慷慨给予被征召军人家属优厚的经济援助，这些家庭不仅不必为家中主要经济来源出征而被迫降低居住要求，相反还因可支配货币增加，或因亲友前来同住，萌生新的居住愿望。与此同时，德国经济转型虽然能够"保证"普通德国民众不受失业之苦，但收入有保障的同时却是生活物资的极度短缺，"日常生活领域消费选择受到严重限制"。于是，补贴十分优厚的军人家属在过剩购买力驱使下，消费者转而消费同为"稀缺但有价值的"住房，"囤房"现象就此出现。②

然而，与需求增长相对的却是新建住房产量的急剧下跌。战争爆发第一年，建筑及相关行业从业人员已减员超过三分之一，虽然党卫队以外籍强制劳工和集中营囚犯投入各项劳动生产，但也仅能填补其中一半的空缺。与此同时，建材价格也在战时出现明显上涨（见表8）。各项建设指数均指出纳粹德国时期建设业未能恢复到魏玛共和国稳定时期的水平，而随着战争的持续，国内用工成本还将继续水涨船高。在这种情况下，要像和平时期那样进行建设变得十分困难。

表8　1938—1944年德国住房建设各项成本指数一览表*

年份	建材价格	合同工资	个体劳动成本	总建设成本
1938	80.9	72.2	81.2	77.9
1939	82.3	72.2	83.2	79.0
1940	84.2	72.6	84.8	80.3
1941	87.3	78.0	87.8	84.0

① Marie-Luise Recker, "Staatliche Wohnungsbaupolitik im Zweiten Weltkrieg".
② Karl Christian Führer, "Anspruch und Realität. Das Scheitern der nationalsozialistischen Wohnungsbaupolitik".

续　表

年份	建材价格	合同工资	个体劳动成本	总建设成本
1942	92.0	91.6	91.0	90.9
1943	93.5	94.2	92.3	93.0
1944	93.7	95.3	93.8	94.1

* 这里的成本指数以1928年为100。
(数据来源于：Länderrat des Amerikanischen Besatzungsgebietes (Hg.). Statistisches Handbuch von Deutschland 1928－1944, 1949, S. 342, 转引自 Marie-Luise Recker, "Staatliche Wohnungsbaupolitik im Zweiten Weltkrieg"。)

事实上，纳粹当局并非没有意识到问题，在战争开始前数月，建筑经济全权总代表弗里茨·托德就已下令冻结所有新建设项目至1939年10月1日，以确保已开工项目和住房建设项目能如期完工。紧接着他又于11月宣布所有新建项目都必须获批才可动工，实质性延长此前的建设禁令。但战争带来了新的地区性居住需求变化：生产规模扩大或新落成的军工生产基地需要为大批转移来的工人提供落脚之处，而西部城市因面临英国的空袭则需要疏散人口并为其提供临时安置点；结婚率提高则继续恶化供应与生产之间的不平衡。慕尼黑市长菲尔勒在1940年1月上旬估计，尽管不断采取各种补救措施，慕尼黑的住房缺口仍达4万—5万套。[①]

面对如此庞大的新需求，纳粹政权必须根据现实情况对建设禁令进行调整，同时设法推动住房建设——尤其是考虑如何在有限预算范围内建设更多的住房。虽然方案各异，但存在一条基本共识，即完全不接受类似工棚性质的临时安置房——"这在战时基本是留给强制劳工和战俘的"。

第一种策略是扩大1935年时就已提出的"人民公寓"建设。"人民公寓"曾因其难以融资和简朴小户型定位与现有住房政策目标背道而驰，而在纳粹德国的住房事务领域处于边缘位置。但从1939年12月起，官方将这种住房形式重新纳入考虑，试图将其作为大规模面向工厂工人提供的居住模式，同时酌情考虑日后将其重新改建为完全公寓的可能。由于是面向工厂工人的住房建设项目，与提高战时生产效率紧密相连，"人民公寓"形式的新建住房项目从重启之初就被列入建筑经

[①] BArch, R 43/II, 1172, Fiehler, Oberbürgermeister von München an den Chef der Reichskanzlei, 10.1. 1940. 转引自 Karl Christian Führer, "Anspruch und Realität. Das Scheitern der nationalsozialistischen Wohnungsbaupolitik"。

济全权总代表办公室的战争紧急程度清单的最高级(1级)。在对住房建设的公益属性重新进行梳理，明确小户型住房对于解决现阶段严重住房短缺所具备的显著优势后，官方最终在1940年初宣布将"人民公寓"作为战时住房建设的核心任务。（见表9）

第二种策略是对现有住房进行改扩建，主要包括对居住单元进行改建或重新进行分隔，以及扩大未利用房间的面积等。但这个方案在执行之初就面临困境，首先是可供改扩建的现房数量不多；其次，租赁双方其实均对改扩建现房兴趣不大。虽然住房改扩建可获得国家的补贴，但相比开战之初官方冻结房租价格并进一步扩大"承租人保护原则"给房东造成的经济损失，使得房东群体并无动力通过扩建

表9　1937—1941年小住房定居点与人民公寓比较

小住房定居点			
年份	投入资金（单位:百万马克）	资助微型农庄*数量	平均国家贷款金额/农庄
1937	32.8	20,973	1,564
1938	65.8	34,357	1,929
1939	47.8	21,044	2,224
年份	投入资金（单位:百万马克）	资助微型农庄*数量	平均国家贷款金额/农庄
1940	12.5	2,726	4,590
1941	9.2	2,250	4,090
人民公寓			
年份	投入资金（单位:百万马克）	资助人民公寓数量	平均国家贷款金额/居住单元
1937	38.5	30,199	1,275
1938	78.5	57,438	1,361
1939	142.5	65,193	2,183
1940	131.5	32,639	4,017
1941	193.1	19,100	—

*这里使用的是"Kleinsiedlerstelle"，从规模上来说相比前文中的"小农庄"更小，因此暂译为"微型农庄"。
（数据来源为Marie-Luise Recker, "Staatliche Wohnungsbaupolitik im Zweiten Weltkrieg"。）

住房招揽更多的租户。而对一部分寻找住房的租户而言,他们的收入尚可,似乎也没有理由为了减少开支而降低自己的居住标准。

1940年2月16日,托德的建筑经济全权总代表办公室最终确认所有新建项目全部停工;但以下三类新建项目则不在限制之列:

1) 经有关部门认定具有重大战略意义的项目且已被列入建筑经济全权总代表办公室分类的战争紧急程度(1—4级)清单;

2) 由建筑经济全权总代表办公室或其大区代表颁发特殊许可的建设项目;

3) 总建设金额不超过5,000马克的建设项目,且业主业已备好所有建材并获得劳动局用人许可。[①] 成本相对低廉的"人民公寓"及对现有住房的改扩建项目,属免于冻结的建设项目。

表10　1937—1943年德国新建住房数量*(单位:套)

年份	1936	1937	1938	1939	1940	1941	1942	1943
建成数	310,490	320,057	285,269	206,229	105,458	61,767	38,609	29,670

* 这里的统计范围为1937年的德国疆域。
(数据来源于:Länderrat des Amerikanischen Besatzungsgebietes (Hg.). Statistisches Handbuch von Deutschland 1928 - 1944, 1949,转引自 Marie-Luise Recker, "Staatliche Wohnungsbaupolitik im Zweiten Weltkrieg"。)

尽管存在少数例外,但从1940年起新建住房数量总体呈现快速下降趋势(见表10),而居住短缺的情况又未能缓和,工业地区甚至呈现出灾难性的景象"[②],这迫使纳粹官方不得不承认当前缺乏能够追赶现有居住需求的现实条件,需要采取全面手段解决该问题。不过1940年年中西线战事的顺利推进又让德国上下看到了利用被占领国的财力、物力和人力弥补本国资源不足的机会。因此希特勒才会从9月起正式介入住房问题并最终发布《战后住房建设筹备令》。

对罗伯特·莱伊而言,被任命为社会福利住房建设帝国专员,不仅标志着他在纳粹党内重新成功崛起,也意味着德意志劳动阵线与劳动部围绕住房政策方针及管辖权的争夺进入最后阶段。这场争夺表现为双方对希特勒提出的"社会福利住房"定义的争论。劳动部长泽尔特提出,"社会福利住房"是为"某些凭一己之力无

---

① Marie-Luise Recker, "Staatliche Wohnungsbaupolitik im Zweiten Weltkrieg".
② BHStaA Abt. II, MA 106679, Monatsbericht des Regierungspräsidents in Ansbach für März 1941,转引自 Ebenda。

法实现符合人口及社会政策要求的住房保障的群体"提供的住房①,通俗来说,就是针对低收入群体的保障性住房,30年代中期提出的"人民公寓"正是这一保障房形势的典型表现。但莱伊构想的"社会福利住房"并不等于形式极简、只为满足贫困人口居住需求而特制的"人民公寓",而是"根据平均需求,以系列方式建设为广大民众兴建"的"全新德意志住房",因此它具有普适性和民族共同体的合法性。莱伊因此进一步说明要在建设过程中全面实现"类型化、标准化和机械化施工"。②

表面上,这场争议与双方在30年代后半期有关是否重启公共资金补贴住房建设的交锋类似。但本质仍是国家劳动部与莱伊之间的权力之争。虽然希特勒任命莱伊为"社会福利住房建设帝国专员",但同时他并未取消劳动部对住房事务的主管权限,因此,如何界定"社会福利住房"成为两个部门对住房事务具有普遍管辖权抑或仅针对特定保障住房具有管辖权的关键。最终,双方于1940年12月达成妥协。莱伊承诺,自己执行的"社会福利住房"政策将不影响劳动部其他类型住房及定居点建设。

但接下来,莱伊就必须面对战时大众的迫切住房需求,而这又要结合他脱离现实的"社会福利住房"承诺。1941年4月莱伊颁布了《促进社会福利住房过渡条例》(*Übergangsregelung für die Förderung des sozialen Wohnungsbaus*,简称《过渡条例》)。条例首先规定1940年《筹备令》有关住房规模和大小的指导意见将成为所有获得战时建设许可(即由建筑经济全权总代表办公室批准)的住房建设标准;其次,明确各地"合理的"单位房租应为0.5—0.8马克/每平方米(居住面积),建设成本超出部分则将由政府发放免息贷款予以补贴,最高可覆盖建设成本的95%以上。③《过渡条例》贯彻了莱伊从30年代后半期以来立足纳粹意识形态的住房建设观念,但公共资金大量投入的结果是不计成本地建设大户型住房——魏玛共和国初年"沉没补贴"的历史居然在第三帝国晚期重新上演。这一点已在表9的

---

① 劳动部对于"社会福利住房"理解,出自 BArch R41,699, Bl. 16-18, Der Reichskommissar der Ram im Aktenvermerk von Ministerialrat Lehmann, 29.8.1941, 转引自 Ulrike Haerendel, *Kommunale Wohnungspolitik im Dritten Reich. Siedlungsideologie, Kleinhausbau und „Wohnraumarisierung" am Beispiel Münchens*, S. 410。

② 莱伊对于"社会福利住房"的理解主要见于他回复泽尔特的公函,及其下属、社会福利住房建设帝国专员办公室主任汉斯·瓦格纳将其观点进行提炼后公开发表的文章:BArch R 43/II, 1009, Bl. 70f., Der Reichskommissar für den sozialen Wohnungsbau an Reichsminister Seldte, 5.4.1941 (Abschrift); Hans Wagner, "Die Neuordnung des deutschen Wohnungsbaues", *Der Soziale Wohnungsbau in Deutschland*, 1 (1941), H. 5, S. 145-153。

③ Marie-Luise Recker, "Staatliche Wohnungsbaupolitik im Zweiten Weltkrieg".

数据中有所体现:"人民公寓"的建设成本固然远低于独栋小住房,但1940年投入"人民公寓"的政府资金为131.5万马克,建成住房数量为3.26万套,而1941年时投入资金为193.1万马克,但建成数量只有1.91万套。

三、空袭后果与战时应急安置

1942年1月,苏联取得莫斯科保卫战胜利,标志着德军在东线的战事开始陷入胶着;而在月初,国际反法西斯同盟也已正式成立,因此德国现在面临同时与苏、英、美长期作战的困境。在此不利局面下,除了进一步在国内实施总动员,1月25日颁布的有关进一步简化行政的元首令还决定:"鉴于当前全面战争的形势",推迟所有为未来和平阶段所做的准备和规划。① 这也意味着,旨在为战后德国重建做安排的1940年《战后住房建设筹备令》被全面叫停。但在这份元首令中,罗伯特·莱伊依然拿到了豁免条款:"虽与行政限制令有所抵触,但作为提高住房建设效率之基础的类型化和标准化生产仍可继续"——合理化生产是他为解决《过渡条例》造成的建设浪费与低效所采取的补救措施。表面看来,这一额外授权可以视为莱伊作为德国主管住房事务最高官员的地位得以巩固,1942年10月23日有关住房建设的第三号元首令也确认了这一点:莱伊被正式任命为"帝国住房专员",其官署"为最高国家机关兼普鲁士最高州立机关"。②

但战争形势的变化留给莱伊推行"社会福利住房"的余地已日益缩小。1941年11月,英国空军上将亚瑟·哈里斯(Arthur Harris)接手对德空战指挥权,他将对德轰炸的目标调整为"摧毁敌方平民尤其是产业工人的士气"③,从1942年2月起对北海及波罗的海沿岸及德国工业心脏地带鲁尔的城市进行密集空袭;1942年3—4月波罗的海沿岸城市吕贝克、罗斯托克先后遭遇高爆炸弹和燃烧弹的袭击,大片城区沦为焦土;5月英国皇家空军首次组织"千机轰炸",出动1,046架轰炸机

---

① BArch, R 43/II, 1174 a, Führererlass über die weitere Vereinfachungder Verwaltung vom 25.1.1942, Anlage zum Runderlasse des RKaW vom 5.5.1942.
② 所有此前由国家劳动部负责的住房事务相关的任务及主管权限均由帝国住房专员官署接管,具体包括如下职能:1)包括职工及公务员住房建设在内的出租房及定居点建设;2)根据市政建设规划化划定的居住区建设规划布局;3)小园地;4)房产经济,参见"Dritter Erlaß über den deutschen Wohnungsbau vom 23. Oktober 1942", *Reichsgesetzblatt*, Jg. 1942, Teil 1, S.623。
③ 转引自 Barney White-Spunner, *Berlin: The Story of a City*, London/New York: Simon & Schuster, 2020, p.327。

对西部城市科隆进行轰炸,随后是埃森、不来梅等城市。① 随后英美空军还有针对性地进行机型和技术调整,最终于1943年彻底撕碎德国防空体系:仅1943年前8个月,盟军向汉堡、埃森、科隆投放的炸弹总量就达1.1万吨、9,000吨和8,000吨,杜伊斯堡和柏林分别为6,000吨,杜塞尔多夫和纽伦堡则均为5,000吨。②

大规模的空袭带给德国城市住房供给以致命打击:以1943年7—8月遭受连续轰炸的汉堡为例,共有25万套住房被完全摧毁,9,000套住房严重损毁,1.5万套中度损毁,"因此在可以预见的未来,整个汉堡大区范围内,有近50%的住房无法居住。"其中受损最严重的地区除内城之外便是巴姆贝克和埃姆斯布特两个聚集大量人口的工人区。③ 除了汉堡之外,大城市如柏林、科隆、多特蒙德、杜伊斯堡和卡塞尔至战争后期均有60%—70%的住房被摧毁,其中西北部城市如科隆、杜塞尔多夫、不来梅因最早遭遇空袭,遭受损失也最为严重,其被毁住房的比例几乎占到全德战损住房的40%。④(表11为施佩尔在1944年统计的城市建筑物战损情况,其中包括大量民居)柏林则在1943年11月至1944年3月至少遭遇英国空军16次轰炸,约4,000人死于空袭,10,000人受伤,近50万人无家可归。⑤ 在这种情况下,纳粹当局迫切面临的任务有二:一是尽快疏散和安置受难群众;二是建设大量临时应急安置点。

表11 1944年德国城市空袭城市建筑物数量及占比

城市	完全及严重损毁总数	占城市现房比率(%)	完全损毁数	占城市现房比率(%)
亚琛	34,087	71.69	21,893	46.04
奥芬巴赫	16,500	63.39	6,000	23.05
科隆	153,018	65.58	129,689	51.35

---

① 参见德国历史博物馆线上德国近现代史展的条目:"空袭城市"("Die Luftangriffe auf Städte"):https://www.dhm.de/lemo/kapitel/der-zweite-weltkrieg/kriegsverlauf/luftangriffe.html,(2021年10月5日访问)。
② Marie-Luise Recker, "Wohnen und Bombardierung im Zweiten Weltkrieg", Lutz Niethammer (Hg.), *Wohnen im Wandel. Beiträge zur Geschichte des Alltags in der bürgerlichen Gesellschaft*, S.408.
③ 数据出自 BArch R 12/I, 84, Statistischer Amt der Hansestadt Hamburg (Hg.), *Aus Hamburgs Verwaltung und Wirtschaft*, Sondernummer vom 20.6.1944, 转引自 Ebenda, S.410; Adelheid von Saldern, *Häuserleben. Zur Geschichte städtischen Arbeiterwohnens vom Kaiserreich bis heute*, S.213。
④ Marie-Luise Recker, "Wohnen und Bombardierung im Zweiten Weltkrieg", S.411.
⑤ Barney White-Spunner, *Berlin: The Story of a City*, p.327.

续 表

城市	完全及严重损毁总数	占城市现房比率(%)	完全损毁数	占城市现房比率(%)
曼海姆	49,312	59.71	23,000	27.85
杜塞尔多夫	90,051	58.21	67,980	43.94
卡塞尔	34,139	55.48	27,209	44.22
埃森	97,747	54.57	61,430	34.30
汉堡	267,470	49.40	242,712	44.83
雷姆沙伊德	17,000	48.85	11,295	32.47
美因河畔法兰克福	81,000	47.25	54,000	31.50
克类菲尔德	21,582	38.24	10,000	17.72
赖特	9,000	37.38	3,840	15.95
什未因福特	4,800	36.96	1,800	13.86
汉诺威	50,000	34.32	38,000	26.08
埃姆登	3,400	33.84	2,900	28.86
威廉港	10,535	33.19	6,380	20.10
奥格斯堡	17,200	32.65	13,000	24.68
伍珀塔尔	39,550	32.01	17,404	14.09
奥伯豪森	14,700	30.90	8,300	17.45
米尔海姆/鲁尔	11,446	29.99	7,424	19.45
弗兰肯塔尔	2,220	29.80	1,790	24.03
波鸿	24,720	29.35	14,680	17.43
路德维希港	11,642	28.42	6,000	14.65
莱比锡	57,081	25.81	26,462	11.81
罗斯托克	8,543	25.56	7,956	23.81
杜伊斯堡	24,430	21.88	19,882	9.75
多特蒙德	31,331	21.50	25,531	17.52
柏林	311,419	20.91	196,035	13.17
安克拉姆	1,310	20.73	590	9.34
门兴格拉巴赫	6,240	18.94	3,270	9.92

续表

城市	完全及严重损毁总数	占城市现房比率(%)	完全损毁数	占城市现房比率(%)
吕贝克	7,434	16.76	3,331	7.51
明斯特	5,140	16.31	3,550	11.27
哈根	6,679	15.84	4,657	11.04
因斯布鲁克*	2,796	15.16	564	3.06
不来梅	18,000	15.11	14,000	11.75
美因茨	6,500	14.96	5,500	12.66
基尔	12,000	14.76	5,500	6.77
斯德丁	13,280	12.15	10,469	9.58
万讷艾克尔	2,700	11.51	1,520	6.48
斯图加特	15,204	11.48	8,883	6.63
纽伦堡	13,850	11.32	10,950	8.95
卡尔斯鲁厄	5,068	9.16	1,988	3.59
慕尼黑	19,266	7.26	10,968	4.13

* 因斯布鲁克为奥地利城市

(数据来源于 BArch, R 3,1573 Speer an Bormann, Berlin, 5.9.1944; Anlage zu: BArch, R3,1588, Speer an Lammers, Berlin 19.9.1944,转引自 Jost Dülffer, "NS-Herrschaftssystem und Stadtgestaltung: Das Gesetz zur Neugestaltung deutscher Städte vom 4. Oktober 1937," Anm. 76.)

作为主管住房事务的最高长官,莱伊当然意识到住房建设必须转型战争应急导向。他在1943年8月提出:"元首已认识空袭的灾难性影响,他的立场如下:如不能安置500万无家可归者,则战争是失败的。因此,必须在战时建设100万住房。"①为此,他提出的解决办法主要有三类:第一种办法是动员所有尚可投入民用建设部门的人力和物力应全面投入对空袭受损房屋的紧急维修,同时提高各类建筑物的防空性能(包括增加掩体、公共建筑的避难所、扩建地下室等),这些措施的优先级最高,原因是维修成本相对低廉:轻度损坏的房屋维修成本在40—50马克/平方米,半损房屋则为100马克/平方米——而同期修建标准木制棚户的成本则已达到220马克。此外,由于城市受损轻微至中度受损的房屋远多于严重受损及完

---

① 转引自 Jost Dülffer, "NS-Herrschaftssystem und Stadtgestaltung: Das Gesetz zur Neugestaltung deutscher Städte vom 4. Oktober 1937"。

全损毁住房，维修时间又往往短于建造时间，因此有助于居民尽快恢复正常的城市日常生活。[1]

第二种办法是扩大可应急安置空袭受害者的现有房屋（间）数量，这部分措施除已在1939年底实施房屋改扩建、改造阁楼以增加房间数量等建筑手段外，还扩大到对所有可利用的新房及"未满员"住房的统计与分配。这里所谓"未满员"（unterbelegt），特指屋内居住者为两人或居住者人数少于房间的数量。这些"多余"的居住空间将被提供给空袭受害者——即使房主是以租户身份居住在此，也应当将"多余"的房间分租出去。此外，一些商业及办公场所也被改建为临时安置住房，前文提到的将犹太人赶出"犹太公寓"或"犹太之家"名义上同样是为安置空袭受害者。但这部分现房数量极少，根本无法提供太多应急安置住处。同时有关"未满员"的标准过于笼统导致只有部分地区可以实施，亦无法解决当前的安置问题。但这种限制和管理现有住房的方式最大的缺点还不仅止于此，它最大的问题在于引发各界对于国家严重干预住房市场的怀疑与担忧——而这正是人们对于一战后魏玛共和国政府实行严格住房统制模式的批评。

但莱伊坚持认为空袭造成的住房短缺"已渐成为国内最炙手可热的政治问题之一，对其加以规范某种意义可能影响到我们内部阵线的基础"，因此他建议党政部门都负起相关责任，尤其是纳粹各级党部更应多参与控制住房安置，他甚至致信党务办公厅主任博尔曼，直截了当地提出，在合理分配未使用或未充分使用的居住空间时，应"在（房主）自愿的基础上适当施加政治压力"。[2] 但这一要求不仅遭到政府部门以过度介入住房市场为由拒绝，也遭其党内同志抵制——党系统的理由是这个任务"吃力不讨好"[3]。但随着盟军空袭范围与烈度提升，德国城市房屋战损情况进一步加剧；同时越来越多的民众撤离自己的家园和生活的城市，前往其他地区，又引发与迁入地居民的摩擦，这一解决办法已实质性破产。

莱伊的第三种解决途径是为空袭受害者建造临时应急住房，也鼓励民众以自助方式在该组织的协助下建设"临时家园"。他本人曾在1944年2月高度热情地宣传这一建设项目：

---

[1] Marie-Luise Recker, "Staatliche Wohnungsbaupolitik im Zweiten Weltkrieg".
[2] BArch, NS 6, 259, Ley an Bormann, 28.5.1942, 转引自 Marie-Luise Recker, "Staatliche Wohnungsbaupolitik im Zweiten Weltkrieg".
[3] Peter Hüttenberger, *Die Gauleiter. Studie zum Wandel des Machtgefüges in der NSDAP*, Stuttgart: DVA, 1969, S.171f., 转引自 Marie-Luise Recker, "Staatliche Wohnungsbaupolitik im Zweiten Weltkrieg".

"临时家园行动是这场战争中有效打击敌人对我们实施住房封锁的武器。他们摧毁多少我们的家园,我们就建设多少,即使用最原始的方式重建,也要让每位民族同志以最简便的方式重返他们的家园。我们只能通过重建自己的家园,尤其是通过亲手打造的临时家园消解因疏散民族同志而在数十万家庭中种下的摩擦。只要民族共同体的理念根植我们的人民当中,民族共同体才能停止分配不均(的争吵)团结起来。如此看来,临时家园行动就是当前我们在后方面临的政治任务……这里只有一个口号:建设,建设,建设!"①

莱伊的这番话毫无疑问具有强烈的宣传色彩,但也确实可以看作他对住房短缺长期累积所造成的政治负面影响的明确回应。莱伊(还包括其他纳粹党高层)在1942年终于意识到住房短缺持续存在正在逐步瓦解纳粹德国的统治根基"民族共同体",除了莱伊将住房短缺视为最炙手可热的政治问题,马丁·博尔曼也曾在这一年提出"没有任何问题会像住房问题那样引发全体民众的不安"。地方纳粹党组织对这个问题观察则更为敏锐,例如波美拉尼亚大区党部早在1942年初就向党务办公厅报告称"找房者的不满正日益扩散":原本只要"最终胜利"看似还能触手可及,民众至少能够忍受住房紧张。但如今和平"正被推向不可预知的未来,这种容忍度就持续下降"。② 从这个意义上来,"临时家园"不仅试图解决空袭安置的现实问题,还被赋予了明确政治意图,即巩固"民族同志"对政权的忠诚度。

具体到方案本身,"临时家园"是在相对不会遭遇空袭的地区——如乡村和小城镇,抑或是大城市周边——建造封闭定居点。建设用地一般由面临严重住房短缺的地方政府提供,也可以是企业或个人。作为应急住房,它的结构十分简单:建筑面积一般为 4.10×5.10 米,既不防潮也不防寒。多数定居点没有供水和排污设施,但设置了 200 平方米的小菜园,方便被疏散群众种植蔬菜、饲养家畜。由于战时人力、物力的严重不足,临时家园主要采取一种类似早期合作社式的合作互助方式:在直到 1943 年 9 月才成立的"德意志住房援助救济"(Deutscher Wohnungs-

---

① BArch R 43/II, 1033a, Ansprache Leys auf der Gauleitertagung am 23. und 24. Februar 1944 in München, 转引自 Marie-Luise Recker, "Staatliche Wohnungsbaupolitik im Zweiten Weltkrieg"。
② BArch, NS 6, 259, Leiter der Parteianzlei an Reichsminister für Rüstung und Kriegsproduktion, 29.7. 1942; BArch, NS 6, 259, Gauleitung Pommern an Partei-Kanzlei, 9.2.1942, 均转引自 Karl Christian Führer, "Anspruch und Realität. Das Scheitern der nationalsozialistischen Wohnungsbaupolitik"。

hilfswerk，DHW，其管理与执行者往往是本地地方长官或地区基层党部首领）的组织下——在纳粹的宣传中这是一种不计报酬的"共同体援助"，建房者或在家庭及其熟人（亲友、邻里）的支持下完成房屋建造；或由基层地方政府、工矿企业及其他组织建设并免费出租给空袭受害者。虽然各方面条件都十分有限，但按照莱伊的想法，临时家园应"以自力更生的方式实现标准化应急住房建设"①，因此"德意志住房援助救济"会向建设者发放配插图的施工手册，指导建设"帝国单元001型"住房②，手册内容涵盖从如何选择各类替代建材③，堆筑砌块，到如何安装门窗和覆盖屋顶。此外，地方政府还会为每位准备入住的建房者提供1,700马克的国家奖励，以部分补贴建设成本。④

黑伦德尔记录了个人在慕尼黑申请建造"临时家园"具体流程：1943年秋，慕尼黑设立了市属临时家园咨询处专门负责此项工作。空袭受害者可上门提交建造应急住房的申请，但需要详细论证以下问题后才有可能获得土地和资助：如何及从哪里采购建筑材料，有哪些可供他利用的"潜在劳动力"，建设资金如何筹集，甚至还包括打算如何建造防空洞，等等。而至1944年10月31日时，慕尼黑市共建成市一级应急住房1,237套，其中157套提供给城市公职人员，另有564套为个人申请者的应急住房。⑤

除汉堡至1944年底高效建成1.5万套应急住房外，德国其他地区的"临时家园"行动效果均不理想。原因在于，无论是地方政府还是地方党部，资源都相当有限：不仅建设资金主要依靠国家拨款，建设用地、物资都十分紧张。虽然德意志劳动阵线已在部分项目中投入强制劳工帮助建设，人手依然十分短缺。但最大的问题还在于空袭给城市造成的破坏程度日益加剧，被戏称为"莱伊遮羞布"（Ley-Laub）的应急住房已完全不能应对层出不穷的无家可归问题。柏林在1943年3月

---

① Jost Dülffer, "NS-Herrschaftssystem und Stadtgestaltung: Das Gesetz zur Neugestaltung deutscher Städte vom 4. Oktober 1937".
② 这是由建筑师恩斯特·诺伊费特（Ernst Neufert）为节省"建筑材料与劳动"设计出来的一种墙（砌）结构极简住房，[德]迪特马尔·赖因博恩：《19世纪与20世纪的城市规划》，第164页。但施工手册并非全国统一，例如慕尼黑大区住房专员就可以决定本地的材料使用，并开发了专属的"上巴伐利亚型"应急住房，参见 Ulrike Haerendel, *Kommunale Wohnungspolitik im Dritten Reich. Siedlungsideologie, Kleinhausbau und „Wohnraumarisierung" am Beispiel Münchens*, S.418。
③ 由于物资短缺，原材料也大多为尚可获得的材料，如被毁的房屋、采石场的边角料，及浮岩、石膏、掺杂木屑的黏合剂、发泡混凝土、黏土等施工指南上建议的替代建材，因此应急住房的建筑质量可想而知。
④ Marie-Luise Recker, "Staatliche Wohnungsbaupolitik im Zweiten Weltkrieg"; Adelheid von Saldern, *Häuserleben. Zur Geschichte städtischen Arbeiterwohnens vom Kaiserreich bis heute*, S.223.
⑤ Ulrike Haerendel, *Kommunale Wohnungspolitik im Dritten Reich. Siedlungsideologie, Kleinhausbau und „Wohnraumarisierung" am Beispiel Münchens*, S.417f.，420.

至1944年4月就疏散了四分之一的人口,"现在这座大城市居民减少了150万,所有不必直接投入战争的人力都离开了这座受到严重威胁的城市",宣传部长兼柏林大区首领戈培尔如此说道。① 慕尼黑也从1943年下半年启动了大规模疏散,虽然无法具体给出1943—1944年的撤离数据,根据战后统计,空袭摧毁了8.15万套住房,约有45万人不得不撤离。② 这种大规模的撤离必然需要相应的配套安置,然而各类战时应急安置都无法满足这一庞大的需求,其结果是离开城市的人口由于无处落脚,往往会在几天之后又重返自己的城市。

莱伊的措施显然并无助于解决因战争引发的安置需求,但此时他的战时住房观念以及他的权力又受到由阿尔伯特·施佩尔发起的冲击。施佩尔于1942年2月起接替托德担任帝国军需部长兼建筑经济全权总代表。作为军需部长,施佩尔坚决认为在当前战事吃紧的情况,必须采取更为严格、更集中的战时经济体制,他还希望将建筑工人全面投入军备生产和食品工业。在施佩尔1942年3月17日发布的命令中,此前所有有关新建建筑的豁免条款全部作废,包括原先建筑经济全权总代表办公室制定的战争紧急程度清单,原则上"只有最为紧急条件下,解决紧急情况"的新建建设项目才有可能获批,且所有新建或续建项目建设成本不得高于现有项目建设成本的20%,以此确保"开工的现有建设项目不超过建设总量的五分之一"。③ 这就与日后走马上任"帝国住房专员"的莱伊出现冲突。

与此同时,施佩尔职业建筑师及柏林城市改造总负责人的身份也让他在安置及战后重建问题上与莱伊存在理念分歧,在他看来,当务之急应对受损房屋进行重建,然后是"正如我们在战前看到的"新建住宅区,最后才是莱伊心心念念的应急住房建设。他同样打出了希特勒的旗号,"就连十分热爱庄严风格的元首也明确跟我提到,规划顺序理应如此"。④ 显然,在施佩尔看来,无论是从城市规划的专业角度出发,还是出于当前的现实考虑,都应把修复放在首位,而应急住房只是为了弥补当前的经济情况。权力与建设思路斗争的结果是1942年10月元首令:虽然莱伊

---

① 转引自 Marie-Luise Recker, "Wohnen und Bombardierung im Zweiten Weltkrieg", S.418。
② Katja Klee, *Die Luftkriegsevakuierung im Gau München-Oberbayern 1939–1945*, Magisterarbeit, LMU München, 1993, S.183; Wolfram Selig, Ludwig Morenz, *Chronik der Stadt München 1945–1948*, München: Stadtarchiv, 1980, S.43, 转引自 Ulrike Haerendel, *Kommunale Wohnungspolitik im Dritten Reich. Siedlungsideologie, Kleinhausbau und „Wohnraumarisierung" am Beispiel Münchens*, S.421。
③ Marie-Luise Recker, "Staatliche Wohnungsbaupolitik im Zweiten Weltkrieg"。
④ Jost Dülffer, "NS-Herrschaftssystem und Stadtgestaltung: Das Gesetz zur Neugestaltung deutscher Städte vom 4. Oktober 1937"。

最终被任命为"帝国住房专员",总揽一切住房事务。但具体的任务却继续被分散:建筑经济全权总代表仍然根据1940年的《战后住房建设筹备令》拥有决定建材、人力使用以及开发"合适的新建材"的权力。由于托德已去世,接替他执掌建筑经济全权总代表的正是施佩尔。同时施佩尔保留了现有战损住房的紧急维修权。① 从这个意义上来说,住房专员对于战损住房维修的话语权并不大。相应的,施佩尔则授予住房专员建设应急住房的特殊建材配额。② 莱伊与施佩尔的交锋,某种意义上也是纳粹德国政治管理体制错综复杂,不同部门互相制约的缩影。

据历史学家维尔纳·杜尔特计算,1937年第三帝国版图内总计有183万套住房,其中160万套位于奥得河与尼斯河以西所谓"旧帝国"范围内,至1945年夏,这一区域内共有250万套住房完全被毁、无法居住,另有400万套住房遭受不同程度破坏。③ 这对本在二战爆发前就异常紧张的德国住房供应体系构成致命打击。据估计战后初年德国的住房缺口总量在550万—600万套之间,对德国社会的影响甚至一直持续到60年代,也因此成为战后德国重建的核心社会问题之一。

本章小结

纳粹政权高度否定魏玛共和国住房政策中政府干预的属性,并将经济大危机时期的住房短缺归咎于政府干预住房事务所导致的"浪费与腐败"。该政权于1933年4月正式废除住房统制经济,同时宣称要"借助资本市场的力量"推动住房建设经济的发展,均可视为这种反对立场的明确表现。然而,从政策连续性和动机来看,纳粹住房政策仍是魏玛住房机制的延续。首先,纳粹住房政策的核心举措,即"小定居点"建设,不仅是布吕宁内阁的紧急法与国家住房救济项目的直接延续,更可追溯至一战结束伊始的"战士家园"项目。其次,房产业也并非如其宣传的那样完全"市场化",确切而言是仅限于住房建设资本的部分"市场化"。由于德国在

---

① "Erlaß zur Vorbereitung des deutschen Wohnungsbaues nach dem Krieg", S. 1498; Marie-Luise Recker, "Staatliche Wohnungsbaupolitik im Zweiten Weltkrieg".
② Marie-Luise Recker, "Staatliche Wohnungsbaupolitik im Zweiten Weltkrieg".
③ Werner Durth, "Vom Überleben. Zwischen Totalem Krieg und Währungsreform", in Ingeborg Flagge (Hg.), *Geschichte des Wohnens (Bd. 5: 1945 bis heute: Aufbau, Neubau, Umbau)*, Stuttgart: DVA, 1999, S. 20f.. 另据弗朗茨·库洛夫斯基所述,战争共导致德国360万住房彻底被毁,750万人流离失所.参见 Franz Kurowswki, *Der Luftkrieg über Deutschland*, Klagenfurt: Neuer Kaiser Verlag, 1993, S. 356.

20世纪30年代始终处于严重的住房短缺危机,现房租赁领域的"承租人保护原则"不仅被纳粹政权保留下来,甚至从1936年起出现了强化的趋势——禁止随意解除租赁合约,冻结房租。而在住房建设方面,国家(非城市)对空间规划、建筑样式以及建设成本的控制亦十分严格。第三,利用福利政策安抚民众不安情绪,从社会层面巩固统治不仅同样适用于纳粹政权,德意志工人对它而言甚至具有更为重要的价值:工人既是劳动力,也是战斗力。而为这股潜在力量的持续复兴充分创造机会同样符合纳粹德国的利益——连女工都将成为"下一代工人和士兵的母亲"。[1] 如此一来,住房与家园的重要性便不言而喻,而住房政策也成为国家重要的政策工具。

从上述意义出发,纳粹党的住房政策即如君特·舒尔茨所总结的,没有任何变革性的政策观点,只是"接手了现有的工具,对其加以修改,并使其服务于它的家庭、土地、种族政策以及军备经济目标。"[2]但第三帝国与魏玛共和国社会政策方针大相径庭的地方也恰恰集中于后两点,这也构成了纳粹住房政策不同于德国其他时期住房政策的重要特征:即更强调所谓"结构性的住房政策"的作用。[3] 事实上,纳粹社会福利与住房政策从未打算惠及所有人,它仅限于面向"有用的""顺从的"对象——即纳粹所谓"具有种族有价值者";而所有"背离"现有社会秩序或被纳粹视为违背现有秩序的人("反社会者""共同体外的异类"),都应当从空间上加以隔离、驱逐,剥夺财产,甚至是予以肉体上的消灭。此外,纳粹住房政策在宣传与现实之间还存在显著的落差,这不仅表现为战争造成的严重破坏与流离失所与"宜居"住房承诺之间的差距造成民众普遍的幻灭情绪,而早在战争爆发之前就已经引发民众对一味强调意识形态却缺乏实际解决问题执行力的纳粹党的不满。

---

[1] Adelheid von Saldern, *Häuserleben. Zur Geschichte städtischen Arbeiterwohnens vom Kaiserreich bis heute*, S.194.

[2] Günter Schulz, "Kontinuität und Brüche in der Wohnungspolitik von der Weimarer Zeit bis zur Bundesrepublik", S.149.

[3] Ulrike Haerendel, *Kommunale Wohnungspolitik im Dritten Reich. Siedlungsideologie, Kleinhausbau und „Wohnraumarisierung" am Beispiel Münchens*, S.125.

第四章 战后德国社会福利住房政策的确立（1945—1960）

> "为了加强健康的生活,并将理想的价值观传递给我们正在成长起来的年轻人,联邦政府将在未来几年中优先推动自有住房、小型居住区和产权公寓的建设。"①
>
> ——康拉德·阿登纳,联邦德国总理

第三帝国累积的住房缺口与二战期间盟军大规模空袭导致德国城市房屋大批毁损,又给德国带来了一场规模远超历史上任何时期的新"住房危机"——它对德国西部的影响尤为强烈。但这场住房危机更为特殊之处在于,它与德国战后的剧烈政治变动结合在一起:战败后的德国被战胜国分区占领,最后还在东西方阵营对峙不断加强的背景下彻底分裂成两个国家,这使得二战后德国住房短缺问题的解决变得更为复杂。不同的意识形态、不同的政治体制、相互竞争的对手意识,令两个德国的住房政策虽基于相同的出发点,即保障民众居住权利,但却走上不同的发展道路。

第一节 "卷土重来"的住房危机

1945年4月30日,希特勒在柏林总理府的地堡中自杀身亡。5月8日德国政府正式无条件投降,这不仅标志着纳粹德国就此寿终正寝,也意味着第二次世界大战欧洲战场的战斗终于落下帷幕。战争共造成近550万德国人死亡,其中军事人

---

① 转引自 Max Taut, *Berlin im Aufbau, Betrachtung und Bilder*, Berlin: Aufbau, 1946, Wolfgang Bohleber, *Mit Marshallplan und Bundeshilfe. Wohnungsbaupolitik in Berlin 1945 bis 1968*, Berlin: Dunker & Humblot 1990, S.37。

员 376 万,平民死亡人数约为 165 万(尚不包括在战争中失踪及死于战俘营的军人和平民)[1];因战争蒙受的物质损失则无可估量。国家主权的丧失,国民经济与城市遭遇灭顶之灾,人民生命与财产的损失,最终导致整个德国社会结构在战争结束之初彻底瓦解。但这个后来被德国当代史学家克里斯托弗·克勒斯曼称为"崩溃社会"(Zusammenbruchgesellschaft)[2]的局面还将持续若干年,并深刻影响德国人在战后重建中的行为和心态。

一、废墟城市与住房短缺

二战期间盟军对德国本土的打击主要以空袭为主。正如上一章已经提到的,为了摧毁德国人的士气,盟军空袭的主要目标是内城的居民区,相反很少针对军备企业的生产设施。针对城市的无差别攻击,无论是 1943 年 7 月空袭汉堡的"蛾摩拉行动"还是 1945 年 2 月的"德累斯顿大轰炸",不仅直接造成数以万计的城市平民死亡,还有"许多人被倒塌的房屋砸死,在已进不去的地下室里窒息而亡"[3];作为物质存在的德国城市因此遭受严重打击。施佩尔曾在自己的回忆录中描述过遭遇空袭过后的柏林街头:"我们行驶过布满瓦砾的街道,两旁都是着了火的房屋。遭到轰炸的家庭就站在房前。几件被抢救出来的家具和其他财物散落在人行道上。到处是充满着气味刺鼻的烟雾、煤烟和火焰的恶劣环境。"[4]身心与物质上的双重打击让德国人在战争结束之初极度绝望。同为建筑师的前包豪斯成员约斯特·施密特(Joost Schmidt)在 1946 年致信他的老院长瓦尔特·格罗皮乌斯时,讲述柏林在战争结束后的悲惨景象与人们的绝望心情:

"如果您想知道这里的原始生活到底变得如何一言难尽的话。鲁滨

---

① 吴有法、黄正柏、邓红英、岳伟、孙文沛:《德国通史·第六卷:重新崛起时代(1945—2010)》,南京:江苏人民出版社 2019 年版,第 7 页。
② 参见克里斯托弗·克勒斯曼(Christoph Kleßmann)在其撰写的第七章"分裂与民族统一的恢复(1945—1990)",[德]乌尔夫·迪特迈尔、安德烈亚斯·格斯特里希、乌尔里希·赫尔曼等:《德意志史》,第 313—320 页。
③ 这句话出自《柏林,亚历山大广场》闻名的德国作家阿尔弗雷德·德布林(Alfred Döblin)在 1945 年底返回德国时体会。转引自 Werner Durth, "Vom Überleben. Zwischen Totalem Krieg und Währungsreform". S.19.
④ Albert Speer, *Inside the Third Reich*, London: Sphere, 1971, pp. 393 - 395, 转引自 Barney White-Sprunner, *Berlin. The Story of a City*, p.330.

第四章　战后德国社会福利住房政策的确立(1945—1960)

逊(克鲁索)尚且拥有一个自己的岛屿,而我们……在我们周围和包围我们的人中构建只有一大堆杂乱无章的瓦砾。……我们是幸存者!但还没有完全活过来;苦涩的结局才刚刚出现。曾经诞生过享有盛誉的'新生活'的废墟亟需复苏,到处是难以摆脱的麻木不仁。瓦砾和眼泪的影响压倒一切。"[1]

格罗皮乌斯本人在1947年夏重返柏林后也记录下同样的体验:"柏林已经没落!是一具被肢解的尸体!难以描述。人们佝偻着身躯,痛苦、绝望。"[2]

对于德国人而言,日常生活中的困顿虽然从30年代就已开始,但在战后,生存真正成为他们生活中压倒一切的唯一目标。温饱首先成了大问题,1945年战争结束后,普通德国民众凭借食品配给卡每天能获得的食物热量不足1,000大卡;从1947年起,部分城市配给进一步下降:汉堡为770大卡,汉诺威为740大卡,埃森为720大卡。由于交通体系在战争中遭到毁灭性打击,叠加战胜国对于德国煤炭工业的各种限制,致使1946年时西占区的民用煤炭配给仅有25公斤/户。[3] 而1946年11月至1947年3月是德国20世纪气象史上最寒冷的冬天,因为缺少食物、取暖的煤炭,据信有数十万人因为饥寒交迫在这个隆冬中死去。这个冬天遂以"饥荒之冬"之名载入德国现代史。[4]

接下来关乎德国人生存的重大问题便是"住",但城市住房又恰恰是在战争中遭受破坏最严重的部分之一。1939年时在后来属于联邦德国区域内的住房总数为1,060万套,战争直接导致这一区域内175万套住房完全损毁,225万套严重受损、无法居住;另有200万—250万套住房不同程度受损。[5] 大城市房屋受损情况格外严重,完全损毁住房的平均数量占到1939年战争爆发前城市住房总量的

---

[1] 约斯特·施密特1946年3月14日致信瓦尔特·格罗皮乌斯。Ger 208(1495)81M - 84 bMS, Walter Gropius papers, Houghton Library, Harvard University,转引自Greg Castillo, "Housing as Transnational Provocation in Cold War Berlin", Jeffry M. Diefendorf, Janet Ward, eds., *Transnationalism and the German City*, pp. 126 - 127。

[2] Greg Castillo, "Housing as Transnational Provocation in Cold War Berlin"。

[3] 吴有法、黄正柏、邓红英、岳伟、孙文沛:《德国通史·第六卷:重新崛起时代(1945—2010)》,第9—10页。

[4] 历史学家沃尔夫冈·本茨指出,"这只是一个极为粗略和模糊的统计,但是极有可能的"。Katja Iken, Caroline Schiemann, Benjamin Braden, "Zeitzeugen des Hungerwinters 1946/47: Die Moral geht zum Teufel", *Der Spiegel*, 20.02.2017。

[5] 数据来源于Karl-Heinz Peters, *Wohnungspolitik am Scheideweg. Wohnungswesen, Wohnungswirtschaft, Wohnungspolitik*, Berlin: Duncker & Humblot 1984, S.162。

31%；中型城市这一比例则为 20.5%。其中，日后划归法占区的两座大城市美因茨和路德维希港更是 44%——这也意味着近一半城市住房毁于战火。美占区的十座大城市住房被毁的比例平均为 32.9%，英占区为 33.2%。相比之下，苏占区的大城市住房平均损毁率则为 22.8%[①]，这一相对较低的比率主要是因为这些城市的地理位置大多远离英美盟军空袭的目标。尽管如此，依然有像德累斯顿这样在战争末期昼夜间经历 2.5 万人死亡，8 万间住房损毁，几乎整个老城区沦为焦土的城市[②]，因此苏占区各城市间的差异性极大。（苏占区城市住房损毁情况见表 12）

表 12　苏占区城市住房损毁情况（1945—1947 年统计）*

城市	住房战损率 （以 1939 年战争爆发前的住房总量为 100%）
德绍	80
哈尔伯施塔特	80
普劳恩	75
诺德豪森	75
德累斯顿	65
马格德堡	50
奥德河畔法兰克福	50
东柏林	40
波茨坦	39
开姆尼茨	27
莱比锡	25
罗斯托克	22
勃兰登堡	20
科特布斯	20
梅泽堡	20
耶拿	15
包岑	15

[①] 数据来源于 Werner Durth, "Vom Überleben. Zwischen Totalem Krieg und Währungsreform", S.21.
[②] 参见德国历史博物馆线上德国近现代史展的条目"德累斯顿大轰炸"（"Die Bombardierung von Dresden"）：https://www.dhm.de/lemo/kapitel/der-zweite-weltkrieg/kriegsverlauf/bombardierung-von-dresden-1945.html，（2021 年 11 月 5 日访问）。

续 表

城市	住房战损率 （以1939年战争爆发前的住房总量为100%）
格拉	10
茨维考	8
哈勒	5
埃尔福特	5
埃森纳赫	5
哥达	5
什末林	3

* 本表统计城市战损住房均为完全被毁，或损坏程度严重已无法入住的房屋。
（数据来源于：Hannsjörg F. Buck, Mit hohem Anspruch gescheitert — Die Wohnungspolitik der DDR（＝ Dokumente und Schriften der Europäischen Akademie Otzenhausen, Bd.122），Münster: LIT, 2004, S.61.）

　　城市布局也决定了城市的受损情况。在一些并未完成城市更新，即拥有大量拥挤不堪的贫困窟的大城市市中心，或是一些传统半木结构保留完好的城市，如不伦瑞克、汉诺威、希尔德斯海姆、卡塞尔、诺德豪森的老城区，空袭带来的破坏性后果更为突出。相反，一些布局松散的小城市或城镇（即费德尔倡导的"新城"）受破坏程度较低；而农村地区则几乎没有受到空袭的影响。

　　虽然不同城市之间或城乡之间，受损程度存在显著差异，但城市居住空间大量损毁，仍导致整个德国都在未来几年中陷入一场空前灾难的住房危机之中。其实不少在战争中幸存下来的德国人多少经历过一战后的房荒，经济大危机时的住房短缺及第三帝国时期持续恶化、朝不保夕的居住条件，但二战后的这场危机显然对德国社会的打击更为深重——历史学家阿克瑟尔·谢尔特形容为"规模之大，只有世纪交替之际高速工业化时期的城市无产阶级街区的住房短缺可与之相提并论"。[1] 从统计数据来看：1946年时美、英、法三个占领区的人口总计4,800万人（约1,300万户），可使用住房仅为850万套。据不同的统计口径估算，三占区总住房缺口在550万—600万之间，其中大城市占到60%。[2] 苏占区总人口约为1,730

---

[1] Axel Schildt, "Wohnungspolitik", S.166.
[2] Karl-Heinz Peters, *Wohnungspolitik am Scheideweg. Wohnungswesen, Wohnungswirtschaft, Wohnungspolitik*, S.163；而阿克瑟尔·谢尔特则认为缺口在400万—600万之间，参见 Axel Schildt, "Wohnungspolitik", S.167.

万,可利用住房为 450 万套。苏占区总体受战争破坏程度较西部略低,但因边界改划且紧邻中欧地区,大批难民涌入苏占区,因此住房短缺也十分突出,估计住房缺口在 120 万—140 万套之间。①

1946 年 4 月 13 日首都柏林土地及房屋普查显示,柏林在 1943 年初拥有住房共计 1,562,641 套,战后毁损 544,121 套(具体的损毁程度见表 13)——其中 20 万套是在柏林战役最后的几天中被摧毁的。具体到各占领区,苏占区的房屋损毁占比 34.8%,美占区为 35.1%,英占区为 40%,法占区则为 25.1%。② 虽然柏林在战时因为空袭造成的死亡和人口疏散而出现城市人口急剧下降的局面,居住紧张曾一度缓和,但由于 20 万住房在德军与苏军最后的巷战中被毁于一旦,因此在战争结束后根本无法满足无家可归者的居住需求。慕尼黑的情况也与之类似。1945 年 4 月美军接受慕尼黑市政府投降时,慕尼黑城已是一片废墟,45% 的建筑物被毁。居住类房屋的损坏情况更严重:战前这座城市一共拥有 26 万套住房,现在只剩下 18 万套,所有的居住区无一例外均有不同程度的损毁。虽然城市居民同样因为死亡或人口疏散显著下降,从 82.4 万人降至只有 48 万人,由于住房损坏严重,有 30 万人无家可归。③ 汉堡的情况则更为恶劣。1938 年时汉堡拥有约 170 万居民,62 万人因空袭而死或为躲避空袭而离开城市。④ 但其房屋受损情况远超"整个联邦的平均水平"(语出 1945—1972 年负责城市重建的建设总监阿图尔·戴恩[Arthur Dähn]):56.36 万套住房中超过一半因空袭被完全摧毁,约 2.3 万套住房严重受损,只有 11 万套住房逃过一劫,直接导致汉堡人均住房面积从 1939 年的 16 平方米缩水为 7 平方米。⑤ 由于粮食、能源和住房供应严重不足,英国军政府甚至一度封锁了易北河上的各座桥梁,只有持特殊通行证方可通行,以此阻挡"不受控制"的人潮涌入城市。⑥

---

① Axel Schildt, "Wohnungspolitik", S. 178f.
② 数据来源于 Wolfgang Bohleber, *Mit Marshallplan und Bundeshilfe. Wohnungsbaupolitik in Berlin 1945 bis 1968*, Berlin: Dunker & Humblot 1990, S. 16f.
③ Amt für Wohnen und Migration München (Hg.), *100 Jahre Wohnungsamt 1911 bis 2011*, Ergolding: Bosch-Druck 2011, S. 25.
④ 克里斯托弗·克勒斯曼(Christoph Kleßmann),《分裂与民族统一的恢复(1945—1990)》,第 316 页。
⑤ Uwe Bahnsen, Kerstin von Stürmer, *Trümmer — Träume — Tor zur Welt: Die Geschichte Hamburgs von 1945 bis heute*, Aufl. 1, Erfurt: Sutton 2012, S. 18.
⑥ Corina Löhning, *Ein neues Zuhause schaffen. Zwischen Raumverlust und Raumaneignung: der Wohnraumprozess der Zufluchtsuchenden im Nachkriegsdeutschland — dargestellt am Landkreis Harburg*, Dissertation der Universität Hamburg 2018, S. 65.

表13　首都柏林战争末年住房损毁程度

损毁程度	住房数量	
	绝对数（单位：千套）	比例（%）
未损坏	318	20.4
轻微受损	386	24.7
中等至严重受损	314	20.1
严重受损至完全损毁	544	34.8
1943年1月1日可居住住房	1,562	100.0

（数据来源于 Institut für Wirtschaftsforschung: Statistisches Handbuch für die Bauwirtschaft, München: 1949, S.66, 转引自 Wolfgang Bohleber, *Mit Marshallplan und Bundeshilfe. Wohnungsbaupolitik in Berlin 1945 bis 1968*, S.17。）

地窖、阁楼、废弃学校和兵营改造的临时住所，在战后都成了德国城市居民的栖身之处。而那些仍可以住人的公寓现在由几家人家共享，更有人选择继续留在残破不堪的房屋内度日。一位柏林市民曾在1945年9月的日记里写下这样的句子："我们睡在位于萨维尼广场的旧公寓里，一间没有外墙的屋子。"① 为控制人口流动带来的居住压力，一些地方甚至开始发布迁移禁令。1950年的人口及住房普查显示，仍有62.88万户居民居住在各类临时住所内：不足30平方米的简易房、棚户、铁皮房（"尼森小屋"②）、各类掩体、茅屋、拖车房等。而即便是1,460万户所谓"正常居住"的德国家庭，他们的住所实际上还包括"13.62万间30平方米以上的简易房，以及濒临坍塌楼房内的2.34万间住房"。③ 在汉堡，许多返回家乡的被疏散者、难民挤住在由战时防空洞分割出的房间内，房间很小，只有6—8平方米。由于室内空气不流通，又没有电灯，人们只能点火照明，"但到了早上，氧气稀薄到连打火机都点不着了……还得把因为缺氧而昏迷不醒的人抬到户外"。此外，还有42,000人则从1945年起生活在被称为"尼森小屋"的简易铁皮房子里。"尼森小屋"一般为40平方米，一般要容纳25名住户。因为是简易房，屋子既不保暖，也没有洗漱设施和厕

---

① Ursula von Kardorff, *Diary of a Nightmare: Berlin 1942–1945*, trans. Ewan Butler, 1st Edition, London: Rupert Hart-Davis 1965, 转引自 Barney White-Sprunner, *Berlin. The Story of a City*, p.360。
② "尼森小屋"是一种外观类似蔬菜大棚的半圆形简易房，是由加拿大工程师尼森在1916年发明的军用简易住房，特点是造价低廉、易于搭建。从1945年11月，英国占领当局在汉堡各地兴建"尼森小屋"，用于紧急安置德国民众。
③ 另有76.2万户家庭栖身于各类营地、宿舍、客栈等地。数据出自克里斯托弗·克勒斯曼，《分裂与民族统一的恢复(1945—1990)》，第317页。

所——必须使用户外的指定设施。虽然"尼森小屋"能为其住户提供每日应急口粮，但数量也极为有限。这导致许多小屋住户在"饥荒之冬"中死于寒冷或营养不良。①

恶劣的居住环境还让一部分人产生出幻灭的情绪，对于住房问题的解决不再抱有希望。建筑杂志《建设与居住》(*Bauen und Wohnen*)的编辑库尔特·格德(Kurt Gaede)在 1948 年写道："每户人家想要再次拥有达到 1935 年水平的住房，可能要等到 1980 年"；住房经济学者弗里德里希·吕特格(Friedrich Lütge)则提出，虽然将来"道德水准高且有文化的德国人可能会减少，但要满足 1950 年需求的住房存量要到 2000 年才能达成。"②

二、特别安置问题

二战后的住房危机之所以相比一战后的危机更让德国人喘不过气来，还在于这场危机从一开始就存在一个明确的政治维度，压力不仅来自二战战胜国的对德处置原则及其处理机制，也源于德国周边政治环境的新变动。美、苏、英早在二战期间已就战后如何处置德国达成基本共识，即尽力削弱德国，彻底消除德国再次军事崛起的可能性。三巨头随后在雅尔塔会议上达成原则上分割德国的协议。根据 1945 年 8 月 5 日盟国管制委员会的第一份公告，德国正式被划分为四个占领区，由美、苏、英、法国分区占领与管制；首都柏林则由四国共同占领和管辖。③ 同时，斯大林还在雅尔塔会议上坚持要求将重新复国后的波兰疆界西移至奥德—西尼斯河一线，大国间的博弈加上中东欧地区因纳粹德国"生存空间"战略而激起的复仇心态，迫使大批德国人(也包括德意志族人口)回迁德国。于是安置战胜国官方机构以及回迁难民加剧了德国的住房乃至社会危机。

(一)"被驱逐者"的安置问题

虽然战后因人口流动造成的居住需求激增在一战后就已出现，但二战后的难

---

① Peter Wenig, "Wohnungsnot nach dem Krieg: Kälte im Wellbelchhaus", *Hamburger Abendblatt*, 24.11. 2018.
② Gaede Kurt, "Bauwirtschaftliche und bautechnische Gedanken zum Neuaufbau", *Bauen und Wohnen*, 3 (1948), H. 2/3, S.59; Friedrich Lütge, *Wohnungswirtschaft*, Aufl. 2, S. 487f,转引自 Axel Schildt, "Wohnungspolitik", S.167.
③ 吴有法、黄正柏、邓红英、岳伟、孙文沛：《德国通史·第六卷：重新崛起时代(1945—2010)》，第 13,16—17 页。

民流动问题及其后果格外突出。在战争结束初年进入德国的难民主要是被称为"被驱逐者"(Vertriebener)的回迁德意志人。1953年5月联邦德国颁布的《被驱逐者及难民事务法》(*Gesetz über die Angelegenheiten der Vertriebenen und Flüchtlinge*,也称《联邦被驱逐者法》)对其定义如下:

> "具德国国籍或德意志民族身份者,居于当前属外国政府管辖的德意志东部地区,或于1937年12月31日的德意志国国界线以外的地区,后因第二次世界大战后果遭驱逐——尤因被驱逐出境或流亡而丧失住所。"[1]

"被驱逐者"分两类,一是因边界改划遭波兰驱逐的八百余万原东部德国公民;二是遭到纳粹德国占领的广大中东欧国家所驱逐的德国人及德意志族人。例如波兰从1945年6月初起在边境拒绝德国人入境;而捷克斯洛伐克则从7月起对上述人口加以驱逐[2]——这一举措随后在《波茨坦协定》第12条中得到确认,"三国……承认波兰、捷克斯洛伐克和匈牙利将其德意志人口或部分转移至德国"。二战结束后,驱逐德意志人的国家还扩大至爱沙尼亚、拉脱维亚、立陶宛、罗马尼亚、保加利亚、南斯拉夫、阿尔巴尼亚和苏联多国。[3] 这一拒绝德意志人的决绝立场最终在1945—1950年形成了一股巨大的驱逐浪潮,总计有1,245万德意志人被迫离开上述国家,进入德国和奥地利。[4] 1950年9月13日联邦德国人口普查显示,当时共有797.7万名"被驱逐者"生活在西德。[5]

在苏占区,"被驱逐者"被称为"迁居者"(Umsiedler)。虽然在战争尾声阶段德意志难民逃难的首选地点是英占区的地区和城市,但在战争结束后,大多数回迁德意志人选择就近进入苏占区,捷克斯洛伐克首先将苏台德德意志人驱赶至萨克森。

---

[1] "Gesetz über die Angelegenheiten der Vertriebenen und Flüchtlinge von 19. Mai 1953", *Bundesgesetzblatt*, 1953, Teil 1, S.203.
[2] Gundula Bavendamm, Carl Bethke, "Heimlich im Zoo — Flüchtlinge und Vertriebene in der Sowjetischen Besatzungszone und der DDR", in Hartmut Koschyk, Vincent Regent (Hgg.), *Vertriebene in SBZ und DDR*, Berlin: be.bra wissenschaft 2021, S.30.
[3] Gundula Bavendamm, Carl Bethke, "Heimlich im Zoo — Flüchtlinge und Vertriebene in der Sowjetischen Besatzungszone und der DDR".
[4] Gerhard Reichling, *Die deutschen Vertriebenen in Zahlen. Teil I: Umsiedler, Verschleppte, Vertriebene, Aussiedler 1940-1985*, Bonn: Kulturstiftung der deutschen Vertriebenen, 1986, S.34.
[5] Gerhard Reichling, *Die deutschen Vertriebenen in Zahlen. Teil II: 40 Jahre Eingliederung in der Bundesrepublik Deutschland*, Bonn: Kulturstiftung der deutschen Vertriebenen 1989, S.14.

至1947年底时苏占区已接纳的"被驱逐者"达440万,占其总人口的24.3%——而同期西部接受难民最多的美占区"被驱逐者"占比为17.7%。仅莱比锡一座城市接纳的回迁德意志人就从1945年的3万人增加至1950年的5万人,苏占区接受回迁德意志人最多的地区是最北端的梅克伦堡州,至1950年时已占其总人口的44%,它也因此成为两个德国接受难民比例最高的州。①

专门研究二战后难民融入问题的历史学家如米夏埃尔·施瓦茨,将回迁德意志人称为"战后处境最悲惨的群体",理由是他们"物质上遭剥夺,身体上筋疲力尽,且一开始缺乏互助网络"②。但最初自发进入德国境内的回迁德意志人出于能填饱肚子的目的往往会在各地游走,这令各占领区当局大为头疼,认为他们进一步加剧了社会动荡与不安情绪的蔓延。③ 1945年12月,盟国管制委员会最终确立各占领区接受回迁德意志人的方案及配额,相对规则的迁移人口管理机制才被建立起来,但德国也因此在1946年迎来了一波难民浪潮,私人住处根本无法满足难民居住需求,迫使各占领区设立或扩充各式各样的接收营、临时避难所。

由于德国城市普遍在战争中受损严重,各占领当局首先是出于城市受损程度考虑,将难民营大多设在小城镇和农业地区,或是一些受损相对较小的军事保留地或厂区,甚至一些前集中营也"转型"成为难民营。但此时的各占领区既未真正思考所提供的房舍是否真的适宜居住,更没有将回迁德意志人的后续生活保障——尤其是工作机会——纳入考量。因此,难民最初的居住和生活条件普遍十分恶劣,1947年英占区吕丁豪森(位于北莱茵—威斯特法伦)的一项社会学调查结论大致可以代表当时难民普遍恶劣的居住条件:"大约40%的被驱逐者和难民居住在紧急避难所内,大多数避难所最初是作为农用房舍之用,因此生活条件远远低于经战

---

① Gundula Bavendamm, Carl Bethke, "Heimlich im Zoo — Flüchtlinge und Vertreibene in der Sowjetischen Besatzungszone und der DDR", S. 31f. 但需要指出的是,除了大批德国以外地区返回的回迁德意志人外,还存在回迁德意志人从苏占区(民主德国)前往西占区(联邦德国)的所谓"再安置"。至1961年柏林墙建成前,共有约90万回迁德意志人从东部进入西部,再加上两个德国在回迁德意志人问题上存在政策差异,因此从长时段来看,西德接受回迁德意志人(即"被驱逐者")的人数要多于东德。

② Michael Schwartz, "'Umsiedler' und Altersarmut: Zur sozialen Notlage vertriebener alter Menschen in der SBZ und frühen DDR", in Hartmut Koschyk, Vincent Regent (Hgg.), *Vertriebene in SBZ und DDR*, S. 74.

③ Arnd Bauerkämper, "Assimilationspolitik und Integrationsdynamik. Vertriebene in der SBZ/DDR in vergleichender Perspektive", in Marita Krauss (Hg.), *Integrationen. Vertriebene in den deutschen Ländern nach 1945*, Göttingen: Vandenhoeck & Ruprecht 2008, S. 27.

胜国批准的德国民众的居住条件。"①

美占区的巴伐利亚作为在战争尾声阶段即开始接收回迁德意志人的地区,难民居住地的卫生和生活条件尤为糟糕。巴伐利亚红十字会1945年9月报告称"城市边缘地带存在'未获许可的难民营',垃圾秽物遍地(缺少真正的厕所,也没有保洁)。营地[……]人口聚集,加上城市人口过剩导致传染病肆虐,由于无人指挥疏散转移,19个人住在一间屋子里。很多人因为没有床直接躺在地板上。仅一间大通间里就聚集了60名男女、儿童和婴儿。医院也人满为患,大批未痊愈的肺结核病人正在接受隔离。"②

正因为难民营的居住条件恶劣,回迁德意志人会想方设法避免接受官方安置,但即便是找到私人住房的难民,其居住条件也不容乐观。例如北威州中型城市翁纳的当地媒体《赫尔维格导报》(*Hellweger Anzeiger*)就从官方渠道获知,"仍有四户五口之家的难民家庭居住在一间房间内,另有29户四口之家同样只有一间起居室。"③而此时西德普通人家庭住房比一般为3:2,即每三户德国家庭分享两套住房;而北威州的人均居住面积为6.2平方米。难民家庭住房之局促窘迫可见一斑。④ 另有一些回迁德意志人会选择在一些损毁或废弃的兵营中寻找自己日后的家园,这些地方地租相对廉价,但条件亦十分艰苦:以巴伐利亚连接林茨、慕尼黑和雷根斯堡的前军用机场上特劳布林为例,机场被毁后的兵营只剩下少数地下室尚能勉强住人,供水也成问题,土地亦无法用作农业生产。尽管如此,仍吸引了少数难民前来,至1948年初,这里的居民已达380人。⑤ 此外,由于许多回迁德意志人在德国举目无亲,缺乏"互助网络",即使取得私人住房也多半是从别的租户手里分租而来,这一比例远高于本地人,居住条件普遍十分恶劣。(见表14)

---

① Everhard Holtmann, "Neues Heim in Neuer Heimat. Flüchtlingswohnungsbau und westdeutsche Aufbaukultur der beginnenden fünfziger Jahre", in Axel Schildt, Arnold Sywottek (Hgg.), *Massenwohnung und Eigenheim. Wohnungsbau und Wohnen in der Großstadt seit dem Ersten Weltkrieg*, S. 362.
② Marita Krauss, "Die Integration Vertriebener am Beispiel Bayerns — Konflikte und Erfolge", S. 49。
③ "Über 200 Notstände im Wohnungsamt verzeichnet," *Hellweger Anzeiger*, 17.11.1950,转引自Everhard Holtmann, "Neues Heim in Neuer Heimat. Flüchtlingswohnungsbau und westdeutsche Aufbaukultur der beginnenden fünfziger Jahre", S. 362。
④ 数据来源于 Axel Schildt, "Wohnungspolitik," S. 166。
⑤ 尽管条件恶劣,但以上布劳特林为基础的这个难民定居点于1951年以"新布劳特林"之名取得城镇地位。有关这座新城镇的形成可参见 Otto Schütz, *Die neuen Städte und Gemeinden in Bayern*, Hannover: Gebrüder Jänecke 1967, S. 113f。

表 14　1950 年联邦德国"被驱逐者"居住状况

居住状况	1950 年住房统计	
	"被驱逐者"	总数
总户数	2,595,000	15,396,000
居住状况(％)		
——房屋产权人	1.0	25.3
——主要承租人	21.4	35.8
——分租人	66.6	33.9
——居住于临时住房或过度安置住房内	11.0	5.0

(数据来源于 Gerhard Reichling, *Die deutschen Vertriebenen in Zahlen. Teil II: 40 Jahre Eingliederung in der Bundesrepublik Deutschland*, Bonn: Kulturstiftung der deutschen Vertriebenen, 1989, S.17.)

难民安置最极端的例子是 1948 年 11 月 27 日爆发的"达豪难民营暴动",有大约两万名生活在原集中营达豪的德意志难民手持简单工具冲击营地管理部门及周边地区。虽然这次暴动的起事者、捷克斯洛伐克难民埃贡·赫尔曼(Egon Hermann)被冠以"煽动者"、纳粹分子苏联间谍之名接受审判,但事件的根本原因在于难民对于恶劣生活条件,如拥挤的集体生活、大锅饭以及失业问题的高度不满。正如迟至 1952 年才对此事件作出评价的《法兰克福汇报》(*Frankfurter Allgemeine*)所评论的那样:"进步、人性和自尊仅存在于正常世界之中。如果只需崩塌,营地便会产生,这个见证人类无能最可怕、最残酷的地方就会成为虚无主义的温床。"[①]

苏占区图林根情况则与上述例子有所不同。该州受战争影响相对较小,至 1945 年时仍有 98％的地区没有受战争波及,仅有大中城市如耶拿、埃尔福特、诺德豪森等若干大城市遭受空袭,约 3.1 万套住房受损。[②] 总体来说,回迁德意志人与当地图林根人的城乡分布差距不大,但呈现明显的区域差距:在一些地区回迁德意志人甚至能取得较好居住条件,也更易融入当地社会;而受战争破坏影响较大的大

[①] Marita Krauss, "Die Integration Vertriebener am Beispiel Bayerns — Konflikte und Erfolge", in Dierk Hoffmann, Michael Schwartz (Hgg.), *Geglückte Integration? Spezifika und Vergleichbarkeiten der Vertriebenen-Eingliederung in der SBZ/DDR*, München: R. Oldenbourg 1999, S. 50; Manfred Matzahn, *Germany 1945‐1949: A Sourcebook*, London: Routledge 2002, pp.144‐145.

[②] Steffi Kaltenborn, "Wohn- und Lebensverhältnisse von Vertriebenen 1948 in Thüringen", *Ebenda*, S. 274.

城市,如诺德豪森是图林根遭受空袭最严重的城市,在战后人口骤减四分之一的情况下,依然无法填补住房短缺的窟窿,其结果是当地人与外来难民一同暂住于临时搭建起来的棚户内。因此,图林根城市的住房短缺更多是与德国普遍住房危机联系在一起,并非单纯的难民安置问题。

(二) 占领机关及人员的安置问题

盟国对战败德国的政治安排,也使得二战后的住房危机逐渐呈现不同于一战后住房危机的特征。由于战胜国直接进驻,分区接管德国从最高领导到地方基层的全部公共权力,对此,作为战败国的德国则必须无偿为占领当局及其工作人员、驻军提供办公场所和营房。在这种情况下,许多大城市的豪华酒店、公共建筑、富人区完好无损的别墅都被盟国征用。在慕尼黑,1945年5月重新启用的城市住房局所承担的一项重要任务便是代美国占领军没收高档住房和家具,据统计涉及1,501处房产。① 而在柏林,由于是分区管制,各占领国会自行在辖区内征收房屋。以柏林的英占区为例,它包括柏林西部和西北部,即蒂尔加滕、夏洛滕堡、施潘道和威尔默斯多夫。这些地区大多是柏林富裕居民的聚居区,房主们因此经常会"接待"来自英国军方的不速之客——英国人会在向房主宣读条款后要求他们腾出住房。② 除了办公场所,德国还需要为占领国人员提供从生活保障到休闲娱乐的各类设施,医院、剧场、餐馆、体育场馆等也因此成为被征收的对象——且德国人不得入内。西占区三国甚至起初还将总部设在各主要疗养胜地:美国在威斯巴登,英国在巴特恩豪森,法国在巴登—巴登。随着大量随军家属前来,德国地方政府还需要额外为占领国提供可供家庭居住住房:例如法占区总部巴登—巴登当时总计接纳4万名法国人,出于各类办公和安置目的,全城共有4,000处房产被没收;但该城当时的总人口不过3.2万人。③ 不仅住房供应紧张肉眼可见,家具等物资的被没收还导致当地居民生活水平的下降。

囿于篇幅,本章仅以英占区的盟国人员安置问题进行讨论,英占区包括了莱茵—威斯特法伦、下萨克森、石勒苏益格—荷尔施泰因及汉堡四州一市。1945年4

---

① Amt für Wohnen und Migration München (Hg.), *100 Jahre Wohnungsamt 1911 bis 2011*, S.25.
② Barney White-Sprunner, *Berlin. The Story of a City*, p.357.
③ Fred Kaspar, "Vom Verlieferer zum Gewinner. Das Hauptquartier der Britischen Besatzung in Deutschland 1945 - 1954 und dessen Auswirkung auf die Heilbäder Ostwestfalens", *Westfalen. Heft für Geschichte, Kunst und Volkskunde*, 94(2016), S.7 - 28, Anm. 8.

月初,根据最高军事长官蒙哥马利(Bernard Montgomery)元帅的指示,英军决定在威悉河丘陵地带设立英国占领军的总部,并最终选定温泉小镇巴特恩豪森。5月3日,英军接管巴特恩豪森。按照计划,占领军总部必须在5月12日之前建成,为此各项准备工作立即展开:英国军方共没收了37座酒店、138家旅馆、21栋公共建筑、724栋住房以及185家商业场所,被征用的建筑物达到全市住房存量的55%,波及70%的城市居民,用于安置约6,000名英国人。① 尽管英军选择巴特恩豪森的初衷是这里未遭受空袭,设施齐全。但事实上,由于盟军对温泉小城周边的鲁尔区及汉诺威等城市的大量轰炸,使得这座"幸免于难"的城市在战争末期的住房供给同样变得高度紧张:除了约6,500名本地居民外,还有外来人口约9,000人,主要是鲁尔工业区各大城市因此空袭疏散或遭遇空袭逃难至此的民众,还有一部分是难民和伤兵。所有这些德国民众只有一小部分(约5,500人)被转移至城市周边地区或乡村。

从1945年夏开始,英国又陆续在其占领区的大小城市设立各类管制机构,并从1946年9月起规定必须保证向军事人员的家属提供住所。据统计,至1949年,共有1.2万户英国军人家庭生活在英占区。② 因此英占区内的房屋征用行动进一步扩大。科隆在1947年就为英军政府征收66栋房屋和950间公寓、23个单间、16个车库、四个网球场和一个足球场;为比利时占领军征收了140栋房屋和800间公寓、50个单间、三座车库、三座加油站、两座冷库和若干体育场(两座游泳池、四个网球场和两个足球场)。③ 而在明斯特,英国人除了征用全城近一半尚完好的房屋外,还带走了大量家居用品和家具。但无论是科隆还是明斯特,它们在战后初年的住房短缺问题都已极为突出。前者作为最早遭受英军"千机轰炸"战术袭击的德国城市,至1945年春,城市70%的建筑已毁于一旦,内城遭破坏程度更为严重:南面93%的建筑摧毁,北面则为87%,只有城市边缘地带情况尚好。④ 后者内城建筑物的毁损率同样高达90%——执行1945年3月25日空袭的一位飞行员回忆称

---

① Ebenda.
② 数据来源于明斯特档案局官网"英国人在明斯特(1945—1955)"中有关"征收"(Beschlagnahmungen)的介绍,https://www. stadt-muenster. de/briten-ms/1945-1955/stadt-unter-besatzung/beschlagnahmungen(2022年5月1日访问)。
③ Verwaltungsbericht der Stadt Köln 1945 – 1947, S. 59,转引自Christoph Kleßmann, Georg Wagner, *Das gespaltene Land. Leben in Deutschland 1945 – 1990. Texte und Dokumente zur Sozialgeschichte*, München: C. H. Beck 1993, S. 64。
④ 参见Dorothea Wiktorin, "Der Wiederaufbau Kölns zwischen Wunsch und Wirklichkeit. Stadtplanung und Stadtentwicklung zwischen 1945 und 1960", *Geschichte im Westen*, 20(2005), S. 201 – 225。

"在16分钟内……明斯特能从地图上被抹去";不仅如此,从1945年7月启动的废墟清理工作花费将近十年才最终完成。①

1946年4月明斯特市政府收到来自军事当局要求其出清某一住房并告知房屋所有人的命令。而在需要房主签署知情同意的部分,还有这样一段文字说明:

> "有关在指定时间内提供上述房产之请求,本人业已知悉;如需就此征用给予赔偿,则应由德国政府履行义务。"②

不难看出,房屋(也包括家具等)的征收首先是无偿的。这一点后来在由英国下院议员发起的相关调查中也得到了证实:"没有等价交换的住处……家具实际上也是被没收的。"③但如果需要承担赔偿义务,则由德国地方政府,而非占领机构进行赔偿。可以想见,在普通民众普遍住房短缺和供给严重不足的情况下,占领国军政府却在大肆征收德国人的住房、商品和服务,很快就激发出德国民众乃至地方政府在战争结束初年的不满。1946年11月当选为汉堡市长的社民党人马克斯·布劳尔(Max Brauer)在当选后不久即严厉批评英国占领当局过度征用住房及机构的行为:

> "难道不应让占领当局释放他们并没有完全利用的巴姆贝克医院,为最迫切的住院治疗提供空间吗?[……]数以百计的老人、久治不愈的病人、重度残疾的战争伤兵住在'尼森小屋'里,在最近的一次霜冻期,冰柱从'尼森小屋'的天花板垂了下来。我们需要为这些不幸的人提供住所,最好是把他们安置进过去的兵营里。"④

占领当局与民众在强制征收房屋问题上的矛盾也十分突出,这期间最突出的例子便是1946年的"汉堡项目"争议。

---

① 参见明斯特档案局官网"战争编年史——第二次世界大战中的明斯特"相关条目:"最后一次空袭警报" https://www.muenster.de/stadt/kriegschronik/1945_bomben_alarm.html;"废墟清理",https://www.muenster.de/stadt/kriegschronik/1945_bomben_truemmerraeumung.html(均为2022年5月1日访问)。
② Stadtarchiv Münster, Amt 55, Nr.14, Accommodation-Demand vom April. 1946.
③ 参见英国下院辩论集:HC Deb 17 Dec. 1946, Vol.427, British Administration, Germany, Column 1157。
④ 转引自 Uwe Bahnsen, Kerstin von Stürmer, *Trümmer — Träume — Tor zur Welt: Die Geschichte Hamburgs von 1945 bis heute*, S.24。

1946年，英国计划在汉堡设立英国对德管制委员会总部，并为此将建设大型建筑群以安置从北威州各地迁来的英军及英国军政府（也包括为他们提供住所），机构和军队迁移的理由是"当时英占区各种对德管制机构分散在各个城市"，"工作效率低下"，因此有必要将其集中到汉堡。这个建设计划被命名为"汉堡项目"。① 然而，"汉堡项目"一旦启动，则居住在外阿尔斯特湖西部和北部的4万汉堡居民将面临搬迁。② 6月27日上午，示威者在汉堡市政厅外集结，反对占领当局的这一建设计划。示威者一边在现场播放德国国歌《德意志高于一切》，一边不断高喊"彼得森下台！我们不是印度人，不是苦力！上帝惩罚英国！这是民主吗？这是解放吗？"，以此打断由占领当局选定的市长鲁道夫·彼得森（Rudolf Peterson）对此事作出解释。愤怒的人群还试图冲击市政厅，但遭到德国警察和英国军事警察阻拦。11名示威者因此遭逮捕并于7月3日被汉堡中级军事法庭判处2—5年不等的监禁，罪名是"寻衅滋事扰乱治安"。当时汉堡合法的四家报纸则从不同角度批判这场示威行动，甚至将示威者列为纳粹分子或同情纳粹者。③

不可否认，"汉堡项目"最初的拟建地块确属汉堡传统富人区——哈维斯特胡德和罗滕鲍姆，这两个区也确实在盟军对汉堡数百次的空袭下奇迹般地幸存了下来，仅有小部分建筑物受损。因此公共舆论之所以未能共情这些即将蒙受损失的居民，或许可以解释这种对"汉堡上流阶层并没有失去他们的房子和财产"的"仇富"心态促使媒体拒绝将其视为自己的同胞，甚至还觉得这部分人"思想落后"。

但事实上英国国内对于"汉堡项目"同样存在争议。下院议员斯托克斯在示威过去后的10月和11月两次牵头发起对"汉堡项目"的质疑。在他有关"汉堡项目"

---

① 这是负责德国及奥地利事务的兰开斯特公爵大臣（即不管大臣）约翰·B. 海因德（John B. Hynd）给下院议员斯托克斯（Stockes）所作的解释。参见英国下院1946年10月17日围绕"汉堡项目"的辩论。HC Deb 17 Dec. 1946, Vol.427, British Administration, Germany, Column 1155,1157。
② Joachim Szodrynski, *Hamburgs Arbeiterbewegung im Wandel der Gesellschaft. Eine Chronik*, Bd. 4 (1945—1949), Hamburg: Christian 1989, S.52.但英国议会方面得到的官方数据是将有三万人将面临搬迁。参见斯托克斯质询约翰·B. 海因德的对话，HC Deb 27 Nov. 1946, Vol.430, Hamburg Project, Column 1601。
③ 社民党的《汉堡回声报》（*Hamburger Echo*）驳斥示威者自贬为"印度人和苦力"的说法，称其"都是城区……的'老土地'，且大多曾支持希特勒及其政党"。德国共产党控制的《汉堡人民报》（*Hamburger Volkszeitung*）更是严词激烈地攻击汉堡，"总的来说，如今在我们这片土地上正兴高采烈地庆祝反动与纳粹主义，并且越发厚颜无耻……在市政厅前示威中同样有许多纳粹分子混入其中……"。而自由民主党的《汉堡自由报》（*Hamburger Freier Presse*）刊登了军政府对民众的"严重警告"。基民盟的《汉堡汇报》（*Hamburger Allgemeine Zeitung*）则对主要参与者卡尔·泽利克斯（Karl Selix）的纳粹"黑历史"穷追猛打。参见Bernard Röhl, "'Wir sind keine Inder und Kulis'", *Tageszeitung*, 27.06.2006 对上述报刊观点的总结。

的报告中,更清晰地揭示出英国军政府的土地及住房征用措施加剧德国城市房荒的灾难程度。斯托克斯首先指出,建设项目将加剧住房供应短缺。虽然这一地区建筑精良的房屋伫立依旧,但它们早已不为工业巨子们所拥有,"几乎不可能找不到住着六户或七户人家房子——再次说明我是随机找的,可能两户住在地下室,然后每层楼住两户。然而为了能让英国军政府总部的人员(斯托克斯给出的人数2,300人)能够拥有宜居的住房,就要把居住其中的3万名居民赶出他们本就令人绝望的过度拥挤和供应短缺的住处。"①其次,搬迁居民的后续安置得不到妥善解决。在11月27日下院对不管大臣海因德(John. B. Hynd)的质询中,海因德承认截至当时已有7,027名汉堡人因为为英国家庭提供住所被迫搬走。②但在汉堡当前的居住供应情况下,要额外再为3万人提供住处显然极度困难,来自汉堡市政府的信息也证实,"没有合适的替代住房"③。

"汉堡项目"第三个遭下院议员普遍质疑的点在于它启动后将集中汉堡所有可以利用的建筑劳动力,并动用英占区的所有原材料,造成的结果有二:一是从事德国民用住房建设与维护的人数将大幅减少。虽然海因德称将"投入9,000名德国工人和180名英国工人进行'汉堡项目'建设",其中包括为因"汉堡项目"搬离住处的德国人重建住房的建筑工人,约2,526人,但据斯托克斯掌握的信息,这一人数不超过1,700人。同时他一针见血地指出:"如果没有这个'浦那'项目(斯托克斯用来形容汉堡项目,原意为印度城市),应该能为更多人修建更多的房屋。"④二是原材料向占领当局的集中不仅会让德国民众居住条件进一步恶化;而以德国当时的煤钢产能,建设计划或将对德国经济活动构成阻碍作用——显然,在这个问题上,斯托克斯已经意识到,"德国的重新崛起并非德国一国的事务,而是关乎每一个欧洲国家"。⑤但就"汉堡项目"本身而言,斯托克斯认为在一座城市中心修建一座大型建筑"是"以牺牲德国人民为代价",而这一点正是占领当局与德国普通民众在住房问题上不断爆发冲突的真正关键所在。

---

① HC Deb 17 Dec. 1946, Vol. 427, British Administration, Germany, Column 1156.
② HC Deb 27 Nov. 1946, Vol. 430, Hamburg Project, Column 1601.
③ HC Deb 27 Nov. 1946, Vol. 430, British Administration, Germany, Column 1694.
④ HC Deb 27 Dec. 1946, Vol. 427, Hamburg Project, Column 1600; HC Deb 27 Nov. 1946, Vol. 430, British Administration, Germany, Column 1694.
⑤ HC Deb 27 Nov. 1946, Vol. 430, British Administration, Germany, Column 1691.

第二节　紧急措施与城市重建构想

提及德国城市的战后重建,人们脑海中一般都会浮现出停战伊始普通德国民众自发组织起来清理城市街道上的建筑物残骸、瓦砾与垃圾的场景,其中又以女性①居多——因为当时男性劳动力极度缺乏。事实上,"重建"(Wiederaufbau)一词作为专有名词,最早出现在 1947 年 8 月由英占区中央劳动局牵头起草,旨在倡导德国市镇重建的建设法草案。② 该草案呼吁推行一套广泛适用的城镇规划方案,并围绕规划方案对土地利用规则、建设规范做出明确规定③,因此成为德国城市重建的起点,也成为西占区除巴伐利亚和不来梅之外各州建设法的蓝本。但正如前文所述,德国城市重建之路远非坦途,因为首先需要克服住房危机。

一、住房统制模式与农村定居点

居住空间的极度短缺与住房生产能力、资金的匮乏,及由此造成德国民众潜在的不安情绪,迫使战胜国在 1946 年 3 月 6 日发布盟国管制委员会第 18 号法令(也称"盟国住房法"),重启在 1933 年 4 月被纳粹政权全面废止的住房统制模式。第 18 号法令适用于各个占领区。1945 年 10 月在斯图加特成立的州参议会(Länderrat)原是美占区协调各州各项立法的占领区一级机关,但随着美国在西占区的影响力的日益扩大,它逐步转变为协调各占领区住房政策的最高行政机关,其社会政策委员会下属的住房事务委员会专门负责住房分配事务。④

---

① 这些妇女被称为"瓦砾妇女"(Trümmerfrau)。仅柏林一地就有超过五万名这样的"瓦砾妇女",她们利用手推车、旧婴儿车、麻袋和任何自己身边能用的东西,将建筑废料运往各个收集点,以换取更好的食品配给卡;而在从事繁重劳动的同时,妇女们还会带上自己年幼的孩子。这些看似普通的战后日常场景,通过各类历史老照片被印刻在后人的脑海中:在物资极度匮乏的岁月里,德国人为了重建家园顽强斗争——"瓦砾妇女"和她们呈现的强韧生命力也因此成为德国战后重建的重要象征。
② 因英占区的中央劳动局位于北威州莱姆戈市之故,该草案也被称为"莱姆戈草案"(Lemgoer Entwurf)。Klaus von Beyme, "Wohnen und Politik", in Ingeborg Flagge (Hg.), Geschichte des Wohnens (Bd. 5: 1945 bis heute: Aufbau, Neubau, Umbau), S. 85f.
③ Jeffry M. Diefendorf, In the Wake of War. The Reconstruction of German Cites after World War II, New York/Oxford: Oxford University Press 1993, p. 230.
④ Klaus von Beyme, "Wohnen und Politik," S. 85.

(一) 住房统制模式及其问题

从第 18 号法令的内容来看,法规明确住房统制措施的主管机关及其责权:它首先规定各类地方住房管理机关(如住房局或住房委员会)为一切统制措施的执行者,并接受上级机关及军政府监督(第 1—2 条)。这一系列规定意味着从法规层面重新确认政府全面介入住房事务。其次,法规明确了住房机关的主要职责,即尽可能增加现有居住空间并履行住房分配职责。各类住房机关的具体工作事项包括:1)尽可能将改变使用目的居住用房恢复原貌;2)对现有住房进行改扩建,以便达到有效利用的目的;3)"如可达成更合理的房间分配(方案)",可规定住房交换;4)对房屋进行紧急维修,在人均居住面积低于 4 平方米的市镇采取更广泛的行动。(第 6 条)而这些官方机构在住房分配问题上则确立了住房配给制度。尽管第 18 号法令并未使用魏玛共和国时期饱受诟病的"Wohnungsrationierung"(即"住房配给制")一词,而是采用"Zuteilung freien Wohnraums"(即"空置房间分配")这一相对中性的表述,但从法条的具体内容来看,"空置房间分配"的强制程度实际相当高:除了住房机关可采取住房交换外,法规第五条第 2 点还规定"每位房主、公寓所有者或其他有权支配房产者,均有义务立即向德国主管住房机关申报房屋空置情况,并说明房间数量及其面积大小";第 8 条第 2 点则明确,在住房机关择定租户的情况下,"业主不同意或无法联系上,住房机关可发布效力等同于租赁合同的命令"。

在此基础上,住房分配还遵循一定的优先原则,除优先考虑多子女家庭、老年人和残疾人之外,因反对纳粹政权或受其政策伤害者也同样享有优先权。(第八条第 1 点)与此同时,由于供应的短缺,住房局必须对找房者的资质进行逐一审查,"申请住房分配时,所有申请人均须向住房机关出示食品卡;如符合劳动登记要求,必须出示就业办公室的相应证书"。要求享受优惠政策则必须出具相关证明(如残疾证明)。反纳粹的抵抗人士则"还须提供从集中营获释的证明,或由当地工会委员会出具、确认其主张的书面凭证;如申请人非工会成员,应由军政府指定的主管机构出具书面确认"。(第 9 条第 1、2 点)[①]

其实类似一战后住房局对有限房源进行集中登记、管理和分配,在二战结束之初就已经启动。汉堡郊县哈堡住房局 1945 年 8 月 25 日一份材料显示,当时英国

[①] 此处引用的法条内容均出自"Kontrollratsgesetz Nr.18 vom 8. März 1946", *Amtsblatt des Kontrollrats in Deutschland*, 1946, S.117。

军政府已要求基层地方通过住房调查掌握管辖区域内房屋及人口情况,"因需每月报告现有住房量,因此必须提示房主随时报告住房的任何变化";同时还要汇报该地区"目前尚未被安置进住房或防寒住处(如谷仓、马厩等)的人数(按男性、女性和儿童分别开列);此外还要统计其中多少人没有自己的床铺"。① 问卷除涉及房屋及房间的类型,面积大小及居住情况外,还试图了解房屋周边附属建筑(包括非居住用建筑,如谷仓、马厩)及空间利用信息,以便住房局尽可能全面掌握本地的房屋情况并使之"物尽其用":例如"老年人,尤其独居老人,如除卧室之外仍拥有一间或多间房间,则亦应当加以分享或出租。在这种政府控制的情况下,卧室及床铺被列为基本生活需求并成为住房统制模式的起点"。②

这种近乎倾尽所有"创造"居住空间的做法,不禁让人回想起罗伯特·莱伊在1943 年提出的"未满员"房间概念,还可追溯至魏玛初年的"住房配给制",二者均具有强烈的紧急措施特征。但相对来说,20 年代初和战时的"住房配给制"至少仍限定在正常居住的房间,前者针对的是大户型乃至豪宅的"多余"房间,后者则限定为"屋内居住者为两人或者居住者少于房间的数量"。两者可以说是公权力通过直接干预,以牺牲房主或租户的私人领域来让更多人获得栖身之所的"不得已"之举。相比之下,二战后的住房分配原则更为苛刻,它已从房间延伸至"床铺"。这不仅证明二战后德国住房危机更强烈的灾难属性,更成为战后许多德国人的日常生活只剩下为生存而战的直接反映。

除了最为核心的住房配给制,盟国管制委员会还根据第 18 号法出台了一系列强化住房供应的具体措施,包括重启房租约束机制,将租金冻结在 1936 年的水平,并确保租户的租约不会被随意解除。但第 18 号法作为一部紧急法,具备强烈的政府干预属性,因此在实施过程中不可避免存在诸多争议和摩擦。此外,第 18 号法的许多做法其实也是纳粹战时措施的延续,因此在战后司法重建的背景下,冲突变得更为突出。

矛盾首先集中于强制订立房屋租赁合同(即第 18 号法第 8 条的相关内容)与强制进行房屋交换(即第 6 条第 3 点的内容)。由于涉及住房机关的直接行政强

---

① Gemeindearchiv Rosengarten, Schreiben des Kreiswohnungsamts vom 25. Aug. 1945,转引自 Corina Löhning, *Ein neues Zuhause schaffen. Zwischen Raumverlust und Raumaneignung: der Wohnraumprozess der Zufluchtssuchenden im Nachkriegsdeutschland — dargestellt am Landkreis Harburg*, S.67.

② Gemeindearchiv Rosengarten, Fragebogen über Wohnraumbewirtschaftung vom 02.09.1945 及洛宁的相关评述,参见 Ebenda, S.66 u.S.232f, Abb. 14 - 15。

制,极易触发租赁双方的矛盾甚至诉诸法律,因此引发法律界的关注与批评。例如在强制订立合同方面,法律界普遍认为由于强制合同与自愿合同均为民法管辖范围,因此"如需取消合同,则应根据《承租人保护法》之规定诉诸法院诉讼"。① 而在强制房屋交换问题上法律界甚至不认可其租赁关系的成立,因而无法根据民法条款提起诉讼,1946 年《汉诺威法律援助》(*Hannoverschen Rechtspflege*)曾刊登采勒地方高等法院院长的一封公开信,其中明确提出"命令措施是对私人财产的任意侵犯,无法通过民事诉讼加以推翻",但当事人"有权根据住房法第 7 条第 3 点②规定提起申诉"。③ 但与此同时,这个问题也困扰着地方住房机关,原因在于他们并无修改前次分配的决策权,法占区巴登州一个叫做凯尔县的地方委员会就致函巴登内政部,要求获得地方住房裁定权,"鉴于凯尔市[疏散至凯尔县的——作者注]被疏散人口及必须提供安置的本县前居民,该权力对住房控制委员会而言殊为重要。"④

其次,在住房强制分配的过程中还形成了对政治履历"不清白者"的实际歧视。在住房短缺的情况下,当地住房主管机关会首先结合去纳粹化审查的等级⑤,要求前纳粹分子(包括纳粹追随者)腾出住房。毫无疑问,这种安排住房的方式不过"左手腾右手",于改善住房短缺并无太多实际益处,同时还引发法律界对"不平等"的指控,例如位于斯图加特的州参议会下辖的法律委员会明确指出,第 18 号法第 8 条之规定"虽授予有资格者优先权,但这并不意味着取消政治上被剥夺资格者的相应权利"。⑥ 但法

---

① Kurt Kleinrahm, "Zur Rechtsnatur des Zwangsmietvertrages: Eine widerspruchsvolle Durchführungsverordnung zum Wohnungsgesetz", *Deutsche Rechts-Zeitschrift*, 1(1946), H. 5, S.138f.
② "相关人员可在通知或告知书送达后三日内向登记住房的住房机关提起申诉。如该机关未予解决,则该申诉交由监督机关裁定。""Kontrollratsgesetz Nr. 18 vom 8. März 1946", §7 Abs. 3, *Amtsblatt des Kontrollrats in Deutschland*, 1946, S.117.
③ Staatsarchiv Freiburg, C 15/1 Nr. 526, Bad. Justizministerium an den Herrn Dienstvorstand des Amtsgerichts Bühl, 14. Aug. 1947.
④ Staatsarchiv Freiburg, C 15/1 Nr. 526, Der Landrat des Kreises Kehl an das Bad. Ministerium des Innern, 21. Aug. 1947.
⑤ 盟国进入德国后,开始对整个德国社会进行声势浩大的"非纳粹化运动",从 1945 年到 1946 年 3 月主要是采取大规模逮捕纳粹党员,开除公职,禁止其参与经济和社会活动;1946 年 3 月以美占区颁布《解脱法》为标志,扩展到审查普通民众中的纳粹分子。被审查人员根据其与纳粹政党及国家的关系分为五类:主犯、罪犯、次犯、胁从犯和无罪者。其中次犯主要指加入纳粹党但未犯下严重政治或战争罪行的德国青年,而胁从犯则指迫于生计不得不与纳粹发生联系的人。参见吴有法、黄正柏、邓红英、岳伟、孙文沛:《德国通史·第六卷:重新崛起时代(1945—2010)》,第 42—45 页。
⑥ Dr. Oppler, "Die Durchführung des Kontrollratsgesetzes Nr. 18 (Wohnungsgesetz)", *Süddeutsche Juristen-Zeitung*, 2(1947), Nr.5, S.277 – 281.

律界人士的意见显然并不为住房事务委员会所接纳,其代表坚决声称,鉴于当前紧迫的居住困境,不得不部分放弃法律上的考量;同时住房事务委员会还授权地方住房机关可自行根据政治不清白者的审查等级具体决定对其施加的住房限制程度。

第三个问题涉及有关住房分配过程中临时没收的私人生活物品。根据住房事务委员会的一项命令,住房机关有权临时没收生活用品以分配给有需要者,因为登记在册的住房会因缺乏生活用品而造成无法入住,"政治不清白者的财产或生活用品,或暂存于仓库或类似地方不用的生活用品"应予以没收。[①] 对这一措施反对意见主要集中于无法在第18号法令中找到对应的法律条款支撑。

虽然在第18号法之后出台了一系列的执行细则,且战后有组织的房主利益群体势力已大不如前,但作为紧急措施,这部法案依然因为对资本主义社会"私人财产神圣不可侵犯"基本原则的侵犯过深,引发德国民众对住房配给制普遍的不满。不仅如此,由于城市区域受损严重、居住空间极度缺乏,即使严苛如住房配给制仍未能妥善解决城市住房的供应不足,大批难民和空袭受害者依然主要聚集在农村地区。

(二) 农村定居点的推行

从1945年秋天,基层地方政府纷纷发布禁止迁入令,就地安置的农村定居方案便重新进入公共视野。支持者认为,农村拥有足够的土地和建筑材料,可以保证每个家庭通过简易建设的方式获得简朴的住房;同时还可以附带设立小菜园及饲养家禽家畜的小块土地,确保民众在可以预见的食品短缺年代实现基本的自给自足。[②] 在这方面首先采取动作的组织是教会。正如克勒斯曼所说,"1945年,教会……可以向背井离乡者提供福利支持,并且还能作为支柱,服务于精神贫乏的人们";无论是天主教会还是新教教会,"与社会走得更近了"。[③] 它们首先拿出教产土地安置难民和"被驱逐者",尝试通过建立"园丁农庄"或"定居者小屋",帮助身处困境的人们能够实现自给自足的农业生产。

但更大范围内支持建设农村定居点的推动力量依然是占领区军政府。苏占区和美占区在1946—1947年不约而同地出现了一种简易、廉价的建筑方式,即因地

---

① Ebenda.
② Werner Durth, "Vom Überleben. Zwischen Totalem Krieg und Währungsreform", in Ingeborg Flagge (Hg.), *Geschichte des Wohnens* (Bd. 5: 1945 bis heute: Aufbau, Neubau, Umbau), S. 41.
③ 克里斯托弗·克勒斯曼,《分裂与民族统一的恢复(1945—1990)》,第319页。

制宜地利用黏土建造住房。用于建筑用途的黏土是一种由黏土和粗细不等的沙砾组成的混合物。它便于就地取材,其实早在一战后就成为廉价的建筑材料。苏占区从 1945 年 8 月初开始推行旨在将"容克土地转变为农民土地"的土地改革。它通过没收战犯、纳粹党及原属法西斯政府的土地并进行分配,建立起一种新的小土地所有制。具体来说,超过 100 公顷的私人农庄,除部分留作乡镇团体等公共事业机关使用外,其余按照人均 5—8.5 公顷的原则分配给原来的农庄农业工人、难民及少地的农民。① 从 1946 年起,苏联军政府还在苏占区的每个地区安排了一名"土地改革信誉建筑师"(Vertrauensarchitekt)——主要是有经验的建筑工匠或年轻的大学毕业生——专门负责农村定居点的规划与建设。②

为了进一步贯彻和巩固土地改革的成果,1947 年 9 月,苏联驻德军事当局发布第 209 号命令,宣布启动"新农民建设项目",下令在苏占区五个州建设不少于 3.7 万栋住房。③ 209 号命令的主要目标是给土地的"新主人"提供住处及诸如谷仓、马厩之类的设施,因为新农民和被驱逐者通常住在某个乡镇,但他们所分到的田地却位于另一个乡镇,无论是往返还是进行农业生产均不方便,需要为他们建设新的家园。但这项建设工作将由农民自行承担,政府仅提供贷款。由于德国普遍缺乏建筑材料,加上苏联人在苏占区大肆拆解工业设施,投入农庄建设的原材料都相当成问题,209 号命令于是鼓励农民互助委员会及农民就地取材,从被摧毁的军工厂及其建筑物、前庄园主的庄园以及无主建筑物废墟中寻找建材。④

还有一部分的住房则采取自然建材如木材、黏土。为此魏玛建筑与造型艺术高等学校(今为魏玛包豪斯大学)专门成立农村建筑与定居点研究小组,协助推进建设工作。该研究小组于 1947 年出版了《粘土入门:纯粘土建筑方法示意》(*Lehmfibel：Darstellung der reinen Lehmbauweisen*)一书,通过简明易懂的图示介绍黏土从获取到设计结构再到室内施工的建设全过程,将黏土这一最简单的建筑材料引入农村定居点自助建设当中,至 1948 年底苏占区实际建成约 1.8 万栋农

---

① 徐之凯:《盟国对德管制委员会始末研究》,硕士学位论文,华东师范大学历史系,2012 年,第 51 页。
② Werner Durth, "Vom Überleben. Zwischen Totalem Krieg und Währungsreform", S.41.
③ 具体分配计划如下:勃兰登堡州一万栋,萨克森—安哈特州 7,000 栋,梅克伦堡州 1.2 万栋,萨克森州 5,000 栋以及图林根州 3,000 栋。
④ Uwe Bastian, *Sozialökonomische Transformationen im ländlichen Raum der Neuen Bundesländer*, Dissertation von Freier Universität zu Berlin, 2003, S.96.

舍——其中 40% 为采用黏土等自然材料等建筑。[1]

正当苏占区正在大力推进新农舍建设之际，利用黏土建设家园的行动也在美占区同步展开。1946 年一本名为《实用粘土建筑》(Der praktische Lehmbau)的小册子在黑森州的威斯巴登出版，黑森州的"重建及政治解脱部长"戈特洛布·宾德(Gottlob Binder)专门为该书撰写前言。他在文章中格外强调，在"材料匮乏无法拓展建设"的情况下，黏土建筑之于市郊和农村建设项目的重要性："可以通过非熟练的自助建设者的合作，实现家园的建设"；"便于为东部流入的难民建造住房"；"对于许多家庭而言，这种亲自建设家园的机会将带来全新的期待与工作的乐趣。"[2]尽管宾德的话语不无宣传意味，但也确实激发起西占区很多地方民众的建设热情，其中不乏一些知名的建筑师。

事实上，宾德的另一身份是德国住房事务、市政建设与区域规划联合会的主席。1947 年 4 月，他在科隆举行的有关住房及市政建设、区域规划大会上面向西占区各地方高层政治家发表的演说，更为清晰地阐述了其致力于推动农村定居点的真实动机。宾德提出，为了严格限制更多的人口涌入城市，需要"进一步促使商业的去中心化，着重关注被疏散者及难民的定居问题"。但同时他还表态："我们可以做，也必须要做的，是为每个我们为其创造家园的家庭中的父亲，提供充足的土地，以便他为个人及家庭的生计作出贡献。我们的人民需要空气、光线、绿地与田园。"[3]显然，在他看来，在农村安置上述人口并非出于单纯增加农业就业人口的目的，而是为了满足非农人口居住与再生产要求，这就回归到 30 年代初大危机时期"亦工亦农"的国家住房救济与移居垦殖计划。

二、城市重建规划：介于理想与现实之间

但正是以农业定居点为起点，德国的建筑师与专业规划人员开始重新思考战后德国城市建设方向。1946 年时尚在整个德国范围内发行的专业期刊如《新建筑

---

[1] Richard Rath, "Der Lahmbau in der Sowjetischen Besatzungszone und der ehemaligen DDR 1945－1989", *LEHM*, 2004, S. 112-120.

[2] Gottlieb Binder, "Geleitwort," in Wilhelm Fauth, *Der praktische Lehmbau. Baustoffe, Bauvorschriften und Bauverfahren für Wände, Decken und Dächer*, Wiesbaden: Weber, 1946, 转引自 Werner Durth, "Vom Überleben. Zwischen Totalem Krieg und Währungsreform," S. 41。

[3] 宾德在 1947 年 4 月科隆劳动大会上的发言，转引自 Gottlieb Binder, "Geleitwort", S. 42。

世界》(Neue Bauwelt)和《建筑助手》(Bauhelfer)就对新条件下的改革举措,如土地改革、市政规划与建设(也包括在农村地区推进住房建设)以及相关立法工作展开一系列的讨论,专业人员之间的交流超越了各占领区边界——诸如黏土住房的推广就是这一交流的重要成果之一。宾德在1947年提出对拥有"空气、光线、绿地与田园的定居点"的期待,也让政治家、建筑师和规划人员开始思考发展乡村与城市有序融合的低密度城市的发展可能性。

1946年12月,土生土长的科隆建筑师鲁道夫·施瓦茨(Rudolf Schwarz)被任命为科隆总规划师,负责主持城市重建工作。盟国自1943年起的狂轰滥炸,在给这座城市留下满地瓦砾和废墟的同时,也为这座城市战后推行新的建设方案提供"机会"。除了通过重建交通网络重新布局老城之外,施瓦茨更希望达成的目标,是建成一座高度自给自足的定居点(或"邻里社区"[Nachbarschaft])以"不连贯但有序的方式与自然环境相结合"①的城市,"如果可以通过布置大量'家庭园地',满足(人们)对蔬菜、肉类、羊毛和水果的需求,对我们的人民而言或许是一种拯救。"②施瓦茨还明确提出,城市规划者应当致力于将"我们的城市分隔成居民能够看到和体验到的小区域",如此才能真正发挥定居点所承载的精神支撑力量。在柏林,成名已久的建筑师马克斯·陶特(Max Taut)也在1946年提出旨在将首都转型为绿色田园城市的建议。③ 其中的核心观点是在倒塌的出租兵营废墟上布置花园,在狭窄的街道上建造独栋住房,这些房子连接这座城市的"地下首都",与基本未受损的排污、煤气、供水和电力供应相连通。

地方政治家、建筑师和规划者对于战争及战后重建理解与普通民众的不同之处在于,他们既是德国城市遭遇重创的亲历者,也从中看到创建城市生活新秩序的机会。以鲁道夫·施瓦茨来说,他并不认可所谓"全新开端""独特机会"的说辞,且始终坚持认为残忍和野蛮的破坏令"曾经伫立古老科隆的地方已成一片面目可憎的瓦砾田,千年历史与文明的纪念碑遭遇不可挽回的破坏"④。但他的规划方案的目标十分明确,一是恢复科隆的文化与象征性地位,二是立足当前的经济条件。尽

---

① Panos Mantziaras, "Rudolf Schwarz and the Concept of Stadtlandschaft", *Planning Perspectives*, 18 (2013), pp.147-176.
② Werner Durth, "Vom Überleben. Zwischen Totalem Krieg und Währungsreform", S.43.
③ Max Taut, *Berlin im Aufbau, Betrachtung und Bilder*, Berlin: Aufbau, 1946,转引自 Werner Durth, "Vom Überleben. Zwischen Totalem Krieg und Währungsreform", S.44。
④ Rudolf Schwarz, *Das neue Köln*, Köln: J. P. Bachem, 1950, S.62,转引自 Panos Mantziaras, "Rudolf Schwarz and the Concept of Stadtlandschaft"。

管这个方案最终因施瓦茨1952年离职而未能实现，但他任职五年间为科隆确定的总体规划构想成为日后重建工作的基本框架。①

更为激烈的尝试则来自现代主义建筑师汉斯·沙龙（Hans Scharoun）。沙龙从1945年5月起在第一届柏林市政府中担任建设与住房部门的主管。1946年夏，他与同事举办了一场名为"柏林规划：第一份报告"（Berlin plant. Erster Bericht）的展览，向公众展示他们对柏林重建的思考。这个方案与其说是重建柏林，不如说是"再造"一个新的柏林。在展览开幕式上，沙龙就提到"在空袭和最后决战以机械手段完成了城市疏散，给了我们塑造城市景观的可能性"②。而人们也发现，人口稠密的大都市柏林——特别是米特区的历史街区与建筑——在这个方案中竟然消失不见，新的城市被布置在施普雷河两岸的冰川谷中，"整座城市将成为一个带状系统，在这个系统中，狭长的居住带紧挨着商业与公共服务区域"。③ 展览还展示了新的居住模式构思：居住区沙龙被称为"居住细胞"（Wohnzelle）。每个"居住细胞"将包含4,000—5,000居民，它既包含带菜园的独户住房，也有带阳台的多层住宅和偶尔出现的高层楼房，还附带社区机构，彼此之间像"鸟窝"一样互相拼接起来，然后融入城市景观。④"居住细胞"的具体建筑形式则选择再次回归20世纪20年代由密斯·凡德罗、胡戈·哈林（Hugo Häring）等人设计的"新建筑"式样。

毫无疑问，沙龙的城市规划与住房建设方案是一次彻底变革城市的尝试。一方面它彻底打破了传统的城市结构，大城市将被缩减为低密度的小城市——每公顷土地上计划居住人口维持在200—250人。⑤ 同时，柏林那些人们习惯上认为值得纪念的东西也将被抛弃，这被认为是回应人们所期待的战后德国政治与道德革新。另一方面，城市建筑风格将重新回归"新建筑"，以此表明与中断现代主义建筑风格与福利住房改革的纳粹政权对立的立场。

然而这一看似革命性的规划背后，却有着与西占区致力于定居点建设类似的理论内核。首先，沙龙打破大城市格局，以绿地、河道和交通重新组织小尺度的城

---

① Dorothea Wiktorin, "Der Wiederaufbau Kölns zwischen Wunsch und Wirklichkeit. Stadtplanung und Stadtentwicklung zwischen 1945 und 1960".
② Jörn Düwel, "Berlin. Plan im Klaten Krieg", in ders., Werner Durth, u. a., *1945. Krieg — Zerstörung — Aufbau. Architektur und Stadtplanung 1940 - 1960*, S.197f.
③ Werner Durth, "Vom Überleben. Zwischen Totalem Krieg und Währungsreform", S.44.
④ Ebenda, S.44; Jörn Düwel, "Berlin. Plan im Klaten Krieg", S.199ff.
⑤ 而在战前，柏林人口稠密区域的人口密度甚至达到1,200—1,600人/公顷。参见 Wolfgang Bohleber, *Mit Marschallplan und Bundeshilfe. Wohnungsbaupolitik in Berlin 1945 bis 1968*, S.38。

市与居住区,显然可以追溯到霍华德的"田园城市"理论,而纳粹理论家费德尔的"新城"理论同样致力于改变城市空间结构,实现大城市的去中心化。其次,沙龙的"居住细胞"构想同样可以在20、30年代的定居点或居住区规划中找到类似设想,例如恩斯特·迈在法兰克福建造的一系列居住区,抑或是自1937年起启动的伦敦郡规划。① 而被希特勒点名两次编制汉堡城市规划的建筑师康斯坦蒂·古乔(Konstanty Gutschow)也曾以类似的组织原则规划居住区。正是古乔率先提出,要让城市再次透明起来,"对它进行调整和设计,以创造秩序。而要让邻里社区得到发展,必须明确区分定居单位"。当然古乔设想的定居点规模略大一些,约为6,000至8,000人,但同样包含类型混合的居民楼、学校、商店和基础设施;不过将这一定居单位命名为"以(纳粹党)地方分部②为定居细胞"(Ortsgruppe als Siedlungszelle)",意欲借助纳粹党的组织结构来塑造定居点及定居其中的居民——在战后,古乔又将其更名为"邻里"(Nachbarschaft),因为他"希望他们不会将这些对我而言极为珍贵的城市设计思路当成是一种政党极权主义主张的渗透"。③ 不可否认,费德尔和古乔的构想带有明显的纳粹意识形态,但正如约恩·杜威尔所说,沙龙与其同伴的思考本质上是"过去数十年努力找寻创建现代新城的社会改革方法合乎逻辑的结果"④——这里的"过去数十年"指20世纪上半叶,自然也包括了纳粹统治时期。

从农业定居点到出发点不一的低密度城市重建构思,德国建筑师和规划师之所以能在身处不同占领区,甚至彼此政治立场相左情况下,在重建城市或建设住房问题达成共识或遵循相同的逻辑,源于他们共同的知识背景与相似的专业训练。但更不容忽视的一点是,这一不约而同的选择本身受到现实政治的影响。以柏林重建方案为例,马克斯·陶特借鉴自"田园城市"的柏林重建方案源于他对沙龙方案的不满。虽然出发点和具体方案不同,但两人不约而同地选择"疏散"大城市这一曾在30年代

---

① 按照这一规划的负责人莱斯利·帕特里克·阿伯克龙比(Lesley Patrick Abercormbie)的说法,每个居住区"提供一定比例的高层公寓楼,楼间距足以栽种树木,带有阳台的房屋以规则而不单调的形式分散分布。整个方案分布着开放空间,并与较小的邻里中心有机相连,最后才是整个社区中心。"参见 Dirk Schuber, "Transatlantic Crossings of Planing Ideas: The Neighborhood Unit in the USA, UK and Germany", in Jeffry M. Diefendorf, Janet Ward, eds., *Transnationalism and the German City*, p.146。
② 纳粹党的"基层分部"指县以下级的基层纳粹党组织。
③ Dirk Schuber, "Transatlantic Crossings of Planing Ideas: The Neighborhood Unit in the USA, UK and Germany", Jeffry M. Diefendorf, Janet Ward, eds., *Transnationalism and the German City*, p.148, 150.
④ Jörn Düwel, "Berlin. Plan im Klaten Krieg", S.199.

红极一时的概念,又都致力于削弱柏林作为首都的象征性地位。前一点证明了他们对于现代主义建筑与城市规划理论的接受;后一点则恰恰表明,无论是陶特还是沙龙都受到了战胜国政治意图的影响:出于全面削弱德国的考虑,盟国在战争结束之初就禁止一切旨在恢复柏林作为首都的计划。[1] 苏联方面的想法虽然与其西方盟友略有不同,试图重建柏林,但仅限于重建作为城市的柏林,而非作为德国首都的柏林。

但即使是柏林以外的德国城市,重建也非易事,许多建筑师在面对废墟时,遭受了严重心理打击。1947 年 8 月访问德国的格罗皮乌斯被德国城市所遭受的毁灭性打击彻底震撼,刺激之大让他对德国可能重建的前景不抱任何希望——他本人因此完全拒绝具体参与任何德国城市重建项目。他不仅拒绝了 1951 年联邦德国总理阿登纳发出的工作邀约却仍遭到拒绝,还呼吁在推进实际规划与重建前先要进行心理重建。[2] 建筑师奥托·巴特宁(Otto Bartning)则在他的名篇《废墟边的异端思考》(Ketzerische Gedanken am Rande der Trümmerhaufen)中写下"重建?技术上、经济上都不可能实现!我所说的这一切——从精神上都是不可能的!"的句子。[3] 而即便是主导"莱姆戈草案"的建筑师菲利普·拉帕波特(Phillipp Rappaport)也承认"德国太贫穷了,经不起重建两次"。[4] 对于更多工作在重建最前线的建筑师和规划人员而言,还必须面对大量的现实阻碍:由于建材制造业的停滞,人们只能从数以百万吨的断壁残垣"打捞"出尚可再利用的建筑材料,对房屋展开有限度的维修,根本无法大规模开展新建活动。

1945—1947 年之所以令专业人士如此不安的根源是德国当时完全不确定的未来。众所周知,1944 年 9 月由美国财政部长小亨利·摩根索(Henry Morgenthau, Jr.)起草的《德国战后计划建议书》(Suggested Post-Surrender Programm for Germany),即"摩根索计划",目标是在最短的时间内削弱德国以确保欧洲和世界的安全,"阻止德国再度挑起第三次世界大战",因此不仅计划要将其分割成若干个国家,还要摧毁包括军备工业在内的德国所有工业,使之彻底退化为

---

[1] Wolfgang Bohleber, *Mit Marschallplan und Bundeshilfe. Wohnungsbaupolitik in Berlin 1945 bis 1968*, S. 38.

[2] 转引自 Jeffry M. Diefendorf, *In the Wake of War. The Reconstruction of German Cites after World War II*, p.184。

[3] Otto Bartning, "Ketzerische Gedanken am Rande der Trümmerhaufen", *Frankfurter Hefte*, 1(1946), S. 63-73.

[4] Phillip Rappaport, 转引自 Jeffry M. Diefendorf, *In the Wake of War. The Reconstruction of German Cities after World War II*, p.190。

农业国。① 尽管这一空前严苛的对德方针因"非工业化"措施现实可操性存疑引发美国国内及英国盟友的不满,最终美国国务院、陆军部、财政部以1944年9月联合起草,1945年5月由杜鲁门总统签字生效的"JCS1067"指令(参谋长联席会议1067号指令)取而代之。但美国政府在战争胜利初期的处置德国基本方针并未改变。从"JCS1067"指令内容来看,除军事和政治方面的强硬措施外,经济上要求"甄别惩罚支持纳粹的企业,裁撤工业,务求将德国经济发展限定在'不发生诸如灾荒、疫病及骚乱之类威胁占领军'事件的范围内",且德国人的生活水平"不得超过周边盟国的标准"。② 苏联、法国同样坚持严惩德国并对其施以"非工业化"的方针,前者直接没收生产资料及产品以补偿自己战争损失的方式不仅简单粗暴,且后果十分直观;后者坚持夺取萨尔煤矿,瓦解鲁尔工业产能的目的亦十分明确。虽然英国是唯一不主张经济上削弱德国的大国,但在解除德国安全威胁、经济上改造德国、消除德国政治中的纳粹与军国主义因素等重大议题上,四国仍能达成基本共识。③ 战后改造德国的"4D计划"④也以此为基础。

一方面是占领国一系列直指"非工业化"及其他诸多限制的方针,使得德国政治人物到建筑师从1945年起就形成了德国会因工业设施、企业被拆解而陷入长期贫困的悲观预期,戈特洛布·宾德在1947年4月科隆大会上提出"要确保未来生存的农业前提并实现'农村的重建'"便是在这一背景下产生。另一方面,取代中央政府的各占领当局在实施"民主化"改造时存在目的与过程差异甚至彼此矛盾——且这种差异并不局限于意识形态不同,又加剧了这种悲观情绪的蔓延。

重建城市的政治基础毫无疑问是重建地方自治机构,这也符合四大国分散德国,同时通过"基层民主实践产生新的民主政治力量,承担重建民主重任"的利益取向。⑤ 然而最早从1945年6—7月起就启动的地方政治重建工作——包括州一级的地方政府、重建民主政党、遴选地方议会等,在各占领区推进速度和方式并不一致:美占区是推进德国地方政治重建最早、最迅速的占领区,美方认为,"如果德国人要学习民主方法,最好的办法是迅速从地方一级开始,而且这将有助于我们大量

---

① 孙文沛:《二战后德国赔偿问题研究》,博士学位论文,武汉大学历史学院,2010年,第29—30页。
② 徐之凯:《盟国对德管制委员会始末研究》,第17页。
③ 同上书,第24页。
④ 对德改造的"4D计划"指非纳粹化(Denazification)、非军事化(Demilitarization)、非卡特尔化(Decartelization)和民主化(Democratization)。
⑤ 徐之凯:《盟国对德管制委员会始末研究》,第53页。

减少军政府人员的数目。"①英国虽然反对在经济上削弱德国,但其军政府对英占区的政治控制仍十分重视,认为应加以统一管理。因此一方面设立各类占领区级别的管制机构,另一方面,则不仅将州政府视为占领机关的附属机构,也不重视地方选举。法国的情况则相对特殊,出于避免德国出现强大中央政府的考虑,法国军政府始终致力于分散德国的权力,以至于最初"不仅不允许任何乡、县级别的选举,任何占领区内和超占领区的联合均被禁止"。与西方三国反其道而行的则是苏联,驻德苏联军事管理委员会(SMAD)在 1945 年 7 月即宣布要在苏占区建立由德国人组成的中央政府,同时又在地方层面推进地方议会的建立与选举。②

正因为缺乏统一的德国中央权力,诸如市政规划、住房建设等与重建相关的权限首先被集中到新成立的各州政府手上,但又因各占领区政治架构不尽相同,各地执行力度与尺度亦有所不同:放权最早的美占区,城市重建(包括住房事务)主要由各州内政部兼管,但不来梅拥有自己的建设部门。英占区继续贯彻由占领区一级的机构负责的原则,例如前文已经提到的中央劳动局,集中推行建设政策。法占区则直到 1948 年才将建设权限下放给州政府。③ 而建设中央政府的意愿最为强烈的苏联军政府,则在 1948 年 2 月指定德国经济委员会(DWK,成立于 1947 年 6 月)负责协调各中央行政部门"以建设和平时期的经济",并在一年之后接管包括土地政策、市政与住房建设在内的"全部公共建设控制与规划工作",直到 1949 年 10 月东德成立,上述权限及相关人员才正式移交给新成立的建设部。④

不同占领区、州与地方建设主管部门权限错综复杂,还导致有效监督建筑业的法规缺失,仅以各类临时指令代替,但这不足以应对战后德国的形势,例如军政府设立的部门已无法有效阻止"黑市建材交易的数量几乎与各州当局所能提供的配给物资相当"⑤,进一步提高城市重建的难度,规划人员也为身处"占领当局相互矛盾的期待,及州和城市之间令规划当局的合法权利变得完全不确定的分歧"而感到束手无策。⑥ 但与此同时,在战争及战后改造中幸存下来的德国企业、房地产主和

---

① [英]迈克尔·鲍尔弗、约翰·梅尔:《四国对德国和奥地利的管制 1945—1946 年》,安徽大学外语系译,上海:上海译文出版社 2015 年版,第 298 页。
② 徐之凯:《盟国对德管制委员会始末研究》,第 54—56 页。
③ Klaus von Beyme, "Wohnen und Politik", S.85.
④ Werner Durth, "Vom Überleben. Zwischen Totalem Krieg und Währungsreform", S.66.
⑤ Klaus von Beyme, "Wohnen und Politik", S.86.
⑥ Jeffry M. Diefendorf, *In the Wake of War. The Reconstruction of German Cites after World War II*, p.190.

第四章 战后德国社会福利住房政策的确立(1945—1960)

更广大的公众又迫切期待重建的成果,以改善生活、恢复信心,甚至因此提出"我们不能等上几十年,等到城市规划师的所有理想化要求都得到满足"。① 一面是法规的缺失与权限的界限不清,一面是公众的期许,无疑强化了规划人员与建筑师的工作与精神压力。

不确定的未来与德国地方政府与建设人员捉襟见肘的权限,也导致许多城市重建构想只能停留在纸面上。虽然鲁道夫·施瓦茨直到1952年才离职,但他的方案并未在他手中得以付诸实现。而汉斯·沙龙的"柏林规划:第一份报告"同样只能止步传递想法的展览,这个展览"对参观者而言很可能宛如乌托邦,它提出的目标与当前紧迫的困境相差太远。沙龙首个付诸实践的"居住细胞"建设项目位于东柏林的弗里德里希海恩,1950年才正式投建。

第三节 拥抱市场的联邦德国住房政策

1949年5月23日联邦德国宣告成立,此前主导1948年货币改革的经济学家路德维希·艾哈德(Ludwig Erhard)出任西德首任经济部长。通过与阿登纳及基民盟的合作,艾哈德为联邦德国建立起"社会市场经济"体制。所谓"社会市场经济",指在确保私有制、企业自主和市场竞争原则的基础上,允许存在指导性而非控制性,间接而非直接的国家干预,以此平衡市场、国家和社会的协调,个人自由、经济与社会安全、经济增长之间的关系,避免因其中的矛盾导致社会冲突。② 这种政府指导性干预经济生活的基本方针也对西德的住房政策构成影响。1949年9月23日,刚刚当选总理五天的康拉德·阿登纳虽然在首届政府公告中明确提出:"政府将'大力推进'住房建设,但也适宜采取措施让私人资本对住房建设重新产生兴趣,因为缺了这部分的力量,就不可能解决住房难题"。③ 不过由于当时住房短缺的问题依旧突出,影响民众切身利益,住房建设部门仍属于"受调控的部门",并不实行完全的市场竞争,直到1962年住房短缺率下降至4.1%④,才正式解除住房统

---

① RWWA, 1/23/1, Bauwesen, Allgemeines, vol.1, Verband Rheinischer Haus- und Grundbesitzer e.V., Köln, "Hausbesitz und Wiederaufbau", 12. Nov.1946, S.4,转引自 *Ebenda*。
② 吴有法、黄正柏、邓红英、岳伟、孙文沛:《德国通史·第六卷:重新崛起时代(1945—2010)》,第131页。
③ Deutscher Bundestag, 5. Sitzung, Bonn, 20.09.1949, Konrad Adenauer, Erklärung der Bundesregierung, S.23(D).
④ Marie-Luise Recker, "Staatliche Wohnungsbaupolitik im Zweiten Weltkrieg".

制模式。但在这个过程,德国住房政策经历了从出于克服危机为目的政府干预机制(包括推动公共住房建设)向以住房自由化转变。住房史学者克劳斯·冯·拜默据此将这一转型时期分为两个阶段:即1949—1956年和1957—1960年。① 前一阶段以克服住房短缺为主,具有强烈的管制和干预色彩,但也蕴藏着新的变化;后一阶段则逐步实现公共资金补贴分级,从而建立"社会市场经济"制度下的住房市场化,最终取代"住房统制模式"。

一、克服住房短缺:1950年《住房建设法》

1946—1949年,西德通过各种方式(修缮、改扩建、新建)筹集的住房总计不到50万套,且其中有20万套完成于1949年。与此同时,由于难民人数的增加、组建家庭的需要而导致的住房需求仍在持续增长,因此至1949年底时,西德民众还需要约450万套住房。其中"老大难"群体仍是各类难民:当时仅在西德生活的被驱逐者就已达到750万人,"即使按每4名被驱逐者居住一套公寓计算,则至少仍需要175万—200万套住房"。② 阿登纳甚至形容当前住房状况让"德国人民福利与道德的恢复仍旧遥不可及,让被驱逐者和空袭疏散者的生活困难到令人瞠目结舌的地步"。③ 正因为如此,各党派一致同意延续统制措施,即住房配给制、租金限价,以及广泛的"承租人保护"机制确保其租住的房屋不会被房东随意解约。而为了更好地对住房政策进行统筹管理,西德还于1949年9月成立了住房建设部作为专门的联邦一级主管部门,同时确认由联邦与州两级政府共同承担住房政策的制定与贯彻任务。④ 相比于主管权在各州,中央政府只承担制定住房政策法规框架职责的魏玛共和国,抑或是从未明确制定国家住房政策方针,但同时又由多个分属党政系统的部门多头管理住房事务的纳粹德国,联邦德国在住房事务管理的组织架构上首先克服了前两个政权的不足,政府干预的程度也更为深入和集中。

鉴于当时的住房问题格外突出,除了进一步拓展现有居住可能、稳定租赁市场

---

① Klaus von Beyme, "Wohnen und Politik", S.101.
② Deutscher Bundestag, Drucksache 567, 22.02.1950, Begründung zum Entwurf eines Ersten Wohnungsbaugesetz, Anlage 1a, S.9.
③ Deutscher Bundestag, 5. Sitzung, Bonn, 20.09.1949, Konrad Adenauer, Erklärung der Bundesregierung, S.23(D).
④ Tilman Harlander, "Wohnungspolitik", Akademie für Raumforschung und Landesplanung (Hg.), *Handwörterbuch der Stadt- und Raumentwicklung*, Hannover: ARL 2018, S.2956.

之外,和应对过去的两场住房危机一样,需要动用国家力量大力推动公共住房建设。而在这方面,生产性的目的同样被考虑在内。1950年2月,官方在就起草旨在明确政府干预住房建设的住房建设法规必要性问题上向联邦议会作出说明,提出全面改善居住条件或将有助于改善德国人的身心健康,能"使一些紧迫的经济问题迎刃而解",从而构成德国经济重建的重要前提。但更为核心的问题在于,"虽然当前失业人数高达150万,但大量传统或新兴工商业中心却仍存在亟需填补的工作岗位,只是因为这些地方无法为必要的技术工人及其家属安排住处。"[1]因此,即使从解决失业问题和实现经济复兴的角度,也要求政府投入公共资金推动保障性住房的建设。

"社会福利住房"(sozialer Wohnungsbau)正是在这样的背景下应运而生的。1950年4月24日联邦政府颁布了获国会一致通过的首部《住房建设法》(*Erste Wohnungsbaugesetz*,也称"第一住建法")。法规第一条即规定,西德要建设"为广大阶层民众建设大小、设施和租金(及经济负担)均明确而合适的住房,目标是在六年内建成180万套住房(即"社会福利住房")"。[2] 战后的"社会福利住房"与希特勒在1940年提出的"社会福利住房"一字不差,但二者无论是在内涵、建设目标还是适用范围上都存在极大差异。希特勒为战后德国社会重建所构想的"社会福利住房"是计划建设优先面向多子女家庭的较大户型住房,其中明确贯彻着纳粹政权的人口政策方针。而战后建设"社会福利住房"则是要在兼顾创造就业岗位的情况下,为包括"因战争原因失去家园的"被驱逐者及其他群体建设家园,从而实现战后社会各阶层的融入。[3] 这一要求实际上也是由二战后德国住房短缺危机的特点所决定,它相较于一战后的住房危机,有居住需求者的阶层差异更加不明显,因此需要更为普惠的大众住房计划。

按照1950年《住建法》规定,"社会福利住房"的居住保障范围相当广泛,其受益者除官方反复强调的空袭受害者(被疏散背井离乡或是住房被炸毁)和被驱逐者外,其他类型的难民、集中营受害者、社会弱势群体以及无家可归者均可优先获得住房。此外,所有不超过1950年强制缴纳雇员保险年薪上限——亦即年收入不超过7,200马克——的普通民众也可享受这一住房,而当时德国工人的平均年收入

---

[1] Deutscher Bundestag, Drucksache 567, 22.02.1950, Begründung zum Entwurf eines Ersten Wohnungsbaugesetz, Anlage 1a, S.8.
[2] "Erstes Wohnungsbaugesetz vom 24. April. 1950", *Bundesgesetzblatt*, Jg. 1950, Nr.16, Teil 1, §1, S.83.
[3] "Erstes Wohnungsbaugesetz vom 24. April. 1950", *Bundesgesetzblatt*, §1, Abs. 2.

仅相当于这一标准的 50%—60%。① (可参见表 15 的工人实际收入与《住房法》标准的对比)从这个意义上来说，"社会福利住房"的受惠者已不再是传统意义上"贫困的工人阶级"，因而真正践行《住建法》所提出的"适合广大民众"的建设目标，以图扩大住房供应，解决普通德国人住房问题。

表 15　中等工人家庭年收入与《住房法》收入标准的对比(单位：马克)

年份	1950 年《住房法》收入标准	工人家庭总收入(四口之家)
1950	7,200	4,113.84
1953	11,520	5,729.04
1956	11,520	7,193.76
1957	12,600	7,664.40
1961	14,400	9,815.16

(出处来源于：U. Wulkopf, "Wohnungsbau und Wohnungsbaupolitik in der Bundesrepublik," *Aus Politik und Zeitgeschichte*, B10(1982), S.42,转引自 Klaus von Beyme, "Wohnen und Politik," S.123.)

"社会福利住房"的保障属性还体现在"可负担的房租"概念的推出。根据《住建法》第 17 条第二点的规定，各州政府应根据"市镇大小、地理位置及住房设施结合当地普遍的房租水平制定的房租指数，每平方米租金不得高于 1 马克，特殊情况下可提高至每平方米 1.1 马克"。② 这便是所谓的"可负担房租"。这一严格的房租限价措施使得 1950—1962 年德国普通雇员家庭的房租占家庭支出的比例从 11%继续下降至 10%③——事实上 1946 年的"盟国住房法"已将房租价格冻结在了 1936 年的水平。

当然，作为房租低廉的保障性住房，1950 年《住建法》对于居住面积和设施有着严格规定，即"居住面积不得小于 32 平方米，但不得大于 65 平方米；安置单身人士的住房可低于该标准；而安置人数较多的家庭则必须在设计图纸框架内方允许改扩建"。④ 起初配套的家居设施也较少，一些新租户只能依靠炉灶取暖，这一情况直到 60 年代之后才有所好转，居住面积也随之扩大。

---

① Adelheid von Saldern, *Häuserleben. Zur Geschichte städtischen Arbeiterwohnens vom Kaiserreich bis heute*, S.265.
② "Erstes Wohnungsbaugesetz vom 24. April. 1950", §17, Abs. 2.
③ Axel Schildt, "Wohnungspolitik," S.171.
④ "Erstes Wohnungsbaugesetz vom 24. April. 1950", §17, Abs. 1.

"社会福利住房"的建设资金获取方式主要有以下三种：各级政府提供低息或免息贷款或公共补贴；联邦或州政府提供的担保；以及各类税收优惠；此外各级地方政府还会额外提供建设用地。① 在此基础上，再加上来自马歇尔计划的资金援助，整个50年代西德共建成超过500万套住房，至1960年时西德有三分之一的存量住房是这一时期新建的。其中60%是在各类公共资金支持下建成的。② 1950—1959年年均建成约32.7万套"社会福利住房"③，这在被称为"建设景气期"的50年代也相当令人瞩目，因此被认为是德国战后重建的重大成果之一。

二、美国反对"社会福利住房建设"

1949年12月15日，《美国与联邦共和国经济合作协议》(Abkommen über wirtschaftliche Zusammenarbeit zwischen den Vereinigten Staaten von Amerika und der Bundesrepublik)签署，正式标志着马歇尔计划援助西德的开始。作为一项美国帮助其欧洲盟友恢复遭受战争重创经济（同时遏制共产主义势力在欧洲进一步扩张）的援助计划，马歇尔计划其实更注重实现欧洲的经济复兴，在对西德援助问题上同样如此。1946年7月参与巴黎外长会议的美国代表詹姆斯·贝尔纳斯（James Byrnes）就在公开表态支持德国复兴时说过："德国人不应失去通过辛勤劳动改变命运的可能性……工业增长和进步也不能将他们拒之门外……"④因此在援助西德住房建设问题上，负责马歇尔计划执行的经济合作总署（ECA）的工作重心是支持全面覆盖、快速执行的住房建设方案，其根本目的是借此将工人尽快安置到工业中心，以重建或扩大传统的德国密集型工业。出于这个原因，1949—1950年，大约有3.75亿的援助资金被投入工业中心的工人住房建设。⑤

由于需要尽可能高效利用资金和劳动力，同时将节约下来的资源投入出口导向的经济部门，经济合作总署代表团认定西德当前住房建设方式存在很大问题，导

---

① "Erstes Wohnungsbaugesetz vom 24. April. 1950", §2.
② Axel Schildt, "Wohnungspolitik", S.172.
③ [德]比约恩·埃格纳，《德国住房政策：延续与转变》，左婷译，郑春荣校，《德国研究》2011年第2期第26卷，第14—23,78页。
④ 转引自吴有法、黄正柏、邓红英、岳伟、孙文沛：《德国通史·第六卷：重新崛起时代（1945—2010）》，第57页。
⑤ Wolfgang Bohleber, Mit Marshallplan und Bundeshilfe. Wohnungsbaupolitik in Berlin 1945 bis 1968, S.76.

致建设成本过高。1949年5月英美联合经济区住房建设监管局的一份备忘录中详细列出原因:1)建设工地上的熟练工人的比例相对普工而言过高;2)由于建造方法过时、规划不合理、未充分利用机械辅助设施,导致工人工时过长;3)由于建设方案要求过高、过多,导致服务成本过高[1],例如德国住建部认为工人住房的平均大小应为55平方米,而美方则认为50平方米足矣。美国人甚至还认为,德国对于传统砖石建筑和高标准建设要求的坚持,阻碍了新建住房建设的推进速度。[2]

为改变西德人的住房建设思路,1951年经济合作总署与共同安全合作署(MSA)举办了一场设计竞赛,计划在15座德国城市兴建总计3,300套居住单元的住房开发示范项目。[3] 为了尽可能地"鼓励德国建筑师、规划人员和市政当局大规模建设低成本的标准化住房",竞赛主办方规定,所有由建筑师和承建商组成的竞赛团队提出的方案,可以不必遵守当地的建筑及区域规划法规。作为支持马歇尔计划的援助资金承担了总计1,000万马克的建设资金,胜出方案建成后的产权归于承建商,同时也鼓励入住居民购买产权住房。[4] 随后美国又在多特蒙德展开了第二次扭转西德人居住观的尝试,于1952—1954年间在此建成一处矿工居住区,最终建成800套独户联排住房和半独立式住宅供出租或购买。

简而言之,美国对于德国住房政策的根本性批评在于政府对住房事务的干预过深,以致住房市场的私人资本活跃度不够。这一点正是德国自魏玛共和国以来住房政策决策的根本症结所在,德国人将住房政策视为社会政策的一部分,因此希望通过国家干预的手段确保民众居住权。但这在美方看来,缺乏经济合理性:大多数欧洲国家(不仅限于德国)秉承将低成本住房视为社会保障而非经济产品的观念,并由此衍生出一系列非市场行为,致使融资成为阻碍住房建设的最大障碍——因为投资完全无利可图。1950年美国驻德军事当局(OMGUS)的一份内部报告就曾提示西德当前与住房相关的资本短缺最为严重:建造方式带来的建设成本增加与依照惯例执行的房租限价,致使住房建设"投资回报率仅有2%——不到长期投资回报率的三分之一。其结果只能是私人投资住房建设仍局限于家庭与工厂城。而缺乏有保障的长期按揭贷款削弱私人储蓄的主动性,进一步遏制了资本投资经

---

[1] "Zweitmächte-Kontrollamt", *Die Bauwirtschaft*, 1951, H. 32, S. 6ff,转引自 *Ebenda*, S. 76f。
[2] Jeffry M. Diefendorf, "American Influences on Urban Developments in West Germany", p. 589.
[3] Ibid.
[4] Greg Castillo, "Housing as Transnational Provocation in Cold War Berlin", p. 131.

第四章 战后德国社会福利住房政策的确立(1945—1960)

济。"① 从 1950 年起担任经济合作管理署的住房建设顾问的建筑师伯纳德·瓦格纳(Bernard Wagner)②，也从住房供应端的角度分析德国住房建设领域存在私人资本缺乏、高利率、高土地成本，以及严格的房租限价机制的问题。经济合作总署署长、马歇尔计划首席执行官保罗·G. 霍夫曼(Paul G. Hoffman)因此在 1950 年提出，鉴于当前德国住房形势，应当给予德国彻底改变其社会福利住房思路的"技术"援助：

> "这里我指的不是住房建设技术，而是指这样的要求……为创造适当的资金环境提供技术援助……通过振兴建筑计划鼓励私人投资，创造就业机会。技术援助项目……还应分析房租限价影响，并提出可能的基本调整，避免采取公共补贴。"③

前述 1952—1954 年在多特蒙德建成的矿工住房某种程度上就承担起霍夫曼所说的转变思路的技术援助角色。当地的样板房除了展示等比例大小的现代厨房外，还专门配备了家庭财务顾问，鼓励购房者购买产权住房并介绍融资建设自有住房的渠道。同时美国专家还在 1954 年 5 月提出了一系列解决方案建议："放宽或取消房租限价机制"，"发展自有产权住房建设"，并引入"抵押贷款保险类住房建设融资方案"。④ 但相比于改变住房建设技术，鼓励住房商品化和取消国家建设补贴的努力仍收效甚微。一方面，即使是美国人也不得不考虑德国长期以来形成的"以租代购"及尽量减少住房支出的居住传统很难在短期内扭转，且 50 年代上半叶德国的居住现实亦无法支撑起住房全面市场化——纳粹党在 30 年代中期的市场化政策或许可以提供教训。但另一方面，美国国内对于干预德国住建业也持反对意见。此外，正如美国历史学家杰弗里·M. 迪芬多夫所提示的，不宜高估欧洲复兴计划(即"马歇尔计划")对整个西德住房建设的经济援助力度：1950—1954 年间，只有

---

① US National Archives, Assistant Administrator for Programs, Subject files 1948 – 1950, RG469/250/72/27/6, box 19, A Financial Program for Western Germany" (February 7, 1950), 转引自 Ibid., p.129.
② 伯纳德的父亲正是 20 世纪 20 年代中期担任柏林市政建设顾问的马丁·瓦格纳，而他正是魏玛时代利用公共资金(即"房租税"资金)推动大众保障住房建设的先驱之一。
③ Greg Castillo, "Housing as Transnational Provocation in Cold War Berlin", p.130.
④ US National Archives, Deputy Director for Operations, Office of European Operations, Office of the Director, Subject Files 1948 – 54, RG 469/250/74/35/5, box 40, "American Suggestions to Increase Housing Productivity" (May 10, 1954), 转引自 Ibid., p.131.

1.63%的马歇尔计划资金被投入住房建设。①

三、"马歇尔计划"援助西柏林

尽管美国并不认同西德的"社会住房建设"住房建设思路,但有一座城市却是例外,这便是西柏林。《美德经济合作协议》规定,联邦政府在获得援助资金的同时,有义务尽最大可能给予西柏林维持和发展经济的必要经济援助。在美方的催促下,西柏林在协议签署第二天就得到联邦政府的承诺,将获得来自欧洲复兴计划专项援助资金的五千万马克,专门用于1950财年的城市住房维修:其中4,250万马克于1950年完成拨付,剩余750万马克于次年到位。②

1950年9月13日的西柏林人口普查统计显示,当时全市共有2,146,952户常住居民(包含个人和家庭)居住在970,063套各类住房内,但其中仍有70,099户居住于缺乏基本生活设施如厨房的紧急安置住房内。而在居住于普通住房内的899,946户居民中,有257,533户属于从"二房东"(同为租户)手中转租居住,其中个人154,222户,家庭103,331户。从中不难看出西柏林居民居住重要任务的困状。考虑到转租居住的家庭和临时安置于紧急住所内居民(无论是个人还是家庭)的居住需求最为迫切,因此西柏林市统计局估算城市总的住房缺口将达到22.5万套。③ 西柏林市政府则在1951年发布的年度报告坦言,整个1950年的住房市场状况较前一年并无改善,住房建设活动完全无助于减少居住需求。全年建成的住房仅5,876套,"完全无足轻重,同期还有977套住房因为建筑警察禁止令而无法使用"。④ 与此同时,结婚率和外来人口的迁入使得住房供需比进一步紧张。

西柏林这一突出的住房问题,固然是整个西德住房供应仍处于恢复进程中的具体体现,但也与这座城市的特殊地位有关。柏林本就特殊的地理位置与政治紧

---

① Jeffry M. Diefendorf, "American Influences on Urban Developments in West Germany", in Detlef Junker, ed., *The United States and Germany in the Era of the Cold War, 1945 - 1990. A Handbook (Vol. 1: 1945 - 1968)*, Cambridge/New York: Cambridge University Press 2004, p.590.

② Wolfgang Bohleber, *Mit Marshallplan und Bundeshilfe. Wohnungsbaupolitik in Berlin 1945 bis 1968*, S.120.

③ Wolfgang Bohleber, *Mit Marshallplan und Bundeshilfe. Wohnungsbaupolitik in Berlin 1945 bis 1968*, S.137f.

④ Der Senat von Berlin (Hg.), *Berlin 1951 — Jahresbericht des Magistrats*, Berlin: Kulturbuch, 1952, S.114.

张气氛加剧了当地的住房短缺。1948年6月23日,苏联对西柏林采取全面封锁政策,第一次柏林危机就此爆发。虽然以美国为首的盟国马上采取反制措施,不惜一切代价组织空运为西柏林人提供食物、煤炭和其他生存必需的物资,但建筑材料并不在优先运输之列。原材料的短缺不仅造成西柏林的建筑业濒临崩溃,也使城市失业率进一步恶化:1948年8月15日,西柏林市政当局致函盟国司令部称西柏林建筑业正陷于严重危机之中并提请占领当局重视该问题,一旦"建筑行业的核心产业地位不保,将对西柏林的总体经济形势构成灾难性影响。"[1]实际上,从1948年上半年起,占领当局和柏林市政府为扩大就业机会,已将拆除被毁建筑物及清理瓦砾的预算提高三倍[2],但也仅能解决部分就业。据美国驻德军事当局的估算,西柏林当时的工作机会仅能为其拥有的7万名熟练与非熟练工中不到一半的人提供工作岗位。[3] 与此同时,东柏林的城市重建工作也在全面展开,东柏林当局从1949年10月起"恳请"城市西半边的工人前来建设民主德国的新首都,其结果是数以千计来自"自由柏林"的工人为谋生计,开始投入为民主德国建设住房、院校和体育场的工作之中,而东柏林的媒体更是每日刊登广告招募劳动者,与西柏林展开劳动力与意识形态的双重竞争。

随后西柏林失业人口在1950年2月再创新高,达到30.6万人。[4] 糟糕的就业环境让西柏林成为西德最贫困的城市:1949年4月西柏林人均存款为5.83马克,仅有西占区人均存款额的12.4%——而到1951年底,其人均存款额也只提高至联邦德国平均水平的38.5%。[5] 而经济形势的进一步恶化或将导致可能的政治动荡,例如东德青年组织"自由德国青年"(Freie Deutsche Jugend)就曾计划在柏林各

---

[1] Wolfgang Bohleber, *Mit Marshallplan und Bundeshilfe. Wohnungsbaupolitik in Berlin 1945 bis 1968*, S. 137.

[2] US National Archives, OMGUS Records of Berlin Sector, Records of the Economics Branch, Reports of the Building and Housing Section, 1946–49, RG 260/390/48/20/5, box 570, "Eighteen Month Report", Building, Housing and Requisitions Section, Office of Military Government Berlin Sector (May 26, 1948), 转引自 Greg Castillo, "Housing as Transnational Provocation in Cold War Berlin", p. 127.

[3] US National Archives, OMGUS Records of Berlin Sector, Records of the Economics Branch, Reports of the Building and Housing Section, 1946–49, RG 260/390/48/20/5, box 571, "Quarterly Estimate of the Situation", Building, Housing and Requisitions Section, Office of Military Government Berlin Sector, August 11, 1949, 转引自 Greg Castillo, "Housing as Transnational Provocation in Cold War Berlin,".

[4] Wolfgang Bohleber, *Mit Marshallplan und Bundeshilfe. Wohnungsbaupolitik in Berlin 1945 bis 1968*, S. 121.

[5] Wolfgang Bohleber, *Mit Marshallplan und Bundeshilfe.* S. 117.

行业举行计划有 50 万德国青年参与的活动。① 正是在此背景下，美国驻德军事当局、欧洲复兴计划(ERP)与占领区援助与救济基金(GARIOA)均竭力敦促联邦政府承诺将利用马歇尔计划的资金大力扶持西柏林的建设。1950 年 3 月 28 日在西柏林召开的欧洲复兴计划会议上(与会者包括经济合作总署代表团、联邦各部委以及美国驻德军事当局)正式确认，欧洲复兴计划委员会将每月再为西柏林建筑业提供 2,000 万马克紧急援助，在柏林紧急计划的框架内直接雇佣 5.2 万人，间接雇佣 1 万人。② 至 1951 年 5 月底，已有 5 万名失业者重新受雇于绿化养护、土木工程、住房与市政建设企业，他们的工资由紧急项目基金直接拨付给企业。而马歇尔计划的配套贷款则用于资助必需的建筑材料与工业进口产品。③

除了创造劳动岗位，欧洲复兴计划与占领区援助与救济基金还为西柏林的住房建设提供了大量贷款以刺激城市建筑市场：1950 年为 1,980 万马克，1951 年为 2,700 万马克，连同每月 2,000 万马克的紧急援助，基本完全覆盖 1950—1951 年西柏林大型住房建设项目的资金需求。1950 年 4 月和 10 月，复兴计划和占领区援助与救济基金还分别启动两项旨在推动住房维修的资金支持项目，分别是住房维修(占领区援助与救济基金承担 60% 的资金)与针对屋顶及存在危险隐患的受损住房的转向维修(占领区援助与救济基金承担 75% 的资金)。最终，1949—1954 年间在上述专项资金的援助下，西柏林共建成(包括新建和修复)10 万套居住单元，这些资金占到马歇尔计划支援西德住房建设资金的将近一半。④

尽管美国方面对德国住房建设的政府干预传统颇为不满，但在解决西柏林住房短缺的问题上却依然投入大量资金以扶持城市建筑业恢复和住房供应的扩大。看似矛盾的选择背后其实有着极为清晰的政治动机，即避免因住房短缺引发社会广泛不满，继而造成政治动荡。对于西柏林当局和以美国为首的占领国当局而言，尤其要重视的是工人与难民的住房问题，防止这两个天然对左翼政治团体抱有好感的群体因为基本生活得不到保障而转变政治立场，进而削弱联邦德国这个直接与苏联阵营对抗的新生"民主国家"。而西柏林因其更为突出的地缘政治因素，经济与社会复兴相对西德其他地区更为脆弱和负责，最终促使美国不得不暂时放弃

---

① Wolfgang Bohleber, *Mit Marshallplan und Bundeshilfe*. S.121.
② *Ebenda*.
③ Greg Castillo, "Housing as Transnational Provocation in Cold War Berlin", p.127.
④ 事实上，西柏林获得的全部经济援助占到马歇尔计划投入西德资金的三分之一。参见 Greg Castillo, "Housing as Transnational Provocation in Cold War Berlin", p.128.

四、从第二部《住建法》到废除住房统制模式

以市场手段调控西柏林城市住房政策的改革念头。

在货币改革、马歇尔计划援助以及西方三国放松对联邦德国经济限制的多方作用下,西德经济开始逐步恢复。尽管起步阶段的状况仍谈不上高度平稳和迅速,例如部分行业不景气状况依旧,失业率也仍处于7%—10%的较高水平,但工业生产已开始逐年呈现增长态势:1948年至1952年年中增长110%,国内生产总值实际增加67%;1951年出口贸易首度出现盈余。[①](见表16"1948—1953年联邦德国经济发展数据")经济的向好不仅带动了收入的增加和对居住条件改善的需求,也带来经济发展的新要求:一是进一步发掘人力资源投入的更广泛的战后重建工作,二是鼓舞民众的干劲和储蓄的意识。

表15　1948—1953年联邦德国每季度经济发展数据

时间	工业生产(以1936年水平为100)	就业人数*(单位:万人)	失业率*	制成品价格指数(以1950年水平为100)	生活用品指数(以1950年水平为100)	毛计时工资**(以1950年水平为100)
1948						
二季度	57	13.5	3.2	92	98	77
三季度	65	13.5	5.5	99	104	84
四季度	79	13.7	5.3	105	112	89
1949						
一季度	83	13.4	8.0	104	109	90
二季度	87	13.5	8.7	101	107	94
三季度	90	13.6	8.8	100	105	95
四季度	100	13.6	10.3	100	105	95
1950						
一季度	96	13.3	12.2	99	101	97
二季度	107	13.8	10.0	97	98	98

---

① 数据转引自吴有法、黄正柏、邓红英、岳伟、孙文沛:《德国通史·第六卷:重新崛起时代(1945—2010)》,第221页。

续表

时间	工业生产（以1936年水平为100）	就业人数*（单位：万人）	失业率*	制成品价格指数（以1950年水平为100）	生活用品指数（以1950年水平为100）	毛计时工资**（以1950年水平为100）
三季度	118	14.3	8.2	99	99	100
四季度	134	14.2	10.7	104	103	105
1951						
一季度	129	14.2	9.9	116	115	108
二季度	137	14.7	8.3	121	119	117
三季度	133	14.9	7.7	121	108	118
四季度	134	14.6	10.2	124	112	—***
1952						
一季度	136	14.6	9.8	122	111	120
二季度	143	15.2	7.6	121	109	122
三季度	144	15.5	6.4	121	109	123
四季度	158	15.0	10.1	121	110	134
1953						
一季度	146	15.2	8.4	120	109	125
二季度	158	15.8	6.4	119	108	128
三季度	160	16.0	5.5	117	108	128
四季度	174	15.6	8.9	116	107	128

* 各季度统计月份为：3月、6月、9月、12月。

** 各季度统计月份为：2月、5月、8月、11月。

*** 不详

（数据来源于《德意志联邦共和国统计年鉴》1952—1954年经济和统计，转引自［德］维尔纳·阿贝尔斯豪塞：《德国战后经济史》，第113页。）

1950年《住建法》将战后住房建设类型分为社会福利住房和完全私人融资住房。而在"社会福利住房"中，又包含了两类情况，一类是由公共资金资助建设的住房，一类则是享受税收优惠的私人住房。考虑到当时的住房缺口，对公共建设资金的需求极大，因此住建法亦鼓励私人参与住房建设并给予相应的优惠：房屋所有人除可以免除十年房产税之外，他可以自房屋建投建之日起十二年内减免各项应缴纳税收,减免税额为房屋建设成本的50%。① 同时,由于联邦、州和地方政府本身并不承担住房建设任务,而是委托给私人或公益房企。而根据1950年《住建法》的执行条例,住房局必须向能够提供住房的房企推荐候选人,由企业进行选择,这就意味着房企本身也具备了分配社会住房的资格。房企甚至可以根据自己的资本状况,在法律允许的范围,吸纳未来租户的部分资金(一般为其年收入的20%),作为贷款或合股建房的资金,在这种情况下,未来租户的偿付能力也就成为重要的选择指标。这两种将私人资金(甚至是个人储蓄)引入社会福利住房的方式,一方面促进西德住房建设市场的活跃,另一方面也能够有针对性地满足部分较富裕群体高于基本保障线的居住需求。

正是《住建法》对于"社会福利住房"适合广大民众的定义,使得联邦德国战后的住房建设在多种资金来源的支持下开始呈现快速发展态势,也使得大众的居住条件得到一定的缓解,这一点直接体现在反映住房拥挤程度"分租率"的持续下降:从1950年的35%下降至1956年的21%。② 另一方面,随着西德经济的复苏,收入的提高,生活条件不断改善,令德国民众尤其是家庭对居住质量和住房产权的关注变得普遍起来,如此《住建法》中有关"社会福利住房"居住面积和设施的规定已普遍不能满足大众的要求。这就构成了修订《住建法》的动机。1956年6月28日颁布了联邦德国的第二部住建法,这部法规的全称也变更为"住房建设与家庭住宅法"(Wohnungsbau- und Familienheimgesetz),名称的变更意味着西德住房保障政策发生根本性转变:促进自有产权住房和家庭住房,并将国家干预住房建设限定在狭义的住房福利保障。第二部《住建法》第1条第2段对此明确给出说明:"促进住房建设的目的是克服住房短缺问题,尤其是那些低收入找房者所面临的住房短缺,同样为大部分民众建设个人产权住房,尤其是家庭住房的形式,建立与土地的联系……应大力促进此类保障健康家庭生活,特别是多子女家庭的住房建设。"③

第二部《住建法》还改变了政府对"社会福利住房"的资助形式。从魏玛共和国

---

① Karl-Heinz Peters, *Wohnungspolitik am Scheideweg. Wohnungswesen, Wohnungswirtschaft, Wohnungspolitik*, S.179.
② Axel Schildt, "Wohnungspolitik", S.173.
③ "Zweites Wohnungsbaugesetz vom 27. Juni. 1956", *Bundesgesetzblatt*, Jg. 1956, Nr.30, Teil 1, §1, Abt. 2, S. 525. https://www. bgbl. de/xaver/bgbl/start. xav? startbk = Bundesanzeiger_BGBl&jumpTo=bgbl156s0523.pdf#__bgbl__%2F%2F*%5B%40attr_id%3D%27bgbl156s0523.pdf%27%5D__1688484397657 (2023年7月4日访问)。

开始,德国政府的公共资金促进政策都是以为无息或低息政府贷款的方式取代资本市场上的资金(即"资本补贴"),以此降低住房建设的借贷成本。但现在转变为以资本市场资金取代公共资金贷款,事后再由政府对贷款利率和本金还款率进行不同形式的补贴。但由于补贴本身也是根据资本市场浮动,其结果是"社会福利住房"的资本成本不断攀升,致使住房生产成本在1955—1956年出现飙升,从每平方米304马克增至752马克。虽然第二部《住建法》的初衷是在国家的引导下将住房建设重新纳入社会市场经济体系,但成本的飙升恰恰加速推动政府退出干预住房事务决心:公共资金直接补贴的住房数量从1953年的56%下降至1963年的37%—38%。[1]

从50年代后半期开始,联邦德国政府开始明显放松对现房领域的各项管制措施。事实上,至1956年《住建法》颁布当年,西德建成住房数量已达581,000套,同期民主德国则仅为32,000套;住房供应的相对宽松带来了战后住房统制模式的放松,首先松动的便是对存量住房租金控制的放松[2]:1955年《房租法》颁布,1946年颁布的房租冻结令正式取消;但其实从1951年起原本价格冻结在1936年的老式建筑内的公寓租金已逐步调整到与当前租金相当的水平。同时,《房租法》还允许房主可根据房屋的质量适当提高房租以进一步活跃租赁市场——不过当时德国的住房缺口仍较大,因此明确规定涨价"不得超过法定租金的30%"。[3]

无论是住房建设还是房屋租赁,在50年代中期已逐步被重新纳入市场经济体系的运作,因此在1957年起担任联邦住房建设部长的保罗·吕克(Paul Lücke)看来,是时候全面取消对住房事务的政府管控。他提出,根据基本法和《人权宣言》的规定,每个家庭享有最低限度的合理居住空间是一项不可侵犯的人权。虽然按照当前的居住需求在未来4—5年间联邦德国仍需要建造约250万套住房,但从目前的产能来看,250万套并非遥不可及。一旦住房供需平衡达成,那么就必须终止住房统制模式对私有财产和契约自由的侵犯,"长期将房地产作为例外法则和特殊法则,不符合基本法中的平等原则"。[4]

1958年底,吕克正式建议将住房保障纳入市场经济体系,全面解除一切住房

---

[1] 数据来源于 Axel Schildt, "Wohnungspolitik", S. 175.
[2] 新建住房的租金控制则放开得更早,1950年《住建法》允许未接受各类公共资助的私人融资住房可以完全不受房租限价约束制定房租。
[3] Klaus von Beyme, "Wohnen und Politik", S. 93.
[4] Karl-Heinz Peters, *Wohnungspolitik am Scheideweg. Wohnungswesen, Wohnungswirtschaft, Wohnungspolitik*, S. 188.

管制措施,废除住房统制模式。这一被称为"吕克计划"(Lücke-Plan)的住房统制模式解除方案的起点是1959年11月12日提出的关于"废除住房统制模式及制定社会福利租赁法"的草案。但考虑到这部法案"不仅应为恢复住房所有权服务,同时也必须符合对此充分理解的承租人的利益",因此需要分步骤推进。按照吕克最初设定的行动进度表,首先,1958年12月31日前西德境内所有住房短缺率小于2%的县及县级市(当时共有557个)将不再执行住房管制措施;而在其他地区,则根据大型高级公寓、中型公寓及廉价小住房的顺序依次解除管制。在该方案遭到反对之后,行动被推迟至1960年1月1日起执行,最终于1962年7月1日完成对全部类型住房管制的取消。从此,德国住房政策开始进入到一个新的发展阶段。

第四节 国家导向的民主德国住房政策

1939年时由萨克森、图林根、梅克伦堡、萨克森—安哈特及东柏林组成的苏占区总人口为19,481,883人,家庭总数为6,634,100户,住房6,074,700套。根据1947年2月苏占区的普查显示,四州一市完全被毁、无法居住的房屋数量总计810,755套;其居民人口则较1939年增加160万人。[①] 虽然东部总体居住状况好于西部,但同样面临严峻的重建和安置压力,因此1946年的盟国管制委员会第18号法令也适用于苏占区。而在《盟国住房法》颁布前的3月3日,德国共产党方面也制定了旨在缓解住房短缺并阐明社会主义重建最紧迫问题的住房建设计划书。1949年10月7日德意志民主共和国成立,这两份文件共同构成民主德国及其长期执政的统一社会党(SED,简称"统社党")住房制度与法规的起点,前者确保了国家掌控整个住房事务,后者是"重组民主德国政府及涉及土地法、住房建设与住房产业的经济基础"的纲领。建国之初,民主德国的国家导向住房政策主要包括制定符合东德国情的规划、建筑与土地法,将房租限定在最低水平,实行住房分配,以及对私人房产主和公益性住房建设企业征收紧急建设税。

---

① 数据来源于 BArch, IV 2/2027/41, Vermerkung vom 21. Feb. 1946 zu Maßnahmen zur Behebung des Wohnraummangels (u.a. mit statistischen Angaben); Axel Schildt, "Wohnungspolitik", S.179。

一、1949—1954年的东德住房建设

与联邦德国一样,将住房保障视为政府需要承担的当然义务,这一魏玛传统也在民主德国继续传承。1949年和1968年民主德国宪法均明确规定公民享有居住权利,在后一部宪法中的规定尤为具体详细(第37条):

> 1) 德意志民主共和国的每位公民都有权根据经济状况和当地条件为本人及家庭要求住房。国家有义务通过促进住房建设、维护现有住房的价值及采取公共手段调控住房公平分配落实这一权利。
> 2) 解约权受法律保护。
> 3) 每位公民均享有自己住房不受侵犯之权利。①

这一基本权利还于1976年被纳入民主德国民法典:"社会主义国家保障每位公民及其家庭的住房权"(第94条)。民法第96条居住权保障的实施原则作出规定:"为保障公民的基本住房权并确保其公平分配,所有住房(分配)均受国家领导,并由居住区与企业的公民委员会参与。"②由此可知,东德对公民居住权的保障,从一开始就将市场调节机制排除在外,完全依靠政府分配,这与50年代同期的联邦德国为克服住房短缺而推行的统制模式基本类似,只是在这之后西德选择拥抱市场,这对兄弟国家的住房政策思路才变得大相径庭。

(一) 住房建设出发点的变化

虽然都认可或一度认可国家在住房领域承担的责任,但两个德国在制定住房政策的底层逻辑是不同的。联邦德国在战后初年经济政策深受弗赖堡学派秩序自由主义理论的影响,本质上仍是要保障市场有序发展,因此社会福利和保障即便不是有限度的,也应依从"市场和国家秩序来实现秩序中的社会(福利)内容"③。只

---

① Der Verfassung der Deutschen Demokratischen Republik vom 7. Okt. 1968, §37, http://www.documentarchiv.de/ddr/verfddr1968.html (2022年5月23日访问)。
② 转引自 Helmut Jenkis, "Vorwort", Hannsjörg F. Buck, *Mit hohem Anspruch gescheitert — Die Wohnungspolitik der DDR*, S.7.
③ [德]维尔纳·阿贝尔斯豪塞:《德国战后经济史》,第142页。

不过战争造成的住房短缺危机已经威胁到整个德国社会和经济发展,因此联邦德国才不得不采取紧急措施加以克服。随着住房供需趋于稳定,联邦政府选择逐步退出,将住房经济重新交还给市场。但民主德国的政治政体决定了它不会将国家干预住房政策作为一项克服危机的临时措施。一方面随着东德经济在从战时紧急体制向苏联式的中央集权计划经济转型,住房经济也不例外。另一方面,按照恩格斯在《论住宅问题》中所述,鉴于住房的商品属性,"只有资本主义生产方式的废除,才能解决住房问题"。① 因此在社会主义社会,当住房不再具备普遍的商品属性,亦即它不再成为依据市场法则进行生产和分配的消费品,而是"社会主义国家在计划经济框架内所要满足的需求",住房就无需优先考虑找房者的支付能力,而应由住房管理部门根据分配标准执行。②

然而,由于统一社会党缺乏计划经济管理的经验,在经济政策方面基本照搬苏联模式,将经济复苏的主要目标定在集中精力发展原材料及重工业企业,导致消费类生产不受重视,亦缺乏对住建业的长期发展规划,最终影响了住房建设的生产能力与规模,住房短缺的状况无法得到缓解。1949 年 10 月,主管土地政策、城市规划和住房建设的最高管理部门建设部在成立后的第一个任务,便是如何在有限条件下解决问题。建设部的基本立场是尽可能投入最少的资金建造更多的住房,因此最初的构想是建设能够覆盖整个东德的标准住房类型,如简单的 3—4 层小户型住宅楼③,既能最大限度降低规划与建设成本,同时还能实现大规模生产,"多快好省"地解决当前的居住困境。

建设部的这一构想其实可以追溯到法兰克福现代国际建筑协会(CIAM)1929 年法兰克福大会上所倡导的"最简生存住房"(Wohnung für das Existenzminimum)。包括恩斯特·迈在内的现代主义建筑师均认为可以通过减少居住面积达成兼顾建设成本、健康宜居与可负担房租的目的。但"最简生存住房"在当时就遭到了许多人对建筑质量和居住面积狭小的质疑,而民主德国这一旨在提供居住保障的小微住房,也遭到强烈反对。反对者认为这种居住条件甚至比 20 年代的那种"最小住房"(Wohnminimum)更糟糕,并要求至少"扩大居住面积使其建筑装饰具有地区性特色"。不过,民主德国通过 1950 年 3 月的建设部长令拒绝了这一要求,通令"各州不

---

① 恩格斯:《论住宅问题》(第二篇"资产阶级怎样解决住宅问题"),第 283 页。
② Thomas Hoscislawski, "Die 'Lösung der Wohnungsfrage als soziales Problem' — Etappen der Wohnungsbaupolitik in der DDR", *COMPARATIV*, 3(1996), S. 68-81.
③ Werner Durth, "Vom Überleben. Zwischen Totalem Krieg und Währungsreform", S. 67.

得变更'1950年类型'",最终确定东德规划住房的面积如下:两居室公寓为29平方米,三居室为34平方米。①

事实上,这种极度紧凑住房类型确实是东德建设部结合50年代初国内经济形势作出的现实主义抉择,这一点其实并不难理解。只不过出人意料的是,很快东德住房建设的方针就出现了新动向,且这一次的变化直接受到政治因素的驱动。第一次柏林危机,不仅是美苏冷战时期第一次重大国际危机,也使东西两德进入到全面竞争的状态。对于东德而言,它尤其要彰显其制度优越性,因此1949年底1950年初,当建设部正紧锣密鼓地围绕紧凑住房类型制定建设计划时,统社党中央委员会也在编写名为"1950年文化计划"(Kulturplan 1950)的报告。这份报告提出,"1950年应当基于最广泛的群众基础发展一种内容民主、形式民族的人民文化"。② 这一文化目标很快改变了东德的市政建设与规划目标:1950年第一季度,有关柏林和东德其他遭摧毁城市的重建原则,根据"文化计划"的指导意见被制定出来:重建后的东德城市将以代表"民族传统"的建筑形式对抗"带有美式城市景观"的西德城市。这也证明,两个德国之间的对抗与竞争已蔓延至城市空间。

1950年7月,民主德国又通过了一份名为《城市规划十六点原则》(Sechzehn Grundsätze der Städtebau,后文简称为"十六点原则")的文件。"十六点原则"最终成为民主德国最初十年的城市建设总方针,其中第6条"城市中心应建设重要的政治与纪念性建筑,支配城市规划的建筑组成部分,并决定城市的建筑轮廓"③,对东德城市规划作出根本性规定。从此民主德国的建筑师和规划人员全面中断对现代主义实用建筑的探索,转而对体现德意志民族文化和艺术审美的建筑样式的强调。虽然这里确立的建筑风格并非全然是德国式的,而是"指导30年代苏联城市建设方向的社会主义现实主义风格"④,且就本质内核而言是突出装饰性的古典主义城市规划方案。但"十六项原则"出台不仅代表了东西方阵营在建筑领域的意识形态斗争的强化,意味着苏联对于东德干预与控制的加深;同时它也深刻反映出东

---

① Werner Durth, "Vom Überleben. Zwischen Totalem Krieg und Währungsreform", S. 69.

② Entwurf für den Kulturplan 1950 undatiert,转引自 Werner Durth, "Vom Überleben. Zwischen Totalem Krieg und Währungsreform", S. 70。

③ "Die 16 Grundsätze des Städtebaus", §6, Lothar Bol, *Von deutschem Bauen. Reden und Aufsätze*, Berlin (Ost): Verlag der Nation 1951, S. 32 - 52,转引自 https://www.bpb.de/themen/nachkriegszeit/wiederaufbau-der-staedte/64346/die-16-grundsaetze-des-staedtebaus/(2022年5月1日访问)。

④ Adelheid von Saldern, *Häuserleben. Zur Geschichte städtischen Arbeiterwohnens vom Kaiserreich bis heute*, S. 315.

德政府对市政建设,乃至建筑文化的干预之深。"十六点原则"还对居住区规划作出具体规定,要求应"包含居住区所有人口所需的文化、供应和福利设施……居住区由包含花园、学校、幼儿园、托儿所和以及满足民众日常需求的公共设施组成楼栋片区组成"。(第10条)艺术史学家彼得·古拉尔奇克描述过的50年代东德的居住区景象,正体现了住房从"最初的功能导向向官方美学导向"的体现:

> "要求建设带有宽敞楼梯间、屋顶露台,底楼还设有商店和餐馆的代表性住宅楼。住宅楼的平面图设计非常保守,对低租金和住房分配均有要求。(住房)是集中安排的,包含了大量与民主德国斯大林主义盛期相关的建筑、建设和社会政策相关的内容。"①

而位于东柏林弗里德里希海恩段的斯大林大道(1961年之后更名为马尔·马克思大道)旁的九层公寓楼"韦伯维泽"不仅是这一建筑美学的典型例子。它也成为两个德国竞争的某种象征,韦伯维泽也是东德建成的第一栋高层建筑,总共可以提供33套建筑面积为100平方米的三居室出租公寓。公寓层高3.3米,提供中央供暖,浴室和厨房均有热水且设施齐全;另外还配备了电梯、垃圾槽和对讲机。1952年5月1日,首批30名工人租户入住"韦伯维泽",公寓每月租金为90芬尼/平方米——但其他地区分配一套公寓可能只需花上22马克。②

(二) 多种所有制的住房建设模式

与获得马歇尔计划资金支持的西德不同,最初作为苏占区的东德不仅需要向苏联支付比其他占领区更多的赔偿,其工业设施也遭到大量拆除,致使其工业基础被严重削弱。因此,民主德国在建国后很长一段时间内都处于私有经济与公有经济并存的阶段。住房领域的情况也是如此:住房统制模式固然限制了住房成为投

---

① Peter Goralczyk, "Architektur und Städtebau der 50er Jahre in der DDR", Werner Durch, Niels Gutschow (Hg.), *Architektur und Städtebau der Fünfziger Jahre*, Bonn: Selbstverlag, 1990, S. 78, 转引自 Adelheid von Saldern, *Häuserleben. Zur Geschichte städtischen Arbeiterwohnens vom Kaiserreich bis heute*, S. 315。
② 参见刊登于柏林租户协会杂志上的文章:"Wohnen in außergewöhnlichen Häusern. Ikon im Schatten der Stalinalle", 29.08.2018, https://www.berliner-mieterverein.de/magazin/online/mm0918/ikone-im-schatten-der-stalinallee-das-hochhaus-in-der-weberwiese-091824.htm (2022年5月1日访问); Cornelia Geißler, "Frühere Stalinallee: Wo die besten Arbeiter Berlins einziehen sollten", *Berliner Zeitung*, 2.5.2022。

资品,但即便民主德国政府明确"掌握住房事务的垄断权",出于克服住房短缺危机的考虑,也并未完全禁止私人建房——1949年宪法第22条甚至还明文规定私有财产受宪法保护。政府规定,在50年代初,只要个人建房的出资额占总成本的20%,政府就会为其提供贷款,以此鼓励住房建设。[1] 1954年9月甚至还出台了鼓励私人建设储蓄的配套法规,该法直到1970年才被废除。同时,为了解决私人所有住房与公有制住房产权不一致的问题,东德采取产权分离的办法,以协助房产所有者可以不受限制地使用土地。[2] 这样一来,进一步鼓励了有居住需求者,尤其是多子女家庭,建设属于自己的家园。

鼓励私人建设其实还有安置特定移民群体的意图。这里的特定群体指两类人:"迁居者"(即被西德称为"被驱逐者"的回迁德意志人)以及政治上忠于苏联及东德政权的上层知识分子。前者一般被安置在农业地区,作为"新农民计划"的一分子获得建造农舍及附属建筑的优惠贷款,后者可以获得住房建设的优惠贷款,以帮助他们尽快融入苏占区(及东德)社会。尽管如此,国家对私有土地和私人持有房屋的转让和处分仍有严格限制,各州通过颁布土地转让法规,重新规定财产转让的批准和分配程序,以确保国家拥有优先购买权,因此由供需关系调节的土地及住房市场仍无法在东德无法建立起来。从这一意义上来说,尽管民主德国政府允许住房和土地私有制在一定范围内合理存在,但仅仅将其作为国家管控住房经济的补充。

1953年6月中旬,柏林建筑工人因反对政府提高10%强制劳动定额采取罢工运动,罢工很快向其他地区蔓延,整个民主德国都处于失控状态。由于这场严重政治危机本质是由民众对生活与工作境遇的普遍不满引发的,因此统社党当局在对政治经济体制作出调整和改革的同时,也开始重视改善民众生活条件。在当年12月颁布的旨在改善工人劳动及生活条件的法令中,当局承诺将加大国家投入住房建设的资金预算,同时进一步动员计划经济以外的资金与劳动力储备,以此大力推动私人及合作社建房的力度。(参见表16)这也意味着,东德住房建设包含国有、集体所有(即合作社)以及私人所有(但占比最少)三种所有制形式。至50年代中期,东德新建住房约三分之二由国家兴建,建设资金主要来自财政资金和银行贷款;而私人及建筑合作社建房的占比在15%左右。[3] 由此,合作建房成为50年代

---

[1] Thomas Topfstedt, "Wohnen und Städtebau in der DDR", S.429.
[2] Thomas Topfstedt, "Wohnen und Städtebau in der DDR".
[3] Thomas Hoscislawski, "Die 'Lösung der Wohnungsfrage als soziales Problem' — Etappen der Wohnungsbaupolitik in der DDR".

民主德国住房建设的重要力量。

表 16 民主德国第一个五年计划(1951—1956 年)住房建设数量*

承建方	1950	1951	1952	1953	1954	1955	1956
	数 量						
国家	16,182	21,026	10,943	22,309	30,084	20,875	17,342
私人家庭及 1956 年完成社会主义改造的公益性住房合作社	2,914	25,272	25,972	5,620	4,284	4,019	4,238
私人建设储蓄(1955 年起)	—	—	—	—	—	214	400
建设个人工厂住房建设的劳动者	—	—	—	—	300	4,005	2,795
社会主义工人住房建设合作社(1954 年起)	—	—	—	—	10	225	4,922
土地改革住建项目中的新农民	11,826	13,467	10,236	4,367	—	—	—
MAS/MTS 和 LPG 机构**	70	1,275	438	—	62	492	3,152
总计	30,992	61,040	47,589	32,296	34,740	32,830	32,849

* 该数量包含新建、重建及改扩建的住房。
** MAS、MTS 和 LPG 均为与土改相关的机构,MAS 是 1948 年 11 月按照苏联模式建立的"机械贷款站", 1952 年更名为"拖拉机贷款站(MTS)";LPG 指农业生产合作社。
(数据来源于:Hannsjörg F. Buck, *Mit hohem Anspruch gescheitert — Die Wohnungpolitik der DDR*, S.192.)

在合作社建房中占据最重要地位的是 1954 年起在各集体所有的大型工厂和联合企业中设立的工人住房建设合作社(AWG,下文简称"工住建"社),但合作社成员并不局限于本企业职工,其他公司的职工在得到其企业或工会领导的同意,也可以加入能够为其分配住房的工人住房合作社成为社员。一般来说,合作社会根据住房需求是否迫切、工作能力是否突出以及是否积极投身社会生活来决定是否接纳这些会员。随后在住房分配环节结合家庭规模、入社顺序及所谓的"社会资格"进行综合考量。相对来说,在"工住建"社的分配体系下,拥有固定员工的大企业会拿到优惠配额,而高等院校的分配则靠后。考虑到"工住建"社的住房建设由国家计划经济统一管理，由国家提供建设贷款和建设所用的免费土地。因此它实际并不完全享有自由分配住房的权利，相反必须接受地方行政机关的指令。但"工住建"社住房不同于国有住房的地方在于，"工住建"社的社员需要购买合作社的股份（即"捐款"），或按所谓建设时长进行劳动（即"帮助建设"）①，所以合作社仍有义务保障社员的权利。至1957年底，整个东德共有560家"工住建"合作社，总计六万名社员，由其承建的新房占到全国总量的19%。② 除此之外，还有从1945年之前就存在的各类建筑合作社发展而来的公益性住房合作社（GWG），它与"工住建"社的区别在于对于社员是否属于集体所有制企业职工并无硬性规定，当时在除东柏林之外的全东德范围有约400家，成员达到约18万人。但由于它建房所需的资金和土地也均由国家提供各项支持，因此最终被并入"工住建"社。

二、50—60年代的政策调整与建设成果

德国学界有观点认为，二战后至50年代民主德国住房短缺情况并不如联邦德国那样严重，一方面是存量住房的"底子"相对较好，直到1958年时，东德仍有66%的住房建于1918年之前——这个比重在西德只有45%。③ 另一方面是从50年代开始从东向西的人口流动导致东德人口持续减少，连带住房需求直线下降。有学者因此提出，东德住房缺口缩小，三分之二是因为新建住房，三分之一是因为东德人逃往西德而造成的住房需求下降。④ 同期的对比统计数据似乎也佐证了这一点：至1958年时，东德每百套住房居住人口为349人，而同期的西德则是370人。⑤ 显然东德的居住密度要低于西德。

产业布局的不合理导致普通东德人日常消费需求无法得到满足，生活条件得不到改善，是诱使大批民众在50年代初离开东德的根本原因，1950—1952年间每

---

① Adelheid von Saldern, *Häuserleben. Zur Geschichte städtischen Arbeiterwohnens vom Kaiserreich bis heute*, S.316.
② Thomas Topfstedt, "Wohnen und Städtebau in der DDR", S.428.
③ Adelheid von Saldern, *Häuserleben. Zur Geschichte städtischen Arbeiterwohnens vom Kaiserreich bis heute*, S.324.
④ 参见冯·萨兰登上引书第324页相关评述；汉斯约尔格·F.布克也认为，工业化住房建设与"逃离共和国"最大程度上"缓解了（东德）住房的供应不稳定"，参见 Hannsjörg F. Buck, *Mit hohem Anspruch gescheitert — Die Wohnungspolitik der DDR*, S.183.
⑤ Klaus Dieter Arndt, *Wohnungsverhältnisse und Wohnungsbedarf in der sowjetischen Besatzungszone*, Berlin: Dunker & Humblot 1960, S.10.

年外流人口均在15万人以上;1953年的"6·17事件"又激化了民众对于政府的不满,以至于1953年平均每月前往西德的人数在1.5万—2万人之间。① 但在如此庞大的人口外流趋势面前,至1958年时民主德国住房缺口其实依然存在(见图3),足见民主德国住房供应情况并不容乐观。事实上,上文提到由需求减少推出供应足够的结论论断首先忽视了房屋质量问题这一客观事实。根据1950年民主德国住房普查显示,在总计427万套东德普通住房中,屋龄在100年及以上的占到25%——五分之一的房屋甚至建于1860年之前,43%的房屋屋龄在50—100年之间②,这就意味着东德实际存在大量房屋老化的情况,虽然战争并未摧毁这些建筑物,但除房屋自身老化问题外,其格局、层高、设施也正不断被现代居住生活所淘汰。与此同时,由于房租被冻结在1936年的水平,再加上建筑材料严格限额,无论

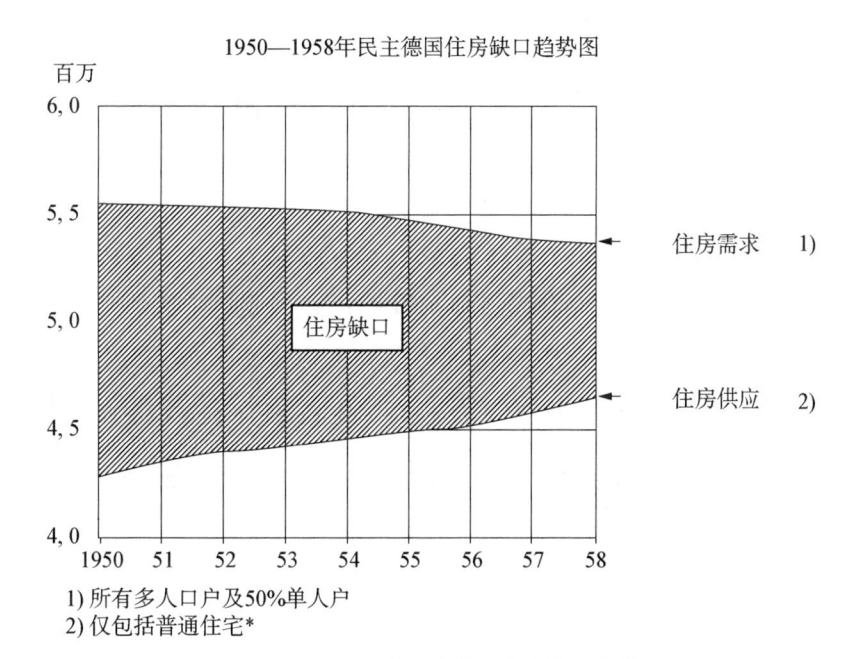

图3 1950—1958年民主德国住房缺口趋势图

*普通住宅不包括地下室、顶层、阁楼住房,及建在建筑物其他位置但无法归入前述类型的住房。

(图表来源于:Klaus Dieter Arndt, *Wohnungsverhältnisse und Wohnungsbedarf in der sowjetischen Besatzungszone*, S.9.)

---

① Greg Castillo, "Housing as Transnational Provocation in Cold War Berlin", p.135.
② Klaus Dieter Arndt, *Wohnungsverhältnisse und Wohnungsbedarf in der sowjetischen Besatzungszone*, Berlin: Dunker & Humblot 1960, S.13.

公私房屋所有者都没有意愿和能力修缮房屋。其次,德国住房统计的基础是"户"而非"人",这就出现了与一战后类似的情况,外迁人口的统计单位是"人",且大多是年轻人,为了寻找更好的谋生可能选择离开,但他们的离开其实并不影响以"户"为单位的居住需求。此外,50年代前半期的人口外流多寡直接取决于国际形势的紧张程度,随着民主德国加强对与联邦德国的边界管理,大规模流动已不再可能发生,正如克劳斯·D.阿伦特在1960年提到"未来西迁人口达不到过去十年的程度"①——最终"柏林墙"的拔地而起也证明了这一点:进入60年代,东德"逃亡"西德的人口逐年减少。因此,不宜高估人口外流对缓和民主德国住房需求的作用。

民主德国住房问题迟迟得不到解决的根本原因在于新建住房的推进速度缓慢(见表17)。1953—1955年的数据显示,东德主要城市的年均住房建成总数在3万套上下,每1万名居民拥有住房数为18套。其中又以国有住房建设占主导地位,约占住房建设量的三分之二。② 与西德的对比数据也证明了这一点,1945—1958年西德每年新建住房的数量占到住房总量的34%,而东德只有9%。③ 而这一差距在50年代中期之后更大。建设速度缓慢除了与建材和资金匮乏之外,也与民主德国脱离实际盲目在建筑领域彰显制度自信有关。建设成本随着居住标准的提高而上涨。以前述模范公寓"韦伯维泽"为例,每套公寓的建设成本高达9万马克,是普通新建住房的8—9倍。建设成本的高企又使得国家计划建设的住房数量无法完全达标。最终这些问题在1954年3—4月的统社党第四次党代会上被正式提出,与会党员对当前住房建设工期过长、造价过高及采取工业化施工手段态度迟疑提出激烈批评。

表17 1953—1955年民主德国主要城市区域住房建成数量

区域	1953	1954	1955
罗斯托克	3,167	2,739	2,450
什末林	834	489	794
新勃兰登堡	1,716	1,303	865
波茨坦	2,061	2,160	2,091

---

① Klaus Dieter Arndt, *Wohnungsverhältnisse und Wohnungsbedarf in der sowjetischen Besatzungszone*, S. 21.
② Thomas Topfstedt, "Wohnen und Städtebau in der DDR", Ingeborg Flagge (Hg.), *Geschichte des Wohnens* (Bd. 5:1945 bis heute: Aufbau, Neubau, Umbau), S.439.
③ Hannsjörg F. Buck, *Mit hohem Anspruch gescheitert — Die Wohnungspolitik der DDR*, S.183.

续 表

区域	1953	1954	1955
法兰克福(奥德河畔)	1,883	1,793	1,874
科特布斯	2,176	1,398	1,840
马格德堡	1,582	2,692	2,117
哈勒	3,240	3,727	3,380
埃尔福特	1,183	1,610	1,596
格拉	1,773	1,770	1,134
苏尔	539	833	581
德累斯顿	2,314	3,593	3,071
莱比锡	911	2,423	2,245
开姆尼茨	4,272	3,979	3,932
总计(不含东柏林)	27,651	30,509	27,970
东柏林	4,645	4,231	4,860
总计	32,396	34,740	32,830

(数据来源于：Staatliche Zentralverwaltung für Statistik,转引自 Klaus Dieter Arndt, *Wohnungsverhältnisse und Wohnungsbedarf in der sowjetischen Besatzungszone*, S.48, Tabellen-Anhang.)

面对批评,民主德国的建设思路再次出现转变,但最初改变的动力依然来自外部：接替斯大林成为苏共总书记的赫鲁晓夫在 1954 年 12 月召开的全苏建筑工作者大会上发表演讲,明确反对以"那些建筑师的建筑艺术与设计实践"继续浪费资金,提出"建筑物应当耐用而且使用经济,建筑师应当学会精打细算人民的金钱"；"起草每份草案时都必须考虑可用资金的经济用途"。[1] 虽然东德建设部门一开始对赫鲁晓夫的这一加快建筑工业化的最高指示颇为抵触,但 1955 年 4 月 21 日部长会议还是通过了"关于建筑业最重要任务"的决议,宣布建筑业,尤其住建业的重点任务是实行有计划的类型化、标准化和工业化。这首先标志东德的住房建设正式转向工业化生产,试图通过技术手段扩大住房供应。

随着东德经济在政治动荡中逐步复苏,本国工业部门如冶金、机械制造、化学、电力工业、造船、石油化工或建立或扩大,社会主义经济成分占到国民经济的

---

[1] Nikita Sergejewitsch Chruschtschow, *Besser, billiger und schneller bauen*, Berlin: 1955, S.28f,转引自 Thomas Topfstedt, "Wohnen und Städtebau in der DDR", S.486。

71.1%。经济向好发展也反馈在了人民生活方面,首先是劳动时间,1957年引入45小时工作制,工作时间有所缩短。① 其次,民众的工资收入从1950年的311马克提高至1955年的432马克,生活支出却只有1950年的62.2%——零售品、劳务价格和交通费指数从189.8%下降至110.4%。② 至1958年5月底,全国统一的商品消费品固定价格取代了过去的食物配给卡。结合意识形态竞争考虑和对本国经济潜力的预估,统社党此时决定调整经济和社会目标,从原来在文化与美学方面与联邦德国展开竞争转向在经济物质层面的展开竞争,亦即回到列宁所说的通过提高劳动生产率战胜资本主义制度上来。

1958年7月中旬召开的统社党第四次党代会上,统社党中央委员会书记瓦尔特·乌布利希(Walter Ulbricht)正式宣布要推行新经济计划以提高劳动生产率,并最终实现从资本主义制度向社会主义制度的过渡。具体到人民生活与城市建设内容包括:至1961年时,民主德国的主要食品及消费品人均消费量要赶上并超越西德,至1962年彻底消灭城市中最后的战争痕迹,至1965年时基本完成重要城市中心的重建与新建。③ 这些目标连同新经济计划被汇总到"1959—1965年人民平和、富裕和幸福的七年计划"(*Siebenjahresplan des Friedens, des Wohlstands und des Glücks des Volkes 1959 bis 1965*,简称"七年计划")于1959年10月1日获得人民议会通过。

但相比西德住房建设通过两部《住房建设法》不断扩大建设规模,东德直到1958年时记录在案的住房缺口仍达73万套,因此统社党中央委员会在1958年党代会上提交的报告指出"过去只在优先范围内贯彻执行的住房建设,不符合我们的社会主义建设要求"。④ 随后,乌布利希在1959年第三次建设会议上正式宣布,民主德国要在1965年全面消除住房短缺:

"到1965年时实现我们住房建设计划,是使民主德国的社会主义制度在与西德资本主义制度和平竞争中体现优越性的根本问题……借助这

---

① Thomas Topfstedt, "Wohnen und Städtebau in der DDR", S.500.
② 数据来源于吴有法、黄正柏、邓红英、岳伟、孙文沛:《德国通史·第六卷:重新崛起时代(1945—2010)》,第247页。
③ *Protokoll der Verhandlungen des V. Parteitages der Sozialistischen Einheitspartei Deutschland, 10. Bis 16.7.1958*, Bd.1, Berlin: 1959, S.82-84,转引自Thomas Topfstedt, "Wohnen und Städtebau in der DDR", S.500。
④ 转引自Thomas Hoscislawski, "Die 'Lösung der Wohnungsfrage als soziales Problem' — Etappen der Wohnungsbaupolitik in der DDR"。

项住房建设计划,在德国的部分地区——即德意志民主共和国——第一次通过工农的力量用历史上最短的时间克服了几个世纪以来劳动人民的住房短缺问题。"①

"七年计划"为此还专门包含了一项住房补充计划,计划到1965年时建成69.1万套新住房,同时还要完成8.1万套住房的改建与扩建工作,以便"最短时间"内克服住房短缺。至此,推动住房建设正式被统社党中央提升至最优先发展的级别。

这项庞大住房计划的短期目标是要到1965年时为每个家庭(即便无法满足到以"户"为单位)提供自己的住房,并逐步消除房屋老化问题——主要通过拆除或改造实现存量住房的更新,最终目标是使民主德国在1980年之前全面实现现代化的居住生活。为了要实现这一建设目标,同时也为了发挥工业化建设的优势,建设配备更好基础设施和更高人口密度的大型居住区就成为了首选。民主德国从60年代起,住房建设的主要形式是建设大型居住区。根据1959年9月由建设部及德国建筑学院发布的居住规划新规,"居住组团"(Wohngruppe)是最小的规划单位,由1,000—6,000人组成;若干个居住组团再组合成包含6,000—12,000名居民的"居住片区"(Wohnkomplexe),由这些居住片区形成容纳3万—6万人的居住社区(Wohnbezirke),最终由若干居住区构成城市的"居住区域"(Wohngebiet)。②

最早贯彻这一大型居住区理念的实践项目是位于萨克森—安哈特的小城巴德丢伦贝格的居住区。1960—1962年这里共建成约1,200套住房,平均居住面积54.4平方米,由若干栋提供大户型的四层楼房和两栋提供小户型公寓的高层组成;另设有一个居住区中心以处理所有社区事务。除此之外,整个社区是一处绿树掩映的开放空间,区内各居住组均可在短时间内到达。更为著名的规划项目则是服务于萨克森—安哈特州哈勒市的化工厂而规划的哈勒西(后更名为哈勒新城),它也是民主德国在60年代最大的住房建设项目,于1964年奠基。起初哈勒新城计划容纳7万名化工行业工人居住,分成八座大型居住社区,均包含5层、11层、25层不等的标准化住宅楼,以应对不同的居住需求。每座居住社区可容纳的居民人

---

① Walter Ulbricht, *Die Aufgaben des Bauwesens im großen Siebenjahrplan der DDR, 3. Baukonferenz am 6. Und 7. Mai 1959*, Berlin (Ost), 1959, S.14f, 转引自 Ebenda.
② Thomas Topfstedt, "Wohnen und Städtebau in der DDR", S.511.

数可达 1.5 万人。至 1980 年时总计有 9 万人居住于此。①

客观来说,以民主德国当时的国情而言,想要在 1965 年之前达成赶超西德生活水平的目标并不现实,住房计划也是如此。至 1965 年时,东德仅完成计划建房数的 73%。②但随着大型居住社区日益成为东德住房建设的主流,一些新的变化仍随之出现:首先是大型居住社区开始对合作社建房及私人建房发起挑战③,而前者的优势在于社区规模大,设施齐全。其次,凭借现代化设施与优美的配套环境,大型居住区树立起新的生活标准与居住风尚,有找房需求的民众不再愿意屈就于市中心质量糟糕的老建筑,而搬往郊区的新居住区,一定程度上也达成了民主德国为其民众提供住房保障的目标。只不过在此过程中也产生出新的变化:在一些未经重新装修的老旧居住区,居民人数开始减少,在一些城市开始出现市中心"空心化"的局面:马格德堡市中心人口在 20 世纪 70—80 年代减少 16%,同期的哈勒市下降比例更达到 27%。④

三、房屋分配与房租

如前所述,《盟国住房法》(即"第 18 号法令")构成民主德国存量住房政策的基础,因此东德对于住房管理十分严格。起初因为住房供应紧张,不仅空置住房必须登记,乔迁新居抑或出于住房置换原因订立租约,都需要获得官方颁给的住房分配许可后方可订立,并由住房局予以严格监督——如有必要甚至可以违背私人业主的意愿订立强制租赁合同。尽管 1955 年《住房控制条例》(*Wohnraum-lenkungsverordnung*)一度给予工住建住房和私人产权住房开了绿灯,但 1967 年的修订条例重新规定,"包括工厂住房在内的所有住房类型,无论产权形式如何"都应遵循最

---

① Rosemary Wakeman, "Was There an Ideal Socialist City? Socialist New Towns as Modern Dreamscapes", p. 120; Adelheid von Saldern, *Häuserleben. Zur Geschichte städtischen Arbeiterwohnens vom Kaiserreich bis heute*, S. 321.

② Thomas Hoscislawski, "Die 'Lösung der Wohnungsfrage als soziales Problem' — Etappen der Wohnungsbaupolitik in der DDR".

③ 合作社因成本较低在 20 世纪 50 年代末 60 年代初一度达到建设高峰,"工住建"在 60 年代初建成的住房占到当年新建住房的 60%以上;而公益住房建设合作社的建设高峰也是在 1959—1961 年间,每年兴建约 1.2 万—3 万套住房。参见 Adelheid von Saldern, *Häuserleben. Zur Geschichte städtischen Arbeiterwohnens vom Kaiserreich bis heute*, S. 317。

④ Adelheid von Saldern, *Häuserleben. Zur Geschichte städtischen Arbeiterwohnens vom Kaiserreich bis heute*, S. 317.

初的规定。① 这种对于国家分配住房的坚持无疑是对社会主义"社会公正"原则的实践,"公正地分配住房资源是国家住房调控的一部分,这是对根据社会福利标准提供住房的保障"②——这就与联邦德国立足市场机制的住房保障出发点截然不同。不过,虽然立足社会主义"公正分配",民主德国也优先为亟需居住保障的群体提供住房,包括纳粹政权受害者、严重传染病者及残疾人,大家庭等,国家功勋获得者、知识分子也可以享有同等的住房优先权。

具体到措施,民主德国的住房分配机制并非广受诟病的魏玛共和国版本,即由住房局在收到住房申请后进行分配。为了避免官方的武断决策,民主德国的政府部门并不直接插手住房的分配事务,而是从60年代开始在城市、城区、乡镇的议会,工会及大企业,以及各个居住区内成立民众自愿参加的"住房委员会",由住房委员会审核住房申请,巡视屋况。③ 委员会的工作还包括对民众关心的住房问题和建议做初步决策,以便更好地利用、维护和开发现有住房,它们还经常举办公共咨询,向公众解答与住房相关的疑惑。通过这种方式,民主德国的住房分配机制取得以下显著的成效:首先是有效合规地为有居住需求的民众提供及时的安置;其次,由于住房委员会对辖区内住房情况十分了解,顺利推动对存量住房的扩建工作,进一步扩大可供分配的房源;第三,通过"住房委员会"建立的社会网络,政府还有效打击了房客试图绕过规则私自转租或分租房屋的情况,一旦被查处,房客不仅将面临被强制扫地出门和高额罚款,其行为还会被视为违法,甚至是"攻击国家的权威"。

但与此同时,由于几乎不存在房屋租赁市场,住房完全是国家事务,房租问题成为民主德国各界关注的重点。因为它不仅与民众的日常生活相连,也关乎民主德国的增量房建设、现房维护等诸多问题。民主德国成立之初,政府不仅保留将房租冻结在1936年的做法,同时还继续适用德国经济委员会在1948年6月颁布的指导意见,即从1944年12月31日即日起首次出租的房屋或别墅及独户住房中房间按相同租金标准执行。④ 按照这一标准,东德中小城市及乡镇平均房租为

---

① Thomas Topfstedt, "Wohnen und Städtebau in der DDR", S.439.
② Hans Reinwart, Reinhard, Nissel, *Rund ums Wohnen*, Berlin: Staatsverlag der Deutschen Demokratischen Republik 1986, S.14.
③ Thomas Topfstedt, "Wohnen und Städtebau in der DDR", S.440.
④ Richtlinie der ehemaligen Wirtschaftskommission vom 19. Juli 1948, 转引自 Manfred Hoffmann, "Sozialistische Mietenpolitik in der DDR", *Zeitschrift für die gesamte Staatswissenschaft*, Bd.129, 2 (1973), S.246-291。

0.6—0.8马克/平方米,大城市为0.8—1马克/平方米;东柏林则最高,为0.9—1.2马克/平方米。基本房租的定价仅与城市规模及区位有关,不涉及房屋类型,这也意味着,无论是重建区域内的老式建筑(即私人住房),还是国有新建住房均按此标准执行。[①] 而工住建及公益住建社由于被认为是"社会主义的住房建设合作社,社员构成了合作社资产的集体所有者",在不构成法定租赁关系的情况下,合作社住房的房租被称为"使用费",但合作社社员缴纳"使用费"的最高限额仍需参照当地国有住房的租金水平。(参见表18)

表18 20世纪50年代中期不同区域"工住建"合作社房租构成(单位:马克)

租金构成	住 房 位 置		
	农村	城镇	大城市
运营费	30	60	90
维护费	67	67	67
管理费	15	20	25
二级贷款的利息	212	212	212
0.5%折旧费	130	130	130
年租金(=总费用)	=454	=489	=524
月租	37.84	40.75	43.66
每平方米租金	0.57	0.61	0.65

(数据来源于 K. Becker, "Billiger bauen — weniger Miete. Wie hoch ist die Nutzungsgebühr für eine Wohnung der Arbeiterwohnungsbaugenossenschaft?" *Demokratischer Aufbau*, 2 (1955), S. 60f,转引自 Manfred Hoffmann, "Sozialistische Mietenpolitik in der DDR"。)

民主德国将房租维持在1936年水平的基本出发点是避免房租上涨造成民众生活境况恶化,从这一点来说两个德国的考量是一致的。正因为如此,东德的单位房租同样极低,直到60年代中期都维持在1马克以下,与西德"社会福利住房"的房租持平,且此时东德住房无论是舒适度还是房屋格局相比50年代都有长足进步。但对于民主德国来说,由于住房被剥夺了商品属性,房租就不仅是"使用房屋的等价款,还是租户们维护社会住房的资金"[②]。随着住房的数量急剧增加,不仅

---

① Richtlinie der ehemaligen Wirtschaftskommission vom 19. Juli 1948.
② Ludwig Penig, "Die komplexe Wohnungsbau als staatliche Aufgabe", Ost-Berlin: 1973, S. 12f,转引自 Helmut Jenkis, "Vorwort", S. 6。

意味着建设成本大增,维护成本同样大幅提高,因此秉承不以房租盈利原则的东德政府不得不背负沉重的财政负担。曾担任经济委员会主席的威利·施托夫(Willi Stoph)在1971年指出,1966—1970年仅从国家预算中为包括房租在内的住房建筑业拨款就达到98亿马克。①

事实上,民主德国政府并非没有意识到长期忽视住建领域市场规律的经济后果,也曾尝试首先提高新建住房的房租以覆盖建设成本。1966年3月17日,民主德国部长会议通过了涨价决议,但为了尽可能减小影响,仅在媒体上以极为克制和温和的方式报道此一决定。按照新的租金条例,从条例生效日起新订立租约的国有新建住房租金应包含住房涉及的建造、养护、运营和管理费用以及配套费用如暖气和热水。这样一来,平均单位租金在0.7—0.9马克/平方米的新建住房,按照新规将提高至0.95—1.25马克/平方米,涨幅达到30%—40%。以一套50平方米的两居室公寓为例,每月租金约在50—75马克,另外还要收取包括采暖费、家具、垃圾槽在内的附加费。②

1966年新租金条例起初对于提振建设资金投入的效果明显起到了一定的作用,但昂纳克(Erich Honecker)却在1972年4月下旬的统社党第五次代表大会上出人意料地表态,为了在工人、职员及合作社社员之间建立更良性的新建住房房租与收入比,必须削减房租。此外,由于未来"……新房将主要提供给工人、职员以及拥有3名以上子女的家庭,且60%的新住房要提供给产业工人",因此新的租金条例"要让相关的家庭——尤其是工人——家庭有能力支付新建住房的租金。"③这一表态的结果是东德财政部将从国家财政中拿出25亿"用于住房建设、改造和扩建、房屋维修与现代化,以及补贴租金。"④

这一房租减免的政策转向同样政治意义大于经济原则。首先,它与民主德国在住房政策的领域始终秉承的基本原则有关,也就是恩格斯对资本主义制度下的住房问题本质的批评。恩格斯认为,在资本主义生产条件下,"修建工人住房的投

---

① Manfred Hoffmann, "Sozialistische Mietenpolitik in der DDR".
② Manfred Hoffmann, "Sozialistische Mietenpolitik in der DDR".
③ Willi Stoph, "Mit guter Bilanz voran auf dem klaren Kurs des VIII. Parteitages", *Neues Deutschland*, 7. Okt. 1972, S. 3, https://www.nd-archiv.de/artikel/106522.mit-guter-bilanz-voran-auf-dem-klaren-kurs-des-viii-parteitages.html (2022年6月12日访问)。
④ S. Böhm, "Finanzpolitik im Interesse des werktätigen Volkes, -aus der Begründung des Gesetzes über den Staatshaushaltsplan 1972", *Sozialistische Demokratie*, 31. Dez. 1971, Beilage, S. 2, 转引自 Manfred Hoffmann, "Sozialistische Mietenpolitik in der DDR".

资是(资本家)全部投资中一个必要的、能直接或间接带来收益的部分",一旦他们同时又是工人的房主,就可以对罢工的工人施加压力;但与之相对的是,工人首要的生活条件是迁徙自由,"地产对他们而言只能是一种枷锁"。① 简言之,工厂住房和私人自有住房都是一种将工人和雇主联系起来的手段,而要赋予工人更大的物质与政治行动的自由,让他们能够为了自己的利益自由的工作,必须打破这一联系。这一点早在被认为"指明日后整个社会主义阵营发展方向"的 1961 年苏共党纲中就得到体现,房租将进一步下降并"逐步实现对所有使用住房的人民免费"。② 其次,这一转变与 60 年代末东德社会面临的人口减少问题直接相关:东德从 1961 年起出生率就呈现连年下降趋势,为了确保人口实现再生产,统社党的第八次代表大会明确要将社会政策与经济政策相结合,提高人民物质与文化生活水平——尤其是提高消费品和服务,从而为扩大人口规模最准备。而在这个背景下,改善居住条件并且能够让人民群众能够负担,就显得尤为重要。也正因为这两个因素的作用,1966 年租金条例调整的范围和效果相对有限:例如它仅针对条例生效之后的订立合同的新建住房,此前的新建公寓租金也不受影响;其次调整后的租金虽然名义上要"覆盖成本",但事实上并不包括土地成本、建筑工地的相关费用以及贷款利息。③ 但即便如此,新的租金价格依然无法为广大民众接受,个中真正的原因在于东德民众的收入过低,连 1966 年之后新建住房的建设成本都无法负担。而在无法对住建业经济结构作出改变或提高民众收入的情况下,只能由国家通过不断"输血"的方式提供福利保障。从社会政策演变的角度来看,德国局势日后出现根本性变化早在 60 年代就埋下了伏笔。

本章小结

1945 年之后没有"零时"(Stunde Null)。这是对战后德国社会发展的重要论断之一,历史学家从各个方面论证德国社会各领域都存在从帝国到联邦德国的连续性——即使是在二战结束初期最艰苦的时期,"也未曾出现完全的断裂"。在住房建设(也包括城市规划)领域,不仅是理念的延续,还包括人事的连续,均在两个

---

① 恩格斯:《论住宅问题》(第二篇"资产阶级怎样解决住宅问题"),第 279、288 页。
② Manfred Hoffmann, "Sozialistische Mietenpolitik in der DDR".
③ Ebenda.

德国的住房决策与建设中得到充分体现。无论是包含房租限价、解约保护、住房分配在内的"统制模式",还是立足"最广大民众"住房保障不断进行调整的住房建设实践,都可以从魏玛共和国与纳粹德国的住房政策历史中找到供其借鉴的经验与教训,最终在基本克服住房短缺危机的60年代初共同奠定起德国当代住房保障机制的基本原则:扩大住房供应,保障大多数民众居住权。

然而,德国的战后历史又赋予了现代德国住房政策不同于过往任何历史时期的特殊性。从二战结束到20世纪50年代,正是东西方阵营的对峙从开启到趋于激烈的时期。德国的分裂固然是冷战的直接后果,不同的政治与经济制度也促使两个德国在解决住房短缺问题的过程中,形成对住房事务中的政府角色与市场机制、社会福利内涵的不同理解:联邦德国强调市场机制,使"社会福利住房"回归狭义上的"对弱势群体的住房保障";民主德国则强调国家导向和社会公正,但也因此几乎完全放弃住房市场经济。与此同时,由于意识形态的对立,两个德国的激烈竞争心态也体现在住房政策领域,表面看来是民主德国的住房政策刻意彰显制度优越性而脱离了经济基础薄弱的现实条件。但它更是无视社会政策处于政治与经济张力之中的极端体现。

结论

从19世纪中叶的"工人住房问题"发端,德国公共领域开始思考住房保障,到20世纪60年代联邦德国取消完全国家干预,令"社会福利住房"重新回归狭义的福利保障原则,德国住房政策实际上已成为现代德国史的重要组成部分。这不仅与住房政策的自身发展相关,也因其与许多历史重大事件直接相连。鉴于住房政策的内涵过于丰富,作者深知无法以一本书的体量完成对它的全面论述,因此选择在19世纪中叶至20世纪中叶这个德国社会不断出现重大变动,但又砥砺前行的时代背景下,考察德国的社会福利住房政策演变。

一

当代德国住房保障体系涵盖社会福利住房、房屋租赁与房租补贴、住房建设储蓄与购建房税收优惠多种措施,目前已基本覆盖从低收入群体到中等收入群体的住房需求,同时实现住房市场经济与住房福利保障的结合,兼顾"效率"与"公平"原则。[1] 事实上,德国人花了相当漫长的时间,才摸索出这套"市场"与"社会"相对稳定结合的发展道路。

受19世纪自由经济观的影响,德意志帝国从帝国政府到基层市镇普遍将房产业视为完全私有化经济领域。将房屋视为牟利的商品,一方面是惯性思维使然,一方面也是以房地产者为主代表的有产者把持地方议会的政治生态的经济体现,最终的结果是各级政府介入"住房问题"并提供保障的尝试作用有限,甚至完全受挫。

---

[1] 向春玲:《165岁的德国住房保障制度》;杨瑛:《借鉴德国经验:加快建设以公租房为主的住房保障体系》,《城市发展研究》2014年第2期,第77—82页。

曾被尼特哈默尔概括为"直接准备期20年代，间接准备期50年"的《普鲁士住房法》(Preußisches Wohnungsgesetz)的出台便是其中突出的例子：作为帝国住房法的先声，这部旨在强调政府干预与保障公益性住房建设的法案从1891年开始起草，历经1904—1913年和1914—1916年两次提交邦议会均未获通过，直到1918年3月才正式颁布。① 但过度信赖市场工具，缺乏制度保障的直接后果，是直到20世纪初德国底层民众的居住条件与居住心理需求仍无法满足，而战争的爆发又进一步放大了这一问题。

1918年以"政治变革者"姿态出现的魏玛共和国确立了德国历史上首个政府主导下的住房租赁保障和建设促进机制。魏玛共和国试图从住房的角度践行"福利国家"理想，"保障社会公正、增进一部分人或者整体之福利、支持经济主体的自我救助能力与自我规制能力"②，并由此确立德国住房政策的社会属性——而这一属性一直延续至今。然而在魏玛共和国住房从商品转变为"保障"的背后，是各级政府近乎不计成本地投入公共资金扩大住房供应，这又与贯穿共和国始终的国内资本短缺构成尖锐的矛盾，其结果是德国市政当局在1929年经济大危机降临之前就陷入债务危机之中。虽然1933年上台之初的纳粹党曾出于对民主政体的憎恶，短暂放弃政府对住房市场的干预，但由于这一极权政权不仅将住房保障绑上了种族意识形态的战车，还视之为实现扩军备战所需的人力目标的重要手段，这一时期的住房政策的政府干预属性不仅更为强烈，同时还表现为一种仅保障"民族共同体"成员的等级色彩。

正是魏玛共和国与第三帝国对居住福利的过度强调，在较长的时间内掩盖住房建设与租赁的市场法则与供需关系。在魏玛共和国时期，一方面是建于战前的老建筑住房受制于房租限价机制而无法保持较好的屋况供人租住；另一方面是建筑师对于符合公共卫生与建筑标准的现代住房的过度追求，导致建设成本上涨，不仅加重了政府投入公共资金的负担，也使得有住房需求的弱势群体如工人阶级、多子女家庭依然无力负担新建住房的房租。同样的问题也出现在纳粹统治时期，在人口与家庭政策的主导下，这一时期的新建住房以面向多子女家庭为主，但大户型及郊区（定居点）独栋自有住房与找房者廉价容身之处的居住诉求相去甚远。更糟糕的是，由于住房数量的短缺问题迟迟未能克服，很多人在二战爆发前就不得不栖

---

① Lutz Niethammer, "Ein langer Marsch durch die Institutionen. Zur Vorgeschichte des preußischen Wohnungsgesetzes von 1918", S. 363f.
② 孟钟捷、王琼颖：《魏玛德国的社会政策研究》，北京：中国社会科学出版社2021年版，第3页。

身于棚户,住房质量更无从谈起,民众对政权不满因此更甚。

20世纪20—30年代暴露出来的住房结构性缺陷,二战中后期盟国对德国的大规模空袭,最终导致德国战后的住房危机较一战后有过之而无不及:西德地区大中城市普遍损失一半以上的存量住房,直到1950年时每年住房建设能力才达到25万—30万套。① 东德地区的情况虽然略好一些,但数以百万计待安置人口、难民,依然是各占领国当局和后来的两个德国政府都必须面对的严峻局面。在此背景下,两个德国不得不重启住房统制模式,严格管控住房分配事务,以确保绝大多数德国民众不至于在战后流离失所,引发大规模社会动荡。而住房政策另一个重点依然是尽可能扩大住房供应。但在这个问题上,东西德走上截然不同的发展道路。

在联邦德国,一面是来自马歇尔计划的资金援助,一面是强调经济主导、国家有限干预的"社会市场经济体制",在促使西德走上经济复苏的同时,扩展和改善社会政策其实不再是优先目标——即如艾哈德所说"最好的经济政策就是最好的社会政策"。随着住房短缺至50年代中期逐步得到缓解,虽然社会福利专家仍将住房政策视为传统的"社会政策"领域,但国家对于住房事务的干预思路已开始转变,在"为广大阶层民众建设住房"原则不变的基础上实施分层住房保障:一方面确保为低收入、社会边缘人群这些无法依靠市场获取住房的弱势群体提供"社会福利住房",另一方面逐步放开包括房租限价、建筑面积在内的限制,提高房主和房东的积极性以促进住房建设,活跃租赁市场,最终为形成市场导向的住房保障体系奠定基础。

民主德国则继续秉承传统的"福利国家"原则,强调国家对于社会公正的责任,而其在经济领域实行计划经济体制以及土地国有化,使得国家能够全面掌控住房建设、分配与管理——仅在住房建设领域有限存在合作社经济或私人建设住房的情况。尽管民主德国的住房建设受苏联支配及与联邦德国竞争的意识影响,发展较联邦德国较晚,但凭借高度集中的计划管理体制,民主德国不仅在60年代实现了大规模住房建设,更形成了具有民主德国特色的社会主义新城及大型居住社区。但其完全排除市场经济仅凭国家"输血"的严重缺陷也在此时暴露无遗,并在一定程度上影响了日后民主德国的政治局势。

---

① Günter Schulz, "Kontinuität und Brüche in der Wohnungspolitik von der Weimarer Zeit bis zur Bundesrepublik", S.157.

二

德国住房政策超过一个世纪螺旋上升式的演变之路,毫无疑问与德国在19、20世纪的曲折发展历史紧密相连,其中也折射出德国在社会政策领域的国家观念变化:国家不再是过去的"守夜人",它所承担的任务范围已扩大至社会领域[1],从魏玛共和国确立"福利国家"原则到当代德国政府倡导的"社会公正"观,都承认国家肩负保护社会弱者及国家干预的必要性。住房政策恰恰体现出这些观点的连续性,但其中又不乏变化。

首先是"社会福利住房"观念的确立与延续。时至今日,德国《房屋租赁法》围绕租赁合同的签订、解除以及房租的订立,无不以保护租户为基本出发点。追根溯源,该原则正是在魏玛共和国时期确立并付诸全面实施并形成体系的。政府一面以行政手段禁止房东随意解除租房合同,避免租户因此流离失所,一面通过制定政府租金指导价,始终将牵涉最大多数普通民众的老式住房(即建于1914年之前的房屋)租金维持在一个低于市场水平的价格。尤其在后一个问题上,房租限价机制使普通德国人在1923—1924年恶性通货膨胀时期房租支出相比食品一类的必要支出占家庭收入比重仍相对较小。以解约保护和房租限价为代表的"承租人保护"原则不仅大幅提升德国人在一战后及通货膨胀时期的居住安全感与稳定性,也形塑了德国民众此后居住习惯和对"居住保障"的基本认知:得益于租赁合同的稳定,房东不得轻易解约,德国人不仅大多选择赁房而居,且对房租价格极为敏感。直到二战结束后的1953年,马丁·瓦格纳之子伯纳德·瓦格纳在谈及按照美国式的市场化原则改革西德住房政策时仍提到,德国人习惯于在居住方面支出极少,通常只占其收入的14%,"而美国人的花费则是他们的两倍"。[2]

但"社会福利住房"各项原则本身并非魏玛共和国的首创,它的直接源头是1914—1915年德意志帝国政府出于战争动员及团结全民族一致对外考虑而推行的解约保护。而它的间接源头甚至可追溯至德意志帝国诞生之初(甚至是在这之前),旨在解决"工人住房问题"的资产阶级住房改革运动。但资产阶级住房改革运动的基本动机无疑是利己取向的:工人作为劳动力所具备的生产属性,首先让企业

---

[1] Günther Schulz, "Kontinuitäten und Brüche in der Wohnungspolitik von der Weimarer Zeit bis zur Bundesrepublik", S.163.
[2] Greg Castillo, "Housing as Transnational Provocation in Cold War Berlin", S.131.

主意识到保障居住与促进生产之间的直接关联,通过提供廉价、稳定的工厂住房确保劳动力的稳定。钢铁巨头克虏伯家族大力推动工厂住房的建设因此就并非单纯出于好善乐施的慈善动机。尽管如此,随着住房在工业化时代逐渐脱离单纯的"居住"属性而被赋予和不断强化资本属性,房地产业的投机活动盛行将本就收入有限的底层民众抛入条件恶劣且极不稳定的居住环境之中。他们这种缺乏基本保障的流动生存状态又反过来造成了资产阶级的不安,并表现为一部分进步人士或小团体的改革主张与实践。其中的一些主张如建设工人住房、互助建房的住房合作社也因此流传下来。但无论是改革者,还是各级政治家,因他们中的大多数本就坚持住房属于私有经济的范畴而不允许公权力的介入,因此即使当工人政党在20世纪初开始崛起,底层民众的住房问题解决依然未能在政策领域得到积极回应。

纳粹德国同样推崇"社会福利住房",曾明确许诺要在"民族重新崛起"后为劳动人民提供合适而健康的生活条件。[①] 但纳粹所追求的"人民福利国家"(völkischer Wohlfahrtsstaat)决定了包括住房政策在内的社会政策是"根据遗传理论、种族意识形态以及(与前者并不完全一致的)民族意识形态'共同体能力'"决定保障对象的优先级、类型和范围。由于人被预先区分为"有价值者"和"价值低下者",因此看似广泛保障国民的社会政策其实真正保障的仅有一部分人(即所谓的"雅利安人")。更为恶劣的是,在纳粹党看来,"价值低下者"不仅应该被忽视,更应被筛选出来后加以消灭。[②] 在此逻辑支配下,纳粹德国的"社会福利住房"就不可能只是面向大众提供住房保障的福利手段,相反,居住空间成为将"共同体"成员与"异类"(如反社会者、犹太人)加以分类和区隔的社会控制手段,乃至种族灭绝的起点。

其次是政府干预机制的建立与延续。尽管魏玛共和国被认为开德国住房政策之先河,尤其是将对普通德国人居住权的保障写入宪法,但事实上政府介入住房事务在一战期间就已展开。1918年10月帝国劳动部成为主管全部社会政策的帝国部门,相应制度框架也就此明确:帝国负责制定与住房相关的法规,而州和地方政府(市政当局)才是责任主体与政策行政者。进入20年代,劳动部还通过建立组建家园委员会或其他机构、定期召开会议的方式保持与各州、地方或财政部的联系,以确保住房相关框架指导意见的制定部门与执行方针的地方机关之间的沟通顺

---

① Axel Schildt, "Wohnungspolitik", S.160.
② Hans Günter Hockerts, "Einführung", ders (Hg.), *Drei Wege deutscher Sozialstaatslichkeit. NS-Diktatur, Bundesrepublik und DDR im Vergleich*, S.16.

畅。纳粹政权也继承了魏玛共和国的这套组织架构和工作方式,区别在于此时的劳动部真正成为住房事务的主管部门。政府干预机制的延续性还表现为与住房政策相关的人事稳定性,且这种延续性在国家和地方层面均有所体现,魏玛共和国时期大力支持城市公共住房建设的法兰克福市长路德维希·兰德曼在战前就担任负责城市与住房的政府参事。而即使在 1933 年纳粹夺权后的国家部门"大换血"以及 1937 年实行《公务员法》的情况下,劳动部高级别官僚人事构成也并未受到太大影响。这就在实践层面保证了社会福利住房政策从德意志帝国晚期至纳粹德国(甚至二战后)相对连续性。[①]

尽管如此,纳粹德国政府干预措施相对于魏玛时代仍存在许多不同:首先是受纳粹德国党政两套系统的影响,国家劳动部(也包括地方执行机关)对于住房建设事务的管理权限不断面临来自其他部门或党系统机构如"德意志劳动阵线"的挑战。其次,受一体化原则的影响,政府部门也必须服从于纳粹党的意志,再加上该党住房政策定位不确定且目标多样,尤其是被黑伦德尔称为"结构性的住房政策目标",即以纳粹意识形态影响住房的分布与建设,最终迫使国家劳动部全面放弃由魏玛共和国第一任部长海因里希·布劳恩(Heinrich Braun)所确立的社会福利住房原则。第三则涉及中央与地方之间的关系。在"领袖国家"体制下,国家在住房政策的制定与执行上始终占据主导地位,基层地方政府在很大程度上被剥夺了从事经济活动的空间和机会,因此无论是魏玛共和国那样的国家委员会与地方政府之间的协商机制,抑或是市政当局与州政府围绕住房资金安排的争吵均不复存在。而财政资金从过去的转移支付转变为国家与州政府的拨款,进一步使得城市几乎从"第三帝国"的住房建设事业中消失不见。

三

虽然魏玛共和国与纳粹德国的住房政策均明确贯彻社会福利与政府干预原则,然后现实仍与政策设计者的初衷相去甚远。这些政策不仅未能解决住房问题,甚至还引发了更为严重的社会后果,以至于魏玛住房政策在 20 世纪 20 年代末就陷入被各类群体普遍质疑的尴尬境地,所有人都觉得自己是住房政策的受害者,原

[①] 1949 年成立的联邦住房建设部人事构成同样如此,除国务秘书赫尔曼·万德斯勒本(Hermann Wandersleb)曾被纳粹宣布为"政治不受欢迎者"外,其他领导层职务均为前政府官员。

本设想的"居者有其屋"的理想因此彻底破产。而纳粹种族意识形态导向下的住房政策同样在二战爆发前1936—1937年就已遭到质疑。不仅如此，住房短缺还不断加剧德国人的反犹情绪，甚至出现从前线返乡度假的士兵冲入"犹太之家"杀死犹太人并夺取住房的极端事件。① 因此，住房的短缺，同样让纳粹德国塑造"民族共同体"的梦想在战争爆发之初就几近破灭。

旨在改善全体或至少部分人的居住条件，增进其福祉的社会福利住房政策之所以会连续遭遇滑铁卢，毫无疑问需要在不同的时代背景下加以具体分析，但二者仍表现出一定的共通性：工业化时代的住房具备了"居住"和"投资"的双重属性，因此"所有群体都有可能拥有体面的住所且不会因其收入而被排斥"的社会福利目标与有利可图的经济目标之间必然存在潜在冲突，这就需要采取政府干预手段加以调节。② 但德国作为早期福利国家，并未成功通过政府干预在"福利"与"市场"之间取得期望中的平衡。孟钟捷在分析魏玛共和国社会政策普遍遭遇危机的原因时指出，魏玛社会政策面临的一大困境是它"始终处于经济政策与政治政策之间的张力"之中。一战后始终不稳的经济与社会形势和新政权追求的"福利国家"政治理想迫使魏玛历届政府疲于解决各种"社会问题"，然而不断扩大的政府开支又一再削弱共和国本就脆弱不堪的经济基础。③ 其中的根本症结在于，政府作为社会政策的制定者尚未意识到市场法则与政治结构之间的相互关系之于社会政策的重要性，这在住房建设政策上暴露得更为突出：作为大力推动住房建设的各级地方政府没有意识到完全依靠政策手段约束住房市场（如过低的房租）不仅阻碍了住房市场自发的活跃性，也削弱了资本投资住房建设的兴趣，因而无法进一步扩大住房供应。尽管政府投入大笔公共资金建设住房确实在一定程度上起到替代市场机制的作用，但因对福利保障背后的经济动因尚无清晰的认知，在缺乏合理化生产措施的条件，建设成本及公共资金投入不断攀升，最终导致以城市为代表的地方政府纷纷破产。

在纳粹德国的住房政策中，同样可以观察到类似魏玛社会政策那样未能在市场机制与福利目标之间取得平衡的现象。表面看来，纳粹统治者很早就意识到魏

---

① Karl Christian Führer, "Anspruch und Realität. Das Scheitern der nationalsozialistischen Wohnungsbaupolitik".
② Ulrike Haerendel, *Kommunale Wohnungspolitik im Dritten Reich. Siedlungsideologie, Kleinhausbau und „Wohnraumarisierung" am Beispiel Münchens*, S. 9.
③ 孟钟捷、王琼颖：《魏玛德国的社会政策研究》，第340页。

玛社会福利过度扩张和政府干预过重的后果,并明确提出要让住房事务回归市场,政府退居"监督者"的位置。何况在国内资本本就短缺的情况下,尽可能利用鼓励社会资金建设住房,而将有限公共资金投入经济建设,本也无可厚非,然而纳粹德国的困境在于,刚刚经历大萧条的德国民众无论从积蓄还是居住观来看,都无法消化立即市场化的住房供应——相比之下,虽然联邦德国在60年代也开始普遍减少公共资金对住房建设的投入,但它的准备期已超过十年。

纳粹政权与魏玛共和国社会政策最大的区别还在于,它在本就紧张的经济政策与政治政策张力之间又增添了一个意识形态维度,导致政府干预各项社会事务程度更深,在住房政策上尤其如此——纳粹党希望在居住空间中投射下纳粹主义的种种理论。但现实是,它所构想的民族共同体的"理想家园"(远离城市的定居点、独栋自有住房、大户型、低层建筑)与普通民众的实际居住需求(小户型、价格低廉、在城市中居住)相去甚远。导致的结果是,即使是在1933—1936年"认真"解决住房短缺问题的阶段,政府也无法提供每个"共同体成员"必需的住房保障。而纳粹政体本身的独裁属性又加深了它在推行住房政策时的不确定性与盲目性,以至基层纳粹党组织都不得不警告当局,民众已出现因住房保障处置不当而不满政权的情绪。此外,无法改善的居住困境,也招致纳粹党选择了最为极端的行为。纳粹种族灭绝政策附带的"成果"之一便是通过驱逐犹太人夺取住房。

德国社会学家乌尔里希·贝克曾在他出版于1986年的《风险社会》(*Risikogesellschaft*)中写道,由于现代化承诺把人从不应有的贫困和依附状态下解放出来,因此"只要惹人注目的物质需求,亦即'短缺的独裁',还在支配人们的思想与行动,围绕社会生产的财富分配和分配冲突就不会甘于退居幕后"。[①] 德国在整个20世纪上半叶都挣扎于"住房短缺"是不争的事实,也正是围绕这个问题的解决,构成了从魏玛共和国到二战爆发前的德国住房政策历经连续与断裂。从具体措施来看,这两个政权均采取了重视社会目标而忽视经济目标的做法,这固然与德国在20世纪上半叶(也包括在1949年之后的东德)的特殊国情紧密相连,又恰恰体现的是经典"福利国家"(Sozialstaat,这里更准确的译法或许应该是"社会国家")的观念。

虽然魏玛共和国的社会政策被认为在扩大国家的社会保障功能方面存在创新之处。但魏玛"福利国家"秉承的基本信条依然是普鲁士政治家洛伦茨·冯·施泰

---

① [德]乌尔里希·贝克:《风险社会——新的现代性之路》,南京:译林出版社2018年版,第13页。

因（Lorenz von Stein）在 19 世纪中叶已概括的观点，即国家"最终必须利用它的权力促进它所有成员的经济和社会进步"。① 对于诞生于动荡之中的魏玛而言，它选择以建立"福利国家"是为了构建国家合法性，通过社会融合克服传统的国家政权与阶级社会之间冲突"②，即避免革命的爆发，因此，"福利国家"的主要任务是促进社会福利、社会供应和社会稳定。然而，正因为促进大众福祉被认为是国家任务，且其实质是"增强国家对社会关系的规制力"，也就忽视了对社会与经济合理性的把握，最终如于尔根·罗伊勒克所说，由于政治和经济结构的脆弱，当"政治危机与经济危机接踵而至，阻止了福利国家网络的稳定"。③ 此外，相对于英国社会政策中侧重于"机会均等"的新自由主义保障思想，魏玛的社会政策更侧重于物质平等，而这种由国家给予每个公民以保障的做法，一方面在反对社会支出扩大的人士看来，一种"国家社会主义"（Staatssozialismus）是"削弱民族道德力量的供养国家（Versorgungsstaat）"④，另一方面魏玛共和国不断加剧的利益群体分化与极化，又加深了人们对于"福利国家"目标的质疑，因此转向其他的解决之道。纳粹党的"人民共同体"正是在此背景下赢得民众的信任与认可。尽管如此，社会政策背后强化社会控制的动机，契合纳粹政权的政治目标，因此基本的社会福利制度与相关的官僚体制均被纳粹党所继承了下来。

四

贝克认为，现代化进程是在"稀缺社会"的条件下发生的。⑤ 德国的社会福利

---

① Lorenz von Stein, *Gegenwart und Zukunft der Rechts- und Staatswissenschaften Deutschland*, Stuttgart: 1876, 转引自 Gerhard A. Ritter, *Der Sozialstaat Entstehung und Entwicklung im internationalen Vergleich*, S. 11。
② Ernst Rudolf Huber, "Rehtsstaat und Sozialstaat in der modernen Industriegesellschaft," ders, Nationalstaat und Verfassungsstaat. Studien zur Geschichte der modernen Staatsidee, Stuttgart 1965, S. 257, 270, 转引自 Ebenda, S. S. 10, Anm. 20。虽然里特尔认为这一观点未能解释君主立宪制（即德意志帝国）福利国家与魏玛民主政体社福利国家之间的本质区别，但他显然也认为这种国家在社会政策中占据主体地位是这两个政权所共有的特点。
③ 于尔根·罗伊勒克，《从维也纳会议到第一次世界大战爆发（1814—1914）》，第 276 页。
④ 上述评价出自 1932 年担任魏玛共和国总理的弗朗茨·冯·巴本（Franz von Papen）发布的一份政府通告，"（历届）战后政府认为，通过稳步发展国家社会主义，能够在很大程度上减轻劳资双方的物质忧虑。它们试图将国家变成一个福利国家，从而削弱民族的道德力量。"转引自 Gerhard A. Ritter, *Der Sozialstaat Entstehung und Entwicklung im internationalen Vergleich*, S. 4f。
⑤ ［德］乌尔里希·贝克：《风险社会——新的现代性之路》，第 13 页。

住房的变化似乎也证明这一点:从 50 年代开始,联邦德国逐步调整社会福利目标与经济目标之间的关系,放宽直至解除对存量住房(尤其是房屋租赁)的管制,公共资金直接投资亦同步有序退出住房建设,转而以鼓励住房储蓄、给予税收优惠,引入"住房金"(Wohngeld)等予以间接支持。在"经济奇迹"的背景下,联邦德国至 60 年代中期基本解决自第三帝国以来的住房短缺问题,房东和租户的关系也在法律上重新得到平衡;甚至工人阶级拥有自有住房的比例从 1956 年的 23% 提高至 1968 年的 32%,至 1972 年时更提高至 38%。① 从这一点来说,甚至已达到胡贝尔的改革理想。有社会学家据此认为联邦德国已经建成"平准的中产阶级社会"(nivellierte Mittelstandgesellschaft)②,阶级与阶层的分野似乎已不再清晰可见。

但问题却在 70 年代重新出现。首先是西德社会开始出现对"社会福利住房"制度存续的质疑。很多人提出,既然战后住房短缺危机消除,供需基本实现平衡,那么"社会福利住房"作为克服危机的紧急措施是否还有存在的必要? 此时,城市郊区"迅速崛起的单调大型居住区市政配套不足",且穷人扎堆,社会问题频出,进一步加剧了"社会福利住房"的合法性危机。因此进入 80 年代,人们普遍认为,过去保障"广大阶层民众"居住需求的社会福利住房政策,应专注于那些"真正"的弱势群体。1982 年,赫尔穆特·科尔(Helmut Kohl)领导的保守自由主义联盟上台执政,承诺重新组织现有福利国家导向的公共服务,减少对市场的直接干预,这使得对获得直接建设补贴的"社会福利住房"从 1983 年的近 10.4 万套下降至 1988 年 38,886 套。③ 科尔政府的动作也意味着住房政策开始回归狭义的"福利政策"范畴,亦即它的目标群体应该是"在自由住房市场上无法获得合适住房"的人,而非所有人。但出人意料的是,这一政策转向的结果是"住房短缺"现象在 1989 年两德统一之后重新抬头。

进入 21 世纪之后,城市"居大不易"的问题日益突出。2008—2018 年德国五座最大城市的普通住房租金平均涨幅为 15%,其中柏林和汉堡分别上涨 32% 和 23%;而新签合同的租金上涨幅度最大,其报价平均上涨 50% 以上,而成交后租金价格与原合同租金价格的差距已从 2008 年的 1.28 欧元/平方米增长至 4.84 欧

---

① Adelheid von Saldern, *Häuserleben. Zur Geschichte städtischen Arbeiterwohnens vom Kaiserreich bis heute*, S. 270.
② Helmut Schelsky, *Wandlungen der deutschen Familie in der Gegenwart*, 5. Unveränderte Aufl. Stuttgart 1967, S. 222, 转引自 *Ebenda*, S. 13。
③ Babara Schönig. "Sozialer Wohnungsbau in Deutschland — Vom Wohnungsbau für alle zum Ausnahmesegment", *Wohnen*, 69, 2/3(2019), S. 166 – 175.

元/每平方米。① 虽然民众收入的提高能够抵消租金上涨部分,但有研究者提示,"随着时间的推移,一旦收入出现波动,部分家庭的居住条件就会下降"。② 与此同时,保障弱势群体居住权的社会福利住房的数量也在减少。虽然德国在 90 年代初因苏东巨变大量难民涌入催生过一波"社会福利住房"建设热潮,当时"社会福利住房"数量约在 300 万套左右,但至 2013 年时这一数字已不足 150 万套。此外,一部分家庭还会因为准入门槛原因无法取得此类住房③,例如无法提供用于签订租约的个人征信证明(即"Schufa");又或是受到国际公约保护的难民虽然允许在德逗留一年,但无法获得带租约的个人住房。上述情况均导致德国家庭被迫转向非官方认可的租赁关系,由于这部分数据无法被确切掌握,因此当前德国城市住房供需现状或将更为严峻。

收入与生活标准的提高,似乎使得过去按照贫富差距定义的社会不平等变得不再明显,反而是以移民和少数族裔组成的与主流社会平行的移民社会在城市空间中呈现出的社会不平等(如恶劣的居住条件、失业、青少年问题)更为显性。但这些问题恰恰掩盖了德国社会依然存在的不平等以及普通德国人面临的不确定风险。④ 毫无疑问,当前的德国社会已迈入所谓"多元的个人社会"(pluralen Gesellschaft der Individuen)。按照贝克的描述,这种"个人化"表现为个体相对独立,"脱离了诸如家庭或邻里支持网络,补充性收入来源消失,所有生活领域的日益依赖薪水和消费"⑤,这使得普通人(而不仅仅是弱势群体)更容易面临因收入下降或失业导致生活水平下降或改变生活方式(如居住条件的恶化)的风险。同时传统的阶级与地位认同被各种新的群体认同(性别的、种族的、国籍、年龄的)取代,这使得许多人的保障诉求不一。

历史来看,上个世纪 60 年代之后的民主德国就已经是一个"多元的个人社会"。它设法满足民众基本需求,然而"对许多人来说,这是最好的岁月,是丰收的

---

① Andrei Holm, "Die Rückkehr der Wohnungsfrage", *Wohnen*, 69, 2/3(2019), S. 108-114.
② Marco Schmandt, "Zur Bezahlbarkeit von Wohnraum in Berlin", *Zeitschrift für amtliche Statistik Berlin Brandenburg*, 3+4(2021), S. 66-73.
③ 2005 年德国"无房可住及住房紧急援助"研究会对"住房紧急情况"(Wohnungsnotfall)的定义做了更新,将这部分群体也包含在内,参见 Volk Busch-Geertsema, "Wohnungslosigkeit," *Wohnen*, 69, 2/3(2019), S. 150-155。
④ Axel Schildt, Clemens Zimmermann, "Einleitung", *Moderne Stadtgeschichte: Reich und Arm — Ungleichheit in Städten*, 2(2017), S. 5-12.
⑤ [德]乌尔里希·贝克:《风险社会——新的现代性之路》,第 90 页。

年景;而对另一些人来说,则是排队、奔走和等待富裕承诺的岁月。"①这段话高度概括出东德民众因为生活境遇不同而产生不同的需求乃至对立情绪,在住房领域也是如此。国家大力投资郊区的大型居住社区,但忽视了市中心的老旧建筑,从而引发了城市人口的外流,因为郊区的新式公寓无论如何要比年久失修的老房子条件要好,一部分从经济和政治改革中受益的人搬进了新居,还有一部分人则继续留在市中心,他们可能是退休者、单身汉、普工或是其他边缘群体。但这样一来,就在民主德国这样一个"工人和职员的国家"形成了新的社会差异,并在空间之中表现出来,而这种社会差异甚至直到今天都影响着新联邦州民众对民主德国的历史评价。

这种"个体化的进程"的蛛丝马迹还可以在20世纪20年代的魏玛共和国就能被观察到——尽管学界普遍认为魏玛共和国时期的阶级与阶层区分相当清晰。"个体化的进程"不仅表现为政治观念上多元,法学家卡尔·施密特(Carl Schmitt)甚至认为正是1918年民主多党制的引入已经让地方政府出现"多元解体的现象"②;而社会政策的扩大又导致了人民对于公共社会福利合法诉求随之扩大。不同的政治立场与福利需求,再加上对于现代技术与大众文化的高度接受,使得魏玛时期德国人的社会福利需求十分多元。然而作为这种个人化需求倾向的应对之道的"福利国家"原则,简单来说就是在宪法中列出的保障理念,立足的基础确实以"团体为形式组织起来的利益集团"③。事实上,这种差异也在某种程度上影响了社会政策的实施效果和民众的观感与心理。纳粹德国为避免重蹈覆辙,试图通过重建一种杂糅种族、文化的群体认同并在此基础上推行社会保障政策,但显然也未能奏效——当然"民族共同体"反人道主义的一面不容忽视。

然而,"个体化的进程"并未因战争和战后困顿而中断,相反随着德国在20世纪50—60年代的经济腾飞而得到进一步发展;它与仍将社会(或至少基于某种共同生活经历的群体)作为一个整体来考虑福利国家制度其所能提供的社会保障之间构成的冲突,在这个矛盾的背景下,单纯从经济动机出发调整"效率"与"公平"、

---

① Ina Merkel, "Wunderwirtschaft DDR?"Neue Gesellschaft für Bildende Kunst (Hg.), *Wunderwirtschaft. DDR-Konsumkultur in den 60 Jahren*, Köln/Weimar/Wien: 1996, S. 6,转引自 Thomas Topfstedt, "Wohnen und Städtebau in der DDR", S.500。
② Jeremy Noakes, "Die kommunale Selbstverwaltung im Dritten Reich", S.67.
③ Gerd Kuhn, *Wohnkultur und kommunale Wohnungspolitik in Frankfurt am Main 1880 bis 1930. Auf dem Wege zu einer pluralen Gesellschaft der Individuen*, S.20.

"紧急"与"普适"之间的平衡,已不足以覆盖多元社会的基本需求。这不仅是当下德国的社会福利政策所面临的最大挑战,也将对正在步入"多元个人社会"的我国同样具有重大借鉴意义。

参考文献

一、中文文献

第一部分　著作

刘成、胡传胜、陆伟芳、傅新球:《英国通史·第五卷:光辉岁月——19 世纪英国》,南京:江苏人民出版社 2016 年版。

孟钟捷、王琼颖:《魏玛德国的社会政策研究》,北京:中国社会科学出版社 2021 年版。

邢来顺:《德国通史·第四卷:民族国家时代(1815—1918)》,南京:江苏人民出版社 2019 年版。

郑寅达、孟钟捷、陈从阳、陈旸、邓白桦:《德国通史·第五卷:危机时代(1918—1945)》,南京:江苏人民出版社 2019 年版。

郑寅达、陈旸:《第三帝国史》,南京:江苏人民出版社 2020 年版。

吴友法、黄正柏、邓红英、岳伟、孙文沛:《德国通史·第六卷:重新崛起时代(1945—2010)》,南京:江苏人民出版社 2019 年版。

第二部分　论文

邓华宁:《德国住房问题和政策干预的演进》,《北京航空航天大学学报(社会科学版)》2015 年第 1 期。

李工真:《德意志"福利国家化"政策的起源及意义》,《武汉大学学报(社会科学版)》,1993 年第 3 期。

李超君、张鸣:《从大规模公共住房建设到有针对性的住房供给——二战后德国公共住房政策的发展与演进》,生态文明视角下的城乡规划——2008 年中国城市规划年会论文,大连,2008 年 9 月。

李超君:《德国社会福利住房政策的发展及对中国的启示》,转型与重构——2011 年中国城市规划年会论文,南京,2011 年 9 月。

孟钟捷:《德国历史上的住房危机与住房政策(1918—1924)——兼论住房统制模式的有效性与有限性》,《华东师范大学学报(哲学社会科学版)》2011 年第 2 期。

向春玲:《165 岁的德国住房保障制度》,《城市住宅》2012 年第 3 期。

孙文沛:《二战后德国赔偿问题研究》,博士学位论文,武汉大学历史学院,2010 年。

徐镭、朱宇方:《中低收入家庭的住房保障——德国模式与美国模式比较研究》,《德国研究》2014 年第 1 期第 29 卷。

徐之凯:《盟国对德管制委员会始末研究》,硕士学位论文,华东师范大学历史系,2012年。

杨瑛:《借鉴德国经验:加快建设以公租房为主的住房保障体系》,《城市发展研究》2014年第2期。

第三部分 译著(含中译论文)

[德]维尔纳·阿贝尔斯豪塞:《德国战后经济史》,史世伟译,冯兴元校,北京:中国社会科学出版社2018年版。

[德]格茨·阿利:《希特勒的民族帝国——劫掠、种族战争和纳粹主义》,刘青文译,南京:凤凰出版传媒集团2011年版。

[德]乌尔里希·贝克:《风险社会——新的现代性之路》,南京:译林出版社2018年版。

[德]乌尔夫·迪尔迈尔、安德烈亚斯·格斯特里希、乌尔里希·赫尔曼等:《德意志史》,孟钟捷、葛君、徐璟玮译,北京:商务印书馆2018年版。

[德]恩格斯:《论住宅问题》,《马克思恩格斯文集》(第三卷),中共中央马克思恩格斯列宁斯大林著作编译局编译,北京:人民出版社2009年版。

[英]玛丽·弗尔布鲁克:《德国史 1918—2008》(第三版),卿文辉译,上海:上海人民出版社2011年版。

[英]迈克尔·鲍尔弗、约翰·梅尔:《四国对德国和奥地利的管制 1945—1946年》,安徽大学外语系译,上海:上海译文出版社2015年版。

[德]卡尔·哈达赫:《二十世纪德国经济史》,杨绪译,北京:商务印书馆1984年版。

[德]迪特马尔·赖因博恩:《19世纪与20世纪的城市规划》,虞龙发等译,杨枫校,北京:中国建筑工业出版社2009年版。

[德]斐迪南·滕尼斯:《共同体与社会》,张巍卓译,北京:商务印书馆2019年版。

[德]比约恩·埃格纳:《德国住房政策:延续与转变》,左婷译,郑春荣校,《德国研究》2011年第2期第26卷,第14—23,78页。

二、外文文献

第一部分 档案与文件集(含在线数据库)

Bundesarchiv Deutschland (BArch, 德国联邦档案馆), R 3105 Siedlungs- und Wohnungswesen Baugewerbe Bd. 1, 1919.

—, R 401/1409, der vorläufige Reichswirtschaftsrat Standort 51 Magazin M 201 Reihe 25 4. 2. 1922 – 31. 7. 1925.

—, NS 25, Hauptamt für Kommunalpolitik, 1928 – 1944.

—, NS 6, Partei – Kanzlei der NSDAP, 1922 – 1932.

Geheimes Staatsarchiv preußischer Kulturbesitz(GStA PK, 国立普鲁士枢密档案馆文化财团), I. HA Rep. 193A Deutscher und Preußischer Städtetag.

—, I. HA Rep. 151C Finanzministerium.

Landesarchiv Berlin(LAB, 柏林州立档案馆), B Rep. 142 – 01 Deutscher und Preußischer Städtetage.

—, Pr. Br. Rep. 107 Der Generalbauinspektor für die Reichshauptstadt Berlin.

Deutscher Bundestagprotokoll (联邦德国国会讨论集在线数据库), 5. Sitzung, Bonn,

20.09.1949.

—, Drucksache 567, 22.02.1950.

Bundesgesetzblatt(联邦德国法律公报在线数据库): Nr. 16 vom 26.04.1950.

—, Nr. 22 vom 22.05.1953.

—, Nr. 30 vom 28.06.1956.

ALEX Historische Rechts- und Gesetzestexte（ALEX 法律及立法历史文本在线数据库）, RGBl. Deutsch 1849–1918.

—, Deutsches RGBl. 1919–1921 und 1922–1945 Teil I.

—, Deutsches RGBl. 1919–1921 und 1922–1945 Teil 2.

—, Gesetzblatt Österreich 1938–1940.

House of Commons Hansard(英国下院讨论集在线数据库), HC Deb 17 Dec. 1946, Vol. 427, British Administration, Germany.

—, HC Deb 27 Nov. 1946, Vol. 430, Hamburg Project.

Landesarchiv Baden-Württemberg/Staatsarchiv Freiburg（巴登—符腾堡州立档案馆/弗赖堡国立档案馆在线数据库）, C 15/1 Nr. 526 Ministerium des Innern.

Wissenschaftliche Dienste von Deutscher Bundestag（德国议会专业信息服务中心在线数据库）, WD 1–3000–026/16, Ausarbeitung, "'Asoziale' im Nationalsozialismus", 27 Juni 2016.

Neues Deutschland. Organ des Zentralkomitees der Sozialistischen Einheitspartei Deutschlands（统社党党刊《新德国》在线数据库）

Verhandlungen der Eisenacher Versammlung zur Besprechung der socialen Frage am 6. und 7. Okt. 1872, Leipzig: Duncker & Humblot 1873.

Verhandlungen der Sozialisierung-Kommission über die Neuregelung des Wohnungswesens, Bd. 1, Berlin: Verlag Hans Robert Engelmann, 1921.

Wolfgang Ayaß（Bearb.）*Gemeinschaftsfremde. Quellen zur Verfolgung von "Asoziale" 1933–1945*（=*Materialien aus dem Bundesarchiv, H. 5*）, Koblenz: Bundesarchiv, 1998.

Peter Longerich（Hg.）, *Die Erste Republik. Dokumente zur Geschichte des Weimarer Staates*, München: Piper, 1992.

Der Senat von Berlin（Hg.）, *Berlin 1951 — Jahresbericht des Magistrats*, Berlin: Kulturbuch, 1952.

Anna Teut, *Architektur im Dritten Reich 1933–1945*, Berlin/Frankfurt a. M/Wein: Ullstein, 1967.

Christoph Kleßmann, Georg Wagner, *Das gespaltene Land. Leben in Deutschland 1945–1990. Texte und Dokumente zur Sozialgeschichte*, München: C. H. Beck, 1993.

第二部分　工具书

Gerhard Albrecht, Albert Gut u.a.（Hgg.）, *Handwörterbuch des Wohnungswesens*, Jena: Fischer, 1930.

Wolfgang Benz, Ursula Büttner, *Handbuch der Deutschen Geschichte（Bd. 18）*, Aufl. 10, Stuttgart: dtv, 2010.

Wolfgang Neugebauer, Klaus Neitmann, Uwe Schaper (Hgg.), *Jahrbuch für die Geschichte Mittel- und Ostdeutschlands. Zeitschrift für vergleichende und preußische Landesgeschichte*, Bd. 20, Berlin: Walter de Gruyter, 1971.

—— (Hg.), *Handbuch der preußischen Geschichte (Bd. 3: Vom Kaiserreich zum 20. Jahrhundert und Große Themen der Geschichte Preußens)*, Berlin/New York: Walter de Gruyter, 2001.

第三部分 著作

Werner Abelschauser (Hg.), *Die Weimarer Republik als Wohlfahrtsstaat: Zum Verhältnis von Wirtschafts- und Sozialpolitik in der Industriegesellschaft*, Stuttgart: Steiner Verlag, 1987.

Jan Abt, Alexander Ruhe, *Das Nene Frankfurt. Der soziale Wohnungsbau in Frankfurt am Main und sein Architekt Ernst May*, Weimar/Rostock: Grünberg, 2008.

Klaus Dieter Arndt, *Wohnungsverhältnisse und Wohnungsbedarf in der sowjetischen Besatzungszone*, Berlin: Dunker & Humblot, 1960.

Michael Arndt, Holger Rogall, *Berliner Wohnungsbaugenossenschaft. Eine exemplarische Bestandsaufnahme und analytische Beschreibung der Merkmale des genossenschaftlichen Wohnens in der Gegenwart*, Berlin: VERLAG Arno Spitz, 1987.

Amt für Wohnen und Migration München (Hg.), *100 Jahre Wohnungsamt 1911 bis 2011*, Ergolding: Bosch-Druck, 2011.

Bettina von Arnim, *Dies Buch gehört dem König*, Berlin: Schroder, 1843.

Wolfgang Ayaß, *Das Arbeitshaus Breitenau. Bettler, Prostituierte, Landstreicher, Zuhälter und Fürsorgeempfänger in der Korrektions- und Landarmenanstalt Breitenau (1874-1949)*, Aufl. 1, Kassel: Gesamthochschule Kassel, 1994, S. 269.

Rudolf Baade, *Kapital und Wohnungsbau in Berlin 1924 bis 1940*, Berlin: BWV, 2004.

Uwe Bahnsen, Kerstin von Stürmer, *Trümmer — Träume — Tor zur Welt: Die Geschichte Hamburgs von 1945 bis heute*, Aufl. 1, Erfurt: Sutton, 2012.

Avraham Barkai, *Vom Boykott zur "Entjudung". Der wirtschaftliche Existenzkampf der Juden im "Dritten Reich"1933-1943*, Frankfurt a. M.: Fischer, 1988.

Uwe Bahnsen, Kerstin von Stürmer, *Trümmer — Träume — Tor zur Welt: Die Geschichte Hamburgs von 1945 bis heute*, Aufl. 1, Erfurt: Sutton, 2012.

John Bingham, *Weimar Cities. The Challenge of Urban Modernity in Germany, 1919-1933*, New York: Routledge, 2008.

Dirk Blasius, *Weimars Ende. Bürgerkrieg und Politik 1930-1933*, Aufl. 2, Göttingen: Vandenhoeck & Ruprecht, 2006.

Ulrich Blumenroth, *Deutsche Wohnungspolitik seit der Reichsgründung. Darstellung und kritische Würdigung*, Münster: Institute für Siedlungs- und Wohnungswesen, 1975.

Wolfgang Bohleber, *Mit Marshallplan und Bundeshilfe. Wohnungsbaupolitik in Berlin 1945 bis 1968*, Berlin: Dunker & Humblot, 1990.

Hannsjörg F. Buck, *Mit hohem Anspruch gescheitert — Die Wohnungspolitik der DDR*

(= *Dokumente und Schriften der Europäischen Akademie Otzenhausen*, Bd. 122), Münster: LIT, 2004.

Otto Büsch, *Geschichte der Berliner Kommunalwirtschaft in der Weimarer Epoche*, Berlin: Walter de Gruyter, 1960.

DEGEWO u. a (Hgg.), *Ausstellung Wohnen in Berlin. 100 Wohnungsbau in Berlin*, Berlin: Edition StadtBauKunst, 1999.

Inge Deutschkron, *Ich trug den gelben Stern*, München: dtv, 1994.

Jeffry M. Diefendorf, *In the Wake of War. The Reconstruction of German Cites after World War II*, New York/Oxford: Oxford University Press, 1993.

—, Janet Ward, eds., *Transnationalism and the German City*, New York: PALGRAVE MACMILLAN, 2014.

Werner Durth, *Deutsche Architekten. Biographische Verflechtungen 1900 – 1970*, Braunschweig: Vieweg, 1986.

Jörn Düwel, Werner Durth, u. a., *1945. Krieg — Zerstörung — Aufbau. Architektur und Stadtplanung 1940 – 1960* (= *Schriftenreihe der Akademie der Künste*, Bd. 23), Berlin: Henschel Verlag, 1995.

Gottfried Feder, *Das Programm der NSDAP und seine weltanschaulichen Grundlagen*, Aufl. 166–169, München: Franz Ehe Nachf. 1935.

Li Fischer-Eckert, *Die wirtschaftliche und soziale Lage der Frauen in dem modernen Industrieort Hamborn im Rheinland*, Hagen in Westf.: Verlag von Karl Stracke, 1913.

Christian Engeli, *Gustav Böß Oberbürgermeister von Berlin 1921 – 1930. Beiträge zur Berliner Kommunalpolitik* (= *Schriften des Vereins für die Geschichte Berlins Heft 62*), Berlin: Neues Verlags-Comptois, 1981.

Richard J. Evans, *Death in Hamburg. Society and Politics in the Cholera Years 1830 – 1910*, London: Clarendon Press 1987.

Walter Fey, *Leistungen und Aufgaben in deutschen Wohnungs- und Siedlungsbau* (= *Schriften des Institutes für Konjunkturforschung, Sonderheft 42*), Berlin: s. n., 1939.

Ingeborg Flagge (Hg.), *Geschichte des Wohnens* (Bd. 5: 1945 bis heute: Aufbau, Neubau, Umbau), Stuttgart: DVA, 1999.

Martin Friedenberger, *Fiskalische Ausplünderung. Die Berliner Steuer- und Finanzverwaltung und die jüdische Bevölkerung 1933–1945*, Berlin: Metropol, 2008.

Saul Friedländer, *Das Dritte Reich und die Juden*, Aufl. 3, München: C. H. Beck, 2007.

Karl Christian Führer, *Mieter, Hausbesitzer, Staat und Wohnungsmarkt: Wohnungsmangel und Wohnungszwangswirtschaft in Deutschland 1914 – 1960*, Stuttgart: Steiner, 1995.

—, *Die Stadt, das Geld und der Markt. Immobilienspekulation in der Bundesrepublik 1960–1985*, Berlin/Boston: Walter de Gruyter, 2016.

Johann Friedrich Geist, Klaus Kürvers, *Das Berliner Mietshaus 1862 – 1945. Eine dokumentarische Geschichte von "Meyer's-Hof" in der Ackerstraße 132 – 133, der*

Entstehung der Berliner Mietshausquartiere und und der Reichshauptstadt zwischen Gründung und Untergang, München: Prestel-Verlag, 1984.

Ruth Glatzer, *Berlin zur Weimarer Zeit. Panorama einer Metropole 1919 – 1933*, Berlin: Siedler, 2000.

Berhard Gotto, *Nationalsozialistische Kommunalpolitik. Administrative Normalität und Systemstabilisierung durch die Augsburger Stadtverwaltung 1933 – 1945*, München: R. Oldenbourg, 2006.

Hans Günter Adler, *Der verwaltete Mensch. Studien zur Deportation der Juden aus Deutschland*. Tübingen: Mohr, 1974.

Albert Gut (Hg.), *Der Wohnungswesens in Deutschland nach dem Weltkriege*, München: Bruckmann, 1928.

Ulrike Haerendel, *Kommunale Wohnungspolitik im Dritten Reich. Siedlungsideologie, Kleinhausbau und „Wohnraumarisierung" am Beispiel Münchens*, München: R. Oldenbourg Verlag, 1999.

Karl-Heinrich Hansmeyer (Hg.), *Kommunale Finanzpolitik in der Weimarer Republik* (= Schriftenreihe des Vereins für Kommunalwissenschaften e. V. Berlin, Bd. 36), Stuttgart u. a: Kohlhammer, 1973.

Tilman Harlander, Katrin Hater, Franz Meiers, *Siedeln in der Not. Umbruch von Wohnungspolitik und Siedlungsbau am Ende der Weimarer Republik*, Hamburg: Christians, 1988.

—, *Zwischen Heimstätte und Wohnmaschine. Wohnungsbau und Wohnungspolitik der Zeit des Nationalsozialismus*, Basel: Birkhäuser, 1995.

—, Gerd Kuhn, Wüstenrot Stiftung (Hgg.), *Soziale Mischung in der Stadt. Case Studies-Wohnungspolitik in Europa-Historische Analyse*, Stuttgart/Zürich: Krämer, 2012.

Karin Hartewig, *Das unberechenbare Jahrzehnt. Bergarbeiter und ihre Familien im Ruhrgebiet 1914 – 1924*, München: C. H. Beck, 1993.

Harmut Häußermann, Andreas Kapphan, *Berlin. Von der geteilten zur gesplatenen Stadt*, Opladen: Leske+Budrich, 2000.

Werner Hegemann, *Das steinerne Berlin. Geschichte der größten Mietskasernenstadt der Welt*, Aufl. 4, Wiesbaden: Vieweg, 1992.

Heinz Heineberg (Hg.), *Innerstädtische Differenzierung und Prozesse im 19. und 20. Jahrhundert. Geographische und historische Aspekte* (Städteforschung A/24), Köln/Wien: Böhlau, 1987.

Heinrich Hirtsiefer, *Die staatliche Wohlfahrtspflege in Preußen 1919 – 1923*, Berlin: Karl Hermann, 1924.

—, *Die Wohnungswirtschaft in Preußen*, Eberswalde: Verlagsgesellschaft R. Müller m. b. H., 1929.

Hans Günter Hockerts (Hg.), *Drei Wege deutscher Sozialstaatlichkeit* (=Schriftenreihe der Vierteljahrshefte für Zeitgeschichte, Bd. 76), München: Oldenbourg, 1998.

Dierk Hoffmann, Michael Schwartz (Hgg.), *Geglückte Integration? Spezifika und Vergleichbarkeiten der Vertriebenen-Eingliederung in der SBZ/DDR*, München: R. Oldenbourg, 1999.

Wolfgang Hoffmann (Hg.), *Kommunale Selbstverwaltung im Zeitalter der Industrialisierung* (＝*Schriftenreihe des Vereins für Kommunalwissenschaften e. V.*), Stuttgart: Kohlhammer, 1971.

—, *Zwischen Rathaus und Reichskanzlei. Die Oberbürgermeister in der Kommunal- und Staatspolitik des Deutschen Reiches von 1890 bis 1933* (＝*Schriften des deutschen Instituts für Urbanisitik, Bd. 46*). Stuttgart: Kohlhammer, 1984.

—, Gerd Kuhn (Hg.), *Wohnungspolitik und Städtebau 1900 – 1930* (＝*Arbeitshefte des Instituts für Stadt- und Regionalplanung der TU Berlin, Bd 48*), Berlin: TU Berlin, 1993.

Walter Holtgrave, *Neues Miet- und Wohnrecht. Kommentar zum Gesetz über den Abbau der Wohnungszwangswirtschaft und über ein soziales Miet- und Wohnrecht*, Berlin/Frankfurt a. M.: Vahlen, 1960.

Rosemarie Höpfner (Hg.), *Ernst May und das Neue Frankfurt 1925 – 1930*, Berlin: Ernst Wilhelm & Sohn, 1986.

Victor Aimé Huber, *Concordia. Beiträge zur Lösung der socialen Frage in zwanglosen Hefen*, H. 2: Die Wohnungsfrage, 1. Die Noth, Leipzig: Gustav Maher, 1861.

International Labour Office, *European Housing Problems since the War (Studies and Reports)*, Series G (Housing and Welfare), No. 1, Geneva: 1924.

Sigrid Jacobeit, Wolfgang Jacobeit, *Illustrierte Alltags- und Sozialgeschichte Deutschlands 1900 – 1945*, Münster: Westfälisches Dampfboot, 1995.

Alena Janatkova, Hanna Kozinska-Witt (Hgg.), *Wohnen in der Großstadt 1900-1939. Wohnsituation und Modernisierung im europäischen Vergleich*, Stuttgart: Franz Steiner, 2006.

Gert Kähler (Hg.), *Geschichte des Wohnens (Bd. 4: 1918 – 1945: Reform, Reaktion, Zerstörung.)*, Stuttgart: DVA, 1996.

Karlheinz E. Kessler, *Wohnungsbau der 20er Jahre. Die Architekten Ernst May und Walter Schwagenscheidt. Ihre Theorien und Bauten*, Frankfurt a. M: Haag + Herchen, 2006.

Walter Kiess, *Urbanismus im Industriezeitalter: von der klassizistischen Stadt zur Garden City*, Berlin: Ernst & Sohn, 1990.

Eberhard Kolb, *Die Weimarer Republik* (＝*Oldenbourg Grundriss der Geschichte, Bd. 16*), Aufl. 4, München: R. Oldenbourg, 1998.

Alfred Körner, *Die Gemeinnützige Bautätigkeit in München* (＝*Schriften des Bayerischen Landesvereins zur Förderung des Wohnungswesens (E. V), H. 26*), München: E. Reinhardt, 1929.

Hartmut Koschyk, Vincent Regent (Hgg.), *Vertriebene in SBZ und DDR*, Berlin: be. brawissenschaft, 2021.

Marita Krauss (Hg.), *Integrationen. Vertriebene in den deutschen Ländern nach 1945*, Göttingen: Vandenhoeck & Ruprecht, 2008.

Robert Kuczynski, *Das Wohnungswesen und die Gemeinden in Preußen (Teil. 2: Städtische Wohnungsfürsorge)*, Breslau: Korn, 1916.

Gerd Kuhn, *Wohnkultur und kommunale Wohnungspolitik in Frankfurt am Main 1880 bis 1930. Auf dem Wege zu einer pluralen Gesellschaft der Individuen*, Bonn: Dietz, 1998.

Franz Kurowswki, *Der Luftkrieg über Deutschland*, Klagenfurt: Neuer Kaiser Verlag, 1993.

Annemarie Lange, *Berlin in der Weimarer Republik*, Berlin (Ost): Dietz, 1987.

Ben Lieberman, *From Recovery to Catastrophe: Municipal Stabilization and Political Crisis in Weimar Germany*, New York/Oxford: Berghahn, 1998.

Hans Maaß, *Grundfrage des städtischen Wohnungswesens*, Greifswald: 1926.

Manfred Matzahn, *Germany 1945 – 1949: A Sourcebook*, London: Routledge, 2002.

Rainer Metzendorf, *Georg Metzendorf 1874 – 1934: Siedlungen und Bauten*, Darmstadt: Hessische Historische Kommission, 1994.

Amt für Wohnen und Migration München (Hg.), *100 Jahre Wohnungsamt 1911 bis 2011*, Ergolding: Bosch-Druck, 2011.

Merith Niehuss, *Arbeiterschaft in Krieg und Inflation. Soziale Schichtung und Lage der Arbeiter in Augsburg und Linz 1910 bis 1925*, Berlin/New York: Walter de Gruyter, 1985.

Lutz Niethammer (Hg.), *Wohnen im Wandel. Beiträge zur Geschichte des Alltags in der bürgerlichen Gesellschaft*, Wuppertal: Peter Hammer Verlag, 1979.

Thomas Nipperdey, *Deutsche Geschichte 1866 – 1918 (Band II: Nachtstaat vor der Demokratie)*, München: C. H. Beck, 2013.

Otto Schütz, *Die neuen Städte und Gemeinden in Bayern*, Hannover: Gebrüder Jänecke, 1967.

Gerhard Reichling, *Die deutschen Vertriebenen in Zahlen. Teil I: Umsiedler, Verschleppte, Vertriebene, Aussiedler 1940 – 1985*, Bonn: Kulturstiftung der deutschen Vertriebenen, 1986.

—, *Die deutschen Vertriebenen in Zahlen. Teil II: 40 Jahre Eingliederung in der Bundesrepublik Deutschland*, Bonn: Kulturstiftung der deutschen Vertriebenen, 1989.

Karl-Heinz Peters, *Wohnungspolitik am Scheideweg. Wohnungswesen, Wohnungswirtschaft, Wohnungspolitik*, Berlin: Duncker & Humblot, 1984.

Ursula von Petz, *Stadtsanierung im Dritten Reich: dargestellt an ausgewählten Beispielen*, Dortmund: IRPUD, 1987.

Dieter Petzina, *Autakiepolitik im Dritten Reich. Der nationalsozialistische Vierjahrsplan (= Schriftenreihe der Vierteljahrshefte für Zeitgeschichte, Nr. 6)*, Stuttgart: DVA, 1968.

Detlev J. K. Peukert, *Die Weimarer Republik. Krisenjahre der Klassischen Moderne*m, Frankfurt a. M.: Suhrkamp, 1987.

Eckart Pankoke, *Sociale Bewegung-Sociale Frage — Sociale Politik. Grundfrage der deutschen "Socialwissenschaft" im 19. Jahrhundert* (=Schriftenreihe Arbeitskreises für moderne Sozialgeschicht, Bd.12), Stuttgart: Erst Klett, 1970.

Heidi Roeder, *Nationalsozialistischer Wohn- und Siedlungsbau. Fuchsbreite Lindenhof-Siedlung "Gagfah-Siedlung"*, Magdeburg: Stadtplanungsamt Magdeburg, 1995.

Adelheid von Saldern, *Häuserleben. Zur Geschichte städtischen Arbeiterwohnens vom Kaiserreich bis heute*, Aufl. 2., Bonn: Dietz, 1997.

Elke Steinhöfel, *Die Wohnungsfürsorgeanstalt Hashude: Die NS-"Asozialenpolitik" und die Bremer Wohlfahrtspflege*, Bremen: Selbstverlag des Staatsarchivs Bremen, 2013.

Heinz Reif, Moritz Feichtinger (Hgg.), *Ernst Reuter — Kommunalpolitiker und Gesellschaftreformer*, Bonn: Dietz, 2009.

Jürgen Reulecke, Wolfhard Weber (Hg.), *Fabrik, Familie, Feierabend. Beiträge zur Sozilageschichte des Alltages im Industriezeitalter*, Wuppertal: Peter Hammer, 1978.

—, *Geschichte der Urbanisierung in Deutschland*, Frankfurt a. M.: Suhrkamp, 1985.

—, (Hg.), *Geschichte des Wohnens (Bd. 3. 1800 – 1918: Das bürgerliche Zeitalter)*, Stuttgart: DVA, 1997.

Gerhard A. Ritter, *Der Sozialstaat Entstehung und Entwicklung im internationalen Vergleich*, München: Oldenbourg, 1989.

Ludovica Scarpa, *Martin Wagner und Berlin. Architektur und Städtebau in der Weimarer Republik*, Braunschweig u.a.: Vieweg, 1986.

Jokob Schallenberger, Hans Kraffert, *Berliner Wohnungsbauten aus öffentlichen Mitteln. Die Verwendung der Hauszinssteuer-Hypotheken*, Berlin: Bauwelt-Verlag, 1926.

Günter Schulz (Hg.), *Wohnungspolitik im Sozialstaat. Deutsche und Europäischen Lösung 1918 – 1960* (= Forschungen und Quellen zur Zeitgeschichte, Bd. 22), Düsseldorf: Droste, 1993.

Hagen Schulze, *Weimar: Deutschland 1917 – 1933 (Bd. 4: Die Deutschen und ihre Nation)*, Berlin: Siedler, 1982.

Alexander Schnner, *Über die Zustände der arbeitenden Klassen in Breslau*, Berlin: Trautwein, 1845.

Joachim Szodrynski, *Hamburgs Arbeiterbewegung im Wandel der Gesellschaft. Eine Chronik* (= Hamburger Beiträge zur Sozial- und Zeitgeschichte, Beiheft 4), Bd. 4 (1945–1949), Hamburg: Christian, 1989.

Hans Jürgen Teuteberg (Hg.), *Homo habitans. Zur Sozialgeschichte des ländlichen und städtischen Wohnens in der Neuzeit*, Stuttgart: Steiner/Münster: Coppenrath, 1985.

—(Hg.), *Stadtwachstum, Industrialisierung, Sozialer Wandel. Beiträge zur Erforschung der Urbanisierung 19. Und 20. Jahrhundert* (=Schriften des Vereins für Socioplitik, Bd.256), Berlin: Duncker & Humblot, 1986.

Martin Wagner, *Städtebauliche Probleme in amerikanischen Städten und ihre Rückwirkung auf den deutschen Städtebau* (＝Sonderheft zur Deutschen Bauzeitung), Berlin: 1929.

Andreas Walther, *Wege zur Großstadtsanierung*, Stuttgart: Kohlhammer, 1936.

Manfred Walz, *Wohnungsbau- und Industrieansiedlungspolitik in Deutschland 1933 - 1939. Dargestellte am Aufbau des Industriekomplexes Wolfsburg — Braunschweig-Salzgitter*, Frankfurt a. M./ New York: Campus, 1979.

Hans-Ulrich Wehler (Hg.), *Scheidewege der deutschen Geschichte. Von der Reformation bis zur Wende 1517 - 1989*, München: C. H. Beck, 1995.

Ingeburg Weinberger, *NS-Siedlungen in Wien. Projekte — Realisierungen — Ideologietransfer*, Wien/Berlin: LIT Verlag, 2015.

Barney White-Spunner, *Berlin: The Story of a City*, London/New York: Simon & Schuster, 2020.

Clemens Wischermann, *Wohnen in Hamburg vor dem Ersten Weltkrieg*, Münster: Coppenrath, 1983.

Clemens Zimmermann, *Von der Wohnungsfrage zur Wohnungspolitik. Die Reformbewegung in Deutschland*, Göttingen: Vandenhoeck & Ruprecht, 1991.

第四部分　论文(含新闻报道)

Friedrich Wilhelm Adami, "Das Kündigungsrecht wegen eines jüdischen Mieters", *Juristische Wochenschrift*, 51(1938), H.36.

K. F. Ammann, "Erfahrungsbericht über die Heidelberger Asozialen-Kolonie", *Deutsche Zeitschrift für Wohlfahrtspflege*, 13(1937).

"Aufsteigendes Volk braucht Wohnungen", *Bauen-Siedeln-Wohnen. Zeitschrift für Bau-, Siedlungs- und Wohnungswirtschaft*, 21(1935), H.15.

Wolfgang Ayaß, "'Wohnungslose im Nationalsozialismus'. Eine Wanderausstellung der BAG Wohnungslosenhilfe", Werena Rosenke (Hg.), *Integration statt Ausgrenzung-Gerechtigkeit statt Almosen: Herausforderungen für eine bürger- und gemeindenahe Wohnungslosenhilfe*, Bielefeld: Bundesarbeitsgemeinschaft Wohnungslosenhilfe, 2006.

Otto Bartning, "Ketzerische Gedanken am Rande der Trümmerhaufen", *Frankfurter Hefte*, 1(1946).

Uwe Bastian, *Sozialökonomische Transformationen im ländlichen Raum der Neuen Bundesländer*, Dissertation von Freier Universität zu Berlin (柏林自由大学博士论文), 2003.

Wolfgang Benz, "Deutsche Gesellschaften und ihre Außenseiter. Kontinuitäten im Umgang mit 'Gemeinschaftsfremden'", ders, u. Barbara Distel (Hgg.), *"Gemeinschaftsfremde". Zwangserziehung im Nationalsozialismus, in der Bundesrepublik und der DDR*, Berlin: Metropol, 2016.

Volk Busch-Geertsema, "Wohnungsloskeit", *Wohnen*, 2/3(2019), H.69.

David Crew, "'Eine Elternschaft zu Dritt', -Staatliche Eltern? Jugendwohlfahrt und Kontrolle der Familie in der Weimarer Republik 1919 - 1933", Alf Lüdtke (Hg.),

„Sicherheit" und „Wohlfahrt". Polizei, Gesellschaft und Herrschaft im 19. Und 20. Jahrhundert, Frankfurt a. M. : 1992.

Jeffry M. Diefendorf, "American Influences on Urban Developments in West Germany", Detlef Junker, ed. , The United States and Germany in the Era of the Cold War, 1945 – 1990. A Handbook (Vol. 1:1945–1968), Cambridge/New York: Cambridge University Press: 2004.

Jost Dülffer, "NS-Herrschaftssystem und Stadtgestaltung: Das Gesetz zur Neugestaltung deutscher Städte vom 4. Oktober 1937", German Studies Review, Vol. 12,1(1989).

Joachim Fischer-Dieskau, "Staatsgedanke und Wohnungsbau", Soziale Praxis, 44(1935).

—, "Die Förderung des Baues von Volkswohnungen", Bauwelt, 35(1935), H. 26.

—, "Probleme der Wonungsbau- und Siedlungsfinanzierung", Die Banke, 31(1938).

Julius Faucher, "Staats- und Kommunalbudgets", Vierteljahrschrift für Volkswirthschaft und Kulturgeschichte, 1(1863).

—, "Die Bewegung für Wohnungsreform", Vierteljahrschrift für Volkswirthschaft und Kulturgeschichte, 4(1866).

Karl Christian Führer, "Anspruch und Realität. Das Scheitern der nationalsozialistischen Wohnungsbaupolitik", Vierteljahrshefte für Zeitgeschichte, 2(1997), H. 45.

Karl Christian Führer, "Betrogene Gewinner? Die deutschen Hausbesitzer und der Streit um den Gewinn aus Inflationen Währungsreform 1923 – 1943", Vierteljahresschrift für Sozial- und Wirtschaftsgeschichte, 82(1995).

"Gegen die Einführung der Wohnungszwangswirtschaft", Bauen-Siedeln-Wohnen. Zeitschrift für Bau-, Siedlungs- und Wohnungswirtschaft, 21(1935), H. 15.

W. Gebhardt, "Heimstättensiedlung und Reichsheimstättenamt", Bauen-Siedeln-Wohnen. Zeitschrift für Bau-, Siedlungs- und Wohnungswirtschaft, 13(1935), H. 15.

Elisabeth Gransche, "Die Entwicklung der Wohnungspolitik bis zum Ersten Weltkrieg", Historical Social Research, 4(1986), H. 11.

—, Franz Rothenbacher, "Wohnbedingungen in der zweiten Hälfte des 19. Jahrhunderts 1861–1910", Geschichte und Gesellschaft, 14(1988).

Wolf Grunder, "NS-Judenverfolgung und Kommunen", Vierteljahrshefte für Zeitgeschichte, 1(2000), H. 48.

"Grundsätze des Reichsheimstättenamtes für Siedlungslustige", Bauen-Siedeln-Wohnen. Zeitschrift für Bau-, Siedlungs- und Wohnungswirtschaft, 6(1938), H. 18.

Tilman Harlander, "Wohnungspolitik", Akademie für Raumforschung und Landesplanung (Hg.), Handwörterbuch der Stadt- und Raumentwicklung, Hannover: ARL, 2018.

Jürgen Herrlein, "Die 'Entjudung' des Mietwohnungsbestands im Nationalsozialismus als Teil der geplanten 'Ausrottung des jüdischen Volkes'", Kritische Justiz, 48(2015).

Johannes Herrmann, "Mieten und Einkommen", Bauen-Siedeln-Wohnen. Zeitschrift für Bau-, Siedlungs- und Wohnungswirtschaft, 3(1936), H. 16.

Manfred Hoffmann, "Sozialistische Mietenpolitik in der DDR", Zeitschrift für die gesamte

Staatswissenschaft, Bd. 129, 2(1973), S. 246 – 291.

Wolfgang Hofmann, "Raumplaner zwischen NS-Staat und Bundesrepublik. Zur Kontinuität und Diskontinuität vom Raumplanung 1933 bis 1960", Heinrich Mädling, Wendelin Strubelt (Hgg.), *Von Dritten Reich zur Bundesrepublik. Beiträge einer Tagung zur Geschichte von Raumforschung und raumplanung am 12. Und 13. Juni 2008 in Leipzig*, Hannover: ARL, 2009.

Andrei Holm, "Die Rückkehr der Wohnungsfrage", *Wohnen*, 2/3(2019), H. 69.

Thomas Hoscislawski, "Die 'Lösung der Wohnungsfrage als soziales Problem' — Etappen der Wohnungsbaupolitik in der DDR", *COMPARATIV*, 3(1996).

Victor Aimé Huber, "Über die geeigneten Maßregeln zur Abhülfe der Wohnungsnoth", *Der Arbeiterfreund*, 3(1865).

Katja Iken, Caroline Schiemann, Benjamin Braden, "Zeitzeugen des Hungerwinters 1946/47: Die Moral geht zum Teufel", *Der Spiegel*, 20.02.2017.

F. Kalle, "Die Fürsorge der Arbeitergeber für die Wohnungen ihrer Arbeiter", *Die Verbesserung der Wohnungen* (= Schriften der Centralstelle für Arbeiter-Wohlfahrtseinrichtungen, Nr. 1), Berlin: Karl Heymann, 1892.

Fred Kaspar, "Vom Verlieferer zum Gewinner. Das Hauptquartier der Britischen Besatzung in Deutschland 1945 – 1954 und dessen Auswirkung auf die Heilbäder Ostwestfalens", *Westfalen. Heft für Geschichte, Kunst und Volkskunde*, 94(2016).

Jan Andreas Kaufhold, "Innerstädtische Mobilität im Kontext des Siedlungsprogramms 'vorstädtische Kleinsiedlung'", *Informationen zur modernen Stadtgeschichte*, 1(2014).

Fritz Kiefersauer, "Die Juden in der deutschen Grundstück- und Wohnwirtschaft", *Deutsche Justiz*, Berlin: Decker, 1939.

Katja Klee, *Die Luftkriegsevakuierung im Gau München-Oberbayern 1939 – 1945*, Magisterarbeit, LMU München(慕尼黑大学硕士论文),1993.

Kurt Kleinrahm, "Zur Rechtsnatur des Zwangsmietvertrages: Eine widerspruchsvolle Durchführungsverordnung zum Wohnungsgesetz", *Deutsche Rechts-Zeitschrift*, 5(1946), H. 1.

Karl Knies, "Über den Wohnungsnothstand unterer Volksschichten und die Bedingungen des Miethpreises", *Zeitschrift für die gesammte Staatswissenschaft*, 15(1859).

Mechthild Köstner, *Werkswohnungsbau des Kruppkonzerns bis 1924. Mit Philanthropie gegen Pauperismus oder Prosperität durch Patriarchat*, Band I: Textband, Dissertation der Universität Osnabrück(奥斯纳布吕克大学博士论文),2017.

H. Krummel, "Ueber Arbeiterwohnungen und Baugesellschaften", *Zeitschrift für die gesamte Staatswissenschaft*, 1(1858), H. 14.

Brain Ladd, "Book Review: Wohnkultur Wohnkultur und kommunale Wohnungspolitik in Frankfurt am Main 1880 bis 1930. Auf dem Wege zu einer pluralen Gesellschaft der Individuen", German History, Vol. 7, 3(1999).

Ludwig Landmann, "Die öffentliche Hand im Wohnungswesen", *Kommunale Vereinigung für Wohnungswesen*, 13(1930).

Gerhard Lazari, "Aufbau der Gemeinschaft im Haus und Heim", *Bauen-Siedeln-Wohnen. Zeitschrift für Bau-, Siedlungs- und Wohnungswirtschaft*, 20(1937), H.17.

Jörg Leuschner, "Salzgitter — Die Entstehung einer nationalsozialistischen Neustadt von 1937–1942", *Niedersächsisches Jahrbuch für Landesgeschichte. Neue Folge der "Zeitschrift des Historischen Vereins für Niedersachen"*, 65(1993).

Corina Löhning, *Ein neues Zuhause schaffen. Zwischen Raumverlust und Raumaneignung: der Wohnraumprozess der Zufluchtsuchenden im Nachkriegsdeutschland — dargestellt am Landkreis Harburg*, Dissertation der Universität Hamburg(汉堡大学博士论文), 2018.

Lübbert, "Die staatlichen Beihilfeverfahren für den Kleinwohnungsbau. Kritik des bisherigen Verfahrens nebst einem Verbesserungsvorschlag für 1921", *Volkswohnung*, 2(1920), H.2.

Panos Mantziaras, "Rudolf Schwarz and the Concept of Stadtlandschaft", *Planning Perspectives*, 18(2013).

Horst Matzerath, "Nationalsozialistische Kommunalpolitik: Anspruch und Realität", *Die Alte Stadt*, 5(1978).

Heinz Meilicke, "Steuerrecht und Devisenrecht bei Auswanderung und Rückwanderung unter Berücksichtigung des Gesetzes über Änderung der Vorschriften über die Reichsfluchtsteuer", *Juristische Wochenschrift*, 23(1934), H.63.

Philipp Mettauer, "Die 'Judenumsiedlung' in Wiener Sammelwohnungen 1939–1942", *Wiener Geschichtsblätter*, 1(2018), H.78.

"Neuhausbesitzer-Reichsverband aufgelöst", *Bauen-Siedeln-Wohnen. Zeitschrift für Bau-, Siedlungs- und Wohnungswirtschaft*, 21(1935), H.15.

Lutz Niethammer, Franz Brüggemeier, "Wie wohnten Arbeiter im Kaiserreich?", *Archiv für Sozialgeschichte*, 16(1976).

Jeremy Noakes, "Die kommunale Selbstverwaltung im Dritten Reich", Adolf M. Birke, Magnus Brechtken (Hgg.), *Kommunale Selbstverwaltung: Geschichte und Gegenwart im deutsch-britischen Vergleich (= Prinz-Albert-Studien, Bd. 13)*, München/New Providence/London: K·G·Saur, 1996.

Dr. Oppler, "Die Durchführung des Kontrollratsgesetzes Nr. 18 (Wohnungsgesetz)", *Süddeutsche Juristen-Zeitung*, 5(1947), H.2.

Eckart Pankoke, *Sociale Bewegung-Sociale Frage — Sociale Politik. Grundfrage der deutschen "Socialwissenschaft" im 19. Jahrhundert (=Schriftenreihe Arbeitskreises für moderne Sozialgeschicht, Bd.12)*, Stuttgart: Erst Klett, 1970.

Ludolf Parisius, "Bericht über die in Deutschland bestehenden Baugesellschaften und Baugenossenschaften", *Der Arbeiterfreund*, 3(1865).

Richard Rath, "Der Lahmbau in der Sowjetischen Besatzungszone und der ehemaligen DDR 1945–1989", *LEHM*, 2004.

Dieter Rebentisch, "'Die treusten Söhne der deutschen Sozialdemokratie' Linksopposition und kommunale Reformpolitik in der Frankfurt Sozialdemokratie der Weimarer Epoche", *Archiv für Frankfurts Geschichte und Kunst*, 61(1987).

Marie-Luise Recker, "Staatliche Wohnungsbaupolitik im Zweiten Weltkrieg", *Die alte Stadt: Zeitschrift für Stadtgeschichte, Stadtsoziologie und Denkmalpflege*, 5(1978).

—, "Wolfsburg im Dritten Reich. Städtebauliche Planung und soziale Realität", *Niedersächsisches Jahrbuch für Landesgeschichte. Neue Folge der "Zeitschrift des Historischen Vereins für Niedersachen"*, 65(1993).

Helmut Richardi, "Der neugeregelte Mieterschutz", *Bauen-Siedeln-Wohnen. Zeitschrift für Bau-, Siedlungs- und Wohnungswirtschaft*, 3(1936), H.16.

Bernard Röhl, "'Wir sind keine Inder und Kulis'", *Tageszeitung*, 27.06.2006.

Karl Heinz Roth, "Städtesanierung und 'auszumerzende' Soziologie. Der Fall Andreas Walther und die 'Notarbeit 51' der Notgemeinschaft der Deutschen Wissenschaft 1934 – 1935", Carsten Klingemann (Hg.), *Rassenmythos und Sozialwissenschaft in Deutschland. Ein verdrängtes Kapital sozialwissenschaftlicher Wirkungsgeschichte*, Wiesbaden: VS Verlag für Sozialwissenschaften, 1987.

Michael Ruck, "Die öffentliche Wohnungsbaufinanzierung in der Weimarer Republik. Zielsetzung, Ergebnisse, Probleme", Axel Schildt, Arnold Sywottek (Hgg.), *Massenwohnung und Eigenheim. Wohnungsbau und Wohnen in der Großstadt seit dem Ersten Weltkrieg*, Frankfurt/New York: Campus, 1988.

Thilman A. Schenk, "Mass-Producing Traditional Small Cities: Gottfried Feder's Vision for a Greater Nazi Germany", *Journal of Planning History*, Vol.2, 2(2003).

Marco Schmandt, "Zur Bezahlbarkeit von Wohnraum in Berlin", *Zeitschrift für amtliche Statistik Belirn Brandenburg*, 3+4, 2021.

Babara Schönig. "Sozialer Wohnungsbau in Deutschland — Vom Wohnungsbau für alle zum Ausnahmesegment", *Wohnen*, 2/3(2019), H.69.

Dirk Schubert, "Großstadtfeindschaft und Stadtplanung. Neue Anmerkungen zu einer alten Diskussion", *Die alte Stadt*, 13(1986).

—, "Stadtsanierung im Nationalsozialismus. Propaganda und Realität am Beispiel Hamburg", *Die alte Stadt*, 4(1993).

"Sofortprogramm für 3,000 Kleinwohnungen in der Reichshauptstadt", *Bauen-Siedeln-Wohnen. Zeitschrift für Bau-, Siedlungs- und Wohnungswirtschaft*, 21(1935), H.15.

Willi Stoph, "Mit guter Bilanz voran auf dem klaren Kurs des VIII. Parteitages", *Neues Deutschland*, 7. Okt. 1972.

Karl Teppe, "Zur Sozialpolitik des Dritten Reiches am Beispiel der Sozialversicherung", *Archiv für Sozialgeschichte*, 17(1977).

Wilhelm Treue, Vorbemerkung, "Hitlers Denkschrift zum Vierjahresplan 1936", *Vierteljahreshefte für Zeitgeschichte*, 2(1955), H.3.

Uebler, "Wohnungsnot, Volksgesundheit und Volksmoral", *Bauen-Siedeln-Wohnen.*

Zeitschrift für Bau-, Siedlungs- und Wohnungswirtschaft, 15, 21(1935).

Günter Uhlig, "Sozialisierung und Rationalisierung", *Arch* + (= *spezielle Sammlung: Neue Bauen*), 45(1979).

Weber, "Die Unterstützung der Neubautätigkeit mit öffentlichen Mitteln im Jahre 1920", *Volkswohnung*, 2(1920), H. 2.

"Wohnungswesen", *Bauen-Siedeln-Wohnen. Zeitschrift für Bau-, Siedlungs- und Wohnungswirtschaft*, 6/7(1934), H. 14.

Peter Wenig, "Wohnungsnot nach dem Krieg: Kälte im Wellbelchhaus", *Hamburger Abendblatt*, 24. 11. 2018.

Wolfram Wette, "Die militärische Demobilmachung in Deutschland 1918/19 unter besonderer Berücksichtigung der revolutionären Ostseestadt Kiel", *Geschichte und Gesellschaft*, 1(1986), H. 12.

Dorothea Wiktorin, "Der Wiederaufbau Kölns zwischen Wunsch und Wirklichkeit. Stadtplanung und Stadtentwicklung zwischen 1945 und 1960", *Geschichte im Westen*, 5 (2005), H. 20.

第五部分　网络资源

德国联邦政治教育中心官方网站：https://www.bpb.de
德国联邦档案馆犹太受害者在线纪念名录：https://www.bundesarchiv.de/gedenkbuch/
德国历史博物馆官方网站(德国近现代史在线展览)：https://www.dhm.de/lemo/
基尔市官方网站：https://www.kiel.de/
沃尔夫斯堡市官方网站：https://www.wolfsburg.de/
柏林市官方网站(财政局)：https://www.berlin.de/sen/finanzen/ueber-uns/
明斯特城市档案馆官方网站：https://www.stadt-muenster.de/
布莱特瑙劳教所官方网站：https://gedenkstaette-breitenau.de/
诺因加默集中营官方网站：http://neuengamme-ausstellungen.info/
达豪集中营纪念馆官方网站：https://www.kz-gedenkstaette-dachau.de/
柏林租户协会官方网站：https://www.berliner-mieterverein.de
南柏林居住合作社成立90周年纪念纪录片《南柏林居住合作社90年：传统的现代》：http://www.dailymotion.com/video/xapybm_gewosued-90-jahre-traditionell-modern_lifestyle

索引

A

亚琛 Aachen
阿伯克龙比，莱斯利·帕特里克 Abercormbie, Lesley Patrick
（国家劳动部）《更新公告》（1935） *Ablösungserlass*（1935）
阿德隆，伯恩哈德 Adelung, Bernhard
阿登纳，康拉德 Adenauer, Konrad
阿迪克斯，弗朗茨·恩斯特 Adickes, Franz Ernst
阿德勒，汉斯·君特 Adler, Hans Günter
封闭的 "abgeschlossen"
二房客 Aftermieter, 同：Untermieter
"国家（杜绝）懒汉行动" Aktion Arbeitsscheu Reich
阿列克斯，安妮 Alex, Anne
德国工会联合会 Allgemeiner Deutscher Arbeiterverein（ADAV）
德国通用电气公司 Allgemeine Elektricitäts-Gesellschaft（AEG）
盟国管制委员会 Alliierter Kontrollrat
阿尔滕豪夫（住宅区）Altenhof（Siedlung）
阿尔特豪斯，赫尔曼 Althaus, Hermann
阿通那 Altona
阿姆曼，卡尔·弗里德里希 Ammann, Karl Friedrich
安哈特 Anhalt
《美国与联邦共和国经济合作协议》（1949）*Abkommen über wirtschaftliche Zusammenarbeit zwischen den Vereinigten Staaten von Amerika und der Bundesrepublik*（1949）
阿尼姆，贝蒂娜·冯 Arnim, Bettina von
工人住所，Arbeiterwohnstätte
工人住房建设合作社 Arbeiterwohnungsbaugenossenschaft（AWG）
劳动教育营 Arbeitserziehungslager
劳动科学研究所 Arbeitswissenschaftliche Insititut
雅利安化 Arisierung, 同：Entjudung
阿伦特，克劳斯·D. Arndt, Klaus Dieter
异类 Artfremde
阿什，布鲁诺 Asch, Bruno
反社会者 Asoziale
社团 Association
奥格斯堡 Augsburg

B

背靠背住房 back-to-back house
巴登 Baden
巴登—巴登 Baden-Baden
巴德丢伦贝格 Bad Dürrenberg
巴特恩豪森 Bad Oeynhausen
"板房城" "Barackenstadt"
巴尔凯，亚伯拉罕 Barkai, Abraham
巴特宁，奥托 Bartning, Otto

索引

《建设与居住》Bauen und Wohnen
《建筑·定居·居住》Bauen Siedeln Woh-nen
《包豪斯宣言》（1918）Bauhaus Manifesto（1918）
建设成本补贴金 Baukostenzuschuss
建筑警察 Baupolizei
埃伯斯费尔德建造协会（1825）Bauverein Ebersfeld（1825）
《建筑工会》Baugewerkschaft
《建筑助手》Bauhelfer
巴伐利亚 Bayern
    巴伐利亚贸易银行 Bayerische Handelsbank
    巴伐利亚人民党 Bayerische Volkspartei
《养老保险法》（1908）Landeskulturrentengesetz（1908）
四年计划全权总代表 Beauftragter für den Vierjahresplan
贝克，欧根 Becker, Eugen
《有关参战人员后方驻留家属解约权的公告》（1915）Bekanntmachung über das Kündigungsrecht der Hintergbliebnen von Kriegsteilnehmern（1915）
《克服住房短缺的措施公告》（1918）Bekanntmachung über Maßnahmen gegen Wohnungsmangel（1918）
《关于未能及时偿还货币债权后果的公告》（1914）Bekanntmachung über die Folgen der nicht rechtzeitigen Zahlung einer Geldforderung（1914）
《承租人保护公告》（《承租人保护条例》，1917）Bekanntmachung zum Schutze der Mieter
本茨，沃尔夫冈 Benz, Wolfgang
柏林 Berlin
    《柏林，亚历山大广场》Berlin, Alexanderplatz
    "柏林大院"（建筑）Berliner Hof（bebauung）
《柏林土地利用规划》Bebauungsplan der Umgebungen Berlins
《柏林交易信使报》Berliner Börsen-Courier
柏林公益建设公司 Berliner gemeinnütziger Baugesellschaft（BGB）
"柏林规划：第一份报告"（展览）Berlin plant. Erster Bericht
柏林担保债券局 Berliner Pfandbreifamt
《柏林及其建筑警察管区的建筑警察条例》（1853）Baupolizeiordnung für Berlin und dessen Baupolizeibezirk（1853）
夏洛滕堡（区）Charlottenburg
夏洛滕堡建筑合作社 Charlottenburger Baugenossenschaft
科特布斯门 Cottbusser Tor
《关于制定城市建设规划的法令》（1855）Erlass zur Aufstellung städtischer Bebauungspläne（1855）
职员家园公益股份公司 Gemeinnützige Aktien-Gesellschaft für Angestellten-Heimstätten（GAGFAH）
柏林公益家园储蓄和建筑股份有限公司 Gemeinnützige Heimstätten-, Spar- und Bau-Aktiengesellschaft（GEHAG）
柏林州立保险公司 Landesversicherungsanstalt Berlin
路易斯城 Luisenstadt
迈耶大院 Meyers Hof
米特（区）Mitte
莫阿比特（区）Moabit
舍内贝格（区）Schöneberg
施潘道（区）Spandau
柏林市统计局 Statistische Bureau der Stadt Berlin
蒂尔加滕（区）Tiergarten
维丁（区）Wedding

威尔默斯多夫 Wilmersdorf
柏林住房救济公司 Wohnungsfürsorgegesellschaft Berlin (WFG)
伯恩斯坦,爱德华 Bernstein, Eduard
有限责任 beschränkte Haftpflicht
《采取国家资金保障建设补贴的决定》(1918) Bestimmung für die Gewährung von Baukostenzuschüssen aus Reichsmitteln (1918)
《促进小定居点建设条例》(1936) Bestimmung über die Förderung der Kleinsiedlung (1936)
巴特克,瓦尔特 Betke, Walter
宾德,戈特洛布 Binder, Gottlob
奥托·冯·俾斯麦 Bismarck, Otto von
勃洛姆贝格,维尔纳·冯 Blomberg, Werner von
布卢门罗特,乌尔里希 Blumenroth, Ulrich
"血与土""Blut und Boden"
波鸿 Bochum
博尔特,瓦尔特 Boldt, Walter
博尔曼,马丁 Bormann, Martin
伯斯,古斯塔夫 Böß, Gustav
勃兰登堡 Brandenburg
布劳尔,马克斯 Brauer, Max
布劳恩,奥托 Braun, Otto
不伦瑞克 Braunschweig
"广大阶层民众" die breite Schichten des Volks
布莱腾巴赫,保罗·冯 Breitenbach, Paul von
不来梅 Bremen
哈斯胡德(定居点) Hashude
《不来梅消息报》Bremer Nachrichten
布雷斯劳 Breslau
布林克曼,鲁道夫 Brinkmann, Rudolf
布吕宁,海因里希 Brüning, Heinrich
《国王之书》(1843) Dies Buch gehört zu dem König (1843)

比尔克尔,约瑟夫 Bürckel, Josef
德国土地改革者联合会 Bund Deutscher Bodenreformer
公民 Bürger
公民权税 Bürgerrechtsgewinngeld
布什,保罗 Busch, Paul
贝尔纳斯,詹姆斯 Byrnes, James

C

房客 Chambregarnist
查普曼财团 Chapman & Co.
开姆尼茨 Chemnitz
现代国际建筑协会 Congrès International d'Architecture Modern (CIAM)
村舍 Cottage

D

戴恩,阿图尔 Dähn, Arthur
达玛施克,阿道夫 Damaschke, Adolph
非卡特尔化 Decartelization
非军事化 Demilitarization
民主化 Democratization
非纳粹化 Denazification
德意志劳动阵线 Deutsche Arbeitsfront (DAF)
《德国市镇条例》(1935) Deutsche Gemeindeordnung (1935)
德国经济委员会 Deutsche Wirtschaftskommission (DWK)
德意志住房援助救济 Deutscher Wohnungshilfswerk (DHW)
多伊奇克罗恩,英格 Deutschkron, Inge
德意志民族人民党 Deutschnationale Volkspartei (DNVP)
迪芬多夫,杰弗里·M. Diefendorf, Jeffry M.
迪特里希,赫尔曼 Dietrich, Hermann
纪律教育的手段 Disziplinierungsmittel
多特蒙德 Dortmund

"三级选举法" Dreiklassenwahlrecht
《土地征收法第三修正案》(1933) Drittes Gesetz zur Änderung des Enteignungsgesetzes (1933)
《财政平衡法第三修正案》(1938) Drittes Gesetz zur Änderung des Finanzausgleichs (1938)
《国家税收紧急条例》(1924) Die dritte Steuernotverordnung (1924)
德布林,阿尔弗雷德 Döblin, Alfred
德累斯顿 Dresden
杜伊斯堡 Duisburg
杜斯特,卡尔 Durst, Karl
杜尔特,维尔纳 Durth, Werner
杜塞尔多夫 Düsseldorf
杜威尔,约恩 Düwel, Jörn

E

埃本施塔特,鲁道夫 Eberstadt, Rudolf
(美国)经济合作署 Economic Cooperation Administration
《有部门,没房源》 Ein Amt und keine Wohnung
埃尔卡特,卡尔 Elkart, Karl
埃勒贝克工人建筑合作社 Ellerbeker Arbeiterbauverein
犹太人问题最终解决方案 Endlösung der Judenfrage
恩格尔,恩斯特 Engel, Ernst
恩格斯,弗里德里希 Engels, Friedrich
去犹太化 Entjudung, 同: Arisierung
土地租借权 Erbbaurecht
埃尔福特 Erfurt
艾哈德,路德维希 Erhard, Ludwig
《国家及普鲁士劳动部长令》(1935) Erlaß des Reichs- und Preußischen Arbeitsministers (1935)
《战后住房建设筹备令》(1940) Erlaß zur Vorbereitung des deutschen Wohnungsbaues nach dem Krieg (1940)
一级贷款 Erste Hypothek
《第一住房建设法》(1950) Erste Wohnungsbaugesetz (1950)
埃茨贝格,马蒂亚斯 Erzberger, Matthias
自上而下的教化 Erziehung von oben
埃森 Essen
欧洲复兴计划 (European Recovery Program, ERP)
"疏散" Evakuierung

F

房客(家庭陌生人) Familienfremde
法勒斯莱本 Fallersleben
福赫尔,尤里乌斯 Faucher, Julius
费德尔,戈特弗里德 Feder, Gottfried
菲尔勒,卡尔 Fiehler, Karl
费舍尔—迪斯考,约阿希姆 Fischer-Dieskau, Joachim
费舍尔-埃科特,利 Fischer-Eckert, Li
弗伦斯堡工人建筑协会 Flensburger Arbeiterbauverein
弗里克(钢铁企业) Flick
建筑控制线 Fluchtlinien
美因河畔法兰克福 Frankfurt am Main
  法兰克福小住房建设股份公司 Aktienbaugesellschaft für kleine Wohnungen (ABG)
《法兰克福汇报》Frankfurter Allgemeine
  米特海姆股份公司 Mietheim Aktiengesellschaft
  花园城市股份公司 Gartenstadt Aktiengesellschaft
"自由德国青年" Freie Deutsche Jugend
弗赖堡 Freiburg
布雷斯高的弗莱堡 Freiburg im Breisgau
弗洛伊德,西格蒙德 Freud, Sigmund
和平租金 Friedensmiete
弗里德伦德尔,绍尔 Friedländer, Saul

弗赖斯勒，罗兰 Freisler, Roland
弗洛林德，尤里乌斯·舒尔特 Frolinde, Julius Schulte
福赫斯，C. J. Fuchs, C. J.
费勒，卡尔·克里斯蒂安 Führer, Karl Christian
元首城市 Führerstadt
弗斯 Furth

G

格德，库尔特 Gaede, Kurt
田园城市 Garden City
Gau 大区
　　Gauleiter 大区领袖
建筑通货膨胀补偿税 Gebäudeentschuldungssteuer
盖斯特，J. F. Geist, Johann Friedrich
公益性住房营建活动 gemeinnützige Bautätigkeit
公益住房建设合作社 gemeinnützige Wohnungsbaugenossenschaft（GWG）
《市镇债务重组法》（1933）Gemeindeumschuldungsgesetz（1933）
共同体异类 Gemeinschaftsfremde
帝国首都建设总督察 Generalbauinspektor für die Reichshauptstadt
合作社 Genossenschaft
　　《合作社法》（1868）Genossenschaftsgesetz（1868）
　　建筑合作社 Baugenossenschaft
　　"合作社骗局" Genossenschaftsschwindel
林登霍夫居住区合作社有限公司 Genossenschaft Siedlung Lindenhof e. G. m. b. H.
格拉 Gera
《商业与经济合作社法》（也称"合作社法"，1889）Gesetz betreffend die Erwerbs- und Wirtschaftsgenossenschaften（GenG, 1889）

《打击危险惯犯及安全与改善惩处法》（1933）Gesetz gegen gefährliche Gewohnheitsverbrecher und über Maßregeln der Sicherung und Besserung（1933）
《减少失业法》Gesetz des zur Verminderung der Arbeitslosigkeit（1933）
《减少失业法》（第二部）Zweites Gesetz des zur Verminderung der Arbeitslosigkeit（1933）
《民主德国城市及首都柏林建设法》（1950）Gesetz über den Aufbau der Städte in der Deutschen Demokratischen Republik und der Hauptstadt Deutschlands, Berlin（1950）
《已建成地皮通货膨胀补偿法》（1926）Gesetz über den Geldentwertungsausgleich bei bebauten Grundstücken（1926）
《撤销国籍及剥夺德国公民身份法》（1933）Gesetz über den Widerruf von Einbürgerungen und die Aberkennung der deutschen Staatsangehörigkeit（1933）
《居住与商用住房要求法》（1938）Gesetz über die Anforderung von Wohnungen und Geschäftsräumen（1938）
《被驱逐者及难民事务法》（1953）Gesetz über die Angelegenheiten der Vertriebenen und Flüchtlinge（1953）
《居住区开发法》（1933）Gesetz über die Aufschließung von Wohnsiedlungsgebieten（1933）
《涉犹太人房屋租赁关系法》（1939）Gesetz über die Mietverhältnisse mit Juden（1939）
《关于取消和减少内城区限制的市镇征收权法》（1920，《内城征收法》）Gesetz über ein Enteignungsrecht von Gemeinden bei Aufhebung oder Ermäßigung von Rayonbeschränkungen（1920）
《保护德意志人血统与荣誉法》（1935）

Gesetz zum Schutze des deutschen Blutes und der deutschen Ehre（1935）

《住房短缺法》（1923）*Gesetz zur Änderung der Bekanntmachung über Maßnahmen gegen Wohnungsmangel*（1923）

《国家租赁法与承租人保护法修改法》（1936）*Gesetz zur Änderung des Reichsmietengesetzes und des Mieterschutzgesetzes*（1936）

法定租金 gesetzliche Miete

盖世太保 Gestapo

德皇矿业联合公司 Gewerkschaft Deutscher Kaiser

隔都化 Ghettoisierung

基尔克斯，奥托·冯 Gierkes, Otto von

盖尔森基兴 Gelsenkirchen

基尔克，奥托·冯 Gierkes, Otto von

格德里茨，约翰内斯 Göderitz, Johannes

戈培尔，约瑟夫 Goebbels, Joseph

古拉尔奇克，彼得 Goralczyk, Peter

戈林，赫尔曼 Göring, Hermann

赫尔曼·戈林国家工厂 Reichswerke Hermann Göring

占领区援助与救济基金 Government Aid and Relief in Occupied Areas (GARIOA)

格雷茨舍尔，古斯塔夫 Gretzschel, Gustav

格雷文 Greven

格罗皮乌斯，瓦尔特 Gropius, Walter

格鲁德，沃尔夫 Grunder, Wolf

格鲁霍尔泽，海因里希 Grunholzer, Heinrich

《预防犯罪斗争基本令》（1938）*Grunderlass vorbeugende Verbrechenbekämpfung*（1938）

《州市（及市镇联盟）财政与税收平衡原则》（1937）*Grundsätzen über den Finanz- und Steuerausgleich zwischen Ländern und Gemeinden (Gemeindeverbänden)*（1937）

京特，汉斯·F. K. Günther, Hans F. K.

古特，阿尔伯特 Gut, Albert

古乔，康斯坦蒂 Gutschow, Konstanty

H

哈勒 Halle

哈特曼，汉斯 Haltermann, Hans

哈姆博恩 Hamborn

汉堡 Hamburg

　阿尔斯特湖 Alster

　巴姆贝克 Barmbek

　盖厄街区 Gängeviertel

　汉堡建筑合作社 Hamburger Baugenossenschaft

　《汉堡汇报》*Hamburger Allgemeine Zeitung*

　《汉堡回声报》*Hamburger Echo*

　《汉堡自由报》*Hamburger Freier Presse*

　《汉堡人民报》*Hamburger Volkszeitung*

　哈堡 Harburg

　哈维斯特胡德 Harvestehude

　诺伊斯塔特 Neustadt

　诺伊斯塔特南区 Neustadt Süd

　罗滕鲍姆 Rotherbaum

《房地产手册》（1930）*Handwörterbuch des Wohnungswesens*（1930）

汉诺威 Hannover

　《汉诺威法律援助》*Hannoverschen Rechtspflege*

　采勒 Celle

　维恩霍斯特 Vinnhorst

　里克林根 Ricklingen

汉森，彼得·克里斯蒂安 Hansen, Peter Christian

哈伯斯，吉多 Harbers, Guido

哈林，胡戈 Häring, Hugo

哈兰德，蒂尔曼 Harlander, Tilman

哈里斯，亚瑟 Harris, Arthur

哈特曼，保罗 Hartmann, Paul Hartmann

哈茨山 Harz

哈塞，恩斯特 Hasse, Ernst

房产主 Hausbesitzer
房主无产阶级 Hausbesitzerproletariats
户 Haushaltung
住家建设协会（1841） Häuserbau-Verein（1841）
奥斯曼,乔治—欧仁 Haussmann, Georges-Eugène
房租税 Hauszinssteuer
　"房租税时代" Hauszinssteuer-Ära
哈格曼,维尔纳 Hegemann, Werner
海德堡 Heidelberg
　韦希恩（定居点） Wichern
赫尔曼,埃贡 Hermann, Egon
赫佩尔,罗莎 Herper, Rosa
海德里希,莱因哈德 Heydrich, Reinhard
霍夫曼·G. Hoffman, Paul G.
昂纳克,埃里希 Honecker, Erich
楼栋共同体 Hausgemeinschaft
家园局 Heimstättenamt
《赫尔维格导报》 *Hellweger Anzeiger*
赫尔曼,约翰内斯 Herrmann, Johannes
黑森 Hessen
希尔德斯海姆 Hildesheim
兴登堡,保罗·冯 Hindenburg, Paul von
后楼 Hinterhäuser
希佩尔,Hipper
希尔齐费尔,海因里希 Hirtsiefer, Heinrich
希特勒,阿道夫 Hitler, Adolf
　希特勒青年团 Hitler Jugend（HJ）
霍布莱希特,詹姆斯 Hobrecht, James
　"霍布莱希特计划" Hobrecht-Plan
魏玛建筑与美术高等学校 Hochschule für Baukunst und bildende Künste
霍夫曼,C. W. Hoffmann, C. W.
赫施（钢铁企业） Hoesch
胡贝尔,维克多·艾梅 Huber, Victor Aimé
海因德,约翰·B Hynd, John B. I

I

IG 法本 IG Farben
"内部殖民" "Innere Colonisation"
经济景气研究所 Institut für Konjunkturforschung（IfK）
国际劳工办公室 International Labour Office（ILO）
《伤残及养老保险法》（1889） Invaliditäts- und Altersversicherungsgesetz（1889）

J

《两面神：德意志思想、教育与行为年鉴》 *Janus, Jahrbücher deutscher Gesinnung, Bildung und Tat*
耶拿 Jena
"迁走犹太人胜过建设福利住房" "Judenaussiedlung statt sozialer Wohnbau"
犹太人之家 Judenhäuser

K

皇家造船厂 Kaiserliche Werft
渐进社会化 kalte Sozialisierung
卡尔·马克思大道 Karl-Marx-Allee,同：Stalinallee
卡塞尔 Kassel
　布莱特瑙劳教所 Arbeitshaus Breitenau
《废墟边的异端思考》 *Ketzerische Gedanken am Rande der Trümmerhaufen*
克勒斯曼,克里斯托弗 Kleßmann, Christoph
力量源于欢乐 Kraft durch Freude（KdF）
　"力量源于欢乐"汽车厂 KdF-Wagen-Werk
地下室公寓 Kellerwohnung
凯尔 Kehl
基尔 Kiel
《小菜园及小田地租赁条例》（1919） *Kleingarten- und Kleinlandpachtordnung*（1919）
小房子 Kleinwohnung
克莱因丁斯特,约瑟夫 Kleindinst, Josef

郊区小定居点 Kleinsiedlung
"小人物" kleine Leute
克勒克纳（钢铁企业）Klöckner
柯尼斯，卡尔 Knies, Karl
克诺尔，恩斯特 Knoll, Ernst
科布伦茨 Koblenz
科赫，罗伯特 Koch, Robert
科尔，赫尔穆特 Kohl, Helmut
"煤荒" Kohlennot
《地方附加税法》(1893)*Kommunalabgabengesetz* (1893)
科伯，埃伯哈德 Kolb, Eberhard
科勒，彼得 Koller, Peter
科隆 Köln
德意志经济学家大会 Kongreß deutscher Volkswirte
集中营 Konzentrationslager (KZ)
　奥斯维辛集中营 KZ Auschwitz
　达豪集中营 KZ Dachau
　弗洛森堡集中营 KZ Flossenbürg
　诺因加默集中营 KZ Neuengamme
克珀尼克 Köpenick
科尔内曼，罗尔夫 Kornemann, Rolf
科特布斯 Kottbus
科茨希，托马斯 Kozich, Thomas
战士家园运动 Kriegsheimstättenbewegung
(纳粹党)县级分部领袖 Kreisleiter
克罗恩，约翰内斯 Krohn, Johannes
克尔纳，阿尔弗雷德 Kröne, Alfred
克罗恩贝格（定居点）Kronenberg（Siedlung）
克罗西克，什未林·冯 Krosigk, Schwerin von
克虏伯（康采恩）Krupp (Konzern)
克虏伯，阿尔弗雷德 Krupp, Alfred
克虏伯，弗里德里希 Krupp, Friedrich
克虏伯，弗里德里希·阿尔弗雷德 Krupp, Friedrich Alfred
克虏伯，玛格莱特 Krupp, Margarethe

《1950 年文化计划》(1949) *Kulturplan 1950* (1949)
库维斯，克劳斯 Kürvers, Klaus

L

《英国工人阶级状况》(1845) *Die Lage der arbeitenden Klasse in England* (1845)
垄断性位置 Lagemonopol
州参议会 Länderrat
兰德曼，路德维希 Landmann, Ludwig
邦立保险公司 Landesversicherungsanstalt (LVA)
朗格，弗里德里希 Lange, Friedrich
乡村城市 Landstadt
"生命之源"组织 Lebensborn
赖本施泰特 Lebenstedt
莱比锡 Leipzig
《粘土入门：纯粘土建筑方法示意》*Lehmfibel: Darstellung der reinen Lehmbauweisen*
《莱姆戈草案》(1946) *Lemgoer Entwurf* (1946)
莱默特，约翰 Lemmert, Johann
莱伊，罗伯特 Ley, Robert
　"莱伊遮羞布" Ley-Laub
利伯曼，本 Lieberman, Ben
李德克齐储蓄协会(1845) Liedkesche Sparverein (1845)
林茨 Linz
利珀特，尤里乌斯 Lippert, Julius
罗兹 Łódź
勒文贝格，威利 Loewenberg, Willy
(社民党)吕贝克党代会(1901) Lübeck Parteitag der deutsche Sozialdemokratie (1901)
吕克，保罗 Lücke, Paul
"吕克计划" Lücke-Plan
吕丁豪森 Lüdinghausen
路德维希港 Ludwighafen

吕特格,弗里德里希 Lütge, Friedrich
路德,汉斯 Luther, Hans

M

马格德堡 Magdeburg
《马格德堡报》Magdeburger Zeitung
《住房问题警告》(1886) Mahnruf in der Wohnungsfrage (1886)
马堡 Marburg
玛格莱特高地(住宅区) Margarethenhöhe (Siedlung)
马鲁姆,汉斯 Marum, Hans
马策拉特,霍斯特 Matzerath, Horst
迈,恩斯特 May, Ernst
梅克伦堡—什未林 Meckenburg-Schwerin
梅岑多夫,格奥尔格 Metzendorf, Georg
梅岑多夫,赖纳尔 Metzendorf, Rainer
租赁调解局 Mieteinigungsamt
"出租兵营" Mietskaserne
承租人保护 Mieterschutz
租赁税 Mietsteuer
《国家经济部部刊》Ministerialblatt des Reichswirtschaftsministeriums
米克尔,约翰内斯·冯 Miquel, Johannes von
蒙哥马利,伯纳德 Montgomery, Bernard
摩根索,小亨利 Morgenthau, Jr., Henry
米尔海姆 Mühlheim
米勒,赫尔曼 Müller, Hermann
慕尼黑 München
市政行动主义 municipal activism
明斯特 Münster
《克服住房短缺措施试行规范条例》(1920) Musterverordnung betreffend Maßnahmen gegen Wohnugnsmangel (1920)
共同安全合作署 Mutual Security Agency (MSA)

N

邻里(社区) Nachbarschaft

民族社会主义人民福利协会 Nationalsozialistische Volkswohlfahrt (NSV)
"新建筑" Neues Bauen
《新建筑世界》Neue Bauwelt
新勃兰登堡 Neubrandenburg
《新社民党人》Neuer Social-Demokrat
诺伊费特,恩斯特 Neufert, Ernst
"重塑" Neugestaltung
下萨克森 Niedersachsen
尼特哈默尔,卢茨 Niethammer, Lutz
尼佩代,托马斯 Nipperdey, Thomas
"平准的中产阶级社会" nivellierte Mittelstandgesellschaft
纽克斯,杰瑞米 Noakes, Jeremy
诺德豪森 Nordhausen
北莱茵—威斯特法伦 Nordheim-Westfalen
纽伦堡 Nürnberg

O

上西里西亚 Oberschlesien
上特劳布林 Obertraubling
美国驻德军事当局 Office of Military Government, United States (OMGUS)
欧宝 Opel
"以(纳粹党)地方分部为定居细胞" Ortsgruppe als Siedlungszelle

P

拉帕波特,菲利普 Rappaport, Phillipp
帕里西乌斯,鲁道夫 Parisius, Ludolf
纳粹党代表 Parteibeauftragte
彼得森,鲁道夫 Peterson, Rudolf
普莱格,保罗 Pleiger, Paul
多元的个人社会 pluralen Gesellschaft der Individuen
政治纪律化 politische Disziplinierung
波美拉尼亚(大区) Pommern
《波茨坦协定》(1945) Potsdamer Abkommen (1945)

《实用粘土建筑》Der praktische Lehmbau
总统内阁制 Präsidialkabinette
普鲁士 Preußen
    《最高租金条例》(1919) Höchstmietenverordnung (1919)
    普鲁士中央土地贷款股份公司 Preußische Central-Bodenkredit-Aktiengesellschaft
    《普鲁士建筑线法》(1875) Preußisches Fluchtliniengesetz (1875)
    《普鲁士城市条例》(1853) Preußische Städteordnung (1853)
    《普鲁士房产经济》(1929) Die Wohnungswirtschaft in Preußen (1929)
    《普鲁士住房法》(1918) Preußisches Wohnungsgesetz (1918)

Q

"类乡村" "Quasidorf"

R

兰克,约翰·克里斯托弗 Ranck, Johann Christopher
雷克林豪森 Recklinghausen
雷根斯堡 Regensburg
市政公房 Regiebau
国家经济复员署 Reichsamt für die wirschaftliche Demobilmachung (DMA)
国家劳动介绍所 Reichsanstalt für Arbeit
国家劳动部 Reichsarbeitsministerium
《国家估值法》(1934) Reichsbewertungsgesetz (1934)
《德国公民法》(1935) Reichsbürgergesetz (1935)
《国家财政补偿法》(1926) Reichsfinanzausgleichsgesetz (1926)
国家外流税 Reichsfluchtssteuer
《关于征收促进住房建设税国家法》(1921) Reichsgesetz über die Erhebung einer Abgabe zur Förderung des Wohnungsbaus (1921)
《国家家园法》(1920) Reichsheimstättengesetz (1920)
国家定居事务专员 Reichskommissar für das Siedlungswesen
国家刑事警察总局 Reichskriminalpolizeiamt (RKPA)
《国家租赁法》(1922) Reichsmietengesetz (1922)
《国家促进住房建设方针》(1926) Reichsrichtlinien für die Förderung des Wohnungsbaus (1926)
国家安全总局 Reichssicherheitshauptamt (RSHA)
《国家定居法》(1919) Reichssiedlungsgesetz (1919)
住房救济公司全国联合会 Reichsverband der Wohnungsfürsorge-Gesellschaft e. V
国家职员保险公司 Reichsversicherungsanstalt für Angestellte (RfA)
犹太人国家代表 Reichsvertretung der Juden
《国家住房政策》(1936) Reichswohnungspolitik (1936)
雷克尔,玛丽—路易 Recker, Marie-Luise
罗伊勒克,于尔根 Reulecke, Jürgen
里希特,恩斯特·冯 Richter, Ernst von Richter
里希特,阿尔弗雷德 Richter, Alfred
林普尔,赫伯特 Rimpl, Herbert
《风险社会》(1986) Risikogesellschaft (1986)
罗森贝格,阿尔弗雷德 Rosenberg, Alfred
鲁克,米夏埃尔 Ruck, Michael
鲁尔(地区) Ruhrgebiet
吕塞尔斯海姆 Rüsselsheim

S

萨克森 Sachsen
萨克森—安哈特 Sachsen-Anhalt

萨尔登,阿登海德·冯 Saldern, Adelheid von
萨尔茨吉特 Salzgitter
绍姆齐格尔 Saumsiegel
萨克斯,艾米尔 Sax, Emil
沙赫特,亚尔马 Schacht, Hjalmar
沙龙,汉斯 Scharoun, Hans
朔伊希,海因里希 Scheüch, Heinrich
席费尔,欧根 Schiffer, Eugen
谢尔特,阿克瑟尔 Schildt, Axel
"屠夫草场" "Schlächterwise"
租床客 Schlafgänger
石勒苏益格—荷尔施泰因 Schleswig-Holstein
施密特,约斯特 Schmidt, Joost
施密德—克尔,路德维希 Schmidt-Kehl, Ludwig
施密特,卡尔 Schmitt, Carl
施莫勒,古斯塔夫 Schmoller, Gustav
施奈尔,亚历山大 Schneer, Alexander
舒伯特,迪尔克 Schubert, Dirk
舒马赫,弗里茨 Schumacher, Fritz
"脏(屋子)才暖心" "Schmutz ist Wärme"
舒尔茨,君特 Schulz, Günther
施瓦贝,赫尔曼 Schwabe, Hermann
"施瓦贝准则" Das Schwabesches Gesetz
施瓦茨,米夏埃尔 Schwartz, Michael
施瓦茨,鲁道夫 Schwarz, Rudolf
《城市规划十六点原则》(1950) Sechzehn Grundsätze der Städtebau (1950)
泽尔特,弗朗茨 Seldte, Franz
谢苗诺夫,弗拉基米尔 Semenov, Vladimr
"猪猡经济" "Schweinewirtschaft"
自助 Selbsthilfe
泽利克斯,卡尔 Selix, Karl
《1959—1965年人民平和、富裕和幸福的七年计划》(1959) Siebenjahresplan des Friedens, des Wohlstands und des Glücks des Volkes 1959 bis 1965 (1959)
(面向失业工人定居的)小农庄 Siedlerstelle
西门子公司 Siemens AG
西弗斯,凯尔·德特勒夫 Sievers, Kai Detlev
索伦,弗里德里希 Solon, Friedrich
驻德苏联军事管理委员会 Sowjetische Militäradministration in Deutschland (SMAD)
社会帝国 soziale Kaisertum
社会租赁权 soziale Mietrecht
社会福利住房 sozialer Wohnunsbau
《反社会党人法》(1878—1890) Sozialistengesetz (1878-1890)
社会恐惧 Sozialangst
社会民主党 Sozialdemokratische Partei Deutschlands (SPD)
德国统一社会党 Sozialistische Einheitspartei Deutschlands (SED)
福利控制 Sozialkontrol
福利国家(或:社会国家) Sozialstaat
施佩尔,阿尔伯特 Speer, Albert
国家领导 Staatführung
国家社会主义 Staatssozialismus
重建及政治解脱部长 Staatsminister für Wiederaufbau und Politische Bereinigung
钢盔团 Stahlhelmbund
斯大林大道 Stalinallee, 同:Karl-Marx-Allee
施塔姆,马特 Stam, Mart
施泰因赫费尔,埃尔克 Steinhöfel, Elke
施泰因,洛伦茨,冯 Stein, Lorenz von
施泰姆克贝格(住宅区) Stemker Berg
斯德丁 Stettin
斯托克斯 Stockes
施托夫,威利 Stoph, Willi
施特雷泽曼,古斯塔夫 Stresemann, Gustav
施特罗林,卡尔 Ströllin, Karl
施图鲁克曼,古斯塔夫 Struckmann, Gustav
零时 Stunde Null
《德国战后计划建议书》(1944) Suggested

Post-Surrander Programm for Germany (1944)
苏尔 Suhl

T

陶特，马克斯 Taut, Max
塔夫斯，利奥波德 Tavs, Leopold
滕帕豪夫家园有限公司 Tempelhofer-Feld-Heimstätten GmbH
托伊特贝格，汉斯·J. Teuteberg, Hans Jürgen
图林根 Thüringen
本金还款率 Tilgung
"瓦砾妇女" Trümmerfrau
蒂尔，汉斯 Türr, Hans
托德，弗里茨 Todt, Fritz

U

"居住超员"的 überbevölkert
《关于保障新房建设国家贷款的公告》(1920) Über die Bewährung von Darlehen aus Reichsmitteln zur Schaffung neuer Wohnungen (1920)
《论下层民众的住房困境与租金条件》(1846) Ueber den Wohnungsnothstand unterer Volksschichten und die Bedingungen des Miethpreises (1846)
《布雷斯劳劳动阶层状况》(1845) Über die Zustände der arbeitenden Klassen in Breslau (1845)
《促进社会福利住房过渡条例》(1941) Übergangsregelung für die Förderung des sozialen Wohnungsbaus (1941)
乌布利希，瓦尔特 Ulbricht, Walter
乌尔姆 Ulm
"迁居者" Umsiedler, 同：Vertrieber
乌利希，卡尔 Ulrich, Carl
温格斯，莉泽洛特 Ungers, Liselotte
翁纳 Unna

未满员的(房屋) unterbelegt

V

房地产业主联合会 Verband der Haus- und Grundbesitzervereine
小住房联合会 Verein für Kleinwohnungswesen (VfKWW)
社会政策协会 Verein für Socialpolitik
工人住房改善协会 (1846) Verein zur Verbesserung der Arbeiterwohnungen (1846)
德国雇主协会联盟 Vereinigung der Deutschen Arbeitgeberverbände
"通过工作加灭绝" Vernichtung durch Arbeit
供养国家 Versorgungsstaat
《犹太人财产申报令》(1938) Verordnung über die Anmeldung des Vermögen von Juden (1938)
《犹太人财产利用令》(1938) Verordnung über den Einsatz des jüdischen Vermögen (1938)
《德国犹太人赎罪令》(1938) Verordnung über eine Sühneleistung der Juden deutscher Staatsangehörigkeit (1938)
《帝国首都柏林与政运之都慕尼黑重建令》(1939) Verordnung über Neugestaltung der Reichshauptstadt Berlin und der Hauptstadt der Bewegung München (1939)
《〈涉犹太人房屋租赁关系法〉修订令》(1940) Verordnung zur Änderung und Ergänzung des Gesetzes über Mietverhältnisse mit Juden (1940)
《东部马克引入〈涉犹太人房屋租赁关系法〉令》(1939) Verordnung zur Einführung des Gesetzes über Mietverhältnisse mit Juden in der Ostmark (1939)
《郊区小定居点及为失业人员提供小园地条

例》(1931) Verordnung zur vorstädtischen Kleinsiedlung und Bereitstellung von Kleingärten für Erwerbslose (1931)
土地改革信誉建筑师 Vertrauensarchitekt
驱逐(指犹太人) Vertreibung
被驱逐者(指二战后的德意志人) Vertriebener, 同: Umsiedler
《国民经济与文化史季刊》(1863) Vierteljahrsschrift für Volkswirthschaft und Kulturgeschichte (1863)
人民福利国家 völkischer Wohlfahrtsstaat
民族共同体 Volksgemeinschaft
民族同志 Volkgenossen
人民汽车(大众汽车) Volkswagen
人民公寓 Volkswohnung
前楼 Vorderhäuser
郊区定居点 vorstädtischen Kleinsiedlung
《前进报》Vorwärts

W

瓦格纳,阿道夫·Wagner, Adolf
瓦格纳,伯纳德 Wagner, Bernard
瓦格纳,海因里希 Wagner, Heinrich
瓦格纳,卡尔 Wagner, Karl
瓦格纳,马丁 Wagner, Martin
瓦尔特,安德烈亚斯 Walther, Andreas
万湖会议 Wannseekonferenz
瓦滕施泰特 Watenstedt
韦伯,阿道夫 Weber, Adolf
韦伯,克里斯蒂安 Weber, Christian
韦伯,马克斯 Weber Max
韦伯维泽(公寓楼) Weberwiese
工厂住房 Werkwohnung
威悉河 Weser
西区(住宅区) Westend (Siedlung)
威悉—埃姆斯(大区) Weser-Ems
威斯特伐利亚 Westfalen
韦策尔,奥托 Wetzel, Otto
《如何利用城市资金和贷款有针对性地促进住宅建设?》(1900) Wie können städtische Geldmittel und städtischer Kredit der Förderung des Wohnungswesens in zweckmäßiger Weise dienstbar gemacht werden? (1900)
重建 Wiederaufbau
土地重购权 Wiederkaufrecht
威斯巴登 Wiesbaden
"非法定居" wildes Siedeln
《经济与统计》Wirtschaft und Statistik
居住组团 Wohngruppe
居住片区 Wohnkomplexe
居住社区 Wohnbezirke
住房问题 Wohnungsfrage
居住区域 Wohngebiet
最小住房 Wohnminimum
《住房控制条例》(1955) Wohnraumlenkungsverordnung (1955)
"迁出" Wohnräumung
最简生存住房 Wohnung für das Existenzminimum
"住房行动" Wohnungsaktionen
住房局 Wohnungsamt
住房监察 Wohnungsinspektion
住房委员会 Wohnungskomission
居住难、居住困境 Wohnungsnot
《德国大城市贫困阶级的住房困境及其补救建议》(1886) Die Wohnungsnot der ärmeren Klassen in deutschen Großstädten und Vorschläge zu deren Abhilfe (1886)
住房配给制 Wohnungsrationierung
居住细胞 Wohnzelle
沃尔夫斯堡 Wolfsburg
沃尔茨,奥托 Wölz, Otto
符腾堡 Württemberg
维尔茨堡 Würzburg
维尔茨堡遗传与种族研究所 Würzburger Institut für Vererbungswissenschaft und Rasseforschung

Z

《建筑管理中央报》 *Zentralblatt der Bauverwaltung*

中央党 Zentrum

利息 Zins

需求补贴 Zuschußbedarf

《论住宅问题》(1872) *Zur Wohnungsfrage* (1872)

"崩溃社会" Zusammenbruchgesellschaft

住房统制经济 Zwangswirtschaft im Wohnungswesen

茨威格特,埃里希 Zweigert, Erich

《第二财政平衡法修正案》(1936) *Zweites Gesetz zur Änderung des Finanzausgleichs* (1936)

二级贷款 Zweite Hypothek

《第二部房租补贴令》(1938) *Zweite Verordnung über Mietbeihilfe* (1938)

《住房建设与家庭住宅法》(1956) *Wohnungsbau- und Familienheimgesetz* (1956)

过桥借贷 Zwischenkredite

后记

本书是我 2017 年立项的国家社科项目"德国城市社会福利住房政策研究（1945—1960）"的结项成果，整个项目资料收集、整理和书稿撰写历时五年。因为经历博士后出站、寻找教职、承担本科教学任务的缘故，期间研究进度一度落下，最后几乎是卡着"死线"才完成任务，以至于我在提交论文后曾惶惶不可终日许久，唯恐因初稿的粗糙收到"鉴定不合格"通知。所幸项目最终得以顺利通过，还收获了专家评审人细致、专业、切中肯綮的反馈意见。他们不仅直截了当地提出我文章存在的大小问题，也为我指明了新的思考路径与可行的修改方向，这才有了本书的付梓出版。我仅在此向诸位匿名专家致以最诚挚的感谢！

本书也是我的博士论文《魏玛共和国城市住房政策研究（1918—1933）》的延伸。就社会政策史研究的角度来看，魏玛共和国不仅存在"时长"有些不足，其严苛的政治、经济与社会生态也在一定程度上影响了后世对其具体施政效果及政策历史地位的总体评价。因此在写作博论我选择将研究重心放在住房政策的开创性上：魏玛共和国不仅开启了政府干预下的住房保障机制，它还开创性地遭遇如何兼顾社会公平与经济效率的现代政府治理问题——这一点甚至至今困扰当代德国政府。而在撰写魏玛住房政策期间，新的研究视野和思路也随之打开：一方面，魏玛共和国的住房政策存在两条清晰的发展线索：资产阶级住房改革观及其实践以及出于作为战时紧急措施的住房管控措施；另一方面，魏玛共和国虽早在 1933 年便告终结，但它所提出的保障原则连同许多具体措施在二战后重新得到执行并在当代德国继续贯彻。正是这种研究尚未完结的强烈不满足感驱使我开始从更长的时间段考察德国住房政策的形成、演变，并以此为题申请国家社科项目。

住房政策与德国现代历史进程及民众日常生活紧密交织的特性，让这场探索之旅变得格外有趣，但材料的收集、整理却并非易事。项目在研期间，每年暑假我都会前往德国开展研究并搜集新的材料,但疫情打破这个工作节奏,我甚至被迫放弃 2020 年普鲁士国立枢密档案馆的短期研究资助,不过凭借此前已收集完成的大部分资料及在德学友的帮助,最终还是完成了写作任务。这里仅向我的前同事、奥格斯堡大学的米夏埃尔·沃布林博士(Dr. Michael Wobring),以及华东师范大学—柏林自由大学联培博士生任小奇同学表示感谢,感谢他们帮我借阅、扫描和下载所需的资料。

作为德国史学界的后学晚辈,我深知自己的学术能力尚有很大不足,本书因此还存在许多不足之处,恳请各位前辈、学友指正。

王琼颖

2023 年 7 月于上海

图书在版编目(CIP)数据

德国城市社会福利住房政策研究:1845—1960年/
王琼颖著. —上海:上海三联书店,2024.3
ISBN 978-7-5426-8273-4

Ⅰ.①德… Ⅱ.①王… Ⅲ.①城市－住房政策－研究
－德国－1845－1960 Ⅳ.①F299.516.31

中国国家版本馆CIP数据核字(2023)第199048号

德国城市社会福利住房政策研究(1845—1960年)

著　者 / 王琼颖

责任编辑 / 郑秀艳
装帧设计 / 一本好书
监　制 / 姚　军
责任校对 / 王凌霄

出版发行 / 上海三联书店

　　　　(200041)中国上海市静安区威海路755号30楼

邮　箱 / sdxsanlian@sina.com

联系电话 / 编辑部:021-22895517
　　　　　发行部:021-22895559

印　刷 / 上海惠敦印务科技有限公司

版　次 / 2024年3月第1版
印　次 / 2024年3月第1次印刷
开　本 / 710mm×1000mm　1/16
字　数 / 370千字
印　张 / 21.75
书　号 / ISBN 978-7-5426-8273-4/F·901
定　价 / 88.00元

敬启读者,如发现本书有印装质量问题,请与印刷厂联系 021-63779028